两情相悦，
则岁月可期。

每 一 本 书， 都 有 它 的 灵 魂

总 有 相 似 的 灵 魂， 正 在 书 中 相 遇

岁月两心知

上

尼卡◎著

北京联合出版公司
Beijing United Publishing Co.,Ltd.

图书在版编目（CIP）数据

岁月两心知：全两册／尼卡著．－－北京：北京联合出版公司，
2023.6

ISBN 978-7-5596-6846-2

Ⅰ．①岁… Ⅱ．①尼… Ⅲ．①长篇小说－中国－当代
Ⅳ．① I247.5

中国国家版本馆 CIP 数据核字 (2023) 第 060292 号

岁月两心知：全两册

作　　者：尼 卡
出 品 人：赵红仕
出版统筹：李小含
责任编辑：牛炜征
责任印制：耿云龙
特约编辑：段年落　高继书
封面绘制：Lylean Lee
装帧设计：程景舟

北京联合出版公司出版
（北京市西城区德外大街 83 号楼 9 层　100088）
北京联合天畅文化传播公司发行
北京美图印务有限公司印制　新华书店经销
字数 400 千　880 毫米 ×1230 毫米　1/32　13.375 印张
2023 年 6 月第 1 版　2023 年 6 月第 1 次印刷
ISBN 978-7-5596-6846-2
定价：68.00 元

目录

Contents

拿破仑和朗姆酒

今天的风很大。

当然这个城市最出名的特点之一就是春天风很大。

范静侬一走出图书馆，长发和丝巾就被强劲的东南风又卷又拽，整个人看上去像一个上吊的芭比娃娃，又美又残酷。

风扯得头皮微痛，她忍着，赶紧跑进车子里。

幸而她的小车就停在路边。就这几步路，走得险象环生。

挡风玻璃前堆积着浅粉色的花瓣。那是西府海棠的残骸。

她瞟了一眼路边这一排海棠树。

再看它们一树繁花的样子，要等明年春天了……

她发动车子，花的残骸被风卷起来，疯狂旋转了一会儿，很快不见了踪影……她微微抬了抬眉毛，抚了抚被风吹得毛毛糙糙张牙舞爪的长发。

也许该挑个时间去把这长发剪短。

留了十年的长发，最近时常令她厌烦……

十年了，还是有点舍不得。

就是这份舍不得，尽管厌烦，她还是一日日拖延下来了。

她轻轻叹口气，皱了皱眉，左右看看，确定周边安全，这才起步。

她看了眼仪表盘上的时间，用不了五分钟，她就会到达苏记门前。

苏记是家小小的西点铺子。铺子里的拿破仑蛋糕很好吃。五点钟出炉的那一份总是最抢手。运气好的话，她会带走这一天当中最后的两块。为此她得在毛细血管般窄的老城区单行线里穿行五分钟，绕着学校外墙转个半圈。

想到美味的拿破仑蛋糕，她顿时觉得饿了。

苏记只是家小铺子，多年以来人手最多的时候也不过四个，全都是苏家自家人。如今只有父女俩在经营，任店员的Sukie早几年从大学里毕了业，如今在店里帮父亲的忙，见到静侬还是会热情地称呼一声范老师。静侬也想过走走后门让她留两块拿破仑蛋糕，可每次话到嘴边都咽下去了。

她愿意保留一点小小的悬念。

小铺子人手不够，店面狭窄，产出只够附近居民和散居在这城市里的忠实食客享用，至今连网上售卖都没实现。如果不是Sukie来做了店员，恐怕还在坚持用现金付款。

有时候她难免从缓慢变迁的苏记联系到自己。

几年来她的生活主要就是家和学校，两者门到门的距离不超过五百米，工作日生活圈子不超过三千米……这么单调的生活也需要一点点调剂，比如拿买蛋糕来当占卜。

买得到就像是得了个上上签。

究竟这上上签有什么用呢？

并没有什么用。

可是快乐能超过五分钟，这一天就算是赚到了，不是吗？

Sukie似乎能明白她的心理，主动提过一次帮她留拿破仑蛋糕被婉拒之后，再也没有开过口。碰巧赶上有货，看着她雀跃的样子就会露出会心的笑容，妥妥帖帖地帮她打包。

静侬常说这间小西点铺子就像个魔法盒子，打开来会看到什么全看运气。

滕藤子每次听静侬这么讲，都笑着说她实在够无聊的……有几次她眼睁睁看着人家当着她的面把剩下的拿破仑蛋糕包了圆儿——遇到相熟的邻居也会聊两句，讲小范也来买点心呀，就拎着蛋糕出了门……最经常跟她抢蛋糕的是欧家的伯伯。

欧家距离她的家也不过五百米。和她不一样，听说欧家做法医的女儿忙得经常好几天都没空回家换衣服。有时候她很羡慕人家的工作能这样忙碌，当然这不代表她的日子不够丰富。

范静侬琴棋书画无所不好，虽然算不上精通，可每样都学过一点，也长久地保持了有热情而不沉迷以至于过度消耗精力的状态。

一张牡丹图从描线到晕染到装裱能花掉她一整个礼拜的业余时

间，等画晾干的工夫她还能烤出巧克力慕斯蛋糕、乳酪蛋糕等等等对她来说简单易做的点心，好带到图书馆和同事分享。

她实际上是个不会无聊的人。

即便如此，一个单身独居看上去并没有什么缺陷的年轻女人不怎么出门交际，一下班就回家，别人再以什么样的理由约也很难约得出来，难免被人认作清高孤僻。

她倒不在意这个评价……这个评价给她的困扰绝比不上买不到新鲜出炉的拿破仑蛋糕来的刺激大。

藤子有一次好奇地问过她，你那十八般兵器样样齐全的厨房，做不了拿破仑蛋糕吗？这家没有那家也买不到吗？开车往前走五百米，另一家西点铺子种类更加丰富，店面更加宽敞洁净高级豪华，不能买吗？

做不了。

不能。

因为……

范静依刷卡出校门，右转驶入林荫道，一路右转下了坡，在第一个红灯处停下来时，抬眼看了看学校正门——她吃过最好吃的一块拿破仑蛋糕，就是高中二年级下学期一个暮春的周末，在这儿的一小块篮球场上打完球走出来，大家饿得前胸贴后背的时候，有人请吃了苏家西饼铺的拿破仑蛋糕和伯爵红茶奶冻。

苏家西饼铺子她是很熟悉的。外婆家的老房子就在附近。那是个她从小在里面奔跑玩耍、夏天会从木地板缝隙里长出蘑菇来的安静空间。外婆和母亲都是从小就吃这家铺子的点心，尽管一代一代传承下来，苏记很多点心味道也与从前有些不同了，可人早年间舌尖的记忆是顽固的，她们也就顽固地保留了时常光顾苏记的习惯。她以为自己并不怎么喜欢苏记的点心，也不会继承这个习惯，毕竟她出生长大的环境，与外婆和母亲不可同日而语，直到她离开这座城市去了上海读书……在那座可以让最挑剔的老饕餍足的城市里，她吃过太多美味的食物之后，有一天忽然想起苏记那看起来平平无奇吃起来也平平无奇的点心。

她毕业留在上海工作了半年，突然做了决定回到家乡去。从机场回家的路上，她让司机特地绕路到老城区来。她下车进店一口气买了十几样点心，坐在路边的石凳上吃了好久，终于像是活过来似的，长出了一口气。

苏记的老板让当时还在念书的女儿Sukie给她送了一杯锡兰红茶。

Sukie脸上的表情很可爱，是有点担心又有点想笑的样子，似乎是忍了又忍才小心翼翼地问她是不是有什么不开心的事，需不需要帮忙。

她一口气把茶喝光了，说没有，不需要。然后谢了Sukie，拎起行李箱回了家。

后来，在外婆那闲置了好几年的老房子里闷了大半年，亲手拔过木地板缝隙里长出的蘑菇，又亲自监督将老房子里里外外重新修整了一番之后，秋季开学就到学校图书馆报了到。坐在书库的办公桌后再见到Sukie时被她一眼认了出来，坐在路边胡吃海塞看起来精神不太正常的女人，她得称呼一声范老师了……不知道Sukie会不会也当静侬是个怪人。

她知道自己在很多人眼里是个怪人。

再转过年来Sukie也就毕了业。

一个念西班牙语的女孩子，去西班牙流浪了一年半回来接替了体弱多病的母亲，开始认认真真帮忙打理铺子。

静侬有时看着Sukie很想问她喜不喜欢现在这份工作，因为她还记得Sukie在学校是很用功的学生，不然也不会每天都去图书馆报到，时常一整天都不离开。她后来听Sukie的老师说过Sukie是有机会到P大读西语系的研究生的，Sukie的理想是成为优秀的翻译家。不知道为什么Sukie没有选择继续升学，看起来像是完全放弃了这条路。

一个名校毕业的名头绝大多数人可以拿来当勋章吹一辈子，尽管那可能是他一生中仅有的成就。她也见过不少人人到中年还在吹嘘自己毕业于声名赫赫的高中，所以对Sukie放弃就读名校机会总觉得很遗憾。

但有一天，她偶然在西点铺子里听见Sukie和一对老夫妇用西语聊天，给他们介绍自己新做的一款点心，那语调和神情看起来是那么令人感动……这种感动的情绪也许是被西点铺子里常年飘着的香甜气味激发出来的也说不定，不过她更愿意解释为那一刻她是为一个年轻人找到了自己合适的位置而欣慰的。

这种情绪很像是一个老人家才会有的。

其实她是二十八，并不是八十二……

静侬将车子停在路边，小跑着进了苏记。风仍然很大，不光像是能刮跑她、刮断她的头发，还像是能轻易刮走她的小车子。

她站在苏记狭窄的小铺子里，仍然像一个上吊的芭比娃娃，要喘两口气才能开口，保证自己不是上气不接下气的样子。

Sukie 没在店里。

苏老板正在帮别的客人包杏仁饼，看到她笑着说今天拿破仑又没有了……

"啊，滑铁卢有吗？"静侬笑问。

苏老板一边帮客人称重一边笑，口罩后胖胖的脸红光满面。他送走那位客人转过身去替她取了伯爵红茶奶冻装好："明天请早。"

静侬接了袋子道谢，熟练地扫码付款，待要走时，铺子门开了，一个身材高大的骑手走了进来高声喊了句"老板，我要买两块拿破仑蛋糕一打蛋挞"。

嗓音粗粝，洪亮宽厚。

静侬抬起眼来看了骑手，心里轻轻"啊"了一声——难怪这声音像是从高处往下落的样子，这个人果然很高。他戴着头盔，原本是看不清相貌的，但她只要看那对眼睛，就知道自己没有认错人。

她轻轻侧了下身，走出这狭窄的小铺子，门合拢前听见苏老板说拿破仑蛋糕没有了蛋挞还有……外面风大到将她手里的纸袋吹起来，奶冻像是棉絮那么轻。

她回到车子里并没有马上离开。

那个骑手不一会儿就从苏记跑了出来。他的摩托车就停在她的车前。他将纸袋放进车后的保温盒子里，跨上车子时回头看了一眼，抬手一挥示意了一下。

范静侬差点就以为他是在跟自己打招呼了，手都抬了起来，就看到左侧一辆摩托车闪了过来，另一个骑手也挥了挥手，停下了车。

静侬看着他们开开心心地一起骑着摩托车走远，手才放回方向盘上。

手心出了汗，她看了看自己的手指。

修任远……

他什么时候出狱的？

"他出狱了？"电话里藤子的声音忽然尖细了起来，随即低下去，很快恢复了原状，"我没听说哎……不过好像也不奇怪，算算时间差不多了。怎么这么巧，让你遇上？"

"我也没想到啊。"静侬慢吞吞地说。

她在厨房里走来走去，等着时间到了好将意面下锅。

藤子让人给她送来了新鲜的海货，正好煮海鲜意面。她打电话给藤子道谢，顺便提到前两天意外遇到修任远的事。这事儿搁在心上好几天了，真让人心神不宁。她难得地翻了翻有联络的高中同学的朋友圈，没发现任何蛛丝马迹。

也是，大概他们都快忘了还有这么一个人了吧……十年前的事，如果不特意提起来，大部分人也该忘了。

不管当时有多么惊天动地，最后都在人的记忆里化作一缕青烟，最终消失不见。

事也好，人也好，殊途同归。

"你确定没认错人？"藤子问。

"绝对没有。"静侬很肯定。

"……真的做骑手？好像……这么一想还是挺搭的。那时候他就偷偷骑摩托车嘛，你记得吗？你们都觉得他好酷。"藤子笑起来，随后"喊"了一声，仍旧表示对此不屑一顾，"哎，回头再跟你说，我出去看一下店。"

静侬忙让她去，说回头再通话。

藤子经营一家意大利菜馆子，经营得有声有色，是个独当一面、很能干的女人了。

这一点也不像她，总这么懒懒散散、不求上进。

她一走神，意面抖多了。她"哎呀"一声，下意识要去把面捞出来，看着那咕咕嘟嘟冒泡的汤，自己都忍不住笑了……多了就多了，也没什么，将错就错呗。

不过这可比平常的分量要多多了……她不得不盛出一碗来，才能做一个漂亮的摆盘。

她那台最新型号的单反相机就搁在厨房餐台旁的三脚架上，调整好盘子的位置，几盏灯来来回回开开关关，终于拍出了一张令她满意的照片。

她这才在餐台旁坐下来，对着一大盘海鲜意面，大吃起来。

和斯斯文文的外表不太一致，静侬是个地道的大胃王。

她对一切美食来者不拒，什么古怪的东西都敢尝试，且胃口极佳，即便在心情不太好的时候……不过意外遇见了多年不见的同学，情绪有点波动而已，算不上心情不好吧……

她这么想着，叉子戳了一下意面。

海鲜酱汁崩到下巴上，她拿起餐巾擦了擦。

雪白的餐巾上沾了一点姜黄色。她把餐巾叠了一下，污渍暂时不见了。

不见了不代表不存在，只是可以暂时眼前无碍，心里舒服一点儿。

她第一次见修任远，是被他浇了一身酱汁的。

那年她十六岁，他应该也是。

她记得他们是同岁，他比她大两个月，是七月份生日，巨蟹座。还没入学，大家就听说了某中的修任远进来了。他们中学出了名的难考，修任远成绩不错，但还不够好，是作为体育特长生特招进来的。体育特长生嘛，还是游泳的，身高臂长，相貌出挑，在原来的学校里已经很出名，进了高中，不用等军训结束，就更出名了。

她就是在军训营地的餐厅里被他浇了一身的酱汁。

唉……

她爱干净爱整洁，当着几百号同学，白色的 T 恤衫被不黄不褐的热汤浇一下，烫就罢了，连内衣轮廓都透出来，真是尴尬……可是再尴尬也没接下来尴尬，修任远竟然扔了他的汤碗，情急之下脱了自己的 T 恤拿给她，当着老师同学教官的面。没人起哄完全是因为大家都惊呆了，既没想到会出这么个状况，也没想到修任远这呆子会当众脱衣……他那时候还瘦瘦的，个子并没有后来那么高，肌肉骨骼也没有完全长开，自然算不上很好看……就那样也很够瞧的了。

她当然没接他的 T 恤，非常镇定地在众目睽睽之下走出餐厅，只有藤子和班主任反应过来赶紧跟她出来，问她有没有烫伤，要不要去医务室。

她说没事。

回营房脱了 T 恤去洗澡，才看到肩膀到腰部的皮肤红了一大片。幸好那碗汤面给到修任远手上的时候已经不太热了，不然可真就烫伤了。

藤子气得直骂人，说那个修任远是不是瞎，要不就是饭桶，只盯着眼前这碗饭不看路的。

听说修任远后来打听了好几天才知道她是谁，跑过来道歉却又找错了人，找到藤子那里去了，让藤子好好地教训了一顿。滕藤子出了名的牙尖嘴利，本来就为他迟迟不来道歉窝了一肚子火，可算是找到了机会。

藤子后来一直不喜欢修任远，盖因为他开始给她的印象就很不好。在藤子眼里，修任远又邋遢又莽撞还没有礼貌，在同学当中就像是修剪整齐的草坪里硬要钻出来的一根杂草，被修剪了也仍然要非常野蛮而倔强地重新照自己的路子继续生长……不过也许这就是修任远的魅力。

他始终跟别人不太一样。

说起来，修任远那个人有时候的确是有点呆头呆脑的，脾气又憨又直，非常急躁。

所以后来出了那件事，她并不觉得太意外……

静侬到底没吃完这盘意面。

她清洁了餐具，收拾好厨房，泡杯茶进了书房，从书架最深那一层里拿了两本相册出来，正要坐下来翻看，听见门铃响了。

她看看时间，七点钟刚过。

出来看了看对讲机屏幕，开门锁时还没等她开口，就听见那边说："你怎么这么半天不应门啊！打电话也不接！"

她一时也想不起来把手机放在哪儿了，开了门出去，就见表哥陈润涵拾级而上，顶着新烫的发型的脑袋从地底露了出来……她看着他那古怪的发型，忘了打招呼，先笑起来。

陈润涵的发型像是一朵爆炸的香菇。

正好一阵风吹过来，这朵爆炸的香菇就在他头顶摇来晃去，要多滑稽就有多滑稽……静侬笑得止不住，赶紧请他进门，问他吃饭没有。

"没有。随便给我点吃的吧。"陈润涵说着把外套脱下来，挂到门边。他抽了抽鼻子："咦，这么香，你吃的什么？"

"海鲜意面。"静侬说。

"我也要吃这个。"陈润涵说。

"留了一小碗，你应该不够。"静侬端出来一只碗，掀开盖子。面还是温的，只是没有刚出锅时口感那么好了。"再给你做点什么？"

"够了。"陈润涵坐下来，拿了叉子就开始吃。

"你脸上怎么回事呀？"

陈润涵见问，侧了下脸，这下她看得更清楚了。下巴处好大一块瘀青，看起来像是跟人打过架……这倒不是说她有多专业的知识足够判断伤痕的成因，主要是从小到大见过太多次陈润涵脸上挂彩。

"打架了？"她问。

陈润涵含糊地应了一声，大口吃着意面，看看她，问："你最近没回家？"

"回了呀，上周末回去过。"

"不是回爷爷家，回你自己家。"

"那没有。"静侬说。

"没什么事儿吧？"陈润涵看看她。

静侬心一动，反问："该有什么事儿吗？"

"没事儿就好。我就随便问问。"

静侬有点儿诧异："又为什么打架呀？"

"就有那么个不顺眼的人呗。"陈润涵拿着叉子戳了下最后一缕意面，恶狠狠的。

静侬没出声。

"干吗那么看着我？"陈润涵皱眉。

"你看不顺眼的人也太多了点儿，个个儿都要跟人干一架？"静侬也皱眉。

陈润涵撇了下嘴，把剩下的意面都吃完了，支使静侬去洗碗。两个人像俩小孩儿似的打了一会儿嘴仗，末了还是静侬去洗碗——倒也不是甘心被欺负，主要是陈润涵这个家伙洗个碗的话，反而要害她再收拾半天。

她洗碗的工夫，陈润涵自己动手泡了杯绿茶，坐在操作台边，玩了一会儿她的单反相机，看里头拍的照片，然后说了句跟哪儿都不挨着的话。

他说："沈緒楷回来了。"

静侬把手里的碗扣过来，放在沥水架上。她擦着手，轻轻嗯了一声。

沈緒楷呀……她慢慢叠着毛巾。

她好一会儿才将毛巾叠好，陈润涵也没说话。她回头一看，皱眉："别动我相机。"

陈润涵撇了下嘴。他看看静侬，也就只笑了笑。

"最近赶稿吗？"陈润涵又多看了几张照片，"拍这么多照片。"

"不赶。随便拍的。"静侬说。

陈润涵喝了两口茶，看看她，又仰头瞅了瞅厨房的天花板："自己住注意安全。不想打电话，至少每天发条分组信息，让爷爷和我知道你没事。"

"我能有什么事。"静侬说。

步行也就三分钟便到工作单位……不过，也不怪陈润涵会提醒她。附近的老城区，居住人口少，高高低低、弯弯曲曲的小巷子通常都是寂静且人迹罕至的，冷不丁蹿出个坏人来，跑也跑不及。就在不久前，外院有位老师下班路上被抢劫，整个人被打趴在地上昏了好几分钟才有人发现。

她胆子还算大，这之后出入也多了些警惕心。

不管怎么说，难得她这个愣头青表哥能想到提醒她注意安全……她瞥了眼他的下巴，他连自己的安全都不上心的。

陈润涵皱眉，话说得开始让静侬听着慢慢不顺耳了。"我说话你听着就是了，哪儿那么多废话……还有，有人按门铃，看清楚来人再开门。快递外卖就让他们放大门口，别随便让人进来。你也不知道来送货的都是什么人——让人知道你独居，再起了歹心。"

静侬眉头越皱越紧，听着听着心又一动，总觉得表哥这话里是有话的，不过她只轻轻嗯了一声表示知道了，想起自己泡的那杯茶该凉了，看了看时间。

"得，这意思是撵我走是吧？我不招你烦了，这就走。"陈润涵说着站起来，走到门边拿了外套在手里，回头看到静侬跟在身后要送他出门，随手撸了下她的头发，"甭出来了，该干吗干吗去吧。"

"你脸上伤要紧不要紧？外公看见又要骂你了。"静侬说。

外头真冷，她缩了下肩膀。

陈润涵摸摸下巴，不在意地说反正这两天我也不回家，你别出卖我就行了……他们说着话，穿过庭院走下台阶，来到大门外。门内两棵丁香树，树冠又大又茂盛，枝条垂下来，亭亭如盖，把大门内外遮得严严实实。

静侬很钟爱这两把巨伞似的丁香树，抬手触触枝叶。

陈润涵却不喜欢。那枝条扫着他头顶，把他的爆炸香菇头给弄乱了。"就不能让人把这玩意儿砍了呀，利利索索多好。你看这又是树又是藤的，猛一看跟鬼屋似的。"

"喂！"

陈润涵敞开车门，哈哈一笑："难怪奶奶把这儿留给你。你还真是哪儿哪儿都像她，一棵歪头歪脖子丑不拉几的老藤你都舍不得动，绝对不会把这儿给糟踏了。"

"对。换了你就不一样了，一准儿把这铲平了另盖新的，整得寸草不生。"静侬说。

"那哪能！我怕奶奶天天托梦给我。"陈润涵笑嘻嘻地说着，上车前没忘嘱咐静侬先进去把门关好，"注意安全。"

"开车小心。"静侬等陈润涵开车走了，才回身进门。

她身子后仰，看着陈润涵的车子顺坡道往下走很快转了弯。静静的小路上，路边停着一辆辆小车子，像小甲壳虫偎在弯弯的树梢上……风小了些，但还是冷。

她缩着肩膀跑回屋子里。

院子里只剩下两盏小夜灯亮着，把平整的草地映得绿莹莹的……她搬进来之后对院子做得最大的改造其实也不过是重新种了草。

外婆在世的时候，很喜欢坐在草坪上喝茶看报。她和润涵表哥小时候就时常在外婆身边跑来跑去，恼起来打架，就在草坪上翻滚。外婆看见了，通常也不硬拉开他们，横竖彼此间生气也不过三五分钟又好了……外婆生前很喜欢这里的。她生命中最后那两年长期住院，基本上没回过家，草坪上原本毛茸茸细细密密很健康的草也不知生了什么病，一日日变得枯黄，接着烂了根，成片死亡，散发出古怪的气味。再往下，外婆过世，外公不忍继续住在这，睹物思人，也搬走了，这院子更荒了……

静侬回到书房，站在窗前看了会儿灯光下平整的草坪，慢慢喝了两口冷掉的茶，忽然觉得身上发冷。

供暖季已经结束了，天气还没暖起来，冷得人想缩进巢穴里冬眠。

她跑去开了油汀取暖器，在屋子里暖和起来之前，不住地走来走去。

相册还在书桌上，她身上暖和了些，过去坐下来，一翻开，几张黏在一起的相片从扉页处滑下来，正落在她腿上。她拿起来将相片捻开，用力大了些，因为受潮黏在一处的相片，就这么连皮带肉地被撕了一块下来。被扯下来的那一片恰好是谁的面孔……她仔细辨认了一下，照片里的人，除了陈润涵之外，都是陌生的面孔。她一时想不起缺损的那块会是谁——那人雪白的 T 恤衫，蓝色长裤，从裤子的款式和腰带的样式来看，是海军制服……她愣了会儿，将另一张相片对着光一看，黏住的碎片上，一张模模糊糊的面孔映了出来——就算是模模糊糊的，那对眼睛也像是能射出寒光似的。

原来是沈绪楷。

静侬将这几张相片放在一处，翻了几页相册，不觉心浮气躁起来。

这的确是记录了她高中生活的相片。那时候她就很喜欢摄影了，经常随身带着卡片机这里拍拍那里拍拍，喜欢的就冲印出来。她还喜欢玩胶片，煞有介事地在家里搞了个暗房。

可是，这几张照片像是不相干的，怎么会随手塞进来了，也是奇怪……她原本想翻翻老照片回忆下从前的，此时被这小小的意外扰乱，没了心情。

她将相册推到一边，坐在那里发了会儿呆。

她的记性其实不怎么好，总是喜欢拍照，也跟这个有关系——如果不借助影像，她可能会忽略或迅速遗忘得更多更快……但这似乎也起不到很显著的作用。她还是成了个经常会犯迷糊的人。

他们经常开玩笑，套用那句电影名字开她的玩笑，说范静侬脑子里有块橡皮擦。

瞧这话说的……

她的确记性差，还有个原因是很多事不想放在心上。

肯放在心上的，有什么会是轻易忘了的吗？

并没有。

她拿起手机，准备回卧室休息，藤子电话打过来了。她边上楼边接听。这个时间，餐厅打烊了，藤子做完盘点关了店门，还要盘算明天的生意，其实非常辛苦。不过藤子精力旺盛，往往这个时间还精神百倍，常常会打来跟她聊几句……藤子时时不忘约她一起出去玩，屡次被拒绝仍然乐此不疲，管这叫有枣没枣打三竿，万一哪天把她约出去了呢？

藤子的夜生活是精彩至极的。

"我来接你呀，今晚 K4 有个主题趴，超适合你这种 nerd（书呆子）……啊对了对了，猜我今天看见谁了？"藤子兴奋。

听筒里海风呼啸，静侬知道藤子又在海边空旷的路上开快车了。

"你慢点开车……谁呀，修任远？"静侬问。

"你就知道修任远！我怎么会遇见他？我店里又不接外卖。"藤子哈哈大笑，"我想你猜不到……沈绪楷。"

静侬推开卧室门，屋子里凉凉的空气扑面而来，冷得她缩缩手脚，忘了应声。

"喂？"

"嗯。"静侬开了灯。

"嗯？"

"有什么稀奇的。"

"怎么不稀奇？还是你知道他回来干吗的？"

"不知道。"静侬觉得累了，靠在门边。

"那等他再来吃饭我帮你问问。"

"为什么要帮我问？我没兴趣知道……"

"我有兴趣呀！"藤子像是极高兴，"你真不出来玩？"

"不。你也少疯一会儿早点回去睡觉。"

"是，范妈妈。"藤子笑。

她嫌静侬婆妈或者啰唆的时候就会叫静侬范妈妈。

静侬笑笑，挂了电话。

洗澡的时候，她忽然想起来，沈绪楷在这个时间回来，会不会是那个原因。

毕竟十年了……

热水从头浇到脚，烫得她皮肤发红，可心里却有一股冷风在肆虐似的，让她打了个寒战。

就在一周前，范静依怎么也想不到，自己会如此密集地遇到故人。与修任远的不期而遇，仿佛拉开了舞台的大幕似的。

在修任远之后，她先是在图书馆意外获得了宗小苔的消息，紧接着就在艺术学院那老楼前看到了她和一个长发男生卿卿我我——不过宗小苔没有看见她，或者即便看见也没留意更没有认出她来……这简直像是冥冥中注定的，修任远突然出现，久无任何消息的宗小苔也近在咫尺。

如果不是系统里清清楚楚显示了宗小苔的本校博士生身份，她简直要怀疑自己的眼睛提早开始老花了。

第二天，她又在大学出版社大厅里，遇见了高中班长冷锋。

她本来是有事去出版社找丁老师的。丁老师是出版社副社长，主管编译工作，是个工作态度极严谨、做事极负责的人。

丁老师外出办事刚回来，车还没停稳，就先让她去办公室稍等一会儿。

她推开玻璃门，恰好有个矮矮胖胖的光头男青年往外走。

这人老远就盯着她瞧，她已经觉察了。

这在她是很平常的经历，但太肆无忌惮的打量仍会让她觉得很不舒服。她以为这又是一个没礼貌的陌生人，正要避开，听见对方叫她范静依。她看着这张胖胖的圆圆的脸，用头脑中意念的力量将这张脸挤按揉捏压扁拉长一下，才叫出"冷锋"这个名字来。

冷锋倒是故意做出惊得张大嘴巴的样子，连说范静依你是不是吃了保鲜剂了，怎么十年了一点儿都没变呢？我上回见你是两年前了吧？你怎么比两年前还仙啊！

静依忙说好像是有两年没见了……她可没想起来上回他们是在什么情况下见面的，就听着冷锋夸她了。

他们这位老班长，十年间要说有什么变化，那即是嘴巴上抹蜜这功夫，从顶级练到登峰造极了……她笑笑，问他来出版社做什么。冷锋说还不是工作上的事儿，别说那个了，有缘分在这儿遇上了，正好跟你说点正经事。冷锋拉着她就在大厅一角的沙发上坐了下来，跟她说到今年夏天他们班毕业十周年了，他跟当年的班委倒还都有联系，沟通了一下，大家都觉得这个纪念还是有必要搞一下。这些年偶尔有小范围聚会，每回不过十个八个人，这下花上几个月时间好好儿寻摸，尽量把大家都组织起来。

冷锋说十年是小庆，到二十三十这样的中庆……五十六十的大庆，一个一个庆祝过去。

冷锋说得口沫横飞，她一直仔细听。听他从班里的这个那个老同学的消息，说到他在报社的工作有多无聊……还是丁老师看他们在那里说话时间有点久了，过来送了两罐咖啡。

静侬没喝，冷锋走的时候揣包里了。他边揣边嘱咐静侬帮忙找找老同学。

静侬几次想提自己遇见修任远和宗小苔了，可是冷锋突然说了一句"有些人可能联络上也不方便来"，她就把话咽下去了。她想想这事儿也不急在这一时，冷锋又赶时间回报社，匆匆忙忙走了。

送走冷锋，静侬站在大厅里发了会儿愣。冷锋那句话未必不是有心说的。她虽然跟冷锋没有什么联络，可藤子一直跟同学们关系良好，会不会藤子把修任远出狱的消息告诉冷锋了呢？

她得想着问问藤子。她忽然想起来自己来出版社干吗，一回头看见拿着一沓稿子的丁老师站在自己面前，说："哎呀，昨天这边送过去的书，清点过后发现数目种类都不对，高老师让我来一趟，把这事儿弄清楚……"

丁老师笑得前仰后合的，说："小范，这么点儿事儿线上说就行了，再不成一个电话也就够了，不用亲自来一趟吧？你还有别的更重要的事儿来跟我谈的，忘了？来来来，跟我来，咱们俩谈谈正事儿。"

她一说，静侬想起来了，自己也笑了，跟丁老师进了办公室。一屋子的编辑老师看见她都抬起头来跟她打声招呼，笑着说听见小范的声音心情都变好了。

她笑着问各位编辑老师好，乖巧如小学生见班主任。

"来来来，坐下……小范呀，小小年纪，你这记性啊，比我老人家都不行了。"丁老师让她坐，跟她说起来待出版书稿的事儿。

静侬的英文好，从上大学时陆陆续续开始翻译文章，由简至难。起先出于爱好，后来她就把这当正经事做了。她也译过几本小说，反响都不错。她出版第一本译书就是丁老师做的选题。此后几年她忽然喜欢上译童书，把精力都放在那上头了，丁老师几次跟她约稿，她都没有答应。她回来工作后，丁老师见她工作压力不大，竟然经常扛着相机四处转悠着拍照，旧事重提，硬是派给了她两本书稿——都是很难翻译的专业书籍，其中一本还是换了三个译者都没有译完的。

静侬花了一年半时间把这两本中途接手的书稿译完交工，把丁老师高兴坏了，因为总算是赶得及在校庆之前把这个重大选题完成。

丁老师年底就退休，这个选题她很重视，可不光是出于社里领导要把这个选题作为校庆献礼的考虑才认真对待。

静侬知道她的心思，因此格外用心。

丁老师戴上花镜，跟静侬逐一敲定几处译稿的注释。静侬做事很认真，有些译者注其实可加可不加，但她仔细，还是加上了，这又多花费一些力气。敲定好这几处注释，丁老师觉得很满意，又问了问她对封面的意见。

静侬对这些意见倒不多，看了几版设计，说都很好。

丁老师佯装生气，说："自己的书一点都不上心。"

"那是因为丁老师审美一流啊。"静侬说。

肉麻。一定是被冷锋给传染了……她在心里扮了个鬼脸。

所谓千穿万穿马屁不穿，丁老师听了眉开眼笑："陈校长最近忙不忙啊？身体还好吧？"

"听说还不错。不过小范也好些日子没见过陈校长了，不太清楚。"静侬笑。

丁老师拿着花镜，用镜腿点点她："调皮。陈校长每周末都能回来吗？"

"好像是隔周，又好像也经常做不到。"静侬轻声说。

"大家都挺想她的。陈校长在这儿做校长的时候，学校里的花都开得比较香。"丁老师说。

"她喜欢花嘛，特别留意这些。绿化组的师傅都不敢糊弄。"静侬笑了笑说。

丁老师也一笑，没再说下去。

静侬看时间差不多，跟丁老师告辞，去和负责的老师重新核对了图书的种类数目，顺手捋了几本样书，赶着回图书馆。

出版社大院跟学校就隔了一条窄窄的街道。她站在路边等红灯时，看到一辆黑色的轿车从校门驶出来。她看见那熟悉的车牌，有一瞬间的工夫，差点儿以为那轿车后窗要摇下来了，后头会出现一张表情严肃的面孔，问她为什么会在这儿……等车子驶过，她才反应过来。

唉，也不知道这算不算 PTSD（创伤后应激障碍），看到校长的专车都心惊。

她哑然失笑。

老陈同志调去省城一所高校任校长，这边的老同事们绝大多数都舍不得，也有个别人心情雀跃的，除了对头，就是她喽……

回到图书馆，静侬去一楼书库值班。不知为何今天下午人格外少，好半天既没有人借书也没有人还书，只有两三个学生占据书架旁的小桌子在抄书……书库里静得有那么一会儿她都想打瞌睡了，突然桌上电话响了。她一激灵，完全清醒了。

电话是从馆长办公室打来的，通知她从明天开始一周三天到善本室帮忙——善本室虽然不大，却是图书馆的重地，人手本来就不多，又有一位老师休产假了，剩下的人实在忙不过来。善本室马主任点名向馆长要求调她过去……这是通知，不是征求意见，静侬答应了。

下班前，书库清点整理完毕，她先去善本室打了个招呼。

静侬和和气气的，善本室的同事们也和和气气的。

等她出了他们那间小办公室，发现走廊正对的那个斜坡上，木香爬得满满当当……过阵子花开的时候，这儿一定特别美。

之前她可没留意到。

她站在窗边看了一会儿，忽然想起有一次母亲说过，学校里有几棵岁数很大的黄木香和白木香，每年开花的时候她都要特意过去看看。外婆家从前南墙边有一棵生长多年的黄木香，某一年被人毁了，母亲心疼了好久。外婆生前总说有机会再植一棵，不知为何后来并没有……她想着或者等今年花开过后，可以剪一两段枝条带回去扦插。院子里除了丁香和紫藤，并没有什么可看的花呢……她正要走开，身后忽然传出一阵笑声。办公室门开着，大家聊天内容清清楚楚地传出来，是在讲她。也许是以为她走远了，他们并没有避忌。有人说范老师真和气啊，看她平常就很好说话的样子，凡事不计较。有人说人修养好是一方面，不需要太努力也是一方面啊，可是你们说这奇怪不奇怪，陈校长两口子那是什么样的人才，怎么女儿……忽然一个女声冒了出来，嗓音清脆极了，说："你们讨厌不讨厌，人家范老师来图书馆工作好几年了，跟谁都相处得好好的，工作也没的挑……陈校长挪窝儿之前，谁还知道她们的关系吗？陈校长一走就那么多闲话传出来，其心可诛。好了，别议论人家了，又没招你们……"

那声音越来越大，静侬意识到那人是边说话边往外走，也已经来不及走开了。

走出来的是李晴晴，看见她还在，愣了下，干脆笑起来："好在没说你坏话。"

她声音很轻，办公室里的人没意识到她们俩在外头说话，仍继续聊天。本来每天下班前这几分钟就是一天当中最轻松惬意的时刻，今天看来大家情绪都格外好。

静侬指了指窗外："看花来着……是木香吧？"

李晴晴点头："开花的时候，哇，那一大片，香得人头晕。"

静侬笑笑。李晴晴说我要去卫生间了，你要不要一起去？不去啊，那明天见啊。她说完就跑了。

静侬也赶紧走开了，生怕办公室里有谁再走出来，多少会有点尴尬……她走得很急，上楼时往善本室开放书库那里看了看——善本室的库房是整个图书馆里设备最高级的了。她一直很喜欢这里，偶尔也申请进来看半小时的胶片，查查资料。想到能在这工作一段时间，她还是挺高兴的。

回到办公室，下班时间刚好到了。

她收拾好东西往外走，去取了车，准备去苏记碰碰运气。

经过艺术学院，她转头看了眼那老楼。

那天在这里见宗小苔，像惊鸿一瞥。就算只有那么一瞬间，她也清楚记得那惊艳的感觉——过了这么多年，宗小苔还是那么有吸引力，不管是对男生还是对女生……她轻轻叹了口气，出校门时，刷错了卡。值班的保安见是她，笑了笑，挥手让她过去。

也不是第一次做这种乌龙事了。

耽误了这一会儿，她想今天就算到了苏记，也肯定买不到拿破仑蛋糕了，不过还是尽快赶到了。

平常她停车的那个位置上此时已经有了一辆车。她看了眼，京牌。新车。车牌号的稀有程度和车的名贵正相匹配。她没看第二眼，下了车赶忙往苏记跑，进门时眼睛先看盛拿破仑的盘子，一见还有四块，开心得差点叫起来。正在柜台里忙碌的Sukie，笑得眉眼弯弯的。她眨了眨眼，伸出两根手指。不想 Sukie 轻轻摇了摇头，于是她眼睁睁看着 Sukie 拿着蛋糕铲将剩下的拿破仑蛋糕都装进了那个纸盒里——她知道的，那个盒子能装下八块呢！

"今天有榴莲泡芙啦。吃这个好不好？"Sukie 看她眼巴巴地瞅着蛋糕盒子，小声说着拿走要去打包。

"等一下。"

静侬听见声音从身后传来，才意识到身后一直站着人。

这声音莫名熟悉……她轻轻抿了下嘴唇，忍着没有立即回头去看。不然显得一惊一乍的，太不像话。虽是这么说，心跳还是加速了……她轻轻呼了口气。

"您还要什么？"Sukie 站住问。

一片阴影罩了过来，静侬盯着面前柜台上亮晶晶的玻璃罩子——映在那上头的人影显得又扁又矮，还有一点扭曲，可是西装革履、衣冠楚楚的样子却没变。

她听见那人说："伯爵红茶奶冻，所有的。"

她微微侧了下脸。

她身量已是不低，但还是要视线上移一段才能看到他的脸。

果然是沈绪楷。

在反应过来之前，她已经打了招呼："Hi！"

他对她点了点头，说："这么巧。"

是啊，这么巧……她顿了顿，一时不知该说什么，尤其看到他这一身黑色西装——黑得让人觉得压抑，黑得让人心像被突然拧了一下……她听见他说："对不起，我赶时间。"

她忙点头，看着他像一阵风似的，从她身边经过，接了 Sukie 手里那两个纸袋，推门走了出去。他一走，这小小的店铺都像是忽然间变得宽敞了，她转过身去，看了眼外头——原来那辆车子是他的。

"范老师，这人您认识呀？"Sukie 小声问。

静侬忙回过身来，说："认识，是……给我包两个榴莲泡芙……是同学的哥哥，也是哥哥的同学，好久不见了。"

"好帅呀。他走进来的时候我都忘了说欢迎光临。"Sukie 一笑，小虎牙露出来，极为俏皮可爱，"您同学是不是也这么帅？"

静侬不出声。

苏老板从里头出来，端了一大盘刚出炉的牛角包，Sukie 夹了一个放进袋子里，跟静侬眨眨眼说买二送一。静侬忙说这怎么好意思。

"补偿您今儿被人横刀夺爱……明天请早，亲爱的范老师。"Sukie 把袋子递给她。

静侬拿在手里，"横刀夺爱"这四个字听起来，像沙子进了眼。

苏老板忙碌着，不忘开女儿的玩笑，说看到帅哥心动了呀，竟然也不害臊了，想让范老师介绍？

Sukie 大声否认说只是觉得人家好看，并没有心动。

父女俩逗着乐儿，静侬听了微笑。

店里涌进来一拨儿客人，她赶紧让了位置，打个招呼，走出了铺子。

她沾了一身香甜的味道，上了车那味道还在……沈绪楷是特地来买蛋糕和奶冻的吧。

静侬看着眼前面已经空空如也的停车位，拎过背包来找出记事本翻到今天。

今天的待办事项昨晚都列好了，不过忙了一天，事儿都做完了，也没顾上翻开来看。她抽出钢笔来一项项打钩，之后往下翻页。重要的日子她都会提早标出来，怕自己忘记……但有个日子，她年年都记得，却从来没有钩出来过。

她合上笔记本，开车回家。

赶上下班高峰期，平常几分钟的路程，花了半个小时还没走一半，其实挪到路口转弯就行了，不想挪动了几步路，又堵住了。她皱了下眉，发觉自己情绪有点焦躁。平常即便遇到堵车，她也不烦，大不了趁机看会儿书听会儿音乐……榴莲味在车子里弥漫，那味道越来越浓郁……她干脆打开纸袋，拿了一个出来，手臂撑在方向盘上，盯着前方一动不动的车子，慢慢吃着榴莲泡芙。

半个泡芙吃下去，排成长龙的车队还一点能挪动的迹象都没有。她落下车窗，正要探身出去看看前头究竟是怎么了，忽然听见呜的一声摩托车响，还没等她反应过来，一辆摩托车从路中央蹿了过去。那一骑绝尘的架势，不知道的还以为是给杨贵妃送荔枝的千里驹……她心一动。

粉色的制服、粉色的头盔和粉色的摩托车，虽然是统一制式，每个骑手也能穿出不一样的味道来。

她待要看仔细，那道粉色的光早不见了。

她忍不住抬了抬眉。

在这儿堵了多久，她的眉头就皱了多久……她抬手抚平眉心，随手开了广播，想听一下路况信息。几乎在主播的声音响起的同时，她的手机也响了。电话是藤子打来的。

她调低广播音量，接听电话。这时候得眼观六路，她发觉前方拥堵的情况似乎缓解了，车子有移动的迹象。

藤子听见声响，劈头问你是不是还在回家路上、晚饭吃什么。

"有好吃的便宜我？"她问。这会儿晚市刚刚开始，藤子应该非常忙，才不会无事打给她。

"灵！你过来吃饭吧。今天还有好酒送过来……我要送给你尝新，这会儿抽不出人手来，晚了一两天又显不出尝新的意思来了。"藤子笑着说。她语速极快，中间停顿的片刻时间还得见缝插针跟员工交代事情。

静侬听着那头儿叮叮当当的细微声响，想了想才说："好呀，那我这就过来。我还堵在路上呢……"

"等你。"藤子说完就挂了电话。

静侬一看前面车子动起来了，赶紧扔了手机和泡芙。车子往前走了没多远，她发现路口站着在指挥交通的并不是交警——穿着粉色制服戴着粉色头盔的骑手，动作娴熟地疏导着往来的车辆……这个路口是数条小路汇总的位置，路况相当复杂，他就站在那里，认真又自在，像穿错制服的交警。

静侬忍不住微笑。

眼看她的车子就要开到他身后了，就见交警的摩托车从对面快速驶来，那个粉色的人影在原地转了个圈，冲交警敬了个礼，转身就跑。经过静侬的车前，许是因为她这车子有点扎眼，他脚步顿了顿，手指在车前盖上轻轻敲了敲，连蹦带跳几步跨到路边去，跨上他那辆粉色的摩托车，飞一样地离开了现场……静侬车子不能停，经过路口转了弯，特意转头看时，那人已经不见了。

他刚才是吹了声口哨。

有头盔阻挡，口哨声打了折扣。

可，真是……看样子半点都没变。看到喜欢的什么，还是要吹口哨。

她这一走神，原本应当直行，却惯性转了个弯开上小路，都快到家了，才想起来刚刚的约定。

　　还好小路没有拥堵，她七绕八绕转出来，上大路奔藤子那间开在海边的小餐厅去了……

　　到店里时并没有立即看到藤子，店里的经理和侍应生都是跟她极熟的，一见她来了马上请她上楼去，说滕小姐早交代了，您稍等就可以用餐。静侬道了谢，看他们忙，没有在餐厅里逗留，熟门熟路地顺走廊来到后面楼梯间，上楼进入藤子的私人领域。楼上的室内空间只有楼下一半大小，除了藤子的休息间，就只有一张宽大的长桌，因此极为阔朗。通常藤子只在这里招待最亲密的朋友。

　　餐具果然摆好了，一瓶白葡萄酒静置在一旁。

　　静侬放下背包，不急着坐下来，先给藤子发了条语音告诉她自己已经到了，走到窗边将纱帘拉开——外面是一个很大的平台，有桌椅有遮阳伞，天气暖和的话，倒是可以坐到外面去用餐，一览无余的海景加上美酒佳肴，再惬意不过了……藤子再不肯把这绝佳的位置用来待客赚钱，通常都便宜朋友们了。

　　"冷锋想征用我这儿做聚会的场地，你觉得呢？"

　　静侬回头看藤子亲自端了清蒸石斑来，忙说句有劳有劳，就要接餐盘。

　　藤子瞪了她一眼，说："乖乖坐下。"

　　静侬笑："你这会儿不是正忙着吗？过来蹭饭已经很不好意思了。"

　　"啰里吧嗦的……趁热吃。"藤子给她摆好餐盘餐具，亲手开了酒给她佐餐。"试一下……这个必须让你第一时间喝到，简直人间极品。我觉得这酒不降温、不醒会更好一点。你拿几瓶回去试试，比较一下。"

　　静侬尝了口，点头。吃鱼，又点头。眉开眼笑。

　　藤子眉开眼笑："最喜欢看你吃东西了，喜气洋洋的。"她在静侬对面坐下来，托着腮看她。静侬大概就是那种老人家会喜欢的女孩子了，看吃相就是有福气的，既不挑食，也不忸怩作态。

　　"你刚说冷锋想征用餐厅？"静侬切块鱼肉，示意藤子。

　　藤子摇摇头让她只管吃："对啊。我完全没问题啊，场地餐饮全交给我都可以。到时候听听大家的意见，是不是还有其他选项。有多点选择总是好的嘛。其实也未必能凑齐多少人，又不是人到老年有钱有闲只想回忆往昔……兵荒马乱的高中三年，又有那么个结尾，不是谁都乐意回忆的。"

静依沉默片刻，看看藤子。

她说得对，的确不是谁都乐意回忆的……

"想什么呢？"藤子问。

"你跟冷锋提过修任远吗？"静依问。

"为什么要提啊？关我什么事。这个人，我一辈子不见都不会想的。还有宗小苔。"藤子说。

静依和她无话不说，见过宗小苔的事自然也早告诉她了。不过她没多说，一是她也不清楚宗小苔的现状，二是藤子并不想知道。

"我和模子是朋友，不可能原谅他们的。"藤子又说。

静依不出声。

再好的朋友，也有立场不一致的时候。

看来，来的路上又看到修任远以及在苏记凑巧遇见沈绪楷的事儿，暂时是不能和藤子说的了……那两人前后脚出现在同一条街上，竟然没有相遇……也幸好没有相遇。

藤子看她不说话，撇了下嘴，说："你呀，有时候怎么说呢，滥好人。"

静依喝一大口酒，晃了晃空杯子。

"好喝吧？我就说嘛！再来一点……"藤子给静依倒酒，"说起来那两个人，我差点儿忘了——我知道沈绪楷回来干吗了。"

静依握着酒杯，看了藤子。

"迁坟。"藤子说。

静依心一颤。

这个词相当陌生，甚至瞬间让人产生恐惧。

"我听我爷爷说的。你知道啦，老人家的概念里，什么墓地什么的，不都是坟吗。我们说扫墓，他永远讲上坟。"藤子是很了解静依的，从静依的神情里就能猜出她在想什么。

"迁……谁的？"静依反应过来也已经猜出来是谁的墓要迁走，可还是不由自主问出来。

"还能是谁的。他们家在这儿还有谁的？"藤子神情黯然，不过她很快就调整过来。

滕藤子嘛，永远是乐观积极有活力的滕藤子。

不用静侬问，藤子就接着话题讲下去了。

"……本来他只是要陪他叔叔婶婶过来，谁知道上个月他婶婶例行体检，查出来癌症，马上得动手术，叔叔就得照顾婶婶，往下病人还有康复期，等他叔叔能抽出身来，得什么时候了？他爷爷原本就不想兴师动众的，也考虑他叔叔婶婶的情况，哪怕不生病，走这一趟也伤心伤身，就交给他全权处理了。"

静侬听得发呆："癌症？严重吗？"

"能动手术应该是有的医。沈家爷爷没细说，我爷爷也不方便问，只是大略了解下来龙去脉。我刚好回家送东西，听见他们在聊这件事，倒是我妈多问了两句，我爷爷又不高兴出声了——其实我妈也不是多话的人，她是觉得梁阿姨实在是太惨了点儿。那会儿她们俩是一单位的嘛，关系也还是不错。梁阿姨生了模子以后身体不怎么好，就没再上班，不过模子跟我，幼儿园都是海军幼儿园，小学到中学也一直是同一间。她们俩因为这也经常有接触，相处挺融洽的。那些年先是模子出事，后来沈爷爷和沈伯伯都调任，他们一走，模子爸妈也不想留在这儿，一家子陆陆续续就都走了……梁阿姨他们这几年一直在加拿大，这次是打算把模子也带过去，以后应该就在那边终老了。"藤子说着，伸手另拿了只高脚杯，给自己也倒了酒，像口渴似的，一口气喝光了，品都没品。

静侬也没心思品酒。

藤子沉默了片刻，下面有人喊老板，是有事找她。她皱着眉说稍等一会儿马上来。

"等你忙过了咱们俩再聊。"静侬说。

藤子叹口气："也没什么了，想跟你说的大概就这些吧。不过，沈绪楷之前也回来过两次，这我倒不知道，也是爷爷这回讲的。沈绪楷手上有几个大项目要在这边落地，有两个已经在建，还有已经签了合约，下面马上就要动工的，都是特受重视的项目……涵哥有没有和你说？他们玩得蛮大的，是飞机制造和公务机运营的项目。北边不是要新设两个公务机机场嘛……这边有业务，他以后可能会常回来。"

静侬摇了下头："没听我哥提。"

"你没兴趣听，他估计也没兴趣提——提了你也不往心里去。"藤子说。

她没笑，看着静侬。

静侬被她看得心里发虚，忍不住拿起酒杯来喝了一口。

"哎，提醒你一句啊。"藤子慢条斯理地说，"涵哥跟他们既是同学又是朋友将来还可能是合作伙伴，你可别找麻烦。"

"他们的事跟我有什么关系？"静侬忍不住道。

藤子慢慢点着头，说："是啊，你就是这一点真让人恨得牙痒痒——有件事，帮我个忙？"

"嗯？"

"我妈啦。"

"又给你安排相亲？"静侬睁大眼。腾妈妈生平最上心的就只有宝贝女儿藤子，这几年最紧张的事则是藤子的婚事。"你跟她好好儿谈谈啦。"

"哇，能沟通那还是我妈吗？"藤子夸张地竖起眉毛来。

静侬总算笑出来。

看，这么活泼爽朗漂亮性感的美人也有烦恼不是。

"真羡慕你，校长大人从来不在这种事情上给你压力。"藤子说。

静侬顿了顿，说："这倒是。难得什么事都可能批评我，唯独这一样她从来没什么意见，随我去。"

藤子笑："是这样的。我猜我妈惦记上沈緒楷了——要是她真有这个计划，拜托你救我。"

静侬瞪她。

"楷哥就是哥哥，我要跟他发展还不如跟涵哥发展，对不对？都是自己人，哪儿下得了手。老人家就是这点脑筋转不过来。"藤子说。

"你做我表嫂的话，我可是很欢迎。"

"别！我还想多活几年。"

两个人一齐笑起来，轻轻碰了碰酒杯，又叹口气。

"我哥也不知到底要怎么样。"静侬说。

藤子沉默片刻，才说："还是没遇到能克他的人。"

静侬看看她，想说什么，楼下又在喊老板快来，那个客人又来了，搞不定了……藤子无奈放下酒杯，顺手拿走了静侬的车钥匙，说让人把酒给她先送车上去。

藤子走了，静侬默默把剩下的食物都吃光。

酒的确美味，口感清洌，回味无穷……但是不好贪杯的。

她起身走出去，扶栏看了会儿海——涨潮了，沙滩和礁石被海水淹没，只看到白色的浪花一簇一簇地涌过来，又一簇一簇地消失不见……楼下餐厅的音乐声隐隐约约传上来，让夜色变得柔和而美好。

静侬听见手机铃响，跑回室内来接听电话。

是外公打给她的，问她是不是不在家，刚刚打电话到那边去没人接听。

还没等静侬说话，老爷子不高兴了，说你晓得不晓得一个人住的话一定要让人放心，横说竖说都不听就是不愿意让保姆同住，那就该随时接听电话……

静侬忙说自己在藤子这里吃晚饭，马上就回去了，问外公是不是有什么事情。

老爷子急脾气发作过了，这才说没什么事儿，就是突然有点想她了。

静侬笑着说不然我马上过去吧，陪您说会儿话。您有什么想吃的，我从藤子这儿给您带……陈老爷子说不用了，你明天还要上班，不要玩太晚，早点回去休息。

静侬知道外公作息极规律，等自己赶过去，也到了他睡觉的时间，见不上的。她跟外公说了一会儿闲话，把他哄去休息了。

挂断电话，她才看了下来电显示。

未接来电里除了外公打来的这两通，还有她母亲的一通。她坐下来打回去，等了好久才接通，刚想说对不起刚才没有听到提示音，她母亲先说了对不起，刚刚要打电话，不小心拨了她的号码。

静侬忽然不知道接下去该说什么了，顿了顿，说那没事了。

那边也顿了顿，问她最近工作怎么样。

"还好。"静侬说，"您最近忙吗？"

"还好。"她母亲说，"这个周末又回不来了。"

静侬说嗯，并不觉得意外。她没什么特别要说的，估摸着母亲也没有什么要交代的，就说了句晚安，挂断了电话。

手机握在手中，轻轻倒了两下，塞回背包里。

这就是藤子羡慕的母女间相处模式，绝不像滕家母女能够在甜蜜互宠和鸡飞狗跳模式之间随时切换。

她和母亲之间永远是尊重、克制、冷静、保持距离。

彼此间来来回回就这么几句话，说完再也无话可说。从她离家上大学之后每周在固定时间打电话给她母亲，基本上她们之间的交流就仅限于此，只不过那时候"学习"二字替换掉现在的"工作"，格式都不带变的。除了比较重大的问题要专门拨时间认真深入地谈，她们的日常交流连天气情况都不涉及——天气预报里都清清楚楚地播了，还要问，多浪费口舌。她母亲就是这样的人，绝不在无谓的事上浪费半点时间。

静依就刚好相反，最喜欢在无谓的事上浪费时间，让她做所谓的正事，就马马虎虎，只能算交代得过去，从来做不到优秀，但她母亲也随她去。

宽松是真的宽松。

自由也是真的自由。

直接的后果就是她迄今一事无成，而她母亲也不觉得是个什么很大的问题。也许是因为早就看出她资质平平，对她并没有什么过高的期许了，反正她想要的自己都能得到，女儿有成就是锦上添花而已——那也是可有可无的，只要别成为她完美人生的污点就可以了。

静依发了会儿呆，看看时间，自己也该走了，顺手收拾了下桌子，把餐具餐盘端下来，交到清洁工手上，说了声辛苦。

这时候经理老张看见她，将她的车钥匙交过来，说酒已经放到车里了，正要让人送车钥匙上去。

她道了谢，问藤子人呢，忙着吗？她忙就帮我跟她说一下我走了就行。

张经理笑着轻声说，是正忙着呢。他指了指餐厅方向，悄声说："有位客人，口味刁钻，老要找碴儿。偏最近还老来吃饭，太麻烦了。"

"是特别会吃特别能挑剔的那种吗？会不会是那种写专栏的美食作家、开微博的美食大V专门来找素材的？"静依来了精神。

"不是！要那还好了呢！那种还真不难伺候。这人看着还不是内行，更不是老饕，就……反正特别拧巴。一会儿这个味道不对一会儿那个味道不对，上次是老板动手烧了山楂鹅肝给他，打发他满意的。

今天这道牛排换了两回了还说不行，不晓得老板怎么搞定，难道还用山楂鹅肝？可没现成的鹅肝用！"张经理说。

"老这么着那不是要赔钱？"静侬说。

"倒也不会。他钱是照付的。"张经理说着就乐了，"也不知道图什么，大概不为难一下人，夜里睡不安稳？我们开店的没有不想客人吃得满意的，我们老板又是特别追求完美的人，遇上这号客人，只好辛苦一点了。"

静侬笑，说这不是个奇人，就准是个怪人。

老张说看着是衬衫都皱皱巴巴的，开始都不想招待他……一起来的老太太倒是体面，又精神又礼貌，老板要不是看在老太太分儿上，就他这难为人的劲儿，恐怕也就起了撵他出去的心了。

"我们老板脾气那么好的人！"老张叹气。

"我看看是什么人去。"静侬悄悄走到前面去。

餐厅的中央有个小小的舞台，常驻的一支四重奏乐队正演奏《伏尔塔瓦河》。

她的目光稍稍转了转，立即看到了藤子。看藤子站在一张小方桌旁正含笑同客人交谈，耐性十足，她忍不住想笑。

藤子正好挡住了那客人的面孔，不过仍然能看出来那人的确如经理所说，衬衫都皱皱巴巴的。干净，但就是皱皱巴巴的，像是刚从洗衣机里拖出来就套头穿上出门了。餐厅此时客满，客人们即便不是盛装，也都衣着整洁得体，就只有这一位不修边幅……果然他对面还坐着一位满头银发、身姿挺拔的老太太。老太太倒是很体面的……静侬正要走开，忽然觉得这老太太背影很眼熟，一时又想不起来在哪儿见过了。她正努力想，就没动，刚好藤子转过身来面朝老太太，这让出的一点儿空让她看清了那客人的样貌，轻轻唷了一声，抽身退回来，笑了。

张经理看她回来还笑着，问："怎样，是特奇怪的一人吧？"

"是。"静侬笑着说。

她心想这人何止有点奇怪……不过她只是笑，跟老张说："等下你跟藤子说，这客人就尽管好好儿招待吧，反正不是坏人，就……拧巴起来确实够人喝一壶的就是了。"

"您认识啊？"张经理一拍手。

还不待静侬回答，前面侍应生喊他快点儿出去，讲外面来了几位VIP，但是没提前预约……张经理抱歉地对静侬笑笑说不好意思，赶忙整理西装快步走开了。静侬看看这儿人人忙得脚不沾地，不便久留，就想要走。

这时候藤子从前面回来，喊了她一声，问："这就走吗？你还要什么别的不？"

"不需要什么了……哦对，给我来两瓶朗姆酒吧。"静侬说。

"楼上酒柜里就有，你上去拿。"藤子说，"我去补下妆。你看就这么会儿工夫，我这一头汗……"

静侬看她面上红扑扑的，眉头也略皱着，心说晚点儿有时间再跟她说那客人的事好了。"我等下直接走了。回头通电话，我有事和你说。"

"好。"藤子说着挥挥手。

静侬返回楼上，去酒柜那边拿了两瓶朗姆酒，随手取了个袋子装了，写张字条贴在酒柜上，看了看，画了只猫脸。

藤子是猫党，不像她，是狗党。

她拎着酒正要下楼，忽听见一声笑。这笑声可够特别的，别人绝不能有。

"哥？"她将袋子随手放在桌上，走出来，正好看到几个人往楼上来。

走在最前面的却是沈绪楷。

他身后还有一位陌生男士，最后的才是陈润涵。

他们显然没有料到静侬会突然出现，几乎同时站住，动作神情非常一致地看向她。

陈润涵诧异地问："你怎么在这儿？藤子呢，在上面吗？"

静侬给他们让开路，轻声说："没有。"

"她刚接我电话匆匆忙忙挂掉，就让我们先上来，说她马上来。"陈润涵说。

静侬不晓得首尾，只好说："这会儿店里忙。"

"你是来吃饭还是怎么的？"陈润涵说着催促沈绪楷他们快点走，"都站这儿干吗呀，咱们进去坐下聊。"

"来吃晚饭的。"静侬说。

沈绪楷从她身前走过去。

她留意到他并没换衣服，还是那套黑西装，只是领带摘了，看上去放松了一点。走在他身后的那个男人经过她身边时，礼貌地微微一笑，点了点头，随即回头和陈润涵说了句什么，惹得陈润涵大笑了两声。他个子和沈绪楷不相伯仲，但略微胖一些，这就让他整个人的线条轮廓看上去要柔和得多。他见静侬打量自己，又对她笑了笑，帅气的脸上有着这样的笑容简直是……锦上添花。他笑着和静侬说："你哥从小到大都爱到处夸耀他有个漂亮妹妹。我们既没妹妹更没漂亮妹妹的，被他欺压很多年了。"

　　静侬脸有点热，只是微笑着。

　　陈润涵笑着说哪能不夸耀嘛，这是我们家颜值担当。

　　静侬等他们进去，在后头瞪了陈润涵一眼："别胡说啊。"

　　陈润涵笑笑揽过她，说："来，我得给你'再'介绍一下——这，老沈你认识的，不用介绍了。这是茆昕，跟我们一届的，你该叫茆哥。"

　　静侬在心里翻了个白眼给陈润涵。她可不喜欢他这做派，尤其没有到处上赶着认哥哥姐姐的习惯……许是她的神情露出来了，茆昕看着她，微微笑道："我跟 Micheal……我跟沈绪楷一样的待遇就行。绪楷，哦？"

　　沈绪楷走进来就到窗边去了，此时才回了下头，似乎是认真想了一下才回答的："嗯。"也不过是这么简单的一个语气词。

　　茆昕看着他笑了笑。

　　静侬腼腆笑笑，不作声。

　　陈润涵等大家都坐下来，问静侬："没吃的话一起吧？"

　　"我吃过了。"静侬忙说，"刚正要走，回去还有事。"

　　她不是没看到他们三位的衣着，一色的黑西装白衬衫。茆昕甚至连领带都还系得妥妥的。这个时间他们能来这儿，明摆着是想坐下来聊聊天的，可能接下来会聊些朋友间才会聊的私密话题。她不能算外人，可是他们聊天她可插不进话去……她看了看表，时间还早，可以再坐一会儿，听听他们闲聊。

　　她看表的小动作极细微，一旁的沈绪楷却发觉了，微微侧了下脸。他看了看她，又转开了脸。

　　静侬听茆昕和陈润涵说明天就走，这次就是特地回来走这一趟的，不禁看了眼沈绪楷——他坐下来之后一直没出声，此时脸上的表情也没什么变化……她忽听得茆昕问："静侬是不是完全不记得我了？"

沈绪楷抬起头来，恰好和静侬四目相对。

静侬忙移开视线，看向茆昕。

茆昕说："我那年临走前几天还见过你。我先去润涵家找他，陈叔叔说润涵在奶奶家，我又跑到奶奶家，是你给我开的门。那年你应该中考，是不是？你当时正在家做题做得烦了，跟润涵吵架……"

"你怎么记得这么清？"陈润涵笑起来，"别问她了，肯定是忘了。我都不记得了。"

"要你记得！"茆昕笑道。

"好像……是不是，你还帮我解过题？说那个考点你们那年中考考过，隔年肯定会再考。"静侬说。她可是搜肠刮肚地回想，才想起这么一件小事——陈润涵的朋友实在是太多，她真记不清。

"后来考了吗？"茆昕问。他转了下脸，朝向一边，看了看沈绪楷。

"没有。"静侬笑。

"可惜。"茆昕也笑。

"不过她那年数学差一分就满分了，超常发挥……咦，可你数学也不怎么样，还能给她解题？"陈润涵笑问。

"我那个'不怎么样'要看跟谁比。要跟你比，当然还是可以的，跟这拿奥赛金奖的比，那是不行。"茆昕说着拿胳膊肘儿碰了下沈绪楷。

沈绪楷一笑。

"也是。他们家男孩子脑袋瓜子都好使，随便拿奖，随便保送……"陈润涵说。

几个人都静下来。

静侬低了下头，没看见陈润涵抬起手来，轻轻照着自己嘴巴来了那么一下。

"唉，那时候我们年纪多轻啊。"茆昕叹道，打破了沉默，"后来我就走了。过去就念英文学校，念得我简直想死。我其实是想留下来念书的，可我父母不答应。"

"他们过去跟你爷爷奶奶团聚，老把你一个人丢在这里也不好。"陈润涵说。他看看沉默的沈绪楷："你走的时候我们还说不知道哪年哥几个才能再在一起喝酒，谁知道过不几年你跟老沈先团聚了。"

"我们后来要不是那么巧申请同一间大学的master（硕士）啊，

确实没那么快再见面。"茆昕说着也看沈绪楷。

此时几个人的目光都落在他身上，他抬了抬眉："是不是该点菜了？"

茆昕哧的一声笑出来，似乎有什么要说，但看沈绪楷的表情又忍住了，只说："对，忆往昔不能当饭吃。"

"藤子说她给安排，那就是有什么吃什么，哪儿还轮得到咱们点？"陈润涵笑。

这时候楼梯咚咚咚响得急了，静侬听出是藤子的脚步声。

藤子人未到，声先到："哟，对不起，我来晚了。"

静侬见她补了妆，神采奕奕地出现在大家面前，不禁露出笑容来。藤子太得体了，永远不会失礼于人。

藤子看茆昕脸生，陈润涵替她介绍之后，她也没想起来见过这位学长。不过在藤子这里，这可不是什么问题，就见她来了说了会儿闲话而已，已经将茆昕离开本市之后十几年的主要经历，这次回来是干吗来了，饮食上有什么偏好……这些一一问了个清楚。

静侬他们坐在一边看着藤子笑而不语，藤子泰然自若、一本正经，至于茆昕，则一脸的憨厚质朴，像是根本没发觉自己被套了话。

待藤子下楼去了，几个人才笑起来。

茆昕才回过味来，说："这位学妹好厉害。"

陈润涵点点头，看了眼静侬："我们家这个跟人家一比，跟二傻子似的。"

静侬瞪他。

跟他们又闲聊了一会儿，等藤子带人上来送餐，她趁机告辞离开。

她一起身，茆昕和沈绪楷也都起了身，只有陈润涵还大剌剌地坐着。陈润涵完全没想到这两人会这么客气，愣了下才说干吗呀你们二位，这阵势怪吓人的。

静侬的确也没想到两人会齐齐起身，一时有点不知所措，忙请他们坐下。

茆昕微笑着看静侬："那我们后会有期。下回我过来，或者你去香港，别又不记得还认识一个茆昕了。"说着，他身子后仰了一点，看着沈绪楷。

沈绪楷却只是轻轻点了点头："慢走。"

"……好的。"静侬有点窘，赶快道了别离开。

藤子陪她下了楼，看她整张脸都红了，忍不住笑她："哎，你紧张啊？因为茆昕还是因为楷哥？"

静侬甩甩手："才没有紧张。"

"两个行走的荷尔蒙碰一起那确实效果加倍。尤其茆昕虽然看着挺实在的，一对桃花眼，太勾魂儿了，紧张也是正常的。"藤子开玩笑，"哎，别跑呀！我都问明白了，你听见没？有意思的话抓住机会啊。"

静侬不理她，背起包来直接从后门走掉了。

出了门，到底回头补了一句："到底是谁被催婚呀？"

藤子笑。

她跟出来，看静侬上车后代驾人开走才放心，咕哝了一句这么大个人了还是这么容易害羞，关上后门回去忙了。

静侬尽力不去想自己刚才的窘态。

等到了家里，她脸上还发热，去冰箱里拿了一大筒冰激凌出来，直接放到了脸上，过一会儿才坐下来吃。

她拿着大勺子在筒里掘着冰激凌，大口吃了差不多三分之一筒，才觉得好多了，猛地想起来自己是准备烤曲奇饼的，赶紧扔下冰激凌去准备食材。

等面糊和好了，她突然意识到少放了一样东西。

朗姆酒！

静侬哀号一声，额头磕在台面上——都是她一时心慌，竟然忘了把最重要的东西拿回来！

她咚咚咚磕了好几下额头，扶着操作台看盆里这团面糊。就这么做成曲奇问题也不是很大，可口味是差了一点的，达不到她的要求……明天她要去善本室报到，带上曲奇多好呀……她正恼着，手机一响，抓过来就胡乱按了一下，听见藤子说："哎呀！你把酒落下了，发现了吗？"

"发现了。"静侬有气无力的。

"涵哥说他过去给你送……"

"他们散了吗？这么早？"静侬看了下腕表，九点一刻，倒也不算太早了。

"唉，还说呢，他们一起聊天，后来气氛不怎么好，涵哥喝了不少酒，哭得好大声……"藤子压低声音。

静侬轻轻叹口气："我过来吧，你可能对付不了他。"

"你也对付不了。没事，你不用管了……"藤子说。

静侬还没来得及问陈润涵喝了很多酒，怎么过来送东西，藤子就挂了电话。她要打回去问清楚，想着藤子妥当，又不是第一次处理这种情形，一定是叫了陈润涵的司机来接人的……那就没什么好担心的。

她知道白家表哥酒后的德行，喝醉之后花样百出，真的是像人家说的，从人变回猴子，只需要一瓶酒。她这么想着，心念一转，其实今晚她在那里的时候，也是低气压状态。茆昕和陈润涵都在尽量讲轻松的话题，沈绪楷基本上不出声。也许……她心里突然不是滋味。

她发了会儿呆，索性把面糊放在一边，另取出食材来一一称量，听见门铃响就应了门跑出去了。

夜里风凉，她穿着围裙戴了头巾，一路往外跑，下台阶时三两步往下跳，喊着"来了来了"，几下把门锁打开，拉开门出去。

外头门廊下灯光明亮，将人影照得清清楚楚的，却不是陈润涵，而是沈绪楷。

静侬手还扶在门上，张开口一时没能说出话来。

她可没预备好在家门口一眼看到的是他……

沈绪楷原本是低着头的，见门一开，静侬跑出来，一副见了鬼的样子，将手中的袋子提起来，说："润涵多喝了两杯，藤子走不开，茆昕送他回去了。"

一句话交代了三个人，没提他自己，却说清楚了为什么会是他来。

静侬接了袋子："谢谢你。"

"不谢。"他说着要走，看了下大门。

静侬知道他的意思是请她先回去，不过还是说："不好意思，时间有点晚了，不然……"

"不用。"沈绪楷说。

他步子已经迈出去了，静侬也从门内走了出来，看他走到车边。

沈绪楷发觉，回头看着她，似乎看出她欲言又止，他问："还有事吗？"

"我听藤子说了，你这次回来是带模子走。"静侬说。

沈绪楷打开车门，隔了车顶看她。

"对不起，我是不是不该提？还会有正式的仪式吗？我是说……"静侬说着，看着他。

"没关系。"沈绪楷说着，转了下脸，"这边不需要什么仪式。正式的仪式会在温哥华举行，只有家人出席。谢谢你关心。"

静侬不出声。

不知道该不该说不客气。

沈绪楷看看她："晚安。"

"晚安。"她说。

他上了车，很快把车子开走了。

静侬退进门内，仔细把门锁上。

袋子始终紧紧攥在手里。

刚才交到她手上的时候，他的手换了下位置，捏住纸袋的一角，将提手留给了她……提手上留着他手的温度。

静侬低头看了看袋子。

两瓶朗姆酒在袋子里紧挨在一起，不时轻轻碰撞着，发出脆响。这响声听得人莫名有点心烦意乱……

她进了屋子，打开酒瓶，重新调好了面糊，做出饼坯。等饼坯放进烤箱里，她拿了只玻璃杯，倒了小半杯朗姆酒。

她看着烤箱玻璃门上自己的影子，发着呆。

沈绪楷那身黑，怎么会那么黑呢？

黑得像是能吸走所有的光。

许是因为穿了黑，他看起来比三年前瘦了些。

有三年了吗？

静侬喝了一大口酒。

时间过得可真快。

变形的草莓杏仁饼

木香花开的时候，范静侬算了算，这是来善本室帮忙的第四周了。

　　现在她不管是坐在办公室里、走在长廊上，还是在书库里忙碌，都能透过玻璃窗看到那成片的木香。

　　花正开到灿烂时，密密的几乎看不到叶子，很是热闹。看得稍久些，心里就有一种难言的情绪慢慢地涌上来……

　　"小范。"李晴晴经过范静侬身边时叫她一声。

　　静侬转头。

　　她才来了没几天，李晴晴给她的称呼就从"范老师"改成了"小范"。别人也跟着改，现如今她成了善本室全体成员的"小范"——会请吃曲奇饼、喝咖啡的小范，和和气气的小范。

　　"等下午饭吃什么？"李晴晴问。

　　"我今天带了饭盒，火鸡肉三明治。"静侬说。

　　"今天也不叫外卖了？"李晴晴笑。

　　静侬笑。

　　她最近经常叫外卖。这几天改回老习惯，又带上了饭盒。李晴晴也喜欢自带午餐。天气好的时候，她们就去图书馆前面的小树林里找张石桌坐下来慢慢吃，闲聊一会儿。一起吃饭的人要是多几个，还会玩会儿小游戏。

　　"这就对了嘛。你最近老吃外卖，这可不太好……等下一起'钻小树林'啊。"李晴晴眨眨眼，走开了。

　　静侬笑笑，继续做事。

　　老吃外卖当然不太好，尤其连续两天不知为何吃过午饭之后就有轻微腹泻，要靠药丸来急救。再这么下去，她没靠叫外卖制造出"偶遇"

修任远的机会来，恐怕先要进一回急诊室了……她忍不住想笑。

对，这办法好傻，跟大海捞针有什么区别？

"你傻笑什么？"李晴晴从书架后闪出半个身子来，"我发现你最近不太对劲儿，是不是两边跑，忙晕了？"

"那倒没有。也不至于那么忙。"静侬说。

"那就是谈恋爱了。"

"更没有了。"

"那我要给你介绍对象……"李晴晴马上说。

静侬笑起来："还没放弃啊。"

"我不会放弃的。"李晴晴闪回书架后，走远些了，声音却大了些，"我手上的候选人每天给你提供三个，能有一个月不重样儿……"

静侬不出声。

书库里此时虽然没有别人，这么大声聊私事还是不太合适。但她想想李晴晴手机里那些照片资料，差点笑出声来……

一直忙到午休时间，她才活动了一下脖颈儿。

李晴晴一阵风儿似的从她身后跑出来，拉着她锁好书库门，回去拎了饭盒就上楼往图书馆外走。虽然天气暖和了，图书馆内还是很阴凉，静侬有点渴望快点出去晒会儿太阳。

一楼总共有三个书库，此时学生们正陆陆续续从里面走出来。有的认识她们，笑着打招呼问老师好。

静侬都回以微笑。

"你的人气还真高。"李晴晴小声说。

静侬正要开玩笑说那可不，因为我又好看又和气啊，就看有位拖着一个小拖车的高大男人在出口处，独占了一个通道。他站在那不进不退不动的，人流就在他身后自觉分开，流向旁边的通道。

静侬一看那人身上的格子衬衫，说："柯老师又遇到什么难题了吧。"

李晴晴走过去，歪着头看看柯正杰，见他手捂在胸口一脸凝重，问："小柯，心脏病犯了吗？"

柯正杰原本直勾勾地盯着地面，听见人叫他，轻轻啊了一声，说："没有。"

"那你捂着胸？"李晴晴皱眉。

"我在回忆。"柯正杰上下左右摸口袋，"我的卡又不见了。"

"跟值班的老师说一声，给你打开就是了。"李晴晴说。

"我能找到。我能从这儿进来就能从这儿出去。"他说。

李晴晴一脸无奈地看着他，招招手让静侬一起走。

静侬站在他们身后，仔细看了下柯正杰的小拖车。小拖车上放的是柯正杰的电脑包、打印的一沓沓的论文还有十几本贴着图书馆标签的厚厚的外文书……她弯身看了一眼，从书堆里揪出一截蓝色的挂绳，一扯，门禁卡被带了出来。

她拎着门禁卡举到柯正杰面前。

柯正杰的眼睛过了一会儿才有了神采，像镜头突然调好了焦距："啊，这是我的！"

他一把夺过门禁卡，拎起拖车刷卡出门，低着头急匆匆往外走。看他几乎要跑起来的样子，门口值班的保安叹口气，对走出来的李晴晴和静侬说："柯老师老这么下去，可怎么好哦！"

李晴晴啧啧两声："就是。人家帮忙找着东西，连句谢谢也不知道说。"

"小事。"静侬也笑，"隔几天没看见柯老师来闹点笑话，感觉缺点东西——你不知道，他最近经常去我同学的餐馆吃饭，哇，他一出现，店里严阵以待。据说他有一天因为牛排不符合他要的熟度，连换了八盘。"

李晴晴大笑："这个大笨熊书呆子，到哪儿都够人瞧的。有没有跟你同学说说他的情况？他人不坏啦……"

"说了呀。她说餐馆生意嘛，就怕客人不来，不怕客人挑剔。还有，可以看在潘老的分儿上，忍他。"静侬笑着说。

"小柯什么都好，斯斯文文的，人也忠厚……就是不太懂人情世故，看着呆呆的。潘老老来得子，八十多岁了，还得整天跟在他屁股后头嘱咐这嘱咐那，快四十岁了自理能力还像小孩子，一年能丢七回门禁卡。有一次，陈校长还亲自把他叫到办公室问他，是不是私底下贩卖门禁卡。我们听说了，简直没笑死。"李晴晴笑得身上发抖。

静侬也笑。

她母亲总是很严肃，可是偶尔会一本正经幽默一下。

"有什么用，还不是照样丢……这亏得也是留过学、独立生活过的人，看着一点儿都不像。要不是科研能力和教学能力都很强，真混不下去。"李晴晴还是笑。

外面阳光很好，晒得人身上暖暖的。

静侬深吸了口气，听见李晴晴问："对了，把你车子剐了的家伙是不是还没找着？"

"没有。"静侬说。

"怎么这回保卫科的效率这么低……不然发到BBS（论坛）上吧，只要打出范静侬老师几个字，要揪出那几个毛孩子来，分分钟的事。"李晴晴说。

"不急啦。"静侬说，"那么兴师动众干吗？"

上个周三下班她贪看一号校门牡丹园的花，特地散步回家的。当天晚上保卫科的值班警卫就给她打了电话。她的车子突然发出警报，巡逻车赶到时，只看到车尾有剐痕。从监控里看，可能是几个学生模样的年轻人骑自行车打闹，摔倒时正好撞到车尾，划伤了车子。人当然是马上就跑了，那个位置刚好在图书馆和实验楼之间，又接着塔松林，黑乎乎的看不清什么，警卫追过去也没追到。

时间虽然也不算晚，她也并没有马上赶回学校。她想的是反正都已经剐伤了，去了也于事无补。大晚上的给人添麻烦，实在是不合适。第二天早上她到了学校查看了下车子，见剐伤比她想得要轻一些，就更没在意了——只是车子是新换的，她还真挺心疼。保卫科请她过去，调了监控录像给她看。录像里人影有点模糊，也没拍到正脸，但是从那几个年轻人衣着的特征上追查，也不是没有可能查到……

她想了下，说人还是该找到的，不过目的也不是让他们赔钱，而是该批评一下。不管怎么说，也该是成年人了，犯错之后怎么可以一走了之？

年少无知这个借口，要用半辈子吗？

保卫科的同事听了就笑，让她在记录上签了字，说会尽力找这几个小毛头的，有一个学生穿了件音乐学院的文化衫，我们先从这个线索查……然后查了快一个礼拜了，一点消息都没有。

"那几个小毛头！"静侬嘟囔了一句。

"这么多学生，泥牛入海，哪儿找去？还是我的主意，直接悬赏求线索……"

"实在找不到我就这么办。"静侬笑道。

"你可真是心宽。换了我，新车被蹭了一下，我都要跳脚的。"

"我也心疼呀，约了这周末检修。要赶紧修好。"静侬说。

迎面走过来一群学生，叽叽喳喳说着话唱着歌。看他们身上背着乐器、怀里抱着乐谱，大概是音乐学院的，静侬就多看了一眼。这一看，发现男生们个子高高的，眉眼俊秀，女生们纤秀可爱，各有千秋……看着他们，跟看着娇嫩的春花一样，真让人心里舒服。

走在最后头的是一对紧紧依偎在一起的学生情侣。

男生一头长发，蜷曲飘逸，女生……只看侧脸，静侬也认得出来那是宗小苔。

宗小苔往她这边看了一眼。她脚步不自觉慢下来，被李晴晴拉了一把，就这工夫，宗小苔已经走了过去。

"别看啦。那长头发男生是音乐学院的博士生，好像是作曲系的，乐院长高足……帅吧？"李晴晴说。

"……还行吧。"静侬说。

其实她并没有特别注意男生的长相，几次相遇，她的注意力都在宗小苔身上。明明喊一声"宗小苔"就行……就这一步，有点难迈出去。问题也不全在她这边。

像今天，她很确定宗小苔是看见她了，只是那样子像是完全不认识她。

"……车剐了也不见你着急。你整天开着剐花的车，跟一漂亮姑娘脸上卡粉似的，好看啊？"李晴晴在石桌边站下，把手中的保温袋递给静侬，掏出毛巾来将桌椅上的浮灰揩抹了一下。

"不是很显眼。"

"保险公司那边呢？你那车那么贵……"

"没事啦，我找售后了。他们来人看了看，说也可以给我提供车子先代步，他们负责后续检修和补漆。我觉得也没必要，周末我自己开车去指定修理中心就可以了。"静侬说。

"你真是好说话。"李晴晴笑着说。

静侬打开饭盒，分了李晴晴一个三明治："这回火鸡肉腌了很久，很入味，烤得火候也刚刚好。"

"不年不节的吃什么火鸡啊？"李晴晴接了三明治。

"就是想吃，管什么年节。"

"也是。要真论年节，咱们还真吃不上这口儿了。你真是好样的，做什么都做得好——哎，我发现一个现象，你来善本室的那几天，来预约查资料的人比平常多。"李晴晴说。

静侬笑："有吗？"

"绝对有。以前就听说，有学生频繁借书还书，专门挑你值班的时候。这回可见识了。"

静侬咬一大口三明治："小毛头。"

"这是小毛头的可爱之处啊！你想想，最容易心动最单纯喜欢一个人的时候，可不就是这个年纪？十几二十岁，谁不是被荷尔蒙催着往前走……年轻真好啊！喜欢就是单纯的喜欢，什么都不计较。"李晴晴拿着三明治，笑着叹息。

静侬想起刚刚遇到过的那群学生。可不是吗……天天看着年轻人，她总觉得自己习以为常了，但不是的，见到年轻的有活力看上去无所畏惧的面孔，还是会感慨。

"要是一直能年轻就好了。"

"那不成了妖怪了？我不。我要变老。"静侬说。

"你还用变？你现在就像个老太太。"李晴晴哧的一声笑。

静侬笑起来："好吧。"

"看你最近好像是有点心事……显年轻了。"李晴晴开玩笑。

"算不上什么心事啦。"静侬把三明治的一角咬下来，"我上个月见到了很久没见的同学，当时应该上去打招呼的，可是没出声，现在就很后悔。"

"是以前有过节？"李晴晴问。

"没啦。一个是，他当时正在工作……不过这是我事后给自己找的借口，我承认当时是没什么心理准备。还有一个是，很多年没见了……"

"男生？"

"对。"

"你以前喜欢过他？"

"对。不过他不喜欢我。"静侬说着笑了。

他喜欢的另有其人。

"哇……你知道在我老家，管一种有眼无珠的人叫什么吗？"李晴晴认真地问。

"什么？"

"瞎呗。"李晴晴说，"你从小到大一路都是校花级别的吧？不喜欢你！"

"没有啦……是他喜欢的人，比我有吸引力吧。再说，人和人之间的化学反应也很难讲，对不对？"

李晴晴有一会儿没说话，大口吃着三明治。

静侬小口小口咬，半天也没吃完这一个。

李晴晴看看她，抬手一按，将三明治推到她嘴边："吃东西也这么慢……现如今谁还'从前慢'啊？都直给，明示，恨不能一眼定终身，谈恋爱就像坐火箭——慢一点，好像就来不及了。"

静侬笑起来："那我还是喜欢慢。"

"你就慢吧，反正急的不是你。"李晴晴笑。

静侬吃完了手上的三明治，拿了手帕仔细擦着手，慢条斯理地说："下回见面，我一定主动打招呼。"

像另一个黄木香开了的日子，她走过他身边，微笑着打招呼。

现在想想，那天天气可太好了。

谁也想不到，在那样的一天，有的人的世界会轰然倒塌。

范静侬将车开进维修中心，停到指定位置，距离预约的时间还有五分钟。她下了车，正要给经理打电话，就见他带着修车师傅走了过来。

她微笑着跟他们打招呼。

基本情形早前都已经沟通过了，她站在一旁看经理和师傅查看车尾的剐伤。师傅叫了他两个助手过来，仔细将车况和手上的资料核对清楚，请静侬签了字。

经理请静侬到休息室坐一会儿喝杯咖啡再走，笑着说陈总刚刚还特地打电话来问您来了没有，让我们好好儿接待，不然下一季度就不照顾我们生意了。

静侬笑着说不好意思，给你们添麻烦了。他才舍不得不好好儿保养维护他那些宝贝呢。看，我的车剐伤了，他比我还心疼。

经理忙笑着说陈总是真喜欢车也真懂车，没事儿也爱过来看看。

陈总上个月还带朋友来，给我们带大生意了。

静侬说那还不是因为你们够专业嘛。

她没问陈润涵介绍谁来这里了，想想也知道，还有谁能让他这么上心……她看看时间，告辞出来。

经理要让司机送她，她婉拒。

经理忙交代同事叫车，很客气地一直将她送出门。这时约好的车子刚刚好来了，静侬上了车，跟司机问了句好，报上地址，问知道怎么走吧。她系好安全带，拿手机拨电话，忽然意识到司机并没有回答她。她抬眼往前看了看，不由得就是一愣。

"修任远？"她叫道。

电话那头"喂喂"两声，问："是贝贝吗？贝贝你是不是打错电话了？"

静侬忙说："对不起李阿姨，没打错。那个……外公回来了没有？我等下过来。"

李阿姨回答她说陈老刚刚到家，要不要请他听电话。静侬说不用，我打来是想问问有没有什么需要的东西，等下我买过来。李阿姨说不需要什么，早上出去采购了，家里什么都有，涵涵刚到，也买了一堆东西。

静侬说那我知道了，谢谢阿姨。她挂断电话，看着前面稳稳当当开着车的修任远，说："麻烦前面靠边停车。"

修任远没出声，迅速把车子靠边停下来。

静侬打开车门，换到前面坐好，系上安全带，才抬头看发愣的修任远。

"开车啊。要不把车停这儿，进去喝杯咖啡？"她说着指指旁边的咖啡馆。

修任远发动车子，闷声说："我在上班啊，哪能停工去喝咖啡。"

静侬笑了笑："刚才吓着你了？"

"有点。"修任远清了清喉咙，顺便在座椅上轻轻扭了下身子，"我刚以为你要下车。"

静侬看了眼计价器，说："那你损失一单生意。"

修任远说："哎，这点儿损失还是承担得起的……"

"你怎么开起出租车来了？干多久了？"静侬问。

"没多久。"修任远含糊地说。

静侬见他一副不自在的样子，显然恨不得马上到达目的地，好跟她分道扬镳。

她不出声，看看这辆车。车厢里很干净，仪表盘四周纤尘不染，挡风玻璃透亮，看样子日常被侍弄得很好。

气氛忽然有点尴尬，修任远觉得有点不合适了，才又说："我原来讲好了只开夜班。跟我搭伙儿的那哥们儿最近家里有事，那我就夜班白班都干了。"

"这太辛苦了。"静侬说。

"有活儿干就不错，再说，也不老这样。"修任远又清了清喉咙。

"慢性咽炎？"静侬问。

修任远说："好像是叫这么个名儿。"

静侬打开背包，从里面拿出两盒润喉糖来，看了看手边，往储物盒里一放，说："这个效果还不错，你试试。不过，少抽烟应该更有效。"

修任远身上有很重的烟气，这种烟气通常是劣质烟才会有的。

"谢谢你。"修任远说。

他转了下脸，看看后视镜。

静侬看出他情绪有点波动，只当没注意："上个月我见过你一次。"

修任远沉默了片刻，问："是不是在大礼堂附近？"

静侬轻轻"啊"了一声，反问："你帮忙疏导交通那天？你也看见我了？"

"我是先看见你那车了。后来我都跑过去了，觉得司机怎么有点眼熟，就回了下头……你一点都没变，很好认。"修任远说。

"原来如此。那怎么没叫我？"范静侬问。

"我不知道你想不想跟我打招呼，再说当时也来不及，我要骑车追你去，那送餐准迟到。"修任远说。

范静侬点了点头。

"你不也认出我来了？你也没叫我。"修任远说。

"我也不知道你愿不愿意跟我打招呼啊。"静侬辩解。然后，她皱了下鼻子："好吧，我在那之前就看见过你一次——你有一天去苏记买拿破仑蛋糕和蛋挞，记得吗？"

"我上个月接了好几单都是要去苏记……买拿破仑和蛋挞，那天是不是风很大？"修任远露出微笑来。这是静侬上车后第一次看到他脸上有笑容。"我记得了，那天没买到拿破仑，客人很不高兴。"

"那天我没买到，我也不高兴。"静侬说。

修任远笑："你那天也开车去的吗？我不可能没看见车啊……哦对，那天我倒是看见另外一辆豪车了。那个车好，要不是有工作在手上，真想追上去看看。"

静侬看着他，笑笑："还是那样啊，对机动车比对人感兴趣。你进店的时候，我正好要往外走。"

"我没留心。难道那个女的，披头散发的，是你？"修任远使劲回忆了一下，问。

"对。不好意思，像女鬼一样。"静侬说着，将长发理顺了一下。

修任远笑了，然后，轻轻叹口气："真没想到。"

"没想到什么？"

"没想到你样子没怎么变，性格也没怎么变……还没想到，咱们还能这么聊天。"修任远说。

"这有什么呀……手机给我。"静侬趁红灯停车，说道。

修任远犹豫了下，从储物盒里另拿了一部手机递给她。静侬见还是老式键盘手机，操作起来非常简单，就把自己的电话号码输入进去，打通之后挂断，替他保存在通讯录里。

"今天不耽误你上班，改天约你吃饭，行吧？"静侬把手机还给修任远。

修任远过了一会儿，才点了点头："行。"

"你又送外卖又跑腿又要开出租车，吃得消？"静侬问。

"外卖跑腿没在做了。"修任远说。

"这样啊，那还好。"静侬点头。

"其实我还挺喜欢做骑手的，不过也知道，临时的工作嘛……私人的小平台，要求没那么严格。可惜也没能做得久一点。"他眉头微微皱了皱，抬手揉了下。

静侬看他脸色有点阴郁，大概猜得到是什么阻碍了他在要求并不太严格的小企业继续做这份门槛也不是很高的工作。

她有点难过，但是看他这么努力，又有点高兴。

"就在前面路口把我放下吧，我要去买点东西。"静侬指了指前面不远处的一家水果连锁店，"就顾着跟你说话了，差点儿错过去。"

"我在这儿等你，你买好我送你过去，还有一段路。"修任远看看导航地址。

"不用啦，走几步而已。几斤重的东西我还拿得动。"静依忙说。

修任远没坚持，就在前面停了。静依下车前边说着过几天见，边打开钱夹很快取出计价器上显示数字的钞票，放在储物盒里就下了车。

修任远一急，弯身叫道："范静依！车钱拿走！那边会付钱啦！"

"我自己付。"静依站到路边，摆摆手让他快走，"不然改天吃饭你请好了。快点，这儿不好停车太久。"

修任远无奈，只好也摆摆手，驱车离去。

静依看到他刚刚起步就被人拦下，载到了新客人，不禁笑了笑，扫了眼车牌，拿出手机来，边往水果店走，边保存他的手机号。

她打出"修"字来，又删除，用车牌号代替了。

水果店门口摆了新鲜的车厘子，红彤彤的很惹人喜欢。店员看见她忙打招呼，说早上刚到的猫山王，给您留了两个最大的。

店员跑去把纸箱搬出来，打开给静依看了看。静依另挑了点车厘子，请店员帮忙把纸箱搬出来，拦了辆出租车，往外祖父家里来。

车子停在大门口，她下了车正搬纸箱，大门开了。

司机说哎哟我得赶紧走了。

门前开阔，可是出租车正好停在中间，门内开出来的那辆车就停了下来。

陈润涵走在车后，看见静依，说："你又买这臭烘烘的东西！"

静依转了下头，看清这车子，愣了下。

车是沈绪楷的，但今天是司机开。后座上的确有人，可不确定是不是沈绪楷。

静依站在那里没动，车子就从她身边开过去了。陈润涵冲着车子挥挥手，过来从她手里拿过车厘子，钩在手指上转身就走。

"喂，陈润涵！你像话吗！"

纸箱很沉，静依搬得有点吃力。

陈润涵在前头摇摇晃晃走了几步，回过身来把纸箱接了过去，故意皱着眉头说："这东西味道忒大了，搬一下沾一手屎一样。"

"少胡说！"静依喘口气。

"车送去修啦？什么时候拿？"陈润涵问。

"……下周吧，周三还是周四来着，记不清了。"静侬说。

陈润涵回过头来看着她："你属鱼的吗？"

"没要紧的事。"静侬不在意地说，"……刚那车不是沈绪楷的吗？他怎么来了？"

"真新鲜，你还能注意到那是他的车。"陈润涵笑道，"问这干吗？跟你有关系吗？那是爷爷的客人。"

静侬顿了顿："爱说不说。"

"说说说……他当然是来看爷爷的。"陈润涵说着就笑。

院子里静悄悄的，外祖父的车子还停在院子里，他的老司机正拿了块毛巾擦车顶上落的鸟屎、顺便跟树上的鸟吵架……静侬远远地看着，莞尔。

"上次来，怕老人家忌讳，就没过来，只通了个电话。"陈润涵说。

静侬出了会儿神，都走到门厅了，才说："还挺讲究的。"

陈润涵翻了个白眼给她，说："你以为谁都跟你似的呀，什么礼数都不懂。"

静侬也翻了个白眼给他，说："这话你留给自己吧。"

陈润涵抱着纸箱子没法儿动手，就抬抬脚作势要踢。

"他这趟过来得论小时数，就只能进来陪爷爷坐一坐，那也要来。他这会儿赶着去工地，下午直接飞香港开两个会，然后明天一早跟茆昕会合一起去悉尼……下次再来也不一定什么时候。"

"哦，还以为你拉他来做说客……外公还没同意吧？"静侬问。陈润涵有意参与沈绪楷的新项目，但是遭到了家里上下一致的反对。外祖父的反对最激烈。这很罕见。陈润涵一向是由着性子来，不太听家里话的，但是外祖父一旦说了重话，他是不敢不听的。

"没有。"陈润涵叹气。

"信不过沈绪楷？"静侬诧异。外祖父虽没明说理由，可是如果是跟沈绪楷的话，起码人应该是可以信任的……她看到陈润涵的脸色："哦，还是信不过你。"

"你讨厌死了，快快快……快进去。爷爷早上回来就问你怎么今天来得晚。你要有宝贝疙瘩的自觉，早早来点卯。"陈润涵没好气地说。

静侬笑笑，拉开门让他先走，自己紧随其后，换鞋的工夫，冲里面大声喊外公外公贝贝来啦。

静侬去查了一个小时资料，再一看"Forever高三五·十周年团聚群"聊天的信息就显示了"999+"。

她瞅着这个数字，忍不住说了句这帮人也太能聊了吧……真的，太能聊了。

藤子把她拽进群组里时，她是第十五个成员。那个"永远的高三五"总共有四十七名成员，也就是说，还有三分之二没有进来。她一冒头，满屏就是"欢迎""发自拍"。她看着那些曾经很熟悉的名字，亲切地喊她范静侬，为了引她发自拍，自己先放合家欢……她当时看着那一张张照片里大变样的同学笑了一会儿，等他们冷静一下，才开始说话。

她没发自拍，他们也没勉强，却马上圈藤子出来，说范静侬不发自拍，请滕藤子发十张补偿大家。

藤子果然发了十张不同时间不同地点的照片，引得大家一片欢腾。

她也乐不可支。

藤子说每进来一个老同学，大家都热闹好一阵子，然后开始新一轮回忆……

静侬打开对话窗口，爬了一会儿楼，见大家聊得天马行空，这楼一时半会儿是爬不完的，干脆退出来，正打算继续查资料去，藤子找她私聊。

藤子先发了她那条宠物蛇"翡翠"吃耗子的视频给她看，问她究竟什么时候过去给翡翠拍写真。

"都说了大半年了，我们翠宝从苗条少女变肥壮大婶了，也没等到你给拍写真。"藤子说。

"知道了。马上安排。"静侬把59秒的视频反复看了两遍。

翡翠真是"蛇如其名"，一身的皮锃亮，油汪汪的翠色盈目，盘起来的时候就像满翠的翡翠镯子，令人爱不释手……主要是令主人爱不释手。

"哪天？"藤子追问。

静侬想了想："改天。"

藤子发了个生气的表情。

静侬笑："逗你啦，这个周末吧，我扛器材过来。"

"对了，你是不是没发现今晚有新人进来了？"

"啊，谁来了？难怪一会儿工夫聊这么多。"静侬赶忙打开看，果然成员变成了十八，多了三个人……离"团聚"还远着呢。

"我算了下，咱们班现在能知道下落的，差不多三分之一在海外，三分之一在北上广，剩下不到三分之一在本地……还不知道猴年马月能全都联系上呢！好在离八月还有好久，慢慢儿找吧。"藤子说，"那些不见影儿的，大不了找孟凯从他们内网查身份证……"

"喂，这侵犯个人隐私哎。"范静侬说。她来得晚，藤子把头两天得到的消息都总结给她了，因此大家现如今是做什么工作的，她大概也了解了些。孟凯就是铁路公安的。

"好好好知道了……其实找到一个就能带出一串来。你看，就像你这儿，估计谁也想不到宗小苔能让你在学校撞个正着，是不是？"藤子说。

静侬说："可不是嘛。"

进群之前，藤子问她进去之后是不是打算告诉大家自己知道宗小苔的下落，大家在群组里聊着聊着都会提到自己跟谁还有联系……她告诉藤子自己不但能见到宗小苔，还要到修任远的电话号码了呢，可把藤子吓了一跳。藤子说我就知道你是那种闷声作大死型的，好家伙，你竟然连修任远的电话都知道了！

她就告诉了藤子遇见修任远的经过。

藤子半天没回话，再回话时，说你自己看着办吧。

她说我没那么莽撞，要说的话我那天见冷锋，就跟他说我能找着宗小苔了。

藤子发了一大串"哈"和叹号过来，说你快拉倒吧，你就是看着可乖了，突然来一下子出人意料的，就能把人吓得心脏要爆掉。

夸张……

就算藤子是她最好的朋友，她也不承认藤子说的是事实。

她一辈子循规蹈矩，从不做不合情理的事。

哼！

藤子又说了一遍你快拉倒吧……我就举一个例子，那时候模子妈要扇宗小苔耳光，是不是你拉住的吧？

她想了下，问有吗？

藤子发了个躺平大哭被泪水淹没的表情过来，不说话了。

她仔细想了下，回了句好像还真有这回事。

藤子竟然记得这么清楚，可见当时印象有多深刻，那么大概其他同学也未必不是如此吧……

静侬看着不断增加的群聊消息。大家聊得热火朝天的，连当年谁号称自己有作弊绝招儿准备开班授课，谁上课打呼惊呆数学老师，谁总是偷喝人家杯子里的水，谁又从来不更换饮水机的水桶……这些小事都记得清清楚楚，就是没人提这个。

自从高中毕业之后，同学聚会时偶尔会有人说起宗小苔来。只不过往往带着那种又有点隐晦又想探听还带着那么一点点期待可一旦真有消息又有些不屑一顾的态度——这意味着其实他们并没有忘记她，但对她这个人，统统心情复杂。

大家只知道她高考超常发挥，去了西南一所高校读书。那之后，她跟所有人都断了联系。或者说，可能大部分的人都选择了主动和她保持距离了。

毕业前已然如此，毕业后也是如此。

关于她的消息，开始还有人拿辗转了几手的未经证实的信息来当谈资，再后来，谁也不提了……

静侬默默叹口气。

藤子发了条消息过来，问："我还忘了问你——那天你说要了电话号码，后来联系过修任远？"

"还没有。这周好忙，我哪有空约人吃饭。"静侬说着翻了下台历。照修任远说的，他夜班白班都要上，总得提前约，看他什么时间方便。"这个周末我还得去给你家翡翠拍写真，应该也约不成了……"

"你还真费心。你们见面聊什么呀？"藤子问。

"要不我到时候问问，他介不介意我带你一起去？聊什么！又不是采访，还得列提纲，当然是想到哪儿说到哪儿啦。"

"也不知道能想到什么……十年啊范静侬，不说你在贵旦本科加硕研七年，就说你一直的环境，算得上无菌了吧？你跟一十年来除了监狱就是看守所、二进宫还在假释期的人，有什么可聊的？回忆啊？除了这个还有什么共同语言？他背着前科，什么工作都干不长，你能跟他聊这个吗……"

"等等，他的情况你怎么知道这么清楚？"静侬问。

藤子说："我瞎编的。"

"瞎编能编这么具体？"

藤子不回信息了。

"滕藤子！"静侬发消息过去。

藤子说："你别问了，我答应了不说出去的。反正你也知道，人一旦坐过牢，就跟掉染缸里一样，出来就再也不可能是干净的。你根本理解不了他的环境有多复杂……"

"你不是让孟凯查过吧？"静侬问。

藤子说："……你别问了好吧，再问我要为难了。"

静侬忍了会儿，说："算了。"

"生气啦？"

"嗯。"

"那周末还给我们翡翠拍写真吗？"

"……你滚啦！"静侬气得把手机扣在桌上。

手机振动了一下，她拿起来，还是藤子发过来的信息。

"修任远要是问起宗小苔，你怎么说？"她问。

"你管我怎说，偏不告诉你。"静侬又把手机扔下，站起来去倒水。

听见雨点啪啦啪啦打在窗上的声音，她转头看了看。

下雨了。

她拿着水杯走到窗边，雨已经下大了……节气已过立夏，温度却还在春末，一下雨就觉得阴冷。

她小口喝着水，看雨。

藤子问的问题，她也不是没想过。其实不是不能跟修任远聊宗小苔，可是他如果问起宗小苔现在的状况，她该怎么回答呢？

一定要回答，当然是含糊其词。

她从不擅长撒谎，也不想说人是非，尤其是道听途说的……这些她连藤子也不预备告诉，只想等那块橡皮擦从她头脑中擦掉。可是很奇怪，竟然，好几天了还没被擦掉……

就在三天前，她在书库扫描一本归还的图书时，突然看到系统里跳出来的名字——借书人：宗小苔。

她一抬头，还书的不是本人，而是一位看起来有点眼熟的相貌堂堂的中年男人。对她短暂中断手上的工作，尽管只有一两秒的工夫，那位也显示出了一丝不耐烦。不过因为她这抬头一望，他似乎这才看清她的面孔，脸上露出微笑来——就是那种知道自己有魅力、一定要在最短时间内把这点魅力发挥到极致的微笑……静依低下头，回避了显而易见的搭讪。她扫完归还的书，也想起了这是哪位。

文学院副院长、中文系系主任姜山，宗小苔的导师。

导师替学生还书，虽然罕见，但也不见得没有。她没觉得很意外，反倒是一下子就想起来，宗小苔从前就很讨老师喜欢。她成绩虽然中等，可嘴甜，机灵，有眼色……"Forever高三五"的班主任和各位任课老师都很喜欢她。

但姜山一走，她回身把桌上的书放到推车上，正在整理，恰好听见旁边两位同事曾倩和贾岩小声议论，说看姜山这春风得意的劲儿，真嚣张啊。

她顺口问了句怎么得意怎么嚣张了，她们就笑笑，说午休时候咱们再讲。

午休时她们在小树林吃完午饭坐着闲聊，说起上午那讲了个开头的闲话，以"不保证真实性、哪儿说哪儿扔"开的头。别看曾、贾两位老师平常话不多，那也是要分什么话题的，像姜教授这号绯闻都够得上连续剧级别的人物，她们就有兴趣多说两句了。正巧李晴晴的丈夫又是文学院的讲师，可以提供许多细节上的补充，就午休那会儿工夫，她们就给她来了场近乎信息轰炸似的……闲话。

学校里的闲话本质上和街头巷尾的没有什么不一样，如果非要说有什么特别之处，那就是老师们讲起闲话来，用词文雅、讲究、精准、刻薄而又隐晦。总而言之，有故事性，兼顾趣味性，还绝不往下流走。

她好歹在这所学校混了几年，再不关心，多多少少也听过一些流言，只是没怎么往心里去。

姜山那样一位年轻有为、相貌英俊又自诩风流的博导，简直是行走的八卦中心，贡献了好些茶余饭后的谈资。谈资里不时出现些年轻女性的名字，有老师，也有学生。

人家都说单单文学院教授姜山一个人的情史就够演出一半莎翁剧

的……这当然是说笑。

可是风流也是真风流，才华也是真才华。

姜山的风流史里书上一笔宗小苔……这是意料之外。

她自来反对师生恋，尤其反对将其浪漫化。

哪有那么多浪漫，只要一天双方都在校园里，有实质上的师生关系，权利义务就不是对等的……浪漫个鬼哦……

她瞎琢磨着，听着同事们小声说这几年姜山惹出来的是非——这里头重点倒不是姜山有多"渣"，这是显而易见不必多说的，前妻就是受不了他风流果断离婚的，重点是姜山目前明明有未婚妻而且未婚妻还非常强悍，每次都能成功击退那些"闲花野草"，他照旧风流……正因为有这么一位未婚妻，姜山虽然因为感情问题处理不当惹出过几次麻烦，受到正式调查的时候，有未婚妻的坚定支持，反而次次都能脱险。

"简直闹不清姜山是不是把她当挡箭牌供着。"

"能力那么强的女人，不知道图什么……"

"听说不是未婚妻了，才刚领了证，是合法夫妻了。"

"那他跟他的博士生搞暧昧，不就成了婚外恋？"

"没举行婚礼呢，还不知道到时候婚礼上是谁呢……"

"说起来，这次的博士生可不是简单人物，你们谁还记得那件事吗？有个老太太为她儿子出气，把一个女研究生的宿舍砸了个稀巴烂，又是打又是骂，闹特别难看。那女生全程一句话都没说，等她发泄完了才告诉她，你给我打的砸的、我的医药费，回头我算清楚都发给你儿子。你多砸一样，你儿子多花一份儿钱，把老太太当场气得心脏病都犯了，多亏保安和警察轮着做 CPR（心肺复苏），等到了 120 赶来，不然就出人命了……就是她。遇到这样的人才，姜山的未婚妻也得头疼吧。"

"我记得，那老太太的儿子跟女生是本科同学，俩人那时候就同居。毕业以后男生参加工作，女生继续上学。男生一直供女生读书和生活。结果女生硕研的时候和别人好了，甩了他。男生不甘心，老求她复合，就那么着分分合合好几年。女生考到咱们学校读博，俩人就彻底分了。不过男生受不了，扔了工作过来找她，结果没复合不说，原先高薪的工作也丢了。男生妈妈气不过，坐飞机过来闹的。"

"女生是不地道，老太太也是想不开。年轻人的事儿是死是活让他们自己看着办去嘛……"

"听说入学之后不久就跟姜山有暧昧。当时被人举报，说姜山在招生上不公。学校做过调查，没查出什么来，发了个公告结案。说句玩笑话，女生在这点上可是继承师门传统——男朋友不要太多哦！听说她好像特别喜欢帅哥……反正，做研究也好，学术成果也好，姜山作为导师大概也是足够'尽职尽责'……有阵子发论文，篇篇把一作给她，自己是二作，就问你们，服不服？"

"这算什么……更厉害的是，同时交好几个男朋友，还能和平共处，这能力！"

"男朋友们可以和平共处，男朋友的女朋友和太太可容不得她呀。"

"……"

那天中午她们聊了不少。聊的那些，现在想起来，静侬仍觉得额上汗涔涔的。

都说讲过就扔了，人家扔了，她以为她也扔了，可并没有。

想起来就后悔，不该一时好奇多嘴问那一句……

这包袱算是背上了。

周六一早，静侬把全套摄影器材归置好，搬上车后座，准备出发。

她要去给翡翠拍写真。

藤子让她过去吃早餐，但让她不要太早到——藤子周五晚上肯定去 K4 泡吧喝酒玩得很晚的，早上是一定起不来的。她决定先去植物园转一圈儿，下山就到藤子家了，一点时间都不耽误。

静侬刚把车门关好，听到"汪汪"两声犬吠，这声若洪钟的腔调，除了欧家的胖胖也不作第二犬想……她一回头，果然那只大胖黄金寻回犬拽着欧伯伯冲她跑过来了。

静侬笑着跟欧伯伯问早安，弯下身揉胖胖的大狗头。她车子里有零食，掏了一把喂给胖胖。看它吃得开心，她也觉得很开心。

欧伯伯问她怎么这么早就出门，是不是又要去植物园拍花。

静侬笑着点头。

欧伯伯说年轻人有点爱好真好。

静侬和欧伯伯说话的工夫，胖胖就很乖巧地蹲在她脚边，脑袋靠着她的腿……

静侬看着胖胖跟着欧伯伯走远才上车，心想要是有胖胖这么只狗子陪伴还真美气。她想起昨晚跟外公通电话，外公问了她一个问题，问她觉得单身的好处是什么，为什么不谈恋爱也不结婚呢？

外公问得有点认真，她除了认真没听出来催婚的意思，就也认真地回答他，说只要是自由选择的生活，不管是什么状态都很好。外公没再追问，只是说明白了，自由嘛！人有自由选择的权利是再好不过的。

静侬这会儿想起来，外公不知道是不是话里有话……外婆走了以后，外公是寂寞的吧。外婆在时，他们感情极好。

像胖胖这样的伴侣动物，给外公来一只的话……

"虽然你外公身体很好，来一只金毛还是过分了。"藤子顶着一对黑眼圈，把餐桌摆好。

静侬在植物园拍花拍草拍得心满意足、饥肠辘辘，来了就可以坐下吃丰盛的早餐，不禁有点高兴。

"训练得当的话，不会狗遛人的。"静侬说着就要拿刀叉。藤子在家里弄一顿早餐也要搞成符合米其林标准的样子，她得规规矩矩地吃。

藤子伸手拍了她一下："去，先跟翡翠打个招呼。"

静侬搓搓手背，说："它还睡觉呢，我才不要吵醒它。"她说着就把刀叉拿起来，转头看了眼翡翠的"豪宅"——藤子独居，这套老房子并不大，重新装修时稍改了下格局，客厅的空间扩大了。原本是很阔朗的，直到她养了翡翠，分了四分之一空间给它搭建了一个非常接近自然生态的环境。玻璃罩里像个小森林，翡翠经常藏在叶底，伪装成小森林里最绿的一片叶子。

"你怎么会觉得外公寂寞？"藤子坐在静侬对面，满意地看她大快朵颐，自己就只捧了一杯果蔬汁。

"直觉。"静侬说着拨拉下手机推给藤子，"你看，就是这只狗——叫胖胖——特别可爱。"

藤子瞥了眼屏幕："金毛还不长得都一个样，又能吃又能……你要喜欢就自己养一只，别祸害老人。老人家有自己的生活。"

"这倒也是。我外公还是比较喜欢人，不太喜欢动物。"静侬说。

"这没错。"藤子点头。

静侬看她喝那杯颜色难以精准描述的东西："亏你喝得下。"

"为了健康着想。"

"保持一个健康的身体好抽烟喝酒熬夜蹦迪？"静侬把蛋皮切整齐，大口吃。

藤子喝光果蔬汁，拿杯底敲一下她的额头："你管我。"

窗外忽然响起佛乐，后面山上寺庙开门纳客了。

"现在中小学生春游还去湛山寺吗？"静侬问。

"来啊。去烈士陵园扫完墓就植物园湛山寺逛一圈，吃吃喝喝玩玩回家。"藤子去洗杯子，"不过现在少多了……不像咱们那会儿，可以春游的地方少。"

"是啊。"静侬点头，"我记得我好像每年春游都要出点意外。"

藤子想了想，突然大笑起来。

"干吗？"

"对哦，不是过敏肿成猪头就是拉肚子拉得起不来床……有一年你还特别开心，说终于无病无灾可以跟大家一起出游了，结果头一天踩翻井盖，跌到肩膀脱臼，膀子吊了俩礼拜，更惨。"藤子笑着擦眼角，"那说起来，楷哥对你有救命之恩……"

静侬轻轻"嗯"了一声："算吗？"

"算呀。"藤子笑，"你想想看，要不是他及时拉你上来，你这会儿还能跟我坐这里说话？"

那就算吧。

静侬点头。

那一跤跌得……多少年了，做噩梦还是在黑洞洞的井底叫天天不应叫地地不灵。当时多亏她及时撑住井沿，也多亏……沈绪楷和同学刚好出校门买那天的《足球报》。要是……要是看她疼得直哭，他没皱着眉凶她说能不能先别哭了，跟医生说清楚到底哪里疼、怎么个疼法儿……这救命之恩一定会被她更经常地想起来，而不是总在噩梦里陷入除了黑暗还有想哭不敢出声的恐惧。

学校隔壁就是医院，送她去急诊之前，他没忘了让同学站在那里警示其他人，另外安排人去学校找老师和警卫报告。

沈绪楷这人，总是冷静得出奇。

藤子看她不说话了，笑笑，道："他其实人挺好的。"

"没说他不是好人啊。"

"你知道就行。唉，初一十五要是赶上在家里，要听一天的佛乐……"藤子起身去关了窗。她站在窗前往外看了一会儿，回头看静侬，"你是不是很久没进过寺院了？"

"以前常陪外婆去。"静侬说。最后一次去，应该是在外婆病重前。外婆晚年信了佛，初一十五总要到寺里上香、吃斋。外婆有好几位一起学佛的好朋友，都是年纪相仿的慈祥的老太太……外婆走了，除了年节，她也没机会见她们了。"改天去一趟吧。"

藤子这时反倒说："又不信佛，去干吗？"

静侬想想也是。

吃过早饭，藤子要回店里去看看，让静侬自己看着安排："午饭我让人来给你送，晚饭你去店里，咱俩一起吃饭。"

静侬答应，送她出门时，想起来，问道："柯老师还去你店里吃饭吗？"

"哦……这几天没来。"藤子单脚撑地，穿上高跟鞋，"怎么了？"

"还没被他烦到拒不招待？"

"还没。"藤子笑。听静侬说柯老师最近几天蛮忙的，有个学术会议在这边举行，他要参会演讲的。藤子一挑眉，说了句这么说学术成就还是蛮像样的喽。

静侬笑道你不要小看人哦，大家都很看好柯老师，赌他五年之内晋升工程院院士呢……"到时候一门三院士，一段佳话。"静侬笑。

藤子一撇嘴："哈！那还不是四十岁进餐厅点餐，还得乖乖听妈妈话？不过说起他来，比起有些不懂装懂偏要卖弄那点儿可怜餐饮学问的、借着聊食物聊酒色眯眯地看我恨不得上手揩油的……他简直是神品一样的顾客了。"

"那种人，过分了你就打一顿。你要不好动手，我替你打。"

"应付得了。"

"柯老师人有点憨，但不让人讨厌。"

"是哦……他确实很聪明。虽然看得出来也不是很懂吃，可人家肯学习呀！我准备给他开一张 VIP 卡。"

"他是他那年的理科高考状元。"

"真的吗？厉害厉害！没办法，我就是对聪明的脑瓜高看一眼——继续忍。"

"为了生意才继续忍吧？说的好听。"静侬送藤子出了门，看她娉娉婷婷下楼去了，折回来去翡翠的小森林前敲敲玻璃，把它叫醒。

翡翠才探出头来，静侬手机就响了。

"等等哦……"她跑去接电话，一看是父亲打来的，赶忙接听："爸爸！"

这甜度爆表的一声让范爸爸在那头笑得特别开心。父女俩聊了一会儿，静侬问父亲什么时候能回来。

她辞职回本市的那年，父亲调职去了上海，从那时起父女俩就隔段时间才能见面了。

"我妈也得有俩月没回来了。"她说。听父亲说她母亲正好也去北京开会这会儿跟他在一起，他下周先去省城和她母亲会合，之后一起回来过周末，她笑着说总算要一家团圆了。

"下周末是外婆周年忌日……你没忘吧？"范爸爸问。

"……"静侬忙抬手翻一下藤子桌上的日历，心说可不是嘛……照例外婆的周年忌日全家人会尽量推掉手上的事，回家吃顿团圆饭。外公定下的规矩，这一天是陈家的"家庭日"。

她吐吐舌。

年年都记得的，今年偏要忘了……

"你这个小迷糊啊！"

"这不是还有一周嘛……"

"下周末别安排事情。"

静侬说："明白。"

她听见母亲在那边问你们俩怎么那么多话可讲……她笑笑，跟父亲又说了会儿话，才挂断电话。

她去把窗子推开。翡翠看到她，缓缓地滑了过来，她笑着走过去，开了小玻璃门，伸手过去："醒了啊，公主殿下？"

翡翠熟不拘礼，直接缠到了她手腕上……

给翡翠拍写真很顺利。

物似主人型，翡翠跟藤子一样镜头感非常好，两个小时不到，静依已经拍了上千张照片。等翡翠吃饱喝足去睡觉，她坐在桌前看照片，去除几张不满意的，剩下的留给藤子自己选。

藤子让人给她送了午餐回来，她吃过之后睡了一觉，起来就把屋子做了一个彻底的清洁。收拾完毕，她里里外外溜达了两趟，满意地锁门离开。

天有点阴，她看了下天气预报。

"五分钟之内降水概率百分之九十五……"她还没念完这一行字，雨点已经噼里啪啦落下来。她赶忙开车门连人带器材一起钻进去。

还好雨下得不大，她慢慢开车下山。

经过寺院停车场出口时，正好有辆车子开出来。她看清车牌，认出是外祖父的车，刚要鸣笛，后头又来了一辆车，插在了两车之间。她笑笑，驱车跟上去。

藤子打来电话，问她出发没有，外面下雨呢，路上开车小心些。

她答应着挂了电话，开车继续往前走。

这边的路不住地转弯，路况复杂。她一向来到这里是不敢怠慢的，何况还是雨天。她小心地开着车，发现外祖父的车子在前面路口右转了。

恰好红灯，前面那辆车加速开了过去，她反应慢了一点，卡在了路口。

她转头看了看，外祖父的车子靠路边停了下来。

"咦？"她禁不住侧身倾斜，伸手抹了下车窗上的水汽——外祖父下车撑伞，站在马路牙子上，微微笑地看着车内，伸手过去遮在车门上方……后面车子"嘀嘀"两声，她吓了一跳，见绿灯已亮，忙发动车子，快速过了路口。

她忍住没再转头去看，专心开车。

到达 La Pergola(拉绿廊)的停车场，静依停了车，冒着雨跑进店里。

下雨天客人也不见少，门外等候区虽然空荡荡的，门内却人头攒动。

静依抬眼就看到一面格子衬衫人墙，正要请他让一让，见这人塞着耳机手拿一卷英文资料正在看，认出来是柯正杰，轻轻叫了他一声柯老师。

柯正杰看着她，怔了有一两秒，才"啊"的一声："范老师。"

说着话，把耳机拿了下来。

他刚刚这一声很响，四周的人都转过脸来看他们。静侬笑笑，问："还要等很久？"

"马上了。"柯正杰指指手中的号码单。

"静侬，这边来。"藤子在里头听见刚刚柯正杰那一声，过来喊静侬进去。

"你们认识？"柯正杰忽然问。

"对。我最好的朋友。"静侬指指藤子。

柯正杰一脸的疑惑，似乎弄不明白她们俩怎么会是最好的朋友："神奇。"

静侬一笑。恰好这时候轮到了柯正杰就座，他跟着侍应生走开了。藤子撇了下嘴，说："什么意思嘛，神奇！"

"忙过了？"

"嗯，今天没什么特别的事，到目前为止。我可以陪你吃晚饭。"藤子笑道，"我让厨房给你做了今天的特餐……快点快点，快点给我看翡翠的写真。"

藤子搓搓手，很兴奋地拉着静侬上了楼，坐下来，先看静侬手机里的这部分照片。她每看一张，都说"啊我们翡翠真美貌""怎么一样是手机，你拍的就像单反拍的呢"……夸了半天，又从头开始夸。

静侬喝完一杯水，见她还在看照片，伸手挡在了屏幕前："滕藤子。"

"啊？"藤子抬头。静侬一般不连名带姓叫她，如果这么办了，不是生气了，就是有重要的事情要说。

"我问你件事。"静侬说。

"问啊。"藤子看她。

"你最近有没有见过我外公？"静侬问。

藤子看着她，给她倒了杯香槟。

又下雨了。

范静侬抬头看了看窗外。

她正坐在书架边的小桌前誊写卡片。

窗子正对着的斜坡，花岗岩还没有被雨水打湿，覆在坡顶的藤本月季已经开了。花朵有拳头大，形状像芍药，非常美。

她收起卡片来往外走，一眼就看到了穿着浅色格子短袖衬衫的柯正杰。柯正杰一动不动地盯着桌面。她都走到他正前方了，他还一动不动。

"柯老师？"范静依轻声叫他。

柯正杰回过神来。

"哦，范老师，我没看见你出来呀！"他大声说。坐在一边正在扫描归还书籍的曾情没忍住，扑哧一笑。

范静依笑问："来拿资料吧？"

"是的呀。就是前天和你说的那些……另外我还需要这几样。"柯正杰把他背的那个大包搬下来搁在桌上，在里头翻了好一会儿才找出自己的笔记本来。

柯正杰每次来，都要来这么一套。其实图书馆电子化的程度很高了，预约什么的都可以进入系统完成。他却好像跟这些现代化的方式距离很远似的，很喜欢亲自来图书馆找书、印资料。

静依趁这会儿工夫从柜子里取出了给他影印好的部分资料。影印本又厚又重，她一摞摞搬过来，柯正杰就给她看自己写下来的那几条记录。

他字迹潦草，好在静依是个认字的高手，很快就明白了他要什么。

她坐下来打开电脑输入了信息，问："还有没有别的事？这些我先预约好……要影印的部分，你后天可以来取。"

"明天不行吗？"柯正杰问。

"明天上午要接待一个参观活动，下午闭馆。"静依说。

"那你今天加加班嘛，这个我急用。"柯正杰说。

静依沉默。

"加加班你给加班费吗？还是你请小范老师吃好吃的？"曾老师忍不住插话。

柯正杰愣了下。

静依忙说："我尽量快些给你赶出来，到时候打电话给你。"

"好好好，好。"柯正杰把摊在桌上的一堆东西都塞回包里，对静依和曾情笑了笑，抱着影印好的资料放进他带来的那个小拖车里。

静依看他手忙脚乱，好脾气地走出来帮柯正杰把资料放进去，仔细检查了下小推车是不是能遮风避雨。小推车看起来还算结实，密封性也够。她还是有点不放心，特意让柯正杰等一下，去取了两个新的大塑料袋，忙着把小推车的边边角角都罩起来。

把小推车弄妥当，静侬站起来，问："伞呢？"

柯正杰又愣了下，厚厚的两片嘴唇像两只肥肥的大肉虫似的嚅动了两下，终于还是没出声。

静侬去拿了把伞给他。

这倒是很方便的。去年校庆剩下的一些带着校徽的伞统统都搬到了他们图书馆，虽然偶尔也会丢，借用的老师和同学大多用完都还回来了。

静侬把柯正杰送了出去，回来就看到曾倩托着腮坐在那里正在笑："真亏你耐心烦儿。"

静侬笑笑。

"可是话说回来，这几天他来就专门找你帮他干活，有点奇怪……我刚才问他要什么，他理都不理我。"曾倩说。

"那肯定是有点理由的。"静侬又笑。

"咦……你们两个是不是发生了什么我们不知道的事！"

"没有啦。"静侬笑。

"那我猜小柯喜欢你。"曾老师搬了几本书去上架，笑着说。

静侬笑着摇手，小声说："没有的事，不要想歪了。"

"没有？哦，对了，小范，刘教授要给你介绍的那位你去不去见？"曾老师问。

她声音轻轻的，只有她们俩听得见。

静侬摇头。

"刘教授那么热心，都问了好几次了。你去嘛，应付一下。"曾老师说。

静侬又摇了摇头。

"是不是条件不满意啊？那你说说哪里不满意嘛，我们也好有数。"曾老师说。

静侬看她抱着一摞书却站在那里只管跟自己说这些，走过去从她怀里拿过书来放到推车里，一边往书库走，一边说："没有不满意。"

曾老师靠在桌边，笑着轻声说："你说没有不满意这话我们也知道是客气。你呀，你的条件，人家想跟你合适可真不易，你也要体谅一下别人。"

静侬推着书往里走，回头笑了笑。

她长发被一根丝带系住，绑成一条麻花辫，为了行动方便，挽了一个扣又束上去，人一动，丝带飘啊飘的，整个人看上去活泼灵动……又是下雨天，日光灯管散出来的光，让她极白的皮肤更是白得像瓷，而且唇红齿白，真是美极了……

曾老师跟静侬共事多时，还时不时会惊艳。她看着静侬走开了，好一会儿才说："美成这样，还要不要人活了啊。"

"她美她的，你活你的，不耽误啊。"背后有人笑道。

"哎哟吓死我了，到饭点儿了呀？"曾老师回头看了眼李晴晴，"我才劝小范呢……最近要给小范介绍对象的能从这儿排队排到六校门出去再拐到海边儿绕回来，她一次都不肯去见，你说让人着急不着急。"

"你着什么急啊？难道不知道小范是图书馆一景儿？那么着急把景儿给推出去？有她在，来借书的老师学生都多了。她到哪个书库，哪个书库忙起来，瞧最近我们那边那叫一个热闹。不然图书馆除了自修室，可是能养鸟儿。"李晴晴笑道。

"你说到这个……小柯总找小范，是不是有什么想法？"

"那不能。小柯找小范，是因为只有小范不呲哒他。"李晴晴笑得见牙不见眼，"快点快点，到时间了。我大厅里等你们。"

"我叫下小范。"曾老师说着进去喊范静侬了。

师苑餐厅新换了厨师，菜色新鲜美味，主食花样也多，她们这两天都不带饭了，专门跑去尝新。

下雨的关系，餐厅里吃饭的人比平常少。

食堂门口蹲着的肥猫大黄仰着头来来回回地看着进进出出的人，黄澄澄的一对眼睛直瞅着人，胡须一动一动的，似乎在辨别熟悉的味道。

在看到静侬的时候，它喵了一声。

李晴晴笑道："看着跟一匹虎似的，一开口就破功了。"

静侬收了伞，蹲下来摸摸它的头："等下给你带鱼吃。"

自助餐刚换了一轮新菜，香喷喷的。静侬拿了餐盘先去拿了一个豆腐卷，才看都有什么菜。

"糖醋里脊看着不错。"李老师碰碰静侬。

静侬摇摇头，夹了点炸虾仁和油炸小黄鱼。

听到对面有人笑着说"那个不好吃……我最讨厌吃芹菜"，她轻轻一抬眼，看见了宗小苔。

食物的香气里混着香水味，香水味有点浓。李晴晴转过头去打了个喷嚏，正要说这是喷香水呢还是洒农药，看清楚对面是谁，抬了抬眉毛，转头跟静侬说："拿够了没？赶快走，下风口不好待。"

静侬没出声，静静地看着宗小苔——她和身边的年轻人态度亲昵地说着话，似乎完全没注意到自己正被打量……静侬瞥了眼那个年轻人。这个年轻人之前没见过，样子斯斯文文的，脸上一股未退的学生气，干净而漂亮。

倒是他先发觉静侬的注视，愣了下，碰碰宗小苔，在她耳边说了句什么。

宗小苔眼皮都没抬，挖了一大勺虾仁扣在盘子里，拉了他转身找位子去了。

"曾倩在那边坐。"李晴晴过来碰了下静侬的手肘。

静侬跟在她身后，一看曾老师坐的位置，刚刚好和宗小苔他们那桌前后挨着——餐厅里一点都不挤，坐得还是这么近，是因为那一排座位靠窗，光线好，风景也好……她好些天都没有见到宗小苔了。自从听了那些流言，再看见宗小苔，似乎觉得她又有些不一样了。

"……身边的男伴没重过样儿，这女的绝了。"李晴晴说，近乎耳语。

"谁呀？"曾倩刚问出来，一下子反应过来，一耸肩，声调急转直下，"那能不绝吗？前几天闹一事儿——她甩了乐院长高足不是吗？高足要死要活的，在她宿舍楼底下起早贪黑拉琴。楼里头学生怨声载道，告状的电话都打到校办了……最后还是保卫科出招儿，让保安把人架走、没收乐器。乐院长亲自去领人、写保证书。乐院长还成……他们学院怪人多，他处理起来有的是办法。文学院的老佛爷……哈哈哈……一颗佛心做领导，不然也不能闹到这地步。"

"也不是成心佛的，那不是没办法吗？文学院这几年塞进去多少空降兵？都是有背景的，哪一个动得了？有的说句重话都不行。"李晴晴小声说。

"那倒也是。姜山可不就是这种嘛……"曾倩说着就笑，看看她们，"你们俩平时不上BBS啊？没事儿也去看看呗……前两天的热帖还有一个是挂小三，一看就知道说的是谁。"

"那位啊？"李晴晴问。静侬看她。用"那位"一词指代，透出来的鄙薄让人心惊。

"嗯。J教授的未婚妻——现在说是老婆了——也是咱们学校毕业的，有账号。人家行不更名坐不改姓，用本尊ID开骂。热闹……小范你有空搜一下自己的帖子，好几篇呢，楼盖得老高，可好玩儿了。"曾倩笑着说。

静侬听着她们俩说话，不出声，先把盘子里的两条小鱼剔了骨和刺，放在一边。曾倩笑她菩萨心肠，她笑笑不言语，默默吃饭。

静侬吃得不多，曾李两位还在边吃边聊，她就先把餐盘收了，去喂大黄猫。

大黄猫硕大的脑袋几乎没埋进鱼肉虾仁里去。她摸摸它的头，它就呼噜呼噜出声……有人从餐厅出来，就在一边撑伞，雨水甩到她和黄猫身上。黄猫冷不丁被甩一脸水，瑟缩了下，到底舍不得鱼肉，没挪地方，只喵了一声。

静侬皱眉。

"对不起。"

静侬抬眼看看，正与宗小苔四目相对。

道歉的是她身边的男生。

静侬点点头，没说什么，抽了手帕给黄猫擦擦脑袋上和背上的水珠。

"真讨厌啊，是不是？"她略皱了眉，自言自语。

黄猫又"喵"了一声。

她就笑了。

她瞟了眼宗小苔和那个男生。一把伞撑开，那两人依偎着离去……满眼都是湿润的绿色里，他们的背影像油画一般好看。

"别看啦，走吧。"曾倩把伞递过来。

静侬接了伞。

大黄猫吃完鱼在舔爪子洗脸，偶尔看她一眼，并不跟着走。它在等下一个喂它吃鱼的人……静侬笑笑，撑开伞走下台阶。

李晴晴慌里慌张地走下来又跑回去，说着你们先走，我把手机落桌上了。

"就在这儿等你一会儿吧。"静侬说着，跟曾老师一起走到路边站着。

路两旁的百年法国梧桐像巨伞一样遮在上方，下雨天站在树下不撑伞也不会淋湿。静侬和曾老师闲聊着，忽然一辆车子嗖的一下掠过去了……她俩才说了句"怎么在校园里开这么快"，那车就刹住了。

刹车声极刺耳。

静侬皱着眉，看那辆火红的车子一停下来，车上下来一个身着翠绿衫裤的短发高个女子，手中不知拎着什么，直奔边道上那对男女，一把拉住女的头发往旁边一拽，一脚就踢在她腿弯处，照准她身上就打……静侬忍不住"嗨"了一声，把伞往曾倩手里一塞。曾倩要拉她，一下没拉住，就看她撒腿就跑，那速度跟百米冲刺似的。

静侬脑海中一片空白。百十来米的距离，她还穿着高跟鞋，应该也只用了十几秒就跑到了。这时候宗小苔的衣服已经被扯烂了，碎片挂在身上，内衣都露出来，只顾护着头，一身的雨水……那绿衣女还不解恨，仍对她拳打脚踢。

静侬过去一把拉住她手里的钢骨雨伞，把她拉了个趔趄，说："你住手。"

绿衣女打人正打在兴头上，回手就是一下子，骂道："滚开！你谁呀，管我的闲事？"

幸好静侬早有准备，成功躲开这一巴掌，反手抓住她的另一只手，说："你这么打人是不对的，有问题解决问题……曾老师，快叫保安来。"

绿衣女夺手没夺出来，抬脚就踢。静侬腿上挨了两下，也没松手。这时候曾老师过来，说："你再这样我就不光叫保安了，报警抓你！你看看这些拍照录像的人，都是证人。"

绿衣女听了，停下脚，往后使劲儿跺了两下，正跺在宗小苔腿上。她反而冲着路边拍照的零星几个学生说："来来来，近一点拍，拍清楚一点……就这个女的，臭不要脸！抢我老公，轧姘头！你们拍我算证据，我手上的证据放出去，就这货，这不做人的货，舆论还不知道倾向谁呢……来来来，都认识一下……你们是谁呀？老师？好巧啊，我也这个学校毕业的……培养出这种专门做小三的东西，我都替你们丢脸！宗小苔！你给我起来，装死是吧？你上回怎么跟我说的？不是不怕吗？你躲人身后干什么？"

静侬看到保卫科的两辆巡逻电瓶车从两个相反的方向赶过来，宗小苔也被男生扶了起来，这才松了手。

绿衣女恶狠狠地瞪着静侬，说："甭跟我讲道理讲法律！今儿我揍这女人，顶多揍她轻微伤，刑拘都够不上，警察来了也拿我没办法——这事儿法律不管，警察不管，学校行政也不管，我自个儿管一下不行？我今儿让这女人彻底出出名！你呀，还有你呀，你们这些个人，觉得我做得难看是吧？丢女人脸是吧？等你们老公被这种心机婊半夜三更撒娇约出去安慰安慰到床上去的时候，看你们还能不能理智客观冷静优雅！"

她喘着气，从静侬手里夺钢骨伞。

"不是觉得你丢谁的脸，是不值得这么做。如果你出点事，更不值得。"静侬轻声说。

绿衣女愣了下，一把夺回了伞。

曾倩拉了下静侬，让她离远一些。

绿衣女用伞柄指了静侬和曾倩，说："多管闲事！"

静侬没出声。曾倩说："谁想管？这是什么地方啊？这么多学生在这儿，不是为了学生、为了学校正常秩序，谁理你们？出了事我们都有责任的好吧？谁也不是爱管你们这破事儿，甭连我们一起骂——你们要不来校园里出乖露丑，我们去你们家瞧戏吗？"

"我倒欢迎你来家瞧！我就怕瞧戏的人少了！要没人瞧，我今儿还不来这一出儿了！"绿衣女冷笑着，看到保安下了车，朝这边走来，"得了，甭摆那样儿出来，抓我啊？你们且等会儿，我一定跟你们去保卫科说明情况，说个明明白白的——看热闹的各位老师同学，欢迎过来继续看下一集，有微博有朋友圈有 BBS 账号的，也欢迎你们上传视频、照片，发表评论……我今儿豁出去了！就要把宗小苔的真面目给揭出来！"

"您啊，跟我们走一趟吧。刚才进了校门那个车速有多快您知道吗？限速的标志不管吗？还下着雨，这多危险啊！"保安皱着眉，让绿衣女锁了自己的车子，跟他们上巡逻车，连着宗小苔和男友一起，还有静侬和曾老师。他对静侬她们态度更和气一点："这大雨天的，您二位上车吧。车里地方足够。"

曾倩看看静侬，叹口气，问："疼不疼啊？"

静侬粉灰色的百褶裙上落着清晰的脚印和水渍。

静侬看看，说："得亏地上干净，干了就什么也不落下了。"

曾倩白了她一眼，低声说："什么不落下？管闲事，落不是，看！打么是肯定打不过的，嘴又笨，说也说不过人家，要不是我在，连你一起打——为那么一人挨了打，值不值？"

静侬被她说得忍不住想笑，可没笑出来，脸上的表情就有点古怪。

她说："倒不是为了她。"

"知道。我也不是为了帮你。传出去，老师跟学生一起看笑话，呵，好说不好听。"曾倩叹口气，推推她准备上车，"得，今儿午休时间真是精彩了……"

"哎哎哎，哎哎哎，你们干吗去呀，怎么了这是？"李晴晴赶过来，一脸疑惑地看着她们上巡逻车，"我用不用一起去啊？"

"你来干吗？这儿还不够乱的？"曾倩推了她一把，"一两句说不明白，回去再说。"

巡逻车开动，把李晴晴留在原地。

静侬看了看坐在前排的宗小苔，眉头紧皱。

到了保卫科那小院子，大家都下车走进小白楼。说明情况、做笔录、签字……事实很清楚，过程也不烦琐。静侬和曾倩出来时，看到姜山匆匆赶到了。他气急败坏地往里走，不一会儿，里头那间办公室里传来激烈的争吵声，随后就是女人的号啕大哭。

曾倩和静侬对视一眼，两人都没出声。

隔壁办公室里，宗小苔也走了出来，那男生已经不见踪影了……曾倩忽然说："你说这些男的——就是某些吧，肯定不是全部——是不是蠢的？一个么，就管不住下半身，一个么……看着女友挨打，呆子一样站着，就不打女人吧，不知道拉架吗？要来何用！关键时候，还得靠女人。"

静侬见宗小苔头发湿淋淋的，外头只穿了一件保安浅蓝色的夏装短袖衫遮盖，裙子还是裂的，一走，露到大腿和内裤了。

"……这也太难看了。"曾倩说着，把用来当腰带的丝巾解下来递给静侬，"你去。"

静侬接了，走过去，没说话，只是拦住宗小苔，趁她没出声，迅速把丝巾打开系在了她腰上，说："丝巾是曾老师的，记得还……你去一下校医院吧，把伤口处理一下。"

她低着头，没看宗小苔的表情和眼睛。

"小范，快点，再不走等下开馆迟到了。"曾倩喊静侬。

静侬答应。

"快快快，老赵说可以捎咱们回图书馆。"曾倩说。

静侬这才看了宗小苔："用不用捎你去校医院？"

宗小苔看着她，又像是没有在看她，这时候忽然笑了笑，说："算了，别脏了你们清净地儿。"

静侬没再出声，转身走了。

上了车，曾倩问："刚说什么了？"

"没什么。我让她记得还丝巾。"静侬说。她攥了下手，手指尖有点麻痹。

又来了……她两手扣在一起。

"算啦，淘宝五十块钱买的……还我也不要了。"曾倩说着笑了笑，看看静侬，"你脸色怎么这么差？冷啊？"

静侬摇头。

"我都要忘了……你也挨打了。没事，我抽屉里有药油，等下拿给你。"曾倩说。

静侬嗯了一声。

"好好儿的一个女孩子，不知道为什么非要活得声名狼藉。还有成艺——就是 J 教授那老婆——又漂亮又能干又泼辣，不知道为什么非要在烂根子的歪脖儿树上吊死。"曾倩小声说。

她声音有点低，混在电瓶车嗡嗡的细响和雨声中，断断续续的，让人有点听不清。

静侬也不知道第一个"为什么"的答案，但第二个……也没有答案。"每个人处理问题的方式都不一样。"她说。

有些人要的就是鱼死网破，哪怕不是，也要个痛快。

曾倩又叹气："好像我们也没什么立场去批评她够不够体面优雅。但是看女人为了一个男人搞成这样，物伤其类。平常我就讨厌那些围观大婆打小三聚众看热闹还喊好的……"

静侬不出声。

雨下得大起来，电瓶车上挂了遮雨帘，雨水还是从缝隙扫进来。

裙子潮乎乎的，贴到腿上，她这才觉得疼……

她回办公室坐下，悄悄拉了下裙子看看，小腿上已经青了两团。

曾老师把药油拿给她，她趁空闲时躲去卫生间擦了。于是这一下午，她走到哪里，都像是一瓶行走的活络油。

伤都伤得无法隐藏。

下班时雨还没停，反而有越下越大的趋势，她开车送几位同事回家。路上她们叽叽喳喳地议论了一会儿中午发生的那件事。

倒是没有预料中丑闻疯狂传播、网上线下同时陷入揪斗批判渣男小三的情形，这不能不让人更加相信 J 教授果然还是有点背景和能量的。

静侬专心开车。

不知为什么，没人问她对此事的意见，可能雨天路滑，想让她专心开车吧。

她也没发表意见。

把家住得最远的李晴晴送到，她坐在车子看了一会儿雨，正准备走，李晴晴又冒着雨跑回来了。

静侬以为她漏了什么东西在车上，一边按下车窗，一边扫了眼车里。

李晴晴却从车窗里塞进来一个大牛皮纸袋子，说："刚出炉的！瞧我老公干的好活儿，好好儿的草莓杏仁饼烤成丑八怪了。"

静侬谢过她，挥挥手让她先走。

雨下得大，李晴晴擎着伞跑回去了。

静侬打开袋子一看，里头放了个透明的盒子，果然，草莓杏仁饼的样子很丑怪……

到了家，她把车倒进车库，再回头看时，车库门成了瀑布，门前淌起了河水。

这雨下得，像盛夏的暴雨了。

她跑步穿过院子，进门时半边身子都湿了，赶忙去换衣服。

长裤蹭到伤处竟然都会疼。她吸了口凉气，去泡了杯红茶，将丑丑的杏仁饼摆到漂亮的盘子里，端到阳台上去。

她坐下来，先拍了张照片上传到社交网络。

杏仁饼、红茶、漂亮的盛器加上阴雨天自带的柔光效果，让画面非常好看。发出去才一会儿的工夫，就攒了一大串赞。

她无心细看都有谁点赞留言了，盘着腿坐在躺椅上，看了好一会儿雨。

天色渐渐暗了，她还是不想动，但终于有饥饿感了，就拿了一块杏仁饼，顺手翻出修任远的电话号码，拨出去。

"对不起，您所拨打的号码是空号。"

她盯着手机屏幕，极其罕见地冒了个脏字。

屏幕上突然弹出来一个对话框，陈润涵问："贝贝，咱给爷爷挑只狗吧？"

静依咬一口杏仁饼，缓缓地打了个问号回去。

"老沈和茆昕在悉尼朋友家里，人家有漂亮的澳牧宝宝……我给你发图，看看怎么样……哎，太漂亮了！"

图片一张张密集地发过来，静依手机屏顿时上翻了无数页。她把图片上拉，从第一张开始看，没想到第一张却是两个人在空中翼装飞行的动图……她看得心突突跳，退出来问了句第一张是哪儿来的，谁去玩儿这个了。

"哦不小心点错了……来不及撤回了。"

"算了，你看看没什么，别外传就行了。"

"这老沈和茆昕在澳大利亚玩儿拍的。"

"他们这位有狗的悉尼朋友就是一起玩儿翼装飞行的铁哥们儿。"

"这可真是生死之交，我看着都吓死了。"

"老沈家里要是知道这根独苗苗跑国外去假公济私玩儿这个，得昏过去几个……"

陈润涵连着发了好几条。

"快点儿，说重点，狗怎么样？"

静依一张张往下看照片。都是在农场打滚儿玩耍的幼犬，有着漂亮的毛色和好看的眼睛。一个个都胖嘟嘟的，肚子浑圆，憨态可掬。

静依回复说小狗很好看，又说："外公不想养狗的，带回来他也不会要。你还是省了这趟麻烦吧。"

何况又不是麻烦他自己，是麻烦别人。沈绪楷是什么随叫随到、只管支使的人吗？

陈润涵不知道是没看见她的回话，还是主意已定，根本就不想听她的意见，自顾自回复道："那就这么定了，我让老沈抢一只回来。人家的狗可抢手了。"

静侬叹口气。

她看了看手中剩下的半块杏仁饼。

这杏仁饼外表倒没有什么，就是……太甜了。

甜得发苦。

海边的恰巴塔

进了七月，平流雾还是很寻常。一个月里大概有一半以上的日子是雾蒙蒙的。气温永远在二十摄氏度刚刚出头，体感刚刚好，甚至有点凉意……就是这雾气蒙蒙湿润润的天气，让人有点发闷。

静侬想着，等放假了，酷暑也就来了，可以去海水浴场游泳了。

她每年暑假都去露天浴场游泳。

不过这个暑假她除了游泳吃冰在家读书在屋子里找蘑菇拔蘑菇，还要闭门译书。丁老师才跟她签了本翻译书的合约，这周她已经开始搜集资料做译书的准备了，另外还要趁假期再去趟爱丁堡。尽管是故地重游，要采取不同的路线看不一样的风景，就得认真做攻略，这也要早点着手……人一忙起来，就没时间想其他的了。

静侬把面前这堆书分开放，左边一堆是翻译资料，有两尺多高，右边一堆是旅行文学和地图册，也有一尺高，都是近期要看的。

"……那狗怎么办呀？总不好这个时候再说退掉吧？"陈润涵坐在她对面。这才早上九点半，他已经在喝今天不知道第几杯爱尔兰咖啡了。

他不是为了喝咖啡，是为了里头那点酒。

静侬看看他那脸色，说："你订的，你退。"

"那老沈不灭了我？检疫也做了，疫苗也打了，特地包机接回北京，入境检验检疫都走完了，连隔离也快结束了，现在跟他说不要了？我说得出口？"陈润涵就差没跳起来了。

静侬翻了一页书，在上头做了个标记，说："实话实说，外公要再婚，养狗的条件改变了，再说，原先也是你自作主张。"

这理由难道还不充分？谁听了能不理解他们的处境啊……说不准

反而要说两句安慰的话。虽然他们其实不需要安慰，当然，如果是沈绪楷的话，这种废话应该根本不可能有。

静依抽了张便利贴粘在书页上，说："迟早要说的，不如趁早。"

"说不要狗了，还是说爷爷再婚？"

"随你。"

陈润涵喝了一大口咖啡。

静依继续翻书，半晌兄妹俩谁都没说话。

外头雾蒙蒙的，白天像傍晚。屋子里空气湿答答的，新开封的书，不一会儿内页就吸饱了水……静依抓了遥控器，开除湿机。

一时半会儿湿度降不下来，所有的事都有个过程。

她挪动了一下位子。

打算再婚这件事，是上个月外祖母周年忌日那天，祭奠仪式结束之后，等一家人用餐完毕，外祖父正式提出来的。

除了她和陈润涵这两个孙辈，子女辈的四个人有那么三五分钟，状态可以用"呆若木鸡"来形容，如果"五雷轰顶"来形容是有点过分了的话……当然，即便外祖父突然扔了这么个炸弹出来，家里也没有掀起轩然大波。这不能不说，外祖母将一对子女教育得相当成功，像她一样的"每遇大事有静气"。

静依自己并没有很意外，也没有表现出意外。

她那天偶然撞见过外祖父送李奶奶——也就是外祖母生前好友还是多年同事的邓姝女士——回家，觉得这不同寻常，跟藤子求证，得知藤子在寺院附近遇见过好几回外祖父和李奶奶"出双入对"……对的，藤子用的就是这四个字。藤子平常进进出出都要经过寺院正门、后门和李家住的那条街，遇见他们一点都不奇怪。藤子也没瞒她，一五一十把自己看到的都告诉她了。

外祖母和李家爷爷过世前那几年都频繁出入医院，两家老人年轻时就共事，关系虽然不近但也不远，一直客客气气的，年老后以那样的方式相互支持，走得近了些也不奇怪。

当然最后要近到这个程度，还是……让人有迎面挨一拳的感觉。

鼻子发酸，脑袋发蒙，耳朵嗡嗡响。

之后这些症状消失了，开始接受现实。

她自然是想不到，她竟然在有幸能参加自己父母的婚礼之后，还能参加外祖父的婚礼——如果后者的确会有的话。

她父亲当年公派留学出国，来不及办婚礼，等父亲回国办婚礼时，她都一岁多了，就那样成了去过父母婚礼的小孩。

这是命运给她准备的魔法盒子之一，她只能这么想。

就是陈润涵也没有表现得太意外，尽管他没发表意见——实际上也不敢当着长辈发表意见——他这几个月被李家那个脾气古怪的独子李小超整得死去活来的，原以为只是生意上的纠纷或者单纯看不惯他，谁知道还有这重恩怨……"他管不了自己亲妈再嫁，难道我能管得了我爷爷再娶？发神经！"陈润涵私底下和她抱怨。

这就……

父亲和舅妈是不方便多说话，只看各自配偶的眼色。

但她知道父亲其实是赞成的。父亲觉得老人家的幸福是首位的，至于子女的想法，那无关紧要。

以她对舅妈的了解，奉行实用主义至上的舅妈，应该是赞成老爷子再婚的，毕竟李家在本地的实力摆在那里，拉近关系百利无一害。何况她自己就是女强人，自来毫不掩饰对同为女强人的李奶奶邓姝女士的推崇。

至于母亲和舅舅，只说请外祖父慎重考虑，如果这是慎重考虑之后的结果，那么他们就尊重。

于是一周之后，两位老人正式登记，马上就乘游轮新婚旅行去了……

外人怎么议论，倒无关紧要。陈家人向来有不管别人什么看法只要我觉得 OK 就勇往直前的作风，可李家就不一样了。李家只有那一个儿子，四十八岁，至今未婚，据说因为母亲再婚心情极不好，天天喝酒撒酒疯，闹得天翻地覆。这么一比较，陈家显得太过平静……平静到让人觉得不合常理。

不过，所谓的风平浪静，就只是表面而已。

外祖母忌日，外祖父提出再婚，那天，至深夜静侬仍无眠。她闭着眼睛努力入睡，告诉自己很可能是晚上的那杯红酒让她神经兴奋了，也可能仅仅是因为回到父母家里，反而睡不惯……总之，没有别的原因。就是有，也不去想。

她躺得骨头都疼了，实在是没办法，看了下时间，凌晨两点半。

她想着不然就去准备早餐吧，父亲白天还说过，想念外婆做的鸡汤小馄饨。

这个她会做，得了外婆真传的。

她下楼时发现餐厅亮着灯，开始以为是保姆临走忘了关灯，走过去却听见有人说话。她当是父亲和母亲在聊天，再走近些，发现舅舅和舅妈竟也在。四个人面前好几个红酒瓶子，就那么几碟坚果、泡菜，边喝边聊……那气氛！

她悄悄退回楼上，等天亮再下来，四个人东倒西歪躺在沙发上打呼噜。

她做好了鸡汤小馄饨，叫醒他们洗漱吃饭。那会儿工夫，陈润涵也来了。他一身酒气，满屋长辈也好不到哪里去，倒是谁也没那个精神批评他。

一桌人一餐饭吃得相当沉默，偶尔有人想打破沉默找点话题，看看其他人的脸色，又放弃了努力。

六个人里她母亲的神色最平静。她当闲话问母亲，记不记得早几年姜山被举报招生不公的事。

母亲说记得。看了她一眼，又说，当时调查做得很细，没有发现舞弊。姜山私生活是有些复杂，但他是单身，工作上又无可挑剔，至少根据当时的证据是如此，就只能那么处理。

她没出声。一桌人都在听她们母女说这件事，只有她父亲听明白了，说其实当时对姜山开展调查你妈妈就受了很大压力。姜山后台相当硬，顶住压力查他，结果还没查出什么来，虽然是秉公办理，最后谁吃亏，你也看到了。

她母亲淡淡一笑，说讲这些干吗？我也算不上吃亏……她说这小馄饨做得真不错，皮薄馅儿大，汤的味道也正宗，太像你外婆的手艺了。

母亲很少夸她的。

她看着平素最喜欢在吃饭时高谈阔论的舅舅那浮肿的脸和呆滞的神情、盯着小馄饨时眼里那泪，实在是不敢再看第二眼……

但又能怎么样呢？

尊重个人选择的自由，在这个家里是第一位的。

再过一周外祖父和他的新婚妻子就度完蜜月回来了。他们早就说了，两边家里都不住，另外安置一头家。反正……李家是大房地产商。

李奶奶身为董事长，控制家族企业超七成股权，想住哪儿，那还不是随她的心，就是外祖父，也完全有这个能力。

"……李小超也就是挤对我，跟他老母亲是一句硬话都不敢讲的。傻×！"陈润涵骂道。

静侬皱眉："注意用词。"

陈润涵撇了下嘴。

"往好处想，毕竟没有在发妻过世后一边撰写长文怀念，一边五七没过就新人进门。"静侬说。

"你以为爷爷没写吗？"陈润涵又撇了下嘴，"还分了上中下三篇，每篇占满两个版面，谁有这排面儿！结集出回忆录都能占一册了！"

"本来感情特别好的夫妻，一方去世，另一方就更觉得孤单……"

"我又没说什么！"陈润涵又去弄爱尔兰咖啡了。

静侬吐吐舌。

这还没说什么……

李奶奶人很好，他们从小就喜欢，甚至……其实李奶奶和外祖母是很相似的，无论气质相貌还是做派。

就是，李奶奶变陈奶奶，每个人都需要一个适应的过程。到目前为止，双方都给予了足够的空间、足够的尊重和尽量友好的态度，接下来的日子，还长远着呢……谁知道会发生什么。

静侬暗暗叹口气。

反正舅妈是适应得最快的，目前已经能跟老太太每天微信聊天了，就是舅舅和眼前这位大头表哥，不也称赞老太太温和善良有品位吗？表哥虽然有怨气，可人前人后那奶奶叫得……啧啧，知道的说他这是成心恶心李小超，不知道的还以为亲奶奶还魂了……静侬心想，父亲和母亲在这方面，恐怕要做落后分子了。

还有她。

想到外婆年轻时的愿望就是周游世界……起了这个头儿，她就不能往下想了。唯一的安慰大概是，她至少还曾经陪老太太去过她最喜欢的国家。

"那到底要把狗怎么办？"陈润涵又问。

这竟然成了目前最大的问题……

静侬叹了口气，说："我知道，的确不好给人家添了这么大的麻烦，末了又说不要……那成什么了。"

"然后呢？"陈润涵皱眉，"先说下啊，我不养活物儿。"

静侬轻轻哼了一声："我也没养过活物儿。"

这有什么办法呢？谁一生中还没些个第一次？

"养不养？"

"养。"

"那好，周五你去机场接。老沈他们航线最近在测试，飞机飞来飞去的，说这周五下午可以专机送那小狗子——你就说说吧，这小狗子多有福气，嗯？来么，专机从悉尼飞北京，再来么，北京专机飞过来……啧啧啧，我也想托生成这样的狗……"

陈润涵絮絮叨叨的，静侬没有再听了。

她翻着日历，记上一笔。

"……可是我八月底要去苏格兰十天，到时候怎么办？"她抬起头来一看，陈润涵早走开了，"就知道指望不上你。"

她叹口气，重新翻了下相册，看着那只被举起来对着镜头的胖胖的陨石色小狗子。

新的家庭成员啊，这是她的。

她得开始准备迎接它了。

但愿一切顺利……她看着照片里的小狗，忽然发现举着小狗的手有点眼熟。她放大些看——手背上有一道并不算太显眼的伤疤。

这是沈绪楷的手。

周五早上先是下雨，雨停了又起了雾。静侬担心这个天气航班无法正常起落，下午就放晴了，等到快下班时，已碧空如洗。

"什么叫六月天小孩儿的脸！"李晴晴拍了拍巴掌，"瞧瞧！"

静侬笑。

"今天有什么好事儿吗？"李晴晴问。

"算是吧。我要去接个小朋友。"静侬说。见李晴晴好奇，她把这"小朋友"的来历讲了一下。

"养狗啊，责任重大。我就不敢养。我老公和宝宝天天念叨要养猫，都被我一票否决了。不过你应该没问题，单身，地方大，养十只八只、猫狗双全都行。"李晴晴说。

静侬其实很心虚。虽然决定养狗之后，她做了很多功课，还专门去欧家讨教，临了要去接狗子回家了，又兴奋又紧张，莫名其妙又是碰倒了花瓶又是碰洒了咖啡，惹得一屋子同事都笑她。

一到下班时间，她迫不及待往外跑。

穿过大厅时，她习惯性瞥了一眼书库方向，看见一个小巧玲珑的秀美女生低着头走出来，心里正想着这女生怎么这么有风情，定睛一瞧，原来是宗小苔。

恰巧宗小苔这时也抬起头来，看见了她。

静侬原想着这一次她大概又要装作不认识了，正好也赶时间，没打算停下脚步。不想宗小苔却看着她，露出一丝微笑来。

这一笑，固然是两靥生花，静侬却觉得背上立时有了那么一丝凉意。

她脚步稍慢，宗小苔就走近了，说："我来还曾老师丝巾。"

静侬点点头。

其实她已经选了一条漂亮的新丝巾送给曾老师了，但是宗小苔来还，自然是应该的，更是礼貌。

"腿上的伤好了吗？"宗小苔问。

静侬又点头，刷卡走出去。

宗小苔跟在她身后出了门。

静侬看了眼停车的位置，按了下钥匙。车子嘀嘀响，她看看宗小苔，说："那么我就……"

"你还是那么好管闲事。以后再有这种事，别管——帮我又有什么好处吗？"宗小苔眼睛看着前方，慢吞吞地说。

静侬一脚踏下台阶，停在那里，回头看她："你怎么会觉得我是帮你？"

"还真不是为了帮我啊……我果然用不着领你这情。"宗小苔笑了笑，说着话，也下了台阶。

"你什么意思啊？"静侬问。

"那天你看着我，怕不是看着了自己吧？毕竟，你也是有过插足人家婚姻在上海待不下去灰溜溜逃回来的经历，是吧？"宗小苔回过脸来，因为阳光刺目，眯了下眼，"你看，谁比谁高贵多少呢？"

"这事儿你是怎么知道的？"静侬问。她声音有点干涩，听起来不像是自己的。

"……我有本科同学，是你的同门——没想到吧？不过她考了两年才考上，比你低一级。"宗小苔微笑着说，"这世上哪有什么不透风的墙。"

她说着，看着静侬的脸。

"以后见了我还是当不认识吧。我做人固然是不怎么成功，还可以称得上下流，你也不是什么完人……"

"我当然不是完人，但是我没有故意破坏任何人的婚姻。"静侬说。

她尽量克制，尽量冷静。

突然间被揭穿隐私，像被扒掉了外衣，这让她瞬间有非常严重的羞耻感。但同时，她竟然也有一种奇异的轻松和痛快的感觉……终于还是有这么一天。

"是吗？你说是什么就是什么吧。我不是你需要解释的对象，我配不上。"宗小苔微微笑着说。

"下个月毕业十周年聚会，会有纪念活动，你来参加吗？"静侬问。

她有点佩服自己，这么个时刻，竟然还想得起来问这种问题，似乎她这么久以来，等的就是这个机会。

"啊，十年了……有人问起过我吗？"宗小苔问。

"……没有。"静侬没撒谎，的确是没有。

"那我要去做什么？咱们班……恐怕还有隔壁班……那么多人觉得是因为我，高考发挥失常，恨不得一辈子不见我……再也不会反省是不是自己智商不高，学习能力不强，心理素质差。去的话，大家也没好脸色给我看，免了吧。"宗小苔说着下了最后两级台阶，"你们就当我也死了，何必为了什么狗屁纪念聚会，装大方还要问我一嘴？"

静侬看着她走开，仍然娉娉婷婷的。

她吸了口气，往自己车子那边走去。

她上车时，看到宗小苔上了一辆白色的车……她转开脸。

她的手放在方向盘上，指尖又出现了麻痹的现象。她攥住方向盘，强迫自己集中精神，闭了一会儿眼，手指能自如地活动了，才长出一口气，看看腕表。

有点晚了，她必须赶快出发。

她攥了攥手，发动车子往外走……

等她到达机场，天已擦黑。往公务机停机坪方向去的路，她又不是很熟悉，导航明明指向了最终目的地，看起来却完全不像。她一着急，加上心神不宁，险些撞在隔离墩上。

她一额头冷汗，盯着石墩子发呆。

有工作人员过来，问清楚她要去哪里，耐心给她指路。她小心翼翼把车子停到指定位置，下车接过访客的牌子挂在脖子上，走进大楼里去。

已经过了约定的时间，她给沈绪楷打电话，那边没有接，不知道是不是不方便。

"范静侬！"

对面走来一队航空公司空乘和飞行员，走在前头的那个帅气的飞行员喊了她一声。

她站下来："贾飞！"

"Please（请）叫我 Captain Jia（贾机长），范老师。"贾飞笑着说，"你过来干吗？"

"我来接我的狗。"静侬忙解释。她打量一下贾飞。有多巧呀，前天贾飞才进班级群，告诉大家他才刚转行做了飞行员不久，是飞公务机的，今天他们就相遇了。

贾飞笑着打趣她两句，问了她要去哪里，招呼地勤同事过来给她带路，抱歉地说："我得马上飞，不然我可以带你去。"

"不用不用。这就很感谢了。"静侬赶紧说。

跟他道了别，静侬跟着地勤工作人员往前走。

"……前面都是他们公司的机位了。你看那一排，全是新飞机，漂亮吧？最近我们一上班，都先来看看停机坪上有没有新来的飞机。差不多最先进最好的公务机型号都齐全了，简直够开航展了……"工作人员很热情，一边走一边给她介绍，"你确定小狗是今天才运到吗？他们公司今天下午就到达了一个架次，听说是老总亲自飞的。"

听到最后几句话，静侬心里没来由得有点慌。此前人家说的什么，她努力听，可就是有点听不进去，只是保持着微笑，不住地点头……

"沈总来了。"工作人员忽然说。

静侬一看，果然看到沈绪楷从外面进来了。

他身边跟着两个人，看穿着是机械师，不知道正在争论什么，没往这边看。

"那我就送您到这儿。有什么需要可以随时找我。"工作人员轻声道。

静侬忙跟他道了谢，先站在这里等。

她没看见沈绪楷身边有装小狗的航空箱。

想来沈绪楷这会儿正在工作中，不会把小狗带在身边……左右看了看。

附近都是公务机候机室，安静，豪华，舒适，又让人有些奇异的距离感。

她原本只是随意一瞥，可目光再转回来，却发现沈绪楷不在原地了。他的同事一齐返回停机坪，而他像凭空消失了一样。

她莫名心一慌，急忙搜寻他的身影。

身后有脚步声，她急忙回头，原以为看到的会是沈绪楷，来的人确实也身材颀长、瘦削而英俊，但不是沈绪楷。首先沈绪楷没这么瘦，其次这人没有他高……是她这辈子都不想再见到的人。

盛韶宁。

她没有想到刚刚被人旧事重提，转眼就遇见了他。

此时他向她走来，目光落在她身上，像蜘蛛网黏住小飞虫。

静侬不自觉地咽了口唾沫，后退一步。

她马上意识到自己不能退也不能逃跑，绝对没有这个道理。于是她微微抬了抬下巴，恰好他来到了她面前，这样，她就能看清他的面孔了。

啊，是的，真的是他。再不希望见到，终于还是有相遇的时候。

"Hi！"盛韶宁轻声打了个招呼，"好久不见。"

静侬转了下脸，想要立即走开，可脚下并没动。实际上也动不了，她的手和脚像被束缚住了，指尖微微有些麻痹感。

其实他们多久没见了，她并没有什么概念……因为并不打算再见。

"我过来出差的。这几天，我一直在想，可能有机会遇见你。"他说。

静侬没有出声，只是回过脸来又看了他。

盛韶宁见她不语，很有些窘，问："你是候机还是接机？"

"这跟你……"静侬看着他，"没关系吧？我记得我明明说过，再不想看见你——也麻烦你就算见了我，也当不认得。"

"范贝贝！"忽然有人叫道。

静侬吓了一跳。

她一回身，看到沈绪楷拎着一只航空箱往这边走来。

轻装简从，步履从容。

"不好意思，我先走一步。"静侬说。她没有特地去看盛韶宁，但还是留意到了他的表情——他显然也吃了一惊，脸色阴晴不定。

她向沈绪楷走去。

沈绪楷看了盛韶宁，却对静侬说："走。"

静侬伸手要拿航空箱，沈绪楷拎远些，一转身，拉了她的手就走。

静侬下意识要攥拳，沈绪楷却直接扣住了她的手。两个人十指相扣，沈绪楷问："车停哪儿了？"

"……"静侬说不出话来。

这一连串的冲击，实在让她不知该做出什么样的反应更合适，但他们这么走出去，看在人眼里不知会怎么猜测，这是肯定的，只是她这个时候不能硬是把手抽回来。

盛韶宁还站在原地没动，神情复杂地目送他俩离开——她固然是不在意盛韶宁怎么看她，又会怎么看她和沈绪楷这种情形的……可这也太……她仰脸看看沈绪楷。

走了这么远的距离，沈绪楷什么也没再说，脸上没什么特别的表情，但他的手攥得很紧。

他手有点凉，手心柔软但很有力量，像把锁扣将她的手锁住了。

走出候机厅，她发现外面又起了雾。停车场被笼罩在蒙蒙雾气中，原本就记不清停车位的她，这下更两眼发直。沈绪楷拉着她一直往前走。没走多远，她就在重重迷雾中看到了自己的车——沈绪楷的车子和他的司机就在她车旁。她看到地上的画线和标记，这才知道自己车子停的位置也是沈绪楷公司专属的停车位。

沈绪楷一直没松手，就算当着他司机的面，看样子也没打算立即松开，静侬越来越窘。

沈绪楷停下来，跟他的司机说："鲁师傅，你下班吧。范小姐会送我回去的。"

什么叫……静侬睁大眼盯着地上的画线和标记。

什么叫"范小姐会送我回去的"？

他们什么时候有达成一致意见吗?!

鲁师傅点头答应，跟静侬说了声麻烦范小姐了。他问沈绪楷，车上的东西送到哪边去。沈绪楷说那些都是狗的，搬范小姐车上去。鲁师傅赶忙去车里把一般大小的几个纸箱搬过来。这会儿工夫，沈绪楷把航空箱拎起来看了看，示意静侬打开车门。

静侬攥了攥拳。

她的手指又麻痹了⋯⋯她轻轻捏着手指尖，拉开车门。

沈绪楷说："我来开车。"

"不用。我可以。"静侬说。

沈绪楷瞥了眼她的手，说："坐后面去。"

他一副不想多话的样子，先上了车。静侬明知道他开车，自己坐后头是不合适的，但看看他脸色，就没有出声，正好她也惦记着后车座上那个小家伙。

她坐进车里，看看航空箱内——小胖狗躺在里头一动不动，只有小肚皮一鼓一鼓的⋯⋯因为花色繁复，一时之间还分不清头和屁股。她只好靠近些，差不多都要把头拱进航空箱了，才看清小狗子原来是屁股冲她。

"它怎么一直睡?"她问。

"玩累了而已。"沈绪楷说。

"哦。"静侬心说她也不是没查过资料，两个半月大的小狗能玩累了，这是去跑马拉松了吗?

"在飞机上跑马拉松了。"沈绪楷说。

这听着像玩笑，可沈绪楷的语气不像是在开玩笑。静侬就没笑出来。

她轻轻拍拍小胖狗的肚子，一鼓一鼓的，像个暖暖的皮球，让人想捏捏⋯⋯

"它有名字了吗?"她问。刚问出口，手摸到小狗脖颈处有一个皮项圈，再顺着一摸，摸到了一个小金属牌，上头有刻痕。

"叫 Luna。"沈绪楷说。

"哦，Luna⋯⋯"静侬轻声念着。

小狗不知道是不是听见了，小胖腿踢了两下。

沈绪楷发动车子，很快驶出停车场，上了高速，速度马上就飙起来了。

静侬手扶着航空箱，不时摸摸小狗的肚子，渐渐她那有点麻痹的手指恢复了正常。

沈绪楷不说话，她也不知道要说什么。

但是……她看着他的后脑勺，心里有种情绪在默默地涌动，她慢慢呼了口气。

"有话想说？"沈绪楷瞟了眼后视镜。

"我跟他没联系了。离开上海之后，我再没见过他。"静侬说。

这话说出来又后悔了，这是干吗……但好像，必须要剖白一下，不想他误会自己和盛韶宁还藕断丝连。

沈绪楷沉默。他看了看车窗外，似乎不耐烦听。

过了一会儿，静侬才说："你可能不信我……可我当时确实不知他已婚，我不是有意伤害谁的。至于他怎么会在这儿，我完全不清楚。如果知道会遇见他，我是不会来的。"

她嘴巴像是完全不受大脑控制似的，一口气说了这么多，说完自己松了口气。

"你不需要跟我解释的。"沈绪楷说。

静侬不出声。

她看着沈绪楷握住方向盘的手。

沈绪楷也好一会儿没出声，末了像是觉得自己不回应不太合适似的，才说："他是来参会的。"

静侬低了低头。

沈绪楷没有看她，但她下意识回避他可能投来的目光。

"新区的招商引资。不过据我所知没有达成合作意向。"他说。

原来如此。静侬心想原来如此。

现在没有，以后会不会有？这是未知的……不过这不是她操心的事。那个人，是已经掀过去的一页，她很清楚自己不想知道他后事如何……

小狗忽然动了一下，她手缩回来，歪头看看箱子里，只见小狗摇摇晃晃爬了起来，在箱子里转了个圈，歪着脑袋往外看了看，吧唧一下又趴下了，舔舔她的手背，然后把下巴放在上头，又睡起来……她动都不敢动一下，心想这小家伙将来恐怕是个心宽体胖型的……

她抬起头来看着前方。

有好一会儿了，他们谁都没有再挑起话头。

"……换我来开吧。"她轻声说。进入市区，路况复杂，车速慢了下来，毕竟是周末的夜晚。

沈绪楷过了会儿，才问："你没吃晚饭吧？"

静依一怔，心里念了句糟糕。她至今没觉得饿，自然也没想起来问。礼貌上起码也应该是她先问沈绪楷……原本她是这么打算的，如果沈绪楷没有别的安排，就请他吃晚饭。可是三番五次被扰了心神，竟然完全忘记了……她忙说："不好意思……我请你吃饭吧……你想吃什么？要是……不然我们去藤子那里？"

她有点语无伦次。沈绪楷没出声，脸上表情也没有明显变化，可不知为何，她是觉得他笑了一下。

"算了。"沈绪楷说。他看了眼腕表："我等下还有公事，没时间在外头吃饭。"

既然说是有公事了，静依就没再坚持。她清楚沈绪楷应该是真的有公事要办，他不是会为了一顿饭找借口的人。他不想，应该会直接拒绝的……而且她留意到他说的是"外头"——之前他的司机问该送东西去哪，也就是说，他现在本市应该不止一个落脚处。

那，哪个落脚处能称得上"里头"呢……

她轻声说："谢谢你费心把 Luna 带回来……"

"不用。好好养它就行，这也是原主人的心愿。"沈绪楷说。

"会好好养的。"静依说。她说着看了眼 Luna，小家伙睡得真香啊……

"那就好。"沈绪楷说。

静依抬起头来看着前方，发现车子已经驶入林荫道。她认出方位来，正疑惑怎么会把车开到这儿来了，沈绪楷已经停了车。

他推开车门下了车，她也紧跟着下来，看了眼大门，不等她问，他说："我到了。你回去路上小心些。"

静依点头。

沈绪楷看着她上车，挥了一下手，转身就走。

静依见他一边走一边看表，显然是有点着急。他站到门前，抬手按了下门铃，不一会儿门就开了，他迈步走了进去。

大门是白色的，跟主屋白色的外墙同色。一年四季这里的窗后都垂着白纱，高墙和紧闭的白色大门，还有高得几乎齐着主屋房顶的雪松这样的天然屏障，让这栋常年没有人住的老房子总是充满了神秘感。

的确很多年没有见到有人出入了……静依想。

她转头看了眼外头。

一街之隔，下面就是海滩。

每年暑假，她有至少一个月的时间每天早上来这里游泳，也就每天都经过这栋房子。

马上就要到海水浴场开放的日子了……

她意识到自己在车子里坐得有点久。在人家门前停这么长时间的车到底不太好，她发动车子准备离开，白色大门上那扇小门忽然开了，里面出来一位中年妇女，直接往车边快步走来，边走边向车内摇手示意她等一等。她忙停住车，车窗摇下来。

中年妇女将手里的纸袋交到静依手上，说是楷楷让来给她送晚餐。

"……谢谢您。"静依接了。

中年妇女看着她笑，摆摆手，回去了。

静依看了眼大门柱上的摄像头，还有摄像头下那金属牌子，停了片刻，驱车离去。

回家的路上，开始小家伙还没什么动静，过了一阵子，就看它半个身子都在箱外了。那小胖肚子被那个小小的门槛撑住，像鼓起了一个包，迷迷糊糊地看着她……她心一软，轻声说："Luna，我们回家了哦。"

她以为Luna是不懂回应她的，没想到它竟然长长地哼了一声。她听了一愣，忍不住笑起来。

"可是你怎么没什么精神呢？"她笑着自言自语。

忽然想到欧伯母说养了小狗之后，如果有什么问题就去附近杜医生的诊所，就说是她介绍的。她趁红灯，回头看了眼Luna，绿灯一亮，直接转弯到诊所去了。

已经七点多了，诊所里还是很忙。

静依第一次来给动物看病的诊所，抱着胖嘟嘟的Luna有点不知所措，还好有位小护士发现了她，过来问了Luna的情况，带她去诊室让杜医生检查。

杜医生刚给一只大狗动完手术出来，正在跟家属解释手术情况。他让静侬把 Luna 放到台子上，自己去洗手消毒了。

这时候陈润涵打过电话来，问是不是接到狗了，这会儿干吗呢，是不是跟老沈一起吃饭……静侬等他容人说话了，才说："接是接到了，就是不晓得怎么回事，看着蔫蔫儿的……我有点不放心，带着来诊所请医生看看……等下再给你回电话吧。"

她轻声跟杜医生说声不好意思。杜医生正拿了听诊器放在 Luan 肚皮上，听了好一会儿，抬头微笑摇摇头。

"……新手家长就是比较容易紧张。"他说着把听诊器收了，抱起 Luna 来看看它睡眼惺忪的样子，笑了，"我觉得你最好问问，这小家伙上飞机前是不是服用过镇静剂。它看起来很健康，没什么问题。小狗长途旅行也比较容易紧张，服用镇静剂是正常的。"

"不会啊，听说它是跑过马拉松……"静侬说完，就听身旁的护士扑哧一笑。她顿住，脸红了。所以……这应该真的是沈绪楷开玩笑的，是吧？她咬了下牙："那，确实不要紧吧？"

她忽然想起来沈绪楷说有公事，这会儿打过去应该不方便吧……她犹豫的工夫，杜医生就说不要紧的。

"你看是不是这会儿就比刚才有精神了？"杜医生把 Luna 举高一点。Luna 刚刚好可以够到他下巴，睁眼一看，就舔了他一下。杜医生笑着把 Luna 交还给静侬："不放心的话，陪它在这儿再观察一会儿，等药劲儿完全过了再走。"

"好。"静侬说，"谢谢医生。"

她见杜医生让护士请下一位进来，似乎是忘记收诊费的样子，轻声提醒他。杜医生笑笑，说："第一次来，免费……开玩笑的，只是看了看而已，不用收了。"

"谢谢杜医生。"静侬见后面宠主抱着自己的虎斑猫已经在等了，赶忙带着 Luna 出去。护士带她到旁边去，给了 Luna 一张空着的小床。静侬把 Luna 放进去，看它翻了个身，蹬蹬腿，一下子就坐起来了，比刚刚有精神多了，叹口气，摸摸它的头。她这才给陈润涵回了个电话。那边只"喂"了一声，就问她是不是还在诊所，说："我刚给老沈打了个电话，这不问还不知道呢，小家伙厉害了……本来是没打算给它用镇静剂的，路上怕它闷，让人放它在机舱里玩儿，玩儿得太兴奋了，又咬又啃的，关回箱子里还不老实，就给喂了一点镇静剂。我还说你可真敢啊，短途飞行也不能大意不是？"

静依听着，看看 Luna，心说小家伙还指不定在机舱里咬坏什么了呢，可不敢给沈绪楷打电话问了……"要是让我赔钱，我可赔不起。"她小声咕哝着。

可还是有点生气。

也该跟她说一下呀，害她担心……她逗逗 Luna，见它张开嘴巴，露出小小的尖尖的白牙。她戳了下它的小尖牙，它愣了下，甩着毛茸茸的脑袋瓜打了个喷嚏，歪头看看她，哼了一声。

静依笑起来，摸摸它头，说："够能闯祸的。"

Luna 舔舔她的手，躺下来露出肚皮给她摸。

静依看它完全醒了，跟护士打了个招呼，去办了张诊所的 VIP 卡，带着 Luna 走了。

诊所离家很近，她很快到了家门口。

停车入库时手机响了，她瞥一眼见是藤子打来的，只是还没等她接起来就挂断了。Luna 在箱子里哼哼唧唧的，她先下车把它拎出来，抱回家放在地板上，就看它走了没几步，就停下来，撇开了两条小胖腿……她以为它是要伸懒腰，哪知道，就看到一股水样的液体在地板上由小到大，聚集成了一摊……她一下子反应过来，拎了一条毛巾摁在狗尿上，顺手把 Luna 搂起来。

"你怎么到家先来这么一出儿啊？"静依哭笑不得地看着 Luna。

小家伙张开嘴巴，粉色的小舌头露出来……笑了。

她也笑了。

笑了好一会儿，她才放 Luna 下来，让它四处转转去，自己动手打了水来把地板擦干净。她忙了一额头汗，干脆坐在光可鉴人的地板上休息一下，预备给藤子回电话。手机里有两条新信息，她点开来看，有一条是沈绪楷发来的。信息开头先写了给 Luna 服用的镇静剂的名称和剂量，接着说本来想诉她的，可是下车时有点赶，忘记了，抱歉。

静依盯着这两行字，退出去看了一眼，时间在她进诊所之前。

她又看了两遍信息。

这一板一眼认认真真的措辞，像极了他本人……文如其人啊。

她清了清喉咙，也认认真真地打了两行字回复："我跟 Luna 安全到家了。刚才没看见信息就去诊所了，是我不好意思才对。希望我哥没打扰你工作。"

她想着沈绪楷这会儿未必有空回复她，就把手机放在地板上，静静地坐了一会儿。

手机果然好一阵子都没有动静。

她轻轻搓了下手。

都过了好久了，她仍然能清楚地想起来沈绪楷将她的手握住的感觉。他的手指尖很硬但手掌很软……除了他，她不记得还有谁的手会那么柔软，因此印象就极为深刻。

她闭上眼睛。

手上微有汗意，在裤子上擦一擦，还是觉得湿漉漉的……她发慌或紧张的时候手就会出汗。这会儿她并不紧张，然而也算不上放松。

门厅里的灯光洒下来，手上皮肤渗出的汗在淡淡的光晕里，一星一点的。

她又搓了下手，那星星点点就不见了……

Luna 跑到她身边，歪着头看她。

她摸了摸它的头。

Luna 的毛发柔软得像云朵像丝绸，摸着摸着，让人的心也禁不住一再柔软下来。

静侬看着 Luna 那蓝膜还没有退去的漂亮的眼睛，忍不住把它抱起来，轻轻亲了一下。

"我去给你拿吃的。"静侬将 Luna 放下，赶快去车里把沈绪楷给 Luna 带来的东西都搬进门。

总共四个纸箱，除了吃穿用的，还有一整箱玩具，都是适合幼犬的，有些可爱到让她这个成年人类都喜欢不得了。不过加上她自己给 Luna 准备的，半个储藏室都被这小家伙的东西占据了。

静侬收拾好，拍拍手，这才觉得肚子饿了。她的包和从沈家带回来的食物还在车上，又赶紧跑出去取。

路上她迫不及待地打开袋子看，发现是日料，禁不住咽了口口水。

她迫不及待回去洗洗手坐下来准备吃饭，把盒子拿出来，看着精美的装饰和店标，又咽了口口水，夹了一块寿司先放进嘴巴里……她到此时已经饿到腿发软，这块寿司简直能够救命。

一盒寿司吃到一半，看到手机屏亮了，是沈绪楷回复她信息了。

只有几个字：那就好。没打扰。

她伸出手指戳戳屏幕，回复道：谢谢你的晚饭。今天所有的事，谢谢。

不用。他回复。

静依盯着这两个字，心想多余的也不必说了吧，他应该都明白。

明白她担心什么，可能也明白她藏着这个秘密藏了这么久，就快要不堪重负了……她抬起手来抚了抚眉心。

有点头疼。

虽然这是应该背负的包袱，她也是受够了这样的日子……

她收拾好餐盒，给藤子回了个电话。

藤子倒没什么特别的事情，只是问她周末有没有什么安排，要是没有的话，她打算挑一天过来这里探望一下新的家庭成员……"说得好像你家添了新生儿一样。"藤子笑着说。

静依正好也想找个时间跟藤子好好聊聊，就约好周末等她来。挂断电话，她听到身后有响动，肩膀一紧，片刻之后才想起来，家里已经不止她一个人了。

有 Luna 了。

她正要去找，就见 Luna 咬着一块比它还大的地垫噔噔噔跑过来。它跑得太急了，不小心被地垫绊倒，还不松口，使出吃奶的劲儿来撕咬……她轻声道："我的天啊……你今天是不是把机舱地板掀了，人家才一气之下给你喂药吧……"

Luna 好像知道她在说自己，暂时停止了撕咬，蓝汪汪的眼睛看着她，"嗷呜"了一声。

静依笑了。

"这小家伙疯起来是不是能把屋子扒掉？难怪人家都说小狗都是拆迁队的。"藤子托着腮坐在地板上，看着 Luna 玩球。Luna 大嘴一张，有种不把球咬破绝不罢休的架势。

静依叹口气："小狗嘛，牙都痒。"

Luna 来家还不到 48 小时，破坏的东西包括但不限于地垫、拖鞋、桌子腿……家具都是老的，啃一下，就是啃掉她的财产。

"头疼啊。"静侬说。

藤子看她说头疼，脸上却是微笑的，笑道："过阵子送学校去念几天书吧，回来能好一点。你平常多花时间陪陪它，也会好的。"

静侬回头看看 Luna，点头。

藤子手撑在台阶上，看静侬蹲在地上，拿了一根细竹签，把面前那盆月季嫩芽上的蚜虫一个一个挑下来……"就不能直接喷点儿药吗？"她皱眉问。密密麻麻的蚜虫爬满了嫩枝，看得人密集恐惧症都犯了。

静侬挑了只蚜虫，放到白纸上。这只蚜虫很胖，吸饱了嫩芽的汁液，身子油亮。她不动声色地将它一捏……"我就喜欢这样。"她慢条斯理地说。

"你知不知道你这样显得很变态。"藤子抚了抚手臂，咧嘴笑道。

"你转过去看那边好了……刚不是想跟我聊聊吗，聊什么？"她问藤子，又挑了一只蚜虫下来。

"等下。"藤子果然转过身去，拿勺子搅搅红茶，似模似样地抿了一口，"嗯，今天这奶和糖加得刚刚好。"

静侬笑。

"聊……哎对了，沈绪楷又回他们家老屋子住了。"藤子说。

静侬原想说这没头没脑的怎么拐到这儿来了，再一想周五晚沈绪楷的确是把车停在了那里，就点了点头，说："是……可是之前不是听说他们搬走之后，就被分派给别人用了吗？好几年也不见有人住。"

眼前这盆月季上已经没有蚜虫了，她挪了下位置，准备捉下一盆的。

"确实没人住，连收拾都没收拾。沈绪楷不知道是借用还是买了，反正是住回去了。也是，就算是再习惯住酒店，那里到底是他长大的地方，感情还是不一样。"藤子说。

静侬没出声。

沈绪楷的生活，她是真的不了解。

她看看藤子，问："你本来想说什么来着？"

"本来也要说的，因为啊……那个，我妈正式跟我提了，说她希望我能跟沈绪楷发展。她先来做我的工作，只要我不反对，她就请人从中说和……我说我考虑几天。她说人家每次回来都是论小时计的，哪儿容我考虑几天，让我尽快给她准话。"藤子眉头越皱越紧，"真是一步退回解放前……就那时候出社会读书做事的女孩子也没听说谁一定要家里给择婿的，要命了。"

"可能，还是不够信任你的眼光。"静侬几乎趴到眼前这棵月季上了。

"也可能，沈緒楷属于那种一般有女儿的妈妈都希望能得到的女婿吧。我是说一般。"

"我怎么会懂？我还没女儿。"静侬开玩笑。这棵月季嫩芽上没有几个蚜虫，她竟觉得有点不甘心，翻过叶片来逐一查看。

藤子瞪她后脑勺一眼："你给我认真点儿。上回我就跟你说了，到时候你帮我扛雷，你别说话不算话。"

静侬皱眉道："你这法子是病急乱投医。要是不愿意，直接就说不愿意。人家牵线搭桥说和的是滕家的女儿，彼此都门儿清的……到时候弄得一团糟中间人难做，滕妈妈生气。"

"让她生气去好了。我还生气呢！"藤子气哼哼地说。

"这事儿不能这么办。"静侬转回身去，继续翻叶子，"再说，换我去，扛雷的是他不是我。"

"嗯？"藤子看她，"什么意思啊？"

"先别管我什么意思，你以为我不知道你什么意思啊？其实你就想给我牵线搭桥，是吧？"静侬歪着头看叶底。

"这不永绝后患吗？"藤子倒也坦白。她见静侬不言语，干脆挪了挪座位，离她近些，"我觉得吧……"

"你先别觉得。"静侬拉住一片叶子翻过来看，"你知道当初我为什么决定离开上海？"

"怎么不知道，因为我一句话嘛。"藤子说。

静侬笑。

藤子总是这么说，虽然这看起来的确是像那么回事……那段时间，就是她决定回来之前的两个月，藤子频繁跑上海。藤子开了餐馆之后很用心在经营，站稳了脚跟，又想继续提升品质。去上海就是去拜访一位心仪已久的意大利籍主厨，希望能把他挖回来。

在上海读书工作一久，一切都适应了，她已经有打算落地生根，因为喜欢老房子，就租在了浦西安静的老街上。房东一家早就移民，老房子有意出售，她还异想天开盘算过能不能买下来……整层的老公寓就她自己住，藤子去上海就在她那里落脚。

后来发生的事打乱了她的计划。别说什么落地生根了，那时候她才知道她只是一朵浮萍而已，随时可以被连根拔起，消失得无影无踪……这本来是有点悲哀的事，可当时顾不上计较。

藤子那回过去，看她状态很不好，特地多停留了几天，也不问她什么，就每天变着花样给她做饭，尽管做了她也吃不下。细想起来，藤子当时也不太开心，诸葛亮还能被三顾茅庐打动，她拜访了七次意大利人还是无动于衷……而静侬满心里只有自己那点子事，藤子和她诉苦，也只是像微风吹过水面，很快在她心里就了无痕迹了。

从这一方面来讲，她其实也很没良心。

藤子临走跟她说要是在上海过得不开心，不如回家。

后来她果然回来了，藤子挺高兴的，像她回来正好是藤子盼望的一样。这几年藤子也会跟她聊起来上海的老公寓，一起享用过的美食，曾经走过的街道，遇到的人和看过的风景，都点到即止，始终也没问过到底在上海发生了什么……甚至起初那几个月，她几乎完全窝在家里不出门，藤子也只是偶尔打个电话，问问她要不要一起喝杯酒。

她疑心藤子可能早就猜到了缘故。

藤子很灵的。

而且，藤子也不是没有经历的人，很多人很多事，藤子只要看一眼，也就够了。何况她在藤子面前，跟一碗清水似的，从来没有想过掩饰什么……有时候她等的是藤子一个问号，那碗水就会倾倒出来。

藤子就是不问。

"其实，很多事也不必一定要讲究个前因后果，机缘一到，顺势而为就是了。"藤子说着，啜了口奶茶。

静侬翻开一片叶子，看到背面那密密麻麻一团蚜虫……叶子的表面看起来却很健康，富有光泽。

"喂，你是不是有事啊？"藤子问。

"有一点。"

"跟什么有关的？"藤子笑嘻嘻的，"我就知道。前晚我说要来，你跟巴不得似的……说吧，多年姐妹，有什么不开心的，说出来让我高兴高兴。"

静侬拿了纸，整个摁到叶子背面上，一团绿油渍了出来。

　　藤子看了她拿了喷壶将蚜虫尸体清洗掉，忽然觉得手里这杯奶茶不好喝了。"你可太讨厌了。"她伸手在静侬背上拍了一巴掌。

　　静侬笑笑，说起上周遇到的事来。

　　日晒渐渐强烈，两人从庭院里挪到室内。

　　藤子重新调了奶茶，给静侬一杯，两人在老屋北面阴凉的小厅里坐下来。Luna跑累了，搂着它的球睡在了凉凉的地板上，就在她们脚边。

　　"……宗小苔那么说的时候，我忽然觉得……"静侬看了窗外的绿荫，"轻松了一点。"

　　"我发现了，你一遇上她就没好事儿，以后要跟她保持安全距离。"藤子说。

　　静侬看她，说："你竟然都不说我多管闲事。"

　　"我是头一天认识你吗？你性子又改不了，那就由着你去呗。"藤子伸手过来，捏捏她的脸，"谁让我爱你、宠着你、纵容你呢？"

　　"喂！"

　　"我爱范静侬的一切——就爱她傻、爱她心软、爱她……"藤子捏着她的脸不放手，"来，给我亲一个！"

　　静侬拍掉她的手："要死啦！肉麻！"

　　藤子哈哈大笑。她看着静侬雪白的面孔上被自己捏出的两团粉红，开心得不得了，说："真的，爱你所有的优点，也爱你说不上缺点的特点——你想做什么就凭直觉去做好了，没什么大不了的……可能那种情形下，人都巴不得看人的笑话，会说你圣母心，但老实讲，我宁可自己的好朋友是圣母。我是自私的人，亲近的朋友一定要是好人才行。"

　　静侬眼眶突然有点酸热，转了下脸。

　　"嫌我矫情啊？那我也要矫情。"藤子笑着抬脚碰碰静侬的脚。两个女孩子在柔软的沙发上像小时候那样，踢来踢去玩了一会儿，藤子才说："别介意宗小苔说了什么。"

　　静侬出了会儿神，说："不，不是介意她说我什么……而且她并没有完全说错。"

　　藤子不出声了。

　　"我从来没跟你说过我回来的真正原因。"静侬抬起眼来，静静地望着藤子。

藤子轻轻抬了抬眉，问："你的意思是，现在想告诉我了吗？"

静侬点点头。

"你知道不管你做了什么，我都爱你吧？"藤子有点不安。

静侬又点点头。

"你是不是觉得我今天不说人话？"藤子扭了下身子。

静侬想了想，还是点头。

"那就说嘛，我听着好了。"藤子靠在沙发背上，又是很舒服自在的样子了。

静侬说："真是难以启齿，时间越久越难开口。"

要是能重新来过，她一定会睁大眼睛看清向自己走来的任何一个人。可是时间从来不会倒流，她也永远都不会有这样的机会。

"我不是怕自己做过的事被人知道……与其一直让人觉得我是永不会犯错的人，倒不如让人看清其实我只是又蠢又糊涂……会蠢到看不清人，会伤害别人，也会把事情闹到不可收拾。不知情是最无力的借口——为什么是我不是别人，会愚蠢到不知情呢？"

静侬盯着天花板。

这个问题三年来她无数次地问自己，每一次都更加煎熬。

"我第一次跑到上海去找你，是跟男朋友刚刚分手。"藤子忽然说，"那会儿你还在念书，我刚辞了职，又失恋，在找事情做和出国读硕士之间摇摆不定。"

静侬摇头，看着她："哪一个男朋友？"

藤子抓了个靠垫朝她扔过去："就那个啊……"

"那个法国人？"静侬抱住靠垫，拍松放到身后。

"比利时人啦！法国是另外……"藤子翻白眼给她。范静侬这个糊涂蛋，从来就没记清楚过她的男友……"算了，不计较是谁了，总之，那时候你好快乐啊，整天傻乐傻乐的。明明译书也赚不到什么钱，可是在做自己喜欢的事，非常开心。因为我失恋，你还不好意思表现得太快乐……其实我不计较啦，我就是想看你开开心心的样子才去找你的。我问你，毕业以后要回家还是留在上海，你毫不犹豫地说留在上海。我说你一个人在上海行吗？你说为什么不行，人在这个世界上，其实永远都是一个人……过两年毕了业，你真的就留在上海了。虽然上海也不远，可是我就蛮担心你的。"

"嗯。"静侬心里一暖。

论起关心和亲近，藤子甚至能胜过其他所有人。

"我跑去找那个意大利厨师，在他工作的餐厅里遇见沈绪楷——他是那年回国的，当时公司总部设在了上海，每周在上海北京香港之间来回跑。我就想哇，上海到底有什么魅力，你们一个两个都要在那里发展？我还拉你去他公司参观。"藤子笑眯眯的，"我要问你，这些你准不记得了。"

静侬抱着靠垫，有点出神。

"反正我记得站在他们公司大楼里，你说这地方新得让人心慌，参观了一圈混了一顿饭吃，回来的路上就说再不要去了。"藤子笑道。

静侬没出声。

她的确不记得自己说过这话了……但事情是记得的。还记得是藤子硬拉她出门的。那天是周末，但她约了人谈译稿，本打算不去的，可巧合的是，对方临时改了时间，那一天她就空闲下来了。

藤子说周末闷在家里发霉是要遭雷劈的，就算是陪她出门逛逛，非要一起去。

她对在家里发霉没有意见，对沈绪楷和他的公司又没兴趣，但不能不陪藤子。

多年未见沈绪楷，她不知道他会变成什么样子。印象里最后一次见他，他黑色西裤白色短袖衫出现在教学楼走廊里。她知道他到学校来是要取走模子的遗物……藤子说他样子没有大变，但是个大人样了。大人样是什么样？像她看藤子，隔段时间见一面，就会觉得有一点点变化——她一日日变成熟，变得更美……总之不再是小女孩儿了。藤子看她也应该是如此吧。

不过藤子总说她傻兮兮的特别单纯，单知道世上还是好人多，仍然还是小女孩儿。

其实她才不是。

要总是小女孩儿，那不是那么多年的书都白读了吗……

到底还是跟藤子出门了。

她除了在租住公寓上奢侈了一把，平常生活特别俭省，出门都是搭公交乘地铁。藤子在这一点上倒也没意见，冒着梅雨天气的潮润闷热，跟她一道挤了公交车挤地铁。到了目的地，两人都是一脸一额的汗，藤子的妆都要花了，先在大堂坐下来照照镜子，生怕失礼。

藤子比她要注重仪表，出门前更衣化妆花费的时间常常要一个小时起跳。她照旧只是梳了马尾辫、棉布衣裙，整个人清汤挂面一样。不过那阵子她皮肤敏感，因为怕过敏，什么都不敢用，被太阳晒得发红的脸倒像涂了胭脂。

虽然是周末，沈绪楷还在加班，也正因为他要加班，她们才会选那一天去公司参观。繁华地段的中心区域，周末也并不因为人少些而显得有多寂寥。

等沈绪楷出来的工夫，她望着外头的风景，望了好一会儿。

江上的航船慢吞吞的，可能它也在过周末……

沈绪楷走出来时，藤子先看见了，拉了她一下，她回头就看到一个比印象里个子更高也更壮实的男人走了出来，小小地吃了一惊。

啊，是沈绪楷……

她能记起的他的样子还是瘦瘦的高高的，但，他们分别的时间足够他长成和她记忆中大不相同的模样。只是她当时莫名有个念头，心想如果模子还活着，也许也会长成这样的……他们堂兄弟很有点相似之处。

她看了藤子一眼，那一瞬间她知道藤子一定和她想到一处去了。

沈绪楷神情态度都从容平和，甚至看不出有多么欢迎她们的到来，更像是出于礼貌才招待她们、包容她们忽然闯入他的领地。她还记得自己觉察这一点时的尴尬，如果不是浑然不觉的藤子一直在好奇地问这问那，再考虑到藤子和他确实更熟悉可以适度熟络不拘礼一些，也许她接下来都不会答应他们留下来一起吃午饭——午饭就在他们公司的食堂里吃的。要说那天的参观有什么令她印象格外深刻的，沈绪楷公司的食堂要算一样。占了整整一层楼的食堂看上去更像个高级餐厅，很具有工业美感，提供非常多的选择，食物则精致而美味。那时藤子对任何提供食物的地方都有极大的兴趣。后来藤子尝试了很多种食物，样样都赞不绝口。她插不上话，就多听，以及多吃。

沈绪楷说因为好吃，公司的员工都很乐意在那里用餐，包括公司高层——他们说话的工夫就有同样在周末到公司加班的同事进去吃饭，有两个年纪比沈绪楷略大的女同事还过来和他们闲聊了一会儿。

其中一位又美丽又精干，沈绪楷介绍说是财务总监 Janette Cai（珍妮特·蔡）。

过了这么久了，她这个记忆力像鱼一样的人，还是能清楚地记得 Janette Cai 也就是蔡缃绮那圆圆的面孔上微微的笑意，笑着和她说我见过你，三月里有个会议，你做的译员，我还说哪里找来的这么漂亮又这么专业的同传译员，看着简直赏心悦目，下回有类似的活动就找你，结果主办方说，人家只是偶尔做兼职……没想到在这儿见到你了。

她记得那个会议但对 Janette 毫无印象，只好微笑致歉。Janette 也微笑着说没关系的，我是惊艳于优秀又美丽的女孩子。

Janette 和女同事还坐下来跟她们聊了几分钟，浅浅地问了些寻常的问题。具体问了什么，她也不记得了，无非是在上海读书工作的经历以及为什么不专做同传译员等等吧，都是在不同场合被不同的人重复问过无数次的。

她看着沈绪楷主动给两位女士挪椅子，在她们离开时也站了起来，并且提醒 Janette 早点回家休息，告诉她以后都不要加班了，才发觉 Janette 腹部隆起。她当时只觉得职场女性，孕期还要那么努力工作、加班，很是不易，却也没有想到，她和 Janette 的缘分远不止于此。

如果她足够敏锐，应该能察觉 Janette 其实对她的关注有点过界了。只是她迟钝了些，或者说她其实对自己的相貌能力有时会对同性是一种潜在威胁这一事实意识到得晚了些。Janette 习惯性对出现在她视野范围内的同性有着强烈的警惕心，这是她的婚姻生活给她带来的副产品。

对了，Janette Cai 是盛韶宁的太太。

不过在那个周六午餐饭桌上短暂交谈的时刻，Janette 以为她是偶然见过一次的因工作需要出现在她那优秀的丈夫身边的值得注意又给她留下深刻印象的美人；而盛韶宁也还没有以追求者的身份再次出现在她面前，她以为 Janette 对她的关注不过是沈绪楷的同事对和他一起吃饭的女生有些好奇心罢了，还很老实地满足了她。

如果事情仅止于此，那该有多好。

Janette 她们走后，藤子还开玩笑说静侬你到底打了多少份黑工，怎么除了笔译还做口译嘛。

那不然哩……不然租得起那样的公寓、负担得了旅行的费用吗？

她说。

沈绪楷正在给她们切什么，闻言莞尔。藤子则大笑，说拼死拼活做兼职，不过是为了住得舒服玩得舒服，也真有你的。

是呀，她是个会这么做的人。

藤子说那不然不要去做那份不咸不淡的行政工作了，有什么趣儿啊，做同传译员做到顶级好了……

但是生活还是要有着有落。

她要独自留在上海生活，必须要有一份稳定和有保障的工作，这也是她母亲对她唯一的要求。还好对她来说，这个要求并不难满足。

"……我后来还是去过一次的，不过停一停就走了。"静侬轻声说。

藤子嘟了嘟嘴，说："是嘛。"

是呀，为了一盒从天而降的月饼。

去过沈绪楷公司参观之后，似乎那一篇就揭过去了。她和沈绪楷只是在同一座城市里工作和生活而已，本来没有什么特别的交集，过后也没想过要主动联系。藤子来来往往，忙她的事，只提过以后有什么事儿要找人帮忙，不妨找沈绪楷，可能见她并不那么热衷，就没再提过这茬儿。

藤子的好意她明白，孤身一人在外，有个熟人可以依靠，不管是朋友还是家人都会放心一些。她的大头表哥跟藤子一样，那么四六不靠的一个人，也懂得特地打电话给她，把沈绪楷的联系方式留下。

她没想过自己平静规矩波澜不惊的生活会有什么事要惊动沈绪楷的。

魔都是个海一般的城市，但她相信小虾米如她也能自由自在地生活在其中，搵食活命……

那年的中秋节，她收到一盒印着沈绪楷公司标记的月饼。月饼是他们公司食堂自制的，应该不值多少钱，可很好吃。她并没有存沈绪楷的联络方式，没想到他会知道她的地址……但也并没有太意外。就算是没有大头表哥和藤子报备，去他公司参观那天，他也问起过她住在哪里。

楼下替她签收月饼的老看门人谭伯伯说东西是专人送达的，只问了问是不是有位范小姐住在这里，留下礼盒就走了。照老人家的描述，她猜大概是沈绪楷派司机送来的。百忙中他能想到独自一人在上海过中秋的她，足以让人心生感激。

她想来想去，郑重其事手写了感谢卡片，带了亲手插的一个花篮又去了趟他的公司，但并没有上楼去，只在前台交给了接待员。

这方法有点老土，她还是那么做了。

她填过访客的表格、留下东西就走了。接待员很快追出来，请她回去，说总经理秘书马上下来，因为打电话到总经理办公室，秘书听到是范小姐留了花和卡片，问是不是有什么事。

她没什么事，而且她赶着去约会，告辞离开了。

那时候她入职还不到一百天，正有干劲，身边也出现了像盛韶宁这样有魅力的追求者，每天在自己喜欢的屋子里醒来，一切都美得像梦一样。

她从来不是个精力旺盛、八面玲珑能在同一时间处理很多件事情的人。一份稳定的有寒暑假的工作，一份力所能及又热爱的兼职，再加上一个相貌英俊、有学识又很绅士的追求者，足以把她的生活填得满满的了……

意外发生在一个深秋的下午。

在那一天的早些时候，有一个不太好的预兆，当时她并没有太在意。

早上出门上班，她拿手包不小心把一只水晶天鹅碰到了地上。老房子的木地板温润厚实，桌子也不高，从前她也经常把易碎的东西碰倒在地，都没碎过，那天水晶天鹅却碎成了三段。她有点心疼，这是在伦敦的旧书店里跟书一起淘回来的……她把碎片小心收起来才出门，时间就有点晚，错过了一班公交车，又遇到堵车，上班以来第一次迟到。领导没批评，她却有些难过，一整天都低气压。

快下班时，盛韶宁打电话来问她晚上有没有时间一起吃饭。

她看天有下雨的意思，说还是不要了。

她已经一周没见盛韶宁了。他去东京公干，才回来两天，一直在忙各种事情，并没有联络她……她并不觉得这有什么不妥。她自己的事也很多，工作上的琐碎事一大堆，下了班只想马上回家，周末则全天泡在图书馆里查资料。

盛韶宁有一点很好，就是从来不会在她觉得不便的时候硬要见面，约会时也并不会一味顺着他自己的心思安排节目，而是会和她商量，尤其喜欢陪她去图书馆、博物馆……她以为这是他很懂得彼此有独立空间的重要性，还有点高兴。

跟盛韶宁的重逢跟认识他的时候一样，都很偶然。三月里，别人忙着找工作和写论文的时候，她的论文早早定稿，工作也有了眉目，单等答辩了。一时清闲，她接了两个短时的工作，担任商务活动的同传译员。其中一个活动因为工作完成得非常出色，主办方特地向她表示了感谢。丰厚的薪水之外，能获得认可，这是让人格外有成就感的。出面褒扬她的人里就有盛韶宁。只是当时盛韶宁没有说几句话就被人叫走了，并没有给她留下特别的印象，直到两个月后，她在学校门口遇到了他。

认真回想起来，那一天的重逢对盛韶宁来说也是偶然的。他等的并不是她。太太在孕期，花钱找干净的学生妹解决生理需要，就是有人会这么做。只是盛韶宁的特殊之处在于，他和太太之间没有这个默契。Janette 的怀孕只是他习惯性寻花问柳的又一个方便的借口而已。

至于说她在盛韶宁那里是不是特殊的，她想多少是有一点的。盛韶宁在他们短暂的交往过程里对她是十分尊重的，起码是这么表现的。再多，她就不敢断言了。毕竟这个人，认真回想一下整个交往过程，她实在是称不上对他有多少了解，除了认识到人性的自私和险恶之外。这一点，倒是要感谢他。

盛韶宁风度很好，谈吐有致，对她的好感表示得恰到好处，从不令她不适。她虽然偶尔也接触商人，可从未想过自己会和这样的人发展。盛韶宁恰好可以打破一般人对商人的刻板印象……论起来他算新贵，身上却一点炫富的味道都没有，反而非常儒雅，连车子都低调朴实。

所以后来，她如果想要给自己找借口，还是能找出一大堆来。

当然她并不会因此原谅自己。

那天下班时果然下起了雨。不大不小的，恰恰好让人觉得不舒服，又并不很令人不便。上海秋天的雨也只比冬天的稍稍讨厌那么一点点而已，她当时还这么想着，走出了办公楼。学校的小红楼一下雨会返潮，陈年的霉味在空气里飘荡着，像幽灵一样追着人跑。她莫名觉得心里有点紧。考虑到早上摔碎的天鹅，她觉得心慌是有道理的，因此格外想早点回到她的窝里去。

她撑开伞站在台阶上往外一看，除了几位在雨中脚步匆匆的老师和学生，一眼就看到了盛韶宁的车子。

盛韶宁有那么一两次到学校来接过她，只是从没有把车开进来过。

她有点意外，心想难道是想给人惊喜，说了今天不见面，还特地来接她下班……她朝车子走去，来到驾驶位这边，轻轻敲了下窗，冲车里摆摆手。

车窗上一层水珠，密密的，不住地凝成串滑下去，像给车窗蒙上了一层纱。她并没有看清车子里的人，直到车窗降下来，她说完"不是说好今天不见面的吗"，就看到了Janette的脸——阴雨天，银灰色的车子里，一张惨白的布满愤怒和恨意的脸，足够让人触目惊心。

她呆了一下，以为自己认错了车子，忙说了声对不起。

Janette推开车门下了车，一把夺过她的伞扔在地上，抽手就是一个耳光扇了过来。

她下意识躲开了这一巴掌。

从小到大她从没有挨过一手指头的打，家里没有人打她，外头也没人敢打。她抓住了Janette的手腕，气恼地问她怎么回事，为什么出手就打人。

如果整个过程要她讲出来最后悔的一点，这就是。

她其实应该挨那一下子的，如果挨了，Janette就不会更加愤怒，不会去抓被扔在一边的伞也就不会摔倒了……Janette当时已经大腹便便，摔倒在地自己都爬不起来。

她虽然觉得Janette莫名其妙，但不可能看着孕妇摔倒不去扶，于是被Janette揪住头发拖倒在地，狠命地踹起来。

说不出当时有多狼狈了……这一场厮打惊动了过往的老师和学生。有人跑过来拉架，听着Janette骂她贱人、小三，说静侬趁她孕期和自己先生上床，听着听着都尴尬起来。

她简直五雷轰顶，才问你先生是谁。

Janette说你少装无辜，我先生盛韶宁，你别说你不认识，你俩昨晚还滚床单呢……Janette骂她长了一张人畜无害的脸可惜是狐狸精……她被骂得发蒙，说我不知道盛韶宁有太太有家庭可是你也不能胡说。

Janette说我都看见你给他发的床照了，就是你发的，你是不是静侬，是不是静侬，是不是吧……

Janette 死死拽着她的头发，突然一下子松了手。

她正要辩解，猛地就看到了血。

她已经尽量不反抗免得 Janette 有危险，可 Janette 还是出了问题。她是离 Janette 最近的人，Janette 松开她的头发又抓住了她的手，大喊救命我的宝宝不能出事……她心跳都快要停止了，只觉得全身的血都在变冷。也正是这冷让她头脑瞬间冷静下来，抬起头来冲着同事大声说快点叫救护车……不，快点帮我把她抬上车。

同事过来帮忙，手忙脚乱地把 Janette 抬到后座上。她问了 Janette 在看哪位产科大夫，在哪家医院定期就诊，又问谁会开车。还好有同事愿意挺身而出，开车送她们马上去医院。路上她冷静地联系了 Janette 的医生，一边听着 Janette 号叫咒骂一边将情况解释给大夫听，左手还被 Janette 攥在手里痛得像是骨头都断了，痛得失去知觉……十几分钟之后，Janette 在急诊被大夫接进手术室，她沾了一身的血站在外面，才知道手脚发软。

同事悄悄地走了，她也该走，但没有，站在手术室外等候。

Janette 大出血，一度有生命危险，然而联系不到她的家属，医生问 Janette 的意见后联系了她公司的同事，是沈绪楷和几位女同事赶来了。她不知道沈绪楷看到她是不是吃惊了。那会儿她完全顾不上揣测谁的眼光谁的心情，也不是没发觉几位女士异样的神情，只希望手术室里的 Janette 和她的胎儿都平安……等盛韶宁匆匆赶到，手术已经结束了，Janette 和婴儿都侥幸活了下来。

盛韶宁在医生告诉他母子平安时，腿一软跪在了医生面前。

她在听到平安二字之后，也转身离开，没有理睬盛韶宁。

已经是夜里，走出医院时雨下得很大，她没有伞，背包也不知道哪儿去了，站在冷雨里像个孤魂野鬼。

她在街上走了很久，才发觉走错了方向，离她的公寓越来越远了。

一辆车停在她身后，有人过来拉她上了车。

她看到是沈绪楷时并不太吃惊。他没有说什么，也没管她是不是湿淋淋的、冷不冷，大概也完全不想管。

他直接让司机开车到了她楼下。直到她下车，他没说一句话。

其实要说也确实没什么可说的……她站在楼下看着他的车子开走，又站了好久才晓得上楼。

回到家里她差点虚脱，看着那碎成三块的水晶天鹅，觉得自己也成了碎片……

那天晚上，她的电话一直在响。她没接电话，直到电话没电了。

天蒙蒙亮时她发起热来，烧得迷迷糊糊的。还好是周六，她不必起床上班。清早门铃响过几次，她没去应门。

下午，她勉强能坐起来了，下楼去买药。

谭伯伯见了她，像是松口气，说早上有位先生来过，按你家门铃没人应。他让我帮忙留意你的情况……原来是生病了呀。伯伯叹气，问她要不要去医院。

她跟谭伯伯说没关系的，吃过药睡一觉就好。

她在药店里买了药，吃了之后又待了很久，才往回走。一走进大门，看到了站在楼梯间的盛韶宁。

她看到他出现时甚至都没有什么感觉，愤怒和羞辱感都在面对Janette时尝尽了。

但他不应该再出现在她的面前，尤其那一天，他的太太刚刚经历了生死关头，孩子才出世不过十几个小时，仍然在保温箱里，等待着涉险过关……而这一切意外，本来统统都不该出现。

她看到盛韶宁脸是肿的，眉间有好长的一道伤口，缝了针，嘴巴鼻子都歪了，周围青紫斑驳……她想这大概是被谁打的，可不是嘛，该打。

没等盛韶宁开口，她就说麻烦你以后不要再找我了，我再也不想见到你。

盛韶宁说对不起，但我是真的爱上你了……

她有那么一瞬间甚至觉得盛韶宁也许没有撒谎，只是即便是真的，建立在对另外一个人的背叛和伤害基础上的爱，也是罪恶的，合该被诅咒的。

她说对不起我没有兴趣知道这个。

盛韶宁倒没有纠缠，只在往后的日子里偶尔会给她打一通电话。她从没有接听过。

周一上班，她的办公桌上整整齐齐放着她丢失的东西。

伞，手包，还有几样不属于她但不知道是不是属于Janette的细碎的小物件……

仅仅过了一个周末，她的生活表面上看上去毫无变化，但她知道并不是的。

平静的外表下暗潮汹涌，任何射向她的目光都似乎在谴责她。

每天早上醒来，去上班都要给自己鼓足勇气。

办公桌上多出任何东西，都能让她心跳加速，指尖麻痹。

终于在又一次被噩梦中满手的血惊醒之后，她做出了离开上海的决定。

临走之前，她想过去找 Janette 解释一下，但最终放弃了这个想法。从时间上看，Janette 应该还在休产假，惊扰一个产妇实在是太不应该。比起 Janette 遭受的，她的委屈微不足道，何况 Janette 也许知道的远比她要多，她只是 Janette 受到的无数次伤害中的一次而已。

房东恰在那个时候问她有没有要买下公寓的意向。

她的租期未到，但已经决定离开，即便不离开，以她的收入，哪里能够买下那么昂贵的房子。以前只是想想而已，以后是想都不必想的了……

她就这么回到了出生地。

"……我花了很长时间才确信自己不是杀人犯。我总觉得 Janette 是被人意图谋杀，只是未遂。"静侬说。

藤子已经好一会儿都没动过了，静侬有点不敢看她。

藤子虽然说了不管她要说的是什么事，都没关系，可这并不是什么人都能接受的。

"那到底是怎么回事？ Janette 看到的聊天记录是谁的？谁给盛韶宁发的床照裸照？"藤子问。

静侬张了张嘴："……喂！这是重点吗？"

"不是，要单单抓这么一个细节，我凭这一点就能肯定盛韶宁另外有情人。你不可能是这样的人。"藤子说着就摇头叹气。

静侬不知道该笑还是该哭。

藤子看了她，伸手过来捏捏她的脸："你该早告诉我的，傻子。"

静侬转过脸去。

她很久没哭过了，这会儿真的想哭。

藤子伸手过来撸了一下她的头发："多大点儿事儿啊，自己闷这么久……何必因为这个丢了那么体面的工作，虽然是无聊了点儿……

你一走，位子空出来，不知道便宜了哪个家伙。就是留在魔都，机会也很多，说不定已经攒下来一笔钱，再过两年，就可以买下来那层老房了。"

"你当浦西一张床，是两斤鸡毛菜吗？随便买！"静侬被她说得又想笑。

藤子笑笑，忽然看了下表，拍手道："面团该发了！"

她从沙发上跳起来就往厨房跑，招呼静侬快点过去看。

静侬说了好久的话，口干舌燥，走进厨房就看见藤子把发酵箱里的面团取了出来，又递了一杯清水给她。

面团发得很好，藤子很满意。

"所以，楷哥是知道的？"藤子拉伸下面团。

静侬喝口水，轻轻嗯了一声。

"那难怪了。"藤子说着，勾勾手让静侬给她把围裙系上，"我有一回跟涵哥说起来，猜你俩之前可能有事。你俩奇奇怪怪的，提到对方都马上转移话题，肯定心里有鬼。涵哥说他也这么觉得，越这样越想逗你们。"

静侬不出声。

鬼是有的，只不过不是人家，是她自己心里藏了只鬼……沈绪楷不是多话的人，可一定晓得这只鬼在折磨她。

"也不怪我会想歪了。我还想过你俩该不会睡过了吧，也不晓得谁事后不认账，多半是你……"藤子低着头。

静侬开始没反应过来这话是什么意思，突然明白过来，抄起擀面杖就要敲她。

藤子笑着说开个玩笑嘛，怎么还开不起玩笑了呢？

藤子听见自己的手机响，满手面粉，央静侬去帮她拿过来。静侬手里还拿着擀面杖，一边说着不许拿这胡说了啊，一边去拿了手机，见是餐厅打来的，接通了放在她耳边。藤子沉默着听完了对方的话，很利落地说："就照他要求的做……对，就说我说的，要是不好吃他也得吃完，不然取消 VIP 资格，而且以后都不准进餐厅大门。就这样，你挂电话吧。"

静侬把手机收起来放在台子上，看藤子微微皱了下眉，可并不是不开心的样子，问："是柯老师？"

"那还能有谁！"藤子撇撇嘴，"一天天的不给我找点儿麻烦好像就过不去了……他写论文不顺利的时候就跑过去要这个要那个……你说谁能知道他荷兰房东做的恰巴塔什么味道？嫌我们店里做得不好吃！事儿爹……"

静依哧的一声笑，慢吞吞地说："那难怪呢，今儿跑我这儿来要做恰巴塔。"

"我来你这儿做这个是因为你喜欢吃。"藤子抬眼瞪她，"晚上咱俩出去走走吧，我可很久没上鱼山看夜景了。"

静依点点头。

藤子说："你的手机响。"

静依这才听见微弱的声响，回身找，一时找不到，亏得那人耐心，一直没挂断，才让她循着声音在围裙口袋里找到了。

一看是沈绪楷，她忍不住看了眼藤子。

藤子专心在对付面团，可像是心有灵犀，大声说："快接电话，要是楷哥打的，跟他约会去！能帮我永绝后患的机会就在眼前，你要把握好。"

"发神经！"静依念了她一句，见电话挂断了，赶快拨回去。

沈绪楷的声音平静中有一点慵懒，似乎刚刚醒来的样子，温和地问起 Luna 的情况……静依顿了顿，就见藤子蹿到她面前，手舞足蹈教她快点说请他过来一起吃午饭。满手的面粉随着她的手势不住地簌簌落下。

静依忍不住笑，可接下来莫名其妙说的却是"谢谢你"。

面前的藤子、电话那端的沈绪楷还有这一端的她，三个人瞬间像是定格了。藤子先缓过来，转身跑开了，笑得全身发抖，忍着不要发出声。

她正想要咬掉自己的笨舌头，就听沈绪楷说："昨天谢过了，今天怎么又谢。"

她还没开口，他问："是不是感觉轻松点儿了？"

"嗯。"静依点头。

藤子笑出声来了，瞪她也不管用。

"藤子在你那儿？"沈绪楷问。

"嗯，在。在准备午饭。"静依说。听见他似是叹了口气，说了声"皮"。

藤子带着Luna跑过来，看看她，夺过手机去，就说："楷哥，是我，藤子。过来吃午饭吧，我们刚好烤恰巴塔……还有你喜欢吃的……啊？啊……对……是有这么回事儿……"

静侬要走开，藤子拉住她。

静侬看她脸上的笑渐渐凝固，冲她吐吐舌，过了一会儿，电话挂断了，手机交回她手上。

"说不来吃午饭，然后……"藤子又笑了，"说让我不要担心，他已经拒绝了。看这意思，我妈根本没等我回话就下手了啊。"

静侬笑笑。

沈绪楷够干脆的。

"还说让我别搞事情。"藤子又吐舌，"怎么什么都知道……"

静侬想，可不是嘛，就是个不动声色，但所有的事儿都心里有数的主儿。

"代号深海。"她说。

藤子大笑。她重新洗手，嚷着这一耽误，面团发大了……"我觉得沈绪楷是有目标了。"她说。

静侬不出声，拿了刷子刷牡蛎。

牡蛎壳很干净，处理起来很容易。她也不知道为什么自己要逮住这一个使劲儿刷，也许是忽然心有点乱……

藤子见她没动静，回头踢了她一脚。

Luna本来安安静静趴在一边，看到藤子踢静侬立即跳起来，奶声奶气地吼了藤子一声，一口咬住了她的裙摆，使劲儿摇着脑袋撕咬。

藤子和静侬都愣了下，同时哎呀一声。

静侬扔下刷子，把Luna抱了起来，狠狠地亲了一下。

Chapter

4

八月的青梅酒

天才蒙蒙亮，静侬就起床了。她穿好泳装套了件长袍，洗漱后拎包下楼，抚抚 Luna 的脑袋瓜，走出去，在院子里伸了个懒腰，出门开车直奔海水浴场。

她把车停在路边，下车前翻了下手机，看看有没有错过的来电和消息。

暑假开始，一切都慢了下来。偶尔有工作通知，大家的反应集体慢半拍，也没有关系。

工作群静悄悄的，班级群里有新发言，她点进去看了一眼。

离聚会的日子又近了些，新加入的同学渐渐多起来，有时一天能进来三五个。群里每天都很热闹。

她手指迅速在屏幕上滑动，那些聊天记录，让人心情愉悦。

她看到最后几条时，顺手推开车门，一条腿伸出去，还没落地，就停在那里——冷锋说："我要争取把咱们班所有的人都联络到，争取让在国内尤其在本市的所有同学都到场——不管以前发生过什么，咱们班作为一个整体，不能散。"

没人出声。

静侬一条眉毛微微颤了一下。

只要不是傻子，都知道班长说这话的意思，可是没人说话。

她点了下输入框，正要发个表情，突然有条消息跳了出来，是贾飞问的。

"老班的意思是修任远和宗小苔要在本地也要喊他们来是吧？"

问得直白。

"就是这意思，大家表下态，同意不同意。我话说前面，这个咱们不强制，但是，都是同学，要是我联系到了，人家愿意来，谁不愿意人家来，谁可以不来。"冷锋说。

静侬倒是没想到冷锋这个身上已经有着中年人的世故圆滑精明算计看起来恨不得跟谁都一团和气的人会这么讲。上回见面，他还语焉不详……不过既然这会儿这么说了，想来是经过深思熟虑，多半也征求过"组委会"成员的意见了。冷锋是班长，这话也只有他先讲最合适。在静默的片刻中，她发了一条出去。

我同意。她说。

几乎同时，贾飞和藤子还有一个没有改本名而是用了"快乐的猴子"的 ID 发了"同意""没问题啊""也挺想知道他们怎么样了"进群。接二连三地，又有人发了"OK""老班说啥就是啥"……

静侬松了口气，把手机扔到储物盒里，拎了包下车锁门，往浴场走去。

从前她都把车停在距离浴场比较近的位置，最近改了习惯。走到浴场入口处，恰好遇见武警巡逻，她转头看了一眼，看到沈绪楷家那静静的院落和紧闭的大门。

好像最近一段时间沈绪楷都不在本市……

最后一次见他还是上个月。

他走之前去家里看过 Luna，跟陈润涵一起。她有些怀疑两个人其实只是打着看 Luna 的旗号去寻找童年回忆了，因为进了门，两人象征性地视察了下 Luna 的居住环境，其实也就是主要活动范围——院子、客厅和厨房。

Luna 刚刚习惯跑上楼去进她房间睡床脚地板，那部分区域他们两个是不方便上去的——然后他们俩就猫到后院去了，快到吃饭时间她跑去后院，问他们两个要不要留下来吃午饭。

两个人从院子西北角出来，一手的黑土，跟俩撒尿玩泥巴的小男孩儿似的。后来他们就留下来吃了顿午饭，Luna 不喜欢陈润涵，对沈绪楷也不怎么客气，大概还记得喂药的仇，倒是很黏着她，走到哪儿跟到哪儿，几次都差点儿把她绊倒……沈绪楷走的时候，Luna 倒也肯跟在她身后出去送他。看得出来，他是很喜欢 Luna 的了，临出门还抱起来亲了亲它。被 Luna 在胸前蹬了两个小爪印，他也不介意。

想到 Luna 她就开心。

共同生活的时间还不久，可小家伙已经渐渐占据她的心了。

那天他们一起吃午饭时，聊到月底她出门旅行，Luna 要怎么安排。她那个大头表哥顶着那爆炸香菇脑袋脱口而出说送爷爷奶奶那边照顾几天也行……被她狠狠瞪了一眼，他才晓得是一句奶奶叫得太过于顺嘴亲近了，马上闭了嘴不出声。

外祖父他们旅行回来就住进新家，没多久，召集家人一起吃了顿饭。她父母都在外地，推说工作忙未归，舅舅嚷牙疼，她则拔智齿……结果只有舅母和表哥去了。牙疼的舅舅跑到她这里来，让她这个拔了智齿只能喝汤的人给煮鸡汤小馄饨，吃了一整锅，心满意足地离开了。

晚上外祖父打电话给她，说贝贝这么久不见外公也不想啊……

麻药效力过去之后，还真是挺疼的，疼得她眼泪汪汪的。

那也不去。

前两天在商场地下车库停车遇见李小超，正好李小超跟她看准同一个车位，还好她停车技术过硬，那天反应也算快，稳稳地抢在他前头停好了车，把李小超气得那车简直要在停车场蹦起来摇头摆尾了……那么多停车位专门想挤对她，还不是心里有气。

有气又不敢照着老太太撒，就会拿他们这边的人捏弄。

她想想真的是觉得冤枉。

陈润涵说吃饭的时候"邓奶奶"特地问起她来，很关心的样子……是呢，老太太的确是喜欢她的，从小到大见了她都很亲切，总跟外婆说羡慕有这么好的外孙女。

李小超连她都要看不顺眼，怕不是就从老太太这份儿喜欢上来的……

陈润涵气哼哼地说李小超现在还是不依不饶的，真要是气出点儿毛病来还好了呢，可惜壮得跟头牛似的。

他们表兄妹聊家事，沈绪楷始终不出声，听到这句话倒来了句我看你们俩半斤八两，斗得有意思吗？

大头表哥难得能听进谁的话去，沈绪楷说他几句，他倒是肯听。

只是听完照旧，真让人挠头。

静侬叹口气。

时间还早，浴场更衣室并没开放。她从包里拿出垫子来铺在沙滩上，脱了鞋子、罩衫和包一起放在上面，开始热身。

清晨海风凉爽，浴场里人寥寥无几，除了在沙滩上跑步的，海面上星星点点有数的几个人在游泳。她细看了看，海面上有两艘救生筏，各据一边。

有一身防护套着"脸基尼"的阿姨跑步经过，笑着和她说声今天来得晚了点儿啊。她忙点头问好。

年年在这里遇见这些游泳爱好者，不是熟人也是熟人了。

她做完热身，套了泳帽和泳镜跑步下水。

被冰凉的海水包裹住的一瞬间，她整个人都来了精神，抬头看看防鲨网，心想游了这么多天，一天天接近目标，今天应该可以游到那里了……

远处有救生筏漂在海面上，看到有人往防鲨网这样的远距离游去，赶快跟上，保持合理的距离进行保护。

静侬在距离防鲨网还有二十米的时候意识到自己体力储备还是不够，果断一个回身，往沙滩方向游去。

回程是顺风，比较省力，她游得舒服，换了几个泳姿，最后顺顺当当地以蛙泳来到浅水区，并不觉得太累。

她回头看了下救生筏，举起手来摇了摇。

救生筏朝她划过来。

她踩着水，扶住救生筏，仰头看里头戴着墨镜的救生员："嗨！"

救生员一手扶住桨，一手摘下墨镜来，问："没事吧？"

"没事。"静侬脚往下一沉，脚掌够到了水底的沙。海水齐着肩膀，微小的浪袭过来，打到喉部，虽然很快就撤退了，也让人有瞬间喘不过气来的压迫感。

她看着修任远，微笑。

"我看你今天状态还不错。"他看了看沙滩方向。

静侬抹了下脸上的海水，问："早认出我来啦？"

"也没有很早，我才来三天。"修任远说。

静侬想想，她也不过是昨天才发现他。她也转头看了下沙滩方向，又问："你上全天的班？"

"不。也是两班倒。今天是早班。"修任远说。

"几点下班？"静侬追问。

"……下午两点。"

"你们有吃早饭的时间吗？"静侬问。修任远现在上班时间，而她这一整天的时间规划成了三部分，每个部分都要有固定且尽量多的产出……她必须在规定时间内回家，开始这一天的翻译工作。

"半小时。"修任远看着她。

"几点？"静侬看着他，问。

"七点半到八点。"他似乎有点不情愿，但静侬显然不像会轻易放弃的。

"那我请你吃早饭吧，等下小池塘旁边见。"静侬说着松了手，在水里打了个滚儿，继续往沙滩游去。

修任远把墨镜戴上，划着救生筏往一边去了。

静侬游到伸手就能触到沙滩的位置，站起来走到自己放包的地方，抽出浴巾来披上，去浴室洗了个澡换了衣服出来。在凉亭里整理下湿淋淋的头发，看下时间，七点一刻。

她慢悠悠地往小池塘走去。

天已经热了起来。

八月初是这座城市最潮湿闷热的时节，使得城市像座大型的桑拿房。通常在这个时间，她已经跑回家躲进阴凉的老宅，之后整整一天的活动范围就限制在室内，等太阳快落山才去查看院子里仅有的几样植物，浇水除虫……

她站在小池塘边看着里头盛开的荷花，忽然想起后院那个荒废的小池子，里头堆满了积年累月的枯枝败叶，也许清除出来，养上荷花也不错。

外婆在世的时候，似乎有那么一两年，家里是有荷花的……她出了会儿神，听见沙沙的脚步声，回头看时，见穿着长长的花裤衩、白T恤、踩着一双旧人字拖的修任远匆匆走来了。他还戴着墨镜，走近了，冲她笑笑。

一笑，还是阳光灿烂的，但看得出来，此时他稍有点拘谨。

静侬微笑，指了下身后，说："我车停在那边。半个小时，就够咱们去吃油条甜沫的，行不行？"

"行。"修任远点头。

两人并排往车子那边走。

静侬正在想要找什么话题聊两句，听见修任远说："这两天我其实就是犹豫怎么跟你打招呼……"

"跟老同学打招呼还得做心理建设啊？"静侬开玩笑。

"啥？"他似乎没听懂。

"我是说，跟老同学打招呼还犹豫什么。喊我就是了呀，鲨鱼你都不怕，怕我啊？"静侬说。

"那你不也犹豫了两天。"

"嚯，我那是怕跟上回一样，我先开口，再把你吓跑了……你现在还开出租车吗？"

"……不开了。"

"为什么？"

"就……开不成了。"

静侬没问下去。她摸出车钥匙来按了一下，看看修任远："要开吗？"

修任远搓了下手："不了。"

"你驾照还在吧？"静侬开玩笑。

"刚被罚满了 12 分。"修任远说。

"你可真能。"静侬没问他怎么被罚满的 12 分，示意他上车。

修任远站在车尾，伸手轻轻拍了拍，手顺着车尾灯一路滑过来，感受着流线型的车身。

"真好啊。"他说。

"要是没被罚满 12 分就更好了。"静侬上了车，微笑道。

修任远坐进车子里，继续轻手轻脚地摸摸中控台、摸摸座椅。系上安全带之后，他才说："我就在杂志上见过这款车。"

静侬刚想说现在谁还看汽车杂志，手机上什么没有，想到上回见识过他那款老式手机，就没出声。她左右看了看，驱车驶离。

"我会用智能手机，就是还没习惯。"修任远说。

"知道。"静侬应声。她发现他口袋里有长方形的东西，那大概就是他的手机。

小饭馆距离不远，早上交通顺畅，他们没说几句话的工夫就到了。静侬见店门口几张小饭桌都空着，说："咱们外面坐吧。"

修任远跟着下了车，却问："要不进去坐？"

"他们家没空调，里面热……怎么了？"静侬看他。

修任远还没说话，她看到邻居邵爷爷来买早点，忙跟他示意一下，走过去跟老人打招呼。修任远站远些等她。

静依回来问修任远吃什么。

小店里其实就几样早点，甜沫油条，包子米粥，外加荤素两样馅儿的油饼。菜单多年不变，顾客盈门全靠口味和品质始终保持不变。

修任远说都可以，静依就每样都来了两份。

"你常来这儿吃早饭吗？"修任远转转头，看了下周围，"好像熟人挺多的，你没关系吧？"

"我有什么关系。"静依装作听不懂他的意思，从消毒柜里拿了碗筷勺子过来。

两人对面而坐，修任远把墨镜摘下来。

他眼睛周边的皮肤比其他地方颜色要浅一些，很显眼。

见静依打量自己，修任远有点不好意思，抬手摸摸耳后。

"我每天都会去游泳，除非大暴雨出不了门。"静依倒了两杯水，给他一杯。

修任远点头。

"不出意外，只要你上早班，肯定会遇见我的。"静依喝了半杯水，"你要是想躲开我，那就辞职，反正我不会不去游泳……咱不至于吧？"

修任远又摸摸耳后，闷声闷气地说："知道了。"

静依沉默片刻，想问他现在住在那里，都做些什么，又觉得不好贸然问。

修任远看看她，说："你现在游得很棒啊。"

静依笑，说："上大学的时候选修了游泳课，下过苦功夫……最后考了个优秀。"

"你们学校有游泳课啊？"

"有啊。"静依本想说游泳课的教授和助教都是国家队退役的著名运动员。游泳课的课代表还是游泳专业的体育特长生……她有时看到课代表吹哨子叫同学集合，神气活现地替教授跑前跑后，就忍不住会想也许修任远进了大学读书，也会过上这样的日子。照他的成绩，应该会顺利考进他一直希望去的交大吧。

她没出声，修任远好像也明白她在想什么，过了会儿，笑了笑，说："我就知道你在大学里会过得很好。"

"嗯？"

"你以前不声不响的，可会安排自己的事了。像每天下午课和晚自习之间那段时间，有的人玩，有的人学习，你就会在操场上快走两圈，一边背单词一边锻炼。"

静侬想想，可不是嘛……她没往下说，修任远也没往下说。再说下去，这早饭要吃不成了。

天色暗下来之后的操场格外精彩。没有比赛没有观众，可比任何时候都要热闹。除了像她这样散步的，还有很多期待夜幕遮蔽方便其他活动的同学……他们的班主任方静老师是个精瘦的小老太太，经常会到操场边去抓人。小老太太严格又慈祥，很少发火，可发起火来却很可怕。

"方老师现在好吗？"修任远问。

静侬点头，犹豫了片刻，才说："现在在西雅图。三年前陈老师过世，陈师姐接她去团聚了。不过……去年确诊了阿尔茨海默病。"

修任远看着她，一瞬间像是被这个消息弄得蒙了，大脑要处理一下收到的信息才能进行反馈。

静侬慢慢地说："开始就是只有一点行为异常，师姐自己就是做这方面研究的，很警觉，马上带她去看医生了。目前情况还好，还不需要特别担心……我本来也只是知道方老师去西雅图了。咱们班十年聚会，联系不到方老师，我有同事和陈师姐是留学时候的同学，转了个弯联系上她，才问到方老师的情况。陈师姐说方老师挺想回国的。咱们班是她当班主任带的最后一个班，也最让她挂心。不过陈师姐不放心方老师单独长途旅行，现在她也没有假期，没法陪同，很遗憾还是不能让她回来。你是不是去过方老师家？她一直没搬家，就是想着从前的学生想她了还能找到门。"

"……没有。"修任远低了下头，"开始几年方老师给我写过信。我这次出来之后，是想去看她的，就是……"

静侬说："你去看她，她应该会高兴的。我们每次去看方老师，她都很高兴。"

"你帮我问问看，我联系方老师问个好是不是方便……要是不方便，你就先替我问方老师好。"

"好……不说这个了，先吃饭。"静侬说。

老板娘把早餐用一个大托盘送过来，小声说这锅油条炸得尤其好吃，快点趁热吃。她走开后，静侬拿筷子夹了根油条看看，咬一口，果然香。

这会儿工夫，修任远几口就把一根油条吃完了。

"哦对了，班长在找你。"静侬说。

"找我？"

"就那个，我刚说的十周年聚会。班长说咱们是一个集体，一个都不能缺。"

"哦。"修任远从托盘里把甜沫端到自己面前，才想起来应该先给静侬，又忙要给她。

静侬说："我自己动手，不用让。"

修任远埋头吃起来。静侬看他吃饭的速度极快，一眨眼一碗甜沫就见了底，自己这碗没动，就给了他。修任远要推让，静侬说："再要一碗新的准烫嘴，这碗刚刚好。我再要一碗好了。"

"不好意思，习惯了吃得快。"修任远说。

静侬点点头，看了眼时间："我等下送你回去，不用急。"

修任远嗯了一声，抬头看她："上回……"

"没关系。"静侬知道他想解释手机号的事，"我就知道咱们迟早还会再见，多大点儿地儿啊。"

修任远不出声，默默吃着饭。

静侬游了一早上泳，胃口也不错。两人闷声不响吃完了饭，结账时，修任远摸出口袋的钞票来，静侬拦住，说："付过了。下回吃贵的你请。"

她说着笑了。

修任远说："谢谢你啊。"

"谢什么呀。快走，时间快到了。"她说着站起来，跟老板娘打过招呼，离开桌边，上车送修任远回浴场，"这份工作干到什么时候？"

"说好两个月。不过也看人家的意思。"修任远说。

静侬点头。

也就是说，仍然是临时的工作，仍然要看雇主的心情……她从储物盒里抽了张纸片出来把自己的手机号写上，说："我估计我的号码你也一起'空号'了。以后有什么事，打给我，我看能不能帮上忙。"

修任远犹豫了下，接过去，捏在手里。

"快点下车，迟到不好。"静侬微笑道。

"拜拜。"修任远说着,摸摸车顶,看了她,"改天请你吃好吃的。"

"那可太好了。"静侬摇了下手。

她坐在车里,看修任远一直往前走,越走越快,浴场正门收费的关卡已经设好。他经过关卡时,被拦下来了,但很快他们就让他进去了。

静侬舒了口气。

她刚发动车子,忽然从后视镜里看到一辆车子从沈家大门开了出来,一惊,下意识地往浴场方向看去——闲散的门卫抻着腿懒洋洋地聊着天,游客正三三两两地走过去,修任远早就不见了影子。

她转回头来,看到沈绪楷的车在靠近她的车子时减了速。

车窗降下来,司机鲁师傅跟她打了个招呼。

副驾驶位置上坐着的中年妇女也笑眯眯地问她好。

静侬认出来是上回出来给她送食物的阿姨,忙微笑点头。

车子开过去了,她隐隐觉得额头上一层细密的汗珠,不禁抬手拉下遮光板,看了眼。头发还湿乎乎的,卷成一团顶在头顶,这半天一惊一乍的,又是汗又是水,简直满脸油光……她听见旁边车子"嘀"的一声轻响,正想说这么大的地儿过不去嘛,按什么喇叭呀,一转头就看一辆黑色跑车停在旁边,沈绪楷摘掉墨镜,说了声"早"。

"……早。"静侬猝不及防看见他,看看前面的车子,心说这是怎么回事,保姆坐专车,自己开车出门……

沈绪楷看看她,应该是猜到了她为什么有点惊讶:"车闲着也是闲着。"

静侬知道自己神色一定显得不太对劲儿,就笑了笑。她自己都能感觉出来脸上的肌肉有点僵硬,这一笑怕不是比哭还难看……她有点懊恼。唯一庆幸的是,沈绪楷总不能把车一直停在路中央……他怎么还特地停下来跟她打招呼呢?她想着,不由又看他一眼。

沈绪楷拿着墨镜的手轻轻晃了晃,问:"晚上藤子那里的barbecue(烧烤)去吗?"

"是今晚吗?"静侬问。

沈绪楷抬抬眉。

"我……要看下能不能完成今天的任务。"她说。

"OK。那回见。"沈绪楷戴上墨镜,驱车离去。

静侬看着他那轻巧灵动的车子,缓了口气过来,赶忙开车回家。

进了家门看到藤子给她发了几条语音信息，一是提醒她晚上barbecue别忘了，二是问她群里消息看了没有："冷锋发飙了"。

"看见了。他怎么突然这么严肃。"

"不是那段儿。你回复之后，又有事发生——后来有人说没必要找他们来，冷锋就把人踢了。"

"谁呀……"

"苏丹和童君理。"

啊……静侬在心里说。他俩当年就跟修任远和宗小苔合不来。果然藤子就重复了这句话。

"……童君理和修任远高一的时候就在校外约架呢，啧，都不是省油的灯。童君理那次很不像话，找了社会人半道儿截修任远……你不知道吗？"藤子这回没问静侬记得不记得，默认了这类事她不清楚。

静侬果然不知道："我不知道的话，那就是没闹大？"

念书时同学之间有矛盾，约架都是"操场见"和"放学后别走"，被老师知道了，或者受了伤惊动警方，或者被人直接捅到学校里，轻则挨训重则处分，还要在全校大会上宣布处分结果和念检讨书，无异于公开处刑。他们学校校规严，学风正，这类事并不多，所以有那么一两次，就印象更深刻。

藤子说："要说还得是修任远这样的，打架他怕过谁呀？不说打得过打不过，首先人就不怵……修任远在初中也是个能打架的，没少跟他们那一片儿的小哥混，不过跟同学闹矛盾从来可没喊过外面的人援手。不跟童君理似的，打个架要找小哥撑腰，啧啧，什么呀这都……修任远一个人当然打不过一帮小哥，不过他运气好，刚好有人撞见，多亏他那天穿的是校服，人救他一条狗命。修任远后来不是有一个礼拜没来上课嘛……"

"啊，原来是因为这个才缺勤。"静侬说。

那阵子天气有点冷，下了冬天里的第一场雪。

修任远隔了一个礼拜才来上课，仍鼻青脸肿，手臂还打着石膏。据说是下雪天路滑不小心跌的。

宗小苔在石膏上第一个签名，画了颗心和天使翅膀……修任远没事儿就看着那个签名傻乐，上方老师的课被拎起来，回答问题驴唇不对马嘴。

方老师骂了他足足五分钟，下了课又被叫去办公室继续骂……

也许方老师早就发现了蛛丝马迹，也根本没信什么下雪天跌跤的鬼话吧。

一位有三十多年教龄的老教师，什么妖魔鬼怪没见过？

"这么严重，怎么后来倒没什么动静？"静侬问。单纯学生打架并不是太大的事，引动社会上的混混这性质就不一样了。

"有人帮忙摆平了呗。不然你看童君理不也就闭气了？他又不是得罪不起修任远，是得罪不起弹压双方的那位。"藤子轻轻哼了一声，"哎呀，越说越多……你晚上能来吗？晚上见面聊，我这会儿赶着往回送海货。嘿，今儿早上我亲自上货，满载而归，太开心了！"

静侬有点犹豫："我今天……"

"又来了！你白天多干点儿，这几天平摊一下工作量，不就得了？就一起吃顿饭，磨磨叽叽的……晚上等你啊！"藤子不耐烦。

"好。"静侬笑，发了个使劲儿点头的兔子表情过去。

藤子说是不想讲了，却又忍不住又抱怨了几句苏丹和童君理，俩人眼下是新加坡公民，聚会嘛一早就说了不会专程回来。

"……不来就不来，还搞事情，搅屎棍子。你看人家还从悉尼纽约哥本哈根特地回来参加聚会的呢！哪个不比他们远，不比他们有诚意？"

静侬发了个"摸摸头"的表情，转回去看群聊记录。

果然就几个小时的工夫，攒的信息有上百条了。

既有苏丹和童君理被踢出去的记录，也有和稀泥的同学把他们拉回来的记录……她仔细读了读，大部分同学都在劝大家冷静一下，不要破坏团聚的友好气氛。

童君理和苏丹道了歉，跟没事儿人一样聊起了新加坡的住房政策、投资环境、教育水平……跟他们俩说得最多的是"快乐的猴子"。

她看了会儿，惊觉已经快十点钟，赶快去开咖啡机，准备工作前来一杯。

等咖啡煮好的工夫，她抱起一早上没见面就不停地撒娇的 Luna，揉着它的背毛，心想苏丹和童君理变化也不小。

班里三对情侣，只有这两位那时候天天鸡飞狗跳的修成了正果。

当年他们俩在班里成绩垫底的，不过即便是这样如果发挥正常也能考上不错的大学，可是高考的确发挥失常，比模考成绩差了太多……后来，他们家里动用了关系，顺利塞进名校。

这段往事她印象比较深，是因为苏丹的父亲曾经试图走她父母的门路。

静侬扛着Luna，端起咖啡去书房。

"快乐的猴子"，段蘅……念书时候话极少的女孩子，现在怎么这么活泼？班里有几位同学早就放弃国内高考，直接通过英美国家大学的入学试，去海外读书的，段蘅是其中之一。那时手握三张藤校入学通知书的，除了班里另外一位才女司徒躬，就是她……啊，她的了不起的同学们。

不过司徒躬还没有消息。段蘅来了，司徒躬应该也不会远。这俩昔日的竞争对手，焦不离孟，找到一个，就找到另外一个了。印象里她看到过她们两位一起去黄石公园的照片。

静侬把Luna和咖啡一起放在宽大的书桌上，亲亲Luna，把它放到地上，由着它玩去了。她喝口咖啡，准备开始工作。

她伸手把日历翻页，看到上头的标记，动作静止了片刻，慢慢地说："哎，呀。"

今天是狮子座女生滕藤子的生日。

沈绪楷从车子里出来，暑热扑面，瞬间觉得脸上蒙了一层水雾。他走过去按门铃，才响了两下就接通了，不过停了一会儿，里面才应声。

他说："我在外面等你好了。"

"马上来。"通话瞬间切断了。

这个时候最好去车里等，不过他还是站在门外。

傍晚这条小街还热气腾腾的，路面有些烫脚，左右花岗岩砌的墙也在把蓄了一天的热能发散出来……街上人影也不见一个，静得很。

他看看腕表，两分钟不到，大门内就有了脚步声。

"不好意思，还要麻烦你来接我。"静侬回手关门。

"顺路。"沈绪楷淡淡地说。

随着静侬的行动，熟悉的香气流动起来。

因为热，香气被烘得更明显更有层次感……他微微侧了下脸。

"听说隧道那边有事故？"静侬上了车，问。

她刷到这条本地新闻就在想沈绪楷也许要迟了，没想到非但没迟，还早了几分钟，让她有点手忙脚乱。

沈绪楷点头，说："有辆车自燃，隧道封闭了一会儿。"

"天气太热了。"静侬说。

她从家里出来，几十米而已，像在蒸笼里走了一趟。藤子半小时前催她出门，拿已经准备好的烧烤食材诱惑她。她翻译了一天文稿，只喝了两杯咖啡吃了块蛋糕，饥肠辘辘，哪儿扛得住这个呀？马上开始换衣服了，中间藤子说晚上咱们喝两杯，你别开车了，楷哥反正要从那边走，让他顺路接你……她还没拒绝，藤子说已经跟他讲了，他答应了。

沈绪楷看到静侬手上有个蛋糕，顿了顿："今天谁生日？藤子？"

"嗯……"静侬歪头看他，心想难道你不知道吗，还是跟我一样忙忘了？那你可糟糕了……虽然藤子从 25 岁之后没庆祝过任何一个生日，也绝不允许别人替她庆祝生日，可生日到底是生日，每年今天只要在本地，她还是规规矩矩早上回家陪妈妈吃顿面，给妈妈送上一份大礼，晚上约几个好朋友一起吃顿饭。

沈绪楷看看表，说："还有时间。要不，帮我给她挑份礼物？她喜欢什么？"

静侬说："她不喜欢过生日，对收礼物也没兴趣，就想生日这天跟朋友一起吃吃饭开开心心过。"

沈绪楷点点头，说："临时买来对付的，也显得太没诚意。"

静侬心想我这蛋糕还不是打扫一下家里的存货做出来的吗，还都是上回藤子来她这过夜，自带的一些食材……不过这会儿她可不好意思承认。她瞥了眼后视镜，看到后座上有两箱酒，回头看，看清木箱上的字迹，她点点头。她就算对酒没特别研究，也知道是好酒。

"这是准备带给藤子的。"沈绪楷说。

"有这个还要买什么礼物呀……"静侬轻声说。送只钻表给藤子也不过如此，还没有这个让她开心："本来藤子也不想人特意给庆祝生日。"

"那就这样吧。明年一定记得。"沈绪楷说。

静侬听出他语气里的放松来，忍不住笑了。

明年，谁知道明年是什么样子，同座庆祝的又会有谁呢……她想着，默默叹了口气。

"为什么要叹气？"沈绪楷问。

静侬被吓了一跳，心说不出声叹气怎么还会被他发现？

"就是，忽然想到，这么一说'明年'怎样怎样，好像很容易实现……其实到了明年今天，谁知道大家都在哪里呀。"静侬老实地说。

沈绪楷有一会儿没说话，好像在很专心对付着这一段略显得复杂的路况。静侬却知道大概是自己刚才说的这几句话，让他听了不太舒服……她并没有别的意思，是真的这么想。

沈绪楷停下车，看看餐馆门口，藤子一身华丽的金光闪闪的长裙，正在和陈润涵说笑，海风吹着她的头发，让她不得不抬手拢住凌乱的发丝。

看到他的车子，藤子往这边挥了挥手，走过来了……他说："我们来个长约吧，明年今天，还一起给藤子庆祝生日。"

静侬正专心致志地看着风情万种的藤子，等听清楚这话并且明白过来意思，已经"嗯"了一声，算答应了。

沈绪楷也没给她反悔的机会，先开车门下了车，跟藤子笑着打了招呼，过来替静侬开了车门，说："藤子，让人把这两箱酒搬上去。"

"啊呀，这个！我可太喜欢了。"藤子眉开眼笑。

静侬也笑。

藤子自己就有"藤子坊"来酿酒，收藏名酒无数，什么好酒没见过，可是，从来不肯拂人家的面子……藤子看见她笑，冲她眨眨眼，碰碰她肩膀，低声说："看样子路上聊得很开心啊，好现象。"

静侬笑笑。

陈润涵过来，看见酒也笑着说这可真不错，说着也不等藤子叫人来了，跟沈绪楷一人搬了一个木箱："还喊什么人哪，咱们俩现成壮劳力。"

可是箱子真有点沉，他夸张地叫了一声，沈绪楷随手帮他一托，说了句你也该健健身。

陈润涵哈哈一笑，瞅了眼他的身材，本来想开玩笑的，忽然又像是想到了什么，看看藤子和静侬两人在他们身后嘀嘀咕咕不知道在议论什么，就只哼了一声，说："我有你那么勤奋就好了！你不用睡觉吗？哪儿那么多时间又工作又健身还不耽误玩儿的？"

沈绪楷斜他一眼，没出声。

静侬小声说："因为你笨呀。"

他们刚好走到餐馆门口，张经理给他们开门要帮忙搬酒，陈润涵笑着和张经理说话，就没听见静侬说的什么。

沈绪楷进门时却侧过身来看看静侬，微微一笑。

藤子就哧的一声笑出来，道："涵哥少花点时间谈恋爱，就有时间健身了……哎，他最近有点不对劲，等我整理下八卦线索再说——最近有点儿空就光顾咱们班那个十周年活动了，也没搞定几样事，冷锋他们几个来我这儿喝酒倒喝上瘾了。"

静侬看看沈绪楷的背影，低声问："决定在这儿办了吗？"

"原来说定了，这两天他们又改主意了，说还要再看看。这些人！一会儿一个主意，好烦——贾飞说他们家亲戚在山里有个休闲农场，也可能去那儿。大概就这两个地方二选一吧。"藤子说。

静侬点头，经过客人等候区时扫了一眼，问："柯老师今儿没来？"

"好几天没来了。不来挺好的，容我们松口气儿。"藤子笑道。

张经理过来和藤子说后厨有点事请她过去，笑着说："柯教授去澳门参加学术交流活动了，下周就回来。人家柯教授那天还特意跟您解释了，您就是没往心里去。"

"我为什么要往心里去。"藤子瞪了他一眼，边往后走边和静侬说话，"这老张脾气也真是太过好了，瞧瞧，天天儿给那超级怪咖折腾着，反倒折腾出感情来了……"

张经理只是看着她笑，静侬也笑着催她快点去后厨。

藤子瞅瞅蛋糕盒子，搂过静侬亲了一下，笑着摇摇摆摆走开了。

静侬端着蛋糕盒上楼，听见陈润涵的声音，只闻其声都想得出他那张牙舞爪的样子，不禁皱了皱眉。她走到门口，正好沈绪楷回身出来，帮她接了蛋糕盒子。

"谢谢。"静侬说。

沈绪楷把蛋糕盒子放在桌上，特地选了个稳妥的位置。

桌子虽然很宽大，可是上面摆满了食物，从新鲜的果蔬到酒水一应俱全，还有准备好的简单菜式。

外面平台上早就搭好了烧烤架子，静侬本想出去看看藤子新入手的这个设备，但看陈润涵插着腰在平台上走来走去，一脸不耐烦地大声讲电话，皱皱眉。

"他又怎么了？"她小声问。

"没什么，正常讲电话。"沈绪楷回答。

静侬看他完全是见怪不怪的样子，想着大头表哥在他面前自自在在什么都能说，忍住没有叹气——这两个完全不同的人，怎么会成为朋友的？

沈绪楷手中端着一杯冰柠檬水，示意她要不要。她正好觉得又热又渴，就手接了过来，说声谢谢，一气喝下去。沈绪楷另拿了一杯，转身的工夫见她喝光了，又递了过来，顺手给她一条毛巾。

静侬接了擦擦嘴角下巴上沾的柠檬水，笑笑，脸不知不觉有点发热。

沈绪楷看看面前这么大规模的食物，问："确定就咱们几个人吗？"

静侬点头。

据她所知，藤子原本也没想招呼很多朋友。除了他们，另请了两三个朋友，人家说有事情不能来，她也没勉强。

"她说四个人刚刚好，吃完了可以打麻将消食。"静侬说。

"这够一个班的人吃的。"

"藤子说过生日这天要富足。"

沈绪楷没出声，只是给自己也倒了杯冰柠檬水。静侬看他的表情，忽然很想笑，晓得要不是因为今天是藤子生日，他恐怕要说出好听的来了……藤子有时候是任性些，想怎样就怎样——这么多吃的，四个人除非猪八戒附体，不然十之八九要浪费的。

"要不要再叫几个人来？"陈润涵扶着门框，把手机拿远些，突然插话。

静侬和沈绪楷同时说"你别自作主张"，"这你得问藤子"。两人语气都不是太和气，陈润涵咂了下嘴，说："不叫就不叫嘛，嚷嚷什么呀——那我还不是看藤子准备这么多，吃不完浪费掉，都堵在去天堂的路上！"

"放心你去不了天堂，别操这心。"静侬说。

陈润涵瞪她一眼，转身继续讲电话了。

"我们可以打包。"静侬扫了眼那些新鲜的果蔬，已经在计划哪些可以带走。她最近连出门买菜的时间都要省下来。藤子怕她断粮，隔两天就问问她还有没有吃的，有时候问也不问，直接送些过去，放在大门口就走了。藤子说这回的稿费她得抽两成，一成算菜金，一成算跑腿费……"哎呀，没开车来，拿不了多少。"

沈绪楷慢吞吞地说："没关系，要多少，都帮你送回家。"

静依指了指面前的几样："这个一定要带上……藤子餐厅很多菜都是自己蔬菜基地种的，特别好吃。"

沈绪楷看她那认真的样子，微笑。静依抬起头来，看到他的表情，忽然有点不好意思。

他放下玻璃杯，说："别等藤子了，我们点火去。"

他说着卷起袖子来，从一旁拿了一条围裙展开。静依说我来帮忙。他把围裙给了她，却摆手示意不用她动手，对着外头勾了下手指。静依就见陈润涵挂了电话跑过来问干吗。

"干活。"沈绪楷说。

陈润涵说："可是，范静依做吃的很拿手……"

沈绪楷把那条叠得四四方方的新围裙扔过去，正中他面门："少废话，过来给我打下手。"

他说着往外走，静依在他背后边系着围裙边对陈润涵比了个"v"。陈润涵搓着被围裙打疼的鼻子，又是笑又是咕哝，不知道说了句什么，被沈绪楷听见，拧着他脖子把他推开了……静依看见陈润涵跟个陀螺似的在原地转了两圈，差点儿摔倒，又忍不住笑。

陈润涵站稳了，有点无奈地抖开围裙，搭在肩膀上，摸出烟盒来："……你这手劲儿也太大了。也就是我吧，下盘稍不那么稳的，准得趴地上。"

"早就说了你得健身。"沈绪楷研究着面前这台崭新的机器，随口道。他把电源开关打开，吩咐陈润涵去拿这个拿那个，把他支使得团团转。

静依看外面桌子布置好了，除了装饰花束，只有四套餐具。想到去年今晚，也是在这里，虽然人也不多，可是一张桌子还是坐满了……只不过那也成了藤子的分手之夜。

"发什么呆？"陈润涵过来，嘴里叼着烟卷儿，但是没点燃。这是因为刚才他要点火，被沈绪楷抄走打火机，顺手一抛就丢进平台南角的垃圾桶了。

"在想去年在这儿吃饭的都有谁。"静依说着，把他嘴角的烟卷儿拿了下来。

陈润涵擦了下鼻尖，说："去年我出差了，没来。听说那天被谁来着，嘴碎说破了那个谁背着藤子乱搞？藤子没就地阉了他！"

静侬嫌他说得难听，微微瞪了他一眼，不过也没反驳，因为这是事实。藤子那脾气，能让那家伙活着走出去，就是她为自己的生日积德行善了……

"喂，你们班十周年还搞聚会？"陈润涵问。嘴边手里没有烟卷，让他觉得不得劲儿，手一时不知道往哪儿放。沈绪楷刚好拿了一盘生牛肉出来，就放到他手里了。

静侬看着陈润涵这个人形架子有点无奈地站在沈绪楷身边，笑笑。

"嗯，要聚一下。"静侬看着从容忙碌的沈绪楷——烤盘已经热了，他照着顺序把肉和蔬菜往上摆，整整齐齐的，纹丝不乱。

"十周年还正经聚，二十年三十年……六十年，你们得上火星上办是不是？"陈润涵说。

"也不是不可能。"静侬说。

沈绪楷拿着夹子将牛肉翻了个面。

肉被烤得滋滋响，香气四溢。

静侬本来就饿了，看着烤牛肉忍不住咽了口口水。沈绪楷从一旁拿了个盘子，夹了两块五成熟的牛肉和松茸放进去，头都没回地递了过来。她接了，就听陈润涵大声抗议："干活的还没吃！"

静侬把盘子挪到陈润涵眼前晃了一下，笑道："给你闻闻味道。"

"你们就会欺负我！"陈润涵叫道。

沈绪楷侧脸睄了他一眼，说："这句话算说对了。"

这时候藤子进来，笑嘻嘻地说："哎呀！还在楼下就闻着香味了，有熟的了吗？快给我吃一口！"

静侬叉了块牛肉给她，看她边吃边赞，把盘子都给她。

"哇，好吃死了！"藤子把手里的酒瓶塞给静侬，伸手直接挑了块牛肉给她塞嘴里。

"哇！"静侬也叫起来。

牛肉腌制入味，烤得火候也刚刚好，外焦里嫩，实在是好吃。

"谢谢。"沈绪楷回过身来，微微鞠了个躬。

大家都笑，陈润涵又嚷嚷自己还没吃到，要扔了手里的盘子，沈绪楷就夹了块彩椒给他，烫得他跳脚……

平台上飘着食物的香气，还有单单陈润涵一个人就能热闹起来的气氛。

静侬看看手里的酒瓶，酒帖上草书一个梅字，底下有一行小字，写明了炮制的时间。

啊，十年的青梅酒了。

"不是前阵子还念叨想喝梅酒？我刚好想起来，拿了两瓶过来……楷哥今晚带的酒，我们也开一瓶。"藤子说。

静侬点头，进去把菜端出来。

沈绪楷带来的酒在冰桶里，她经过时看了一看。藤子开的是那一箱红酒，她倒是想试试另一款——那是一款白葡萄酒。

酒的味道如何还不知，但是她很喜欢酿造原料葡萄的名字——长相思。

"范静侬！"藤子在外面大喊。

静侬赶忙出去，见三个人已经准备坐下来。

藤子开了青梅酒，给各人倒上半杯。

静侬坐在藤子身边，把冰盒捧在手里，问谁要加冰。

藤子说不要，沈绪楷摇头，陈润涵撇了下嘴，说："就是这喝不了酒还偏爱喝一点的脾气，又加这个又加那个的。"

"反正绝对不会跟某人似的，喝多了又哭又唱。"静侬反唇相讥，夹了几块冰在酒杯里。

梅子酒的清冽和香甜味被冰块激发出来，沁人心脾。

沈绪楷拿起杯子来，看着藤子。

藤子马上说："今儿就吃饭聊天儿，不要说那些祝福啊什么的了……你们能来和我一起吃吃喝喝，我就很开心了。"

"那，都在酒里了。"陈润涵笑道。

四只杯子轻轻碰在一起。

三只酒杯里都是琥珀色的液体，只有静侬的杯子里是淡黄色的，因为有冰块，这一碰，还发出清晰的细响，悦耳动听。

静侬故意又晃了晃酒杯，才喝了一口。

杯子上一层水珠，滑下来，凉凉的，正好落在腿上。她笑着拂开，拿了叉子在盘子里连着拣了两块蔬菜，边吃边听陈润涵高谈阔论，还有藤子插科打诨——这两位都是话篓子，凑在一处简直是聚会最佳搭档……沈绪楷多数时候都在听他们说话，有时起身离开一会儿，回来时手里就多了一个堆满食物的盘子。

静侬觉得总是坐享其成不好意思，看他忙时，就会过去帮忙。其实也不过是端端盘子、跑跑腿，偶尔沈绪楷问他们想吃什么，她会回头先问问藤子和陈润涵。

那两个聊得兴起，经常说"随便"，她转回头来就问沈绪楷想吃什么，或者就直接去端了来拿给他去烤——反正那些食材好像是怎么拿也不见少的！

"快点回来吃呀！堆了这么多，都要凉了……"藤子托着腮，叫他们过去吃东西。等他们坐下，她又给添酒，转过脸去对陈润涵笑道："你怎么不问静侬为什么这么久不谈恋爱？拿这问题问我，好像我就该是天天谈恋爱的人似的！"

静侬正忙着把烤龙虾掰开，皱了眉道："我哪有时间干这个！"

"没时间？这是理由啊？"陈润涵和藤子一起哈哈大笑，"我说的对吧？我还用问她？我就知道她会这么说……你把她埋进古墓三年，挖出来她能写一本考古日志出来，信不信？不谈恋爱她有很多事干，快别耽误她。"

静侬把虾头拧下来，冲陈润涵比画了下，意思是要是再胡说你的下场就是这个样子。陈润涵笑了一会儿，转头问也正在剥龙虾壳的沈绪楷："你怎么不说话？"

沈绪楷看看他，把面前剥得干干净净全须全尾的龙虾肉往前推了推。

陈润涵愣了下，藤子大笑，趁他们俩不备，拿了刀叉切了半只龙虾肉过来，看静侬还在忙着剥壳，笑着说："你不如吃现成的。"

静侬看看她那金光闪闪的晚装礼服，看看自己为了吃烧烤特地穿的深酒红色 Tube-dress（直筒式服装），坚决摇头，道："还是自己剥的比较好吃。"

沈绪楷拿了酒杯，看着她，微笑。

静侬正剥壳剥得焦躁，看见他面前盘子里连虾壳都几乎完全恢复了原状，不禁有点气馁，发现他看着自己笑，脸上就越发热起来，轻轻嘟了嘟嘴，转头拿了酒杯喝了一大口，才回来继续剥……

她向来胃口好，又饿了差不多一天，美食当前，着实一样一样吃了不少。不过她还算节制，惦记着晚上回去应该还可以工作一个小时，吃到七成饱就不再吃了，酒也少喝。

夜晚的海风轻轻吹拂，有美酒佳肴相佐，有可爱的朋友在座，真好像没有更美好的时光了。

静侬靠在藤子肩膀上，听着醺醺然的陈润涵在和沈绪楷絮叨他最近一次潜水的经历……已经在说第二遍了，陈润涵要醉了，沈绪楷却好像是第一次听似的，听得很仔细，并不打断他。静侬发现沈绪楷的手机在闪，轻声提醒他。他拿起手机来看了看，说了声抱歉我得接个电话，起身离座。

他并没走远，但接电话声音很低，海浪声一阵接一阵，即便是有声音，这么远的距离，也被吞没了。

藤子忽然动了下肩膀，静侬一时不防备，差点儿栽到桌上。两个人都愣了下，接着就爆出一阵大笑。静侬忙拉藤子一把，说："别这么大声……人家那边讲电话……"

"哇……先不说人家是哪个人家……你刚到底在干吗？看入神了吗？"藤子笑得打跌，上气不接下气。静侬气得拍她，她还是笑个不停。

沈绪楷回来，看看她们，问："什么事这么高兴？"

藤子要说，静侬瞪她，就忍住了，只是笑得发抖，裙子本来就金光闪闪的，这一来整个人像条在沙滩上跳跃的金鱼。

"很重要的电话？"陈润涵问。

沈绪楷沉默了下，说："不算。"

"你下个月去欧洲？"藤子问。

"对。拜访下厂商。"沈绪楷说着，拿起酒瓶来，示意谁还要。除了静侬，陈润涵和藤子各添了一杯。

藤子看看静侬，说："这个小迷糊这个月下旬去爱丁堡，Luna 没人管。"

"爷爷说他和……可以照顾。"陈润涵舌头有点儿大了，可没忘了在静侬面前不能亲亲热热叫那位奶奶。

静侬不出声。

"送去上学吗？搁在我家里没有问题，可是我一整天都不在，没法儿陪它。"藤子说。

静侬想说送去上学是个好主意。她认真考虑过，可是 Luna 小小年纪……"天气这么热，人家小孩子都在放暑假……有些对不起它。"她有点为难地说。

"还是交给我吧。"沈绪楷说。

静侬看看他。

"我不在家的话，阿姨和鲁师傅可以陪它。"他又补充道。

"会不会很麻烦？"静侬有点犹豫。

他是照顾过 Luna 的人，可是……

"不会。除非你有更好的选择。"沈绪楷说着看了陈润涵一眼。

陈润涵"哈"了一声："想都别想！那家伙比个孩子事儿都多，又能吃又能拉，万一出点儿毛病……"

"你小心照顾怎么会出毛病？"静侬没好气地说。

"你小时候，姑父和姑姑那么小心照顾，还不是三天两头住院！这跟小心照顾有什么关系！"

"我哪有三天两头住院！他们哪有小心照顾我……"静侬皱眉。

"哎哎哎，别吵起来。"藤子忙说，"就这么着，也别麻烦涵哥了，他连自己都够呛照顾得好……就让楷哥照顾 Luna，中间我可以带 Luna 去游泳洗澡。"

"还不能说了，一说就多毛儿。"陈润涵到底补了一句。

静侬瞪他一眼，转过脸去和沈绪楷说："那就麻烦你了。注意事项我会仔细写一写，和 Luna 的东西一起交给你……它其实蛮乖的，吃饱喝足就睡觉的。"

"就是醒着的时候要拆房子。"沈绪楷说。

静侬顿了顿，笑出来，道："要是有多点时间陪它玩也就好了。"

他们闲聊了一会儿，沈绪楷看看时间，静侬以为他赶着要走，不想沈绪楷却跟藤子说："你今儿还不让员工早点打烊啊？一起上来吃点，热闹一下吧。"

静侬心一动，看着他，他说得很自然。

"是，本来今天就提早打烊的。"藤子也有点意外他这么建议。她看看大家："你们不介意啊？"

"这有什么好介意的。东西吃不完浪费才介意。"静侬说。

陈润涵叫起来："那先给我烤一盘松茸再让人上来瓜分……"

几个人笑了他一会儿，藤子起身下楼去了。

沈緒楷喊陈润涵帮忙，陈润涵坐在那里只顾吃。

静侬起身，经过陈润涵身边，故意踢了他的椅子一脚，过去给沈绪楷打下手了。

她站在一旁给他递东西，看他动作利落又熟练，像是做惯了似的，心想她原先倒也想不出，沈绪楷不只是动手能力很强，也没什么架子……

不知道是不是这些美味的食物挥发出来了什么奇妙的成分，会让人性情变得柔软一点？

她兀自胡思乱想，倒是没误了递取食物。

很快桌子上就多了好些烤制好的食物，平台上弥漫着迷人的焦香。

一阵笑语声由远及近，藤子和张经理他们上来了，马上就有人过来接手烤制食物，沈绪楷这才退到一边去。

静侬给他拿了一杯柠檬水，他很快喝光了。

"楷，你电话。"陈润涵过来倒酒喝，把手机冲沈绪楷一抛。

沈绪楷单手接住。

"漂亮。"陈润涵笑着走开了。

静侬见沈绪楷接电话，也赶快走开，坐下来听大家聊天。

这会儿他们正在讲柯正杰的笑话，一个接一个，都笑个不停。藤子也笑眯眯的，偶尔调侃一句……静侬笑笑，一转头才发现沈绪楷也回来坐下了。她看了看时间，十点钟了。

沈绪楷转头看看她，问："是不是该回去了？"

静侬正想着时间也差不多了，被他一问，立即点头。沈绪楷见她反应如此迅速，却似乎有点出乎意料，看着她，脸上露出微笑来。这一笑倒让静侬窘起来，不觉脸上又热了。

这时藤子发觉，转头看看他们，笑道："要走啊？那走吧，我们还要玩一会儿。"

"别太晚，忙了一天也该早点休息。一年里起码有这么一天要睡饱。"静侬说。

"是，范妈妈。"藤子笑着搂过静侬肩膀，晃了晃，松开手转向沈绪楷，"谢谢楷哥。今晚全是你在忙。"

沈绪楷一笑："没有。"

"我知道，你也是难得的。司机来接你？"藤子问。

"对。已经到了。"沈绪楷说。

"帮我把范妈妈送回去。"藤子看看静侬,笑道。

"喂,还叫!"

藤子大笑,起身准备送他们,沈绪楷边说着为什么叫静侬范妈妈,示意藤子不用送:"我负责送贝贝回去,放心。"

"谢谢楷哥。我告诉你啊……"藤子故意大声些。

静侬阻止无效,干脆不理她,跑去打包了一些果蔬和肉,心满意足地跟在沈绪楷身后下了楼。

藤子站在楼梯上看他们走了,笑了一会儿,想起陈润涵还在喝酒,转身回去,就见他正在跟张经理研究这部位的和牛究竟烤几分熟最好吃,笑着说:"你坐了一晚上,除了吃就是喝,都是楷哥在招呼,现在倒动手了?"

"我给他机会表现嘛……烤肉当然是自己烤的才特别好吃,对不对?"陈润涵笑嘻嘻地说。

"你不是醉了吗?"藤子笑问。

"我才喝了几杯,醉!就是醉了到这会儿也该醒了……他们走了?"陈润涵给牛肉翻了个面。

藤子笑着点头。

"那两家伙在,闷死了,咱们放音乐好不好?"陈润涵说。

藤子又笑,说:"不好。声音大了会被附近邻居投诉。你知道这边住的人,得罪不起。"

陈润涵想想,也就罢了。

藤子靠在石栏上往外看了看,正好看见来接沈绪楷的车开走了……

静侬坐在后座上,跟沈绪楷各据一边。两人中间的座位上放了四个大纸袋,里面塞得满满的都是食物。车厢里于是就有了果蔬的清香……这味道很能让人身心放松。静侬靠在座位上,已经开始想等下到家都要做什么,出门前的工作结束在哪一个章节的哪句话,又要从哪儿开始翻译。

过了一会儿,她发觉自从上了车,她和沈绪楷都没再说话,也是太安静了些……

她转过脸去看他,发现他抱着手臂,正闭目养神。

车子行驶得快速又平稳，他的身子却好像要更稳一些，纹丝不动……她想着他今晚也许是有些累的。

她于是没出声，转回脸来，没多久，就到了家门口。

车一停，看鲁师傅马上就要解安全带，她忙轻声说："鲁师傅不要下车了，我自己可以的。你早点送沈先生回去好了。"

鲁师傅转头看沈绪楷。

沈绪楷对他点点头，自己却伸手将车座上的四个袋子全都拿了起来，开车门下来，送她到大门口。

"我自己拿进去好了……谢谢你。"静依说。

沈绪楷示意她先把大门打开。

静依开了门，回身要接袋子，沈绪楷却没有给她，请她先进。静依愣了下，脚步顿了顿，先迈步进了大门。沈绪楷跟着进来，将大门轻轻合上。

静依通常进了大门都习惯左转，这会儿不知为何突然紧张了一下，竟然右转上了台阶——当然一左一右不过是差了几十步路而已，严格说来并没有什么不同，但莫名让她有点心慌意乱……

她上着台阶，回头看看沈绪楷——门内灯光被丁香树枝叶遮蔽，落在台阶上的影子都是斑斑驳驳的，但并不影响辨别脚下的路，可沈绪楷似乎走得很小心。

他低着头，一步一步上得又稳又慢……她看着他那尺码刚刚好卡住台阶宽度的柔亮的鞋子，心想他怎么什么都是刚刚好的样子呢？

她这么想着，脚步也慢了下来，恰好此时沈绪楷抬起头来，四目相对，两人都愣了下，同时站下来。

静依心跳突然急了，再转身向上走，脚下一个不稳，身子猛地一晃，沈绪楷紧赶两步，托住她的手。

"对不起……不，谢谢。"静依说。

沈绪楷看了她，问："在想什么呢？"

"……没什么。"静依说着，脸上像烧起来了。

她想这大概是身体里集聚了一整晚的酒精开始沸腾了……他们已经走到庭院里，忽然听到 Luna 奶声奶气的吠叫，往前一望，果然就看到小家伙在玻璃门后跳跃起来。

离家时她特地留了灯，担心 Luna 自己在家里怕黑。

她看看沈绪楷，先跑去开了门。

Luna 冲出来，围着她转了几圈，又跑去沈绪楷脚边闻闻味道，在他们俩之间来回跑着，兴奋得不得了。

静侬说着好了好了不要激动，拉开门，请沈绪楷进去。"虽然有点晚了。"她轻声说。

沈绪楷走进去，把袋子放在门厅的架子上，看了看她，说："不了。"

他说着看了看时间，又看看她。

"也不要工作到太晚。"说着他就走出了门厅。

"不会。"静侬说。她有点犹豫，但还是问："真的不进去坐会儿吗？其实没关系。"

沈绪楷停下来，看着她。

就那么静静看了她大概有两三秒，可静侬觉得时间可真漫长……四周也真静，连 Luna 都不见影子了。

沈绪楷似乎叹了口气。

"不进去坐，在院子里坐一会儿也好，不然我太失礼了。"静侬说着，没给他拒绝的机会，回身进门，换了鞋往里走。

一路灯亮起来，沈绪楷隔着门纱帘可以看到她走到厨房去，开了冰箱取了冰块、柠檬和纯净水……她将两只玻璃杯端出来时，抬头往这边看了一眼。

晚间她将束着的长发解开了，这会儿长发和长裙一起在她周身摇来摆去的，似乎让她有点不耐烦，于是出来之前，随手抽了个什么，将头发绾了起来……她端着两杯冰柠檬水出来，请他在藤椅上坐了，轻声说："薄荷是自己种的。"

沈绪楷看看杯子里那两片翠绿的叶子，点了点头。

静侬看他手扶在玻璃杯上，从屋子里投出来的灯光朦朦胧胧的，那手的线条就像牙雕……只是手背上有一道浅浅的红痕，像是牙雕上经年的血痕，看着触目。那是今晚不小心被铁钳子烫了一下，药膏还是她帮忙涂的。

"你今晚总是在观察我。"他说。

"也没有……不是故意的，是觉得你今晚有点不一样。"静侬说。虽然被发现了有点尴尬，可既然是事实，也没什么不能承认的。

"你并不算了解我。"

"的确是……你是不是有什么话要跟我说？"

"这么明显吗？"

"真的吗？"静侬反问。她声音很轻，看着他，眸子亮闪闪的。

"本来是有。"沈绪楷慢慢地说，似乎在斟词酌句。

"那……为什么又没有了？"

"因为你说你没时间谈恋爱。"

"……"静侬看着他，觉得嘴唇发干。

她握住水杯。这时候好像一定要握住点什么。

沈绪楷看着她红润饱满的嘴唇，转过脸去，喝了口水，说："我想你也是看出来了。"

静侬沉默了一会儿，才说："藤子和陈润涵表现得有点过火，我猜你是不是觉得必须得有所表示，不然好像对他们交代不过去……"

"不会。没这么觉得。"沈绪楷说着，语速更加慢下来，他笑笑，"虽然他们是表现得太明显了。"

静侬不知为何听了这句话之后，原先悬着的心像是放下来了。

杯子上凝了一层水珠，手握在上头，那些水珠就不停地滚下来，从手背上滑落，清凉就沁入肌肤。

"有一个问题。"沈绪楷说。

静侬点头。

"你有想要发展的对象吗？"他问。

"没有。"静侬回答。

沈绪楷点了点头。

"我现在确实……"静侬抬起眼来，看着他，看着他脸上的表情——很平和自在，是能让人也同样平和自在地说出心中所想的样子……"没有想过要……"

她把"谈恋爱"三个字给吞下去了。

沈绪楷慢慢点了点头，问："只是不想？"

"嗯。不想。之前是不敢……不敢加不想。"静侬说。

"OK。"沈绪楷点了点头。静侬没说理由，但他是知道原因的。

"OK？"

"OK。"沈绪楷将杯子放到托盘中，停了一会儿，看着静侬的眼睛，

"那这个话题以后再聊。"

静侬不出声。

所以他这是……不会放弃的意思吧。

"好像时间总是不太对。"沈绪楷说。

"对不起。"

"不，不能怪你。"沈绪楷看了下时间，"我该走了。"

"我送你。"静侬轻声说。

沈绪楷起了身，看她。

有那么一瞬间，静侬以为他可能会拥抱她，但也仅仅只是一瞬间的感觉，她知道沈绪楷是不会这么做的……不知道为什么，她就是觉得此时他一定不会做超出界限的事。

这种信任感虽然看起来相当莫名其妙，但就是牢固地扎在她心里。

沈绪楷似乎知道她在想什么，轻轻点了点头，说："不管有什么事你都可以找我。随时。"

"嗯。"静侬点头，顿了顿，"随时？"

"随时。"他又点头。

这时候忽然听见门铃响，静侬轻轻"啊"了一声，小声说这时候会有谁来，正要去看看，沈绪楷说应该是鲁师傅，我让他回去拿了点东西，到了就送进来。静侬有点疑惑，进屋一看，屏幕里的人果然是鲁师傅。她开了门，出来就见沈绪楷仍站在原地，Luna不知从哪儿跑了出来，也许是知道沈绪楷要走了，蹲在他脚边嗅嗅，仰头看他。沈绪楷也低头看它，然后伸手把它拎了起来。

静侬看他单手拎着Luna的后脖颈就举了起来，差点儿叫出声来。沈绪楷看了她一眼，把Luna放在手臂上，轻轻拍了拍。静侬觉得自己有点反应过度，不好意思地转开脸，恰好这时鲁师傅上来了。看他搬着的是一只木箱，走近些静侬就认出是酒，看看沈绪楷。

沈绪楷交代鲁师傅把酒送进去，说："藤子今晚没开这款。口味如何你就自己试试吧。"他把Luna放下来，抚了抚它的背毛。

"谢谢。"静侬说完，鲁师傅已经出来了。她忙向他道了辛苦。鲁师傅微笑着摆手行礼，转身往院外走去。

Luna追着他的脚步跑了一段路，轻轻叫了一声。鲁师傅回头看看它，冲它摆摆手，让它回去，脸上笑眯眯的，像对一个小孩子似的。

静侬看他走下去了，Luna 悻悻地回来，轻声说："看来鲁师傅很喜欢狗。"

　　"对。"沈绪楷说。他看看静侬，似乎觉得有必要解释一下，就跟她讲了一点这位司机的情况："他以前是开保安公司的。公司解散，有人介绍他来我这里工作，谈条件的时候没有特别强调自己的薪资待遇，反而问我公司有没有可能需要看门的狼狗。他把公司的八条狼狗都带来了，现在养在公司新园区，他有时候去了，就去看看它们。"

　　静侬点头："看来是有情有义、有始有终的人。"

　　沈绪楷没出声。

　　静侬忽觉得自己这样随意评价他身边的人有点不妥，顿了顿，才说："好像不该这么说，不过看起来的确是很可靠。"

　　沈绪楷点了点头，又看看时间。

　　两人没有说什么，只是很默契地一前一后往外走。穿过庭院时，她走在他身后。他的脚步和来时一样，缓慢而稳重，看不出刚才的对话于他有什么特别的影响……这让她安心了些。

　　夜间草地刚刚喷洒过水，暑热初降，空气里有湿润的草香，可并不觉得凉快……她抬眼看看几步外的沈绪楷——沈绪楷的肩膀宽而平直，看起来非常漂亮，身上的背心衬衫也都平平整整的，干净得像是刚刚换过似的……想到他是忙碌了一晚，整个人从内到外却丝毫没有走样，她不由得又要叹气，可是到底忍住了。

　　怕被发现。

　　走到台阶处，沈绪楷还是回头看了她一眼，脸上似笑非笑的。

　　静侬轻轻抿了下唇，脸又热了。

　　他转回脸去，继续下台阶。

　　"可是，那个……"她忽然想到，脱口而出。

　　沈绪楷站住，看她。

　　她看着他黑沉沉的眸子，轻声问："……你还会帮我带 Luna 吧？"

　　沈绪楷说："不，不帮你带了。"

　　静侬轻轻啊了一声，沈绪楷抬手照着她额头虚虚弹了一下。

　　"幼稚。"他说。

　　静侬抬手覆额，笑出来。

　　沈绪楷顿了顿，加快脚步下了台阶，说声不用出来了，拉开大门走了出去。静侬跟出来时，他已经上了车。鲁师傅说声范小姐晚安，也上了车。

静侬站在路边，看车子缓缓驶离，略停了一会儿，才听见门内有响动，知道是 Luna 在打门，忙转身入内，抱起它来，锁门回房。

回到屋子里，凉爽的空气扑面而来，一扫溽热之感，她才发觉自己一身黏腻——不知不觉出了一身的汗，大约都是因为紧张和心慌……她深吸了口气，待要转身去冲个凉冷静下，看到外面茶几上还摆着用过的杯子。

她推门出去，将杯子收了起来，又将带回来的果蔬分门别类收好，最后才想起那箱酒。

她蹲下来，看着箱子上的字迹。

是"长相思"……在她观察他的时候，他应该也在留意她吧，所以才知道她对这款酒有兴趣。

长相思……她忽然想到，他说"好像时间总是不太对"——为什么会说"总是"呢？

她额上又沁出一层汗来。

静侬终于赶在 Deadline（截止日期）之前交了译稿。

她昏天黑地地睡了一天一夜，被藤子的电话叫醒时，人还有点迷迷糊糊的。

"下午三点，别晚了。"藤子说完就挂了电话。

静侬从床上爬起来，过了一会儿才意识到这是十天来藤子第一回搭理她。

要不是今天同学会，藤子还不晓得要到哪天才肯理她呢……静侬伸了个懒腰，看看时间，准备出门去游泳。

前几天过台风，加上起早贪黑赶稿，她都没有去浴场。

今天天气也不太好，不过雨总算是停了，风还有些大，但应该影响不大。她出了门，抬头看看天。

天空灰蒙蒙的，像久未擦洗的玻璃。

街道经过暴雨冲刷，倒格外干净。

到了浴场，她扔下随身的包，看看浑浊的海水——风大浪也大，海底的泥沙泛起，看起来脏兮兮的。游泳的人比平常要少很多……她热了会儿身，跑步下水。

水里不光有细沙，还有乱糟糟的不知从哪儿漂来的水草，不小心缠到了手臂上，她忙在水中翻了个身，蹬了两下腿，躲避开那一大团水草。

虽然下水前就已经知道水况不佳，她还是有些意兴阑珊，于是今天也没有试图游到防鲨网就返回了。

上了岸，她取了浴巾披在身上。皮肤上沾了一层海水，似乎也残留了水中的细沙，她甩甩手臂，找了把闲置的沙滩椅坐下来休息。

海面上只有一只救生筏，在远处慢慢地漂着。筏子和救生员都懒洋洋的。

她四下里看了看，仍然没发现修任远。

算下时间，她应该至少有一周没有见过他了……

静侬休息了好一会儿，才起身收拾东西，去冲了个凉。出来时已经七点半，天还是阴沉沉的，好像马上就会下雨。

她想起那天大雨，班级群里好多人都被雨阻在路上，一个劲儿地发各地"看海"的现场照片。藤子说，不管怎么样，风也好雨也好大家约好了就会到，可最好聚会那天别下雨，虽然预备在花园里扎帐篷，应付雨天没有问题，到底天气晴朗些，大家都方便舒服……看这样子，也许天不遂人愿。

她倒是不计较，下雨天有下雨天的乐趣。藤子作为主要操办人之一，希望活动尽善尽美，这是很可以理解的。她等下要问问藤子有什么可以帮忙的，另外今天一定要早点到。

之前她也问过藤子，藤子说才不需要她帮忙……不知道是不是气话。

藤子还说最近都不想看见她这个傻瓜，这句可不是气话——她原本不想告诉藤子，沈绪楷和她那天晚上离开生日会之后都说了什么，可不小心在藤子的试探下说漏了嘴，结果招来藤子一顿臭骂。

说来说去，还不是嫌她错过机会？

"先答应他呀，把人锁定。你忙也就忙一阵子，反正他也不会等不及。"藤子说。

她可不想那么办。

藤子就更生气……这一生气，就十天没搭理她。

她看藤子整天在班级群里忙着通知这个通知那个，即便在线发通知，也不回她偶尔发过去求和示好的即时信息，可见这回是真的有些不高兴了。

怎么哄啊……

静侬挠头。

风吹在身上还有点凉，她忙起身去拿了包跑去更衣室。路上就打了两个喷嚏，心说有点糟糕，今天有聚会明天一早的飞机出发，可不要病着出门。

她这么想着，特地去浴室淋了个热水浴。

出来时果然下起了雨。

雨势很急，海里还有零星游泳的人，救生筏也仍然懒洋洋地跟随着。沙滩上的人们却都跑到更衣室屋檐下来避雨了，仅有的几个人躲在遮阳伞下，随着雨势加大，也躲不了了，往这边跑来……屋檐下稍有点挤，静侬往一旁挪了挪，想等雨势稍小些，却觉得越来越冷，索性把包往头顶一遮，走进雨中。

走出浴场大门时，她身上已经淋湿了，好在车就在前面，正要加速跑过去，有人喊了她一声，跑过来塞了把伞。她一看这人并不认得，但身上的制服表明他应该是浴场的管理人员，忙道谢。

"不谢。想着还回来就行了。"

撑伞的工夫，她问道："伯伯，请问，您知道修任远吗？"

"啊……那个姓修的救生员啊？他被领导开了。"

静侬愣了下，又问："什么时候的事儿？您知道为什么吗？"

"倒是没听说为什么，事儿是上礼拜的事儿了。"

静侬点点头，看老伯一脸疑惑，想来也问不出究竟，更不好对着一个陌生人追问，谢过他，撑着伞走出浴场上了车。

身上湿淋淋的，她又打了个喷嚏，等到了家，喉咙已经有异物感。

她心想这下糟糕了，恐怕要生病。心里的念头还没打消，听见门铃响，回身看了看，发现是外公的老司机傅伯伯。她给开了门，抓件衣服拎了伞往外跑。

这是外公身边工作的人，她从不敢怠慢。没等她跑到台阶处，傅伯伯已经上来了，把手中拎着的保温壶交给她，转身就走，挥手让她快点回去。

"雨又下大了！"

她请傅伯伯进去坐，说："下着雨还麻烦您跑一趟……"心里是有点抱怨，外公也经常是想到什么就是什么的性子，不怎么顾及旁人。傅伯伯今年六十二，也上年纪了呀。

"没关系。"傅伯伯笑眯眯地说，"我今天可以休班一天。给你送了馄饨，我就下班了，特许的。"

他说着看看这院子，小声说还是贝贝你住这儿最合适。你刚刚从屋子里走出来的样子，和你外婆年轻时候啊，简直一个模子刻出来的。

静侬见他不肯进去坐，只好送他出门。

偏偏这会儿雨下得又大起来，雨水落地汇聚在一处就起了白浪，翻滚着从高处往下奔腾。她硬拉着傅伯伯避一会儿雨再走，少不了东拉西扯骗他多说几句话。

傅伯伯很明白她的心思，闲聊几句，到底拐到陈老爷子身上去，轻声说："陈老就算谁都不在心上，贝贝也放在心上。你这阵子老不去看他，他闲了就叹气……想着你明天要出发，叫你过去吃饭，你又没空。这馄饨是家里卢阿姨包的，趁热吃。你知道，小卢做饭是受过你外婆指点的，好吃呢。"

"知道。"静侬轻声说。

雨小了，傅伯伯就走了。

她拎着保温壶回去，把馄饨盛出来。

馄饨热气腾腾的，照理说该香气扑鼻，她却闻不到味道……她猛地打了个喷嚏。

本来该给外祖父打电话道谢，可一想开口就带着鼻音，怕他担心到不让自己明天出远门，就发了段文字信息过去。

她没吃馄饨，没等到外祖父回信息，也懒得爬上楼回房睡，就倒在沙发上，不过一秒便睡着了……

再醒过来，屋子里还是阴沉沉的，她一时恍惚，以为是晚上了，看了下时间，十二点刚过。

就这么在沙发上昏睡了几个小时，头仍然昏沉沉的。

她发了会儿呆，看看卧在脚边大睡的Luna，去给它添了水和食物。她在发烧，身上酸痛无力，想着下午要去同学会，忙去翻了颗布洛芬出来吞了。

看到台子上已经凉了的馄饨，她抓过手机来，手机里有一长串未接来电和留言，翻到外祖父的，看他叮嘱自己明天出门要万事小心，每天要报平安……她鼻子一酸，揉了揉，狠狠打了个喷嚏。

涕泗俱下。

迷路的布里欧修

静侬没有盛装出席同学会。即便没有这场突如其来的感冒，她也打算尽可能简单自然地出现在同学们面前，像十年前一样。

　　白色的亚麻衫裤是前两天就挑好的，她扎了个马尾，化了个淡妆，换上就走。

　　通知里写明请大家下午三点到场，她到达时还不到两点。路上雨下得正大，下车时却停了。

　　藤子提供的场地足够大，老花园洋房的后院，站在敞开的大门口初初一看，还以为是里面马上要举行户外婚礼呢——入口处挂着花牌，有签到处，还有五花八门的彩旗。在短暂的雨歇间隙，门前彩旗飘飘，花香四溢，看上去非常美好。

　　静侬站在门前看了好一会儿。

　　这些彩旗做得很特别，上面印刷的图案是当年他们班级获得的各项荣誉奖状。仔细一找，还有她参加英语演讲比赛获得一等奖的奖状呢……她不记得自己上交过奖状的照片，就连这奖状如今放在哪里、还在不在都没印象了。这是……她笑笑。

　　除了藤子，恐怕没人会帮她交的。

　　她往前走了两步，扯了下手边的一面彩旗，上面的图案是高二上学期他们班的篮球队获得校内比赛亚军的奖状。

　　通常来说高二的班级球队能打进决赛已经是莫大的荣誉，虽然输给了学长，那一战可以说是虽败犹荣。领奖的时候他们全班都很高兴，仿佛得的是冠军——上一年他们在半决赛就输给了后来的冠军球队，也就是沈绪楷他们班那支队伍。

　　沈绪楷不管是班队还是校队，也不管是作队员还是队长，都战功赫赫。论成绩，鲜少有人能与之匹敌。

静侬松开手，彩旗垂了下去。

签到处没有人，她过去翻了下签名簿，却发现已经有不少人到场了，看来和她同样想法的大有人在……司徒躬、段薁……她们俩的名字并排在第一列，紧随其后的是贾飞、顾译、狄安娜……她数了数，签到的已经有十一个人了。

她签了名，还没等把笔放下，听见贾飞大声叫她范静侬，又大声说来来来你们不是要看大美人吗，范静侬来了……她抬起头来，微微瞪了贾飞一眼。贾飞笑得更大声，说快点进来，里面已经好多人了，我们正说到你呢。

"说我什么？"静侬笑问。

她走进院门，就看见大家三三两两在草坪上或站或坐。见她出现，都不说话了，只顾看着她，脸上的表情像是凝固了似的。

静侬被聚拢过来的目光和忽然到来的安静弄得稍稍有点紧张，忍不住要用微笑来掩饰一下，跟大家挥挥手："Hi！"

她的目光在大家脸上轻轻扫过，心里就默念着他们的名字——念着念着就出了声，虽然他们的变化都很大，虽然有些人已经在线上交过近照，可静态的照片和动态的本人还是有相当大的差距。他们有的胖了有的瘦了还有的秃顶了更有的竟然额上横纹密布，但是，轮廓还在，眼神没变，仍然是曾经的同学少年……"大家都好吗？好久不见了。"她轻声说。

"好！哇，你们有没有发现，范静侬这个记性最差的人，竟然是唯一一个把在场的同学名字全部叫对的？"司徒躬笑着走过来，扶了静侬的肩膀，看她，然后她压低声音在她耳边小声说，"就连我这整过容的你也没叫错，佩服。"

静侬忍住笑，也小声说："割双眼皮算什么整容。"

司徒躬笑起来。

她一向做中性打扮，如今更显得精干爽利，一头短发加金丝边眼镜，看上去就像个斯斯文文的书生。

静侬微笑，看看站在司徒躬身后的段薁——段薁比十年前更显圆润了。她原先就是个可爱的小胖妞儿，活脱脱是教堂壁画里拿箭的丘比特……她轻轻同她握握手，接过她递来的香槟酒，说声谢谢。想起自己刚吃过药，只拿着酒杯示意了一下，并没有喝。贾飞心细，听出她声音不太对，给她拿了杯清水来。

大家看贾飞跟在静侬身边，静侬走到哪里就跟到哪里，笑眯眯地看着她和别人说话，都忍不住打趣贾飞，说这小子是不是要动歪心思了，早十年干吗去了，那会儿没追这会儿更追不上了……贾飞只是笑，继续跟在静侬身边，等她喝光了杯子里的水，又给她换一杯。

被大家开玩笑，静侬并没放在心上。他们虽然都已经是大人样了，可这样聚在一起，竟然从心里还会觉得彼此仍然是十几岁的少年，取笑也好，吵嘴也好，都是自然而然的，在别处、和别人断做不来的。

在现场服务的侍应生不是藤子的员工，想来是另外请的。静侬看了看，瞅了个空当给藤子打了个电话问她在哪儿，藤子那边嘈嘈杂杂的。

"早跟你说了你不用操心其他的，每样事都有专人负责……这会儿我和冷锋他们几个分头接老师呢……路好难找，被导航指挥得我急死了！"藤子说话简直在吼。

静侬说怎么不派这活儿给我呀。

藤子笑，说你看你前阵子忙得不行，就没安排你。你要活儿干这还不容易，晚上散场派你送老师回家。

静侬笑着挂了电话，暗暗松了口气，就知道藤子不会气她很久的……

陆陆续续又有同学来了，原本停了的雨也接续上。雨下得紧一阵慢一阵，涌进来的人多的时候下得就急，像是要赶着一起凑热闹似的。

静侬不知何时接过了在签到处接待同学和分发纪念品的任务。贾飞过来跟她一起坐在签到处，没人来的时候，两人就说说话，看看雨。

静侬忽然转过头去看了贾飞问道："你真的要动歪心思了？"

贾飞皱了下鼻子，说："我国庆节就结婚了，现在动歪心思哪来得及？"

静侬一笑，眉眼弯弯的。

贾飞笑着说："我就是要动歪心思也不敢啊，还想着有朝一日跳槽去沈总公司呢。"

"嗯？"

"机场那边都在传，沈总有个特别美的女朋友。"贾飞看着她笑。

静侬轻声说："你这句话简直就是一篇短篇小说。"

"跟你说正经的呢！你那天去机场那一转，转过天来八卦就满天飞。你不知道吧？"

"我哪能知道这个？"静侬想起那天的情形，心有点紧。

"这不和你说呢嘛！他们有的知道我认识你，还跟我打听。我都没有透露你的信息呢……棒吧？"贾飞笑。过了会儿，看看静侬的表情，他才问："还不是女朋友啊？"

"不是。"静侬说。

贾飞看看她，欲言又止。

"有什么想说的就说。"

"反正，就那样……沈总可很抢手。"贾飞两只手在面前比画了一下，又扯又拽的样子。

静侬听着，忽觉得哪儿不太对劲儿："咦，我才发现，你一直叫他沈总？"

"啊，我刚叫了沈总？习惯了……不过我见了他，没别人的时候叫学长。叫什么他都应。叫学长好像应得还更快一点。你不说我都没觉得叫沈总叫这么顺嘴了……"贾飞看着外面的雨，不知想到了什么，沉默下来，过一会儿，又笑了，"……以前在学校，打球的时候追不上他的速度，现在也还是追不上，而且可能越来越追不上了。可能有些人，生来就是要仰望的。"

静侬笑笑。

这话从前在学校的时候也听。

"但是每个人都有擅长的地方。"她说。

"知道，就是感慨一下嘛……哎，以前校队好多人都喜欢你呀，你知道吧？"贾飞说。

"……不知道。"

"少来！你是装不知道吧？"贾飞笑起来。

"我是真不知道……哎呀反正总也闹不清那些人谁是谁。"

"对，你又清高又孤傲有时候还犯迷糊，人跟你表白完了，再遇上就跟不认识人家似的……人都快给你伤透了，你还跟没事儿人似的。你就这样儿竟然还没把人都得罪光，也不知道怎么做到的。"贾飞笑得前仰后合的。

"……我又不是成心的。"

"谁还真怪你呀！他们都喜欢你，我就不一样了，我喜欢藤子。"静侬故意翻个白眼。

两人笑起来。

贾飞说："话说回来啊，J航空的太子女追沈学长追得可很紧。反正我知道的可就不止这一个公开表示好感的，私下努力的可能就更多了。"

"你真的好八卦。"静侬说。

"好心给你递消息，怕你错过机会，还嫌弃我。"贾飞抖了抖身上的T恤。

静侬忽然发现他穿的这件T恤不但是旧的还很眼熟，问："这不是……咱们班篮球队的队服？你还留着？"

"留着呀！我们几个说好了，今天都穿来，到时候合个影。"贾飞说。

静侬轻声说："真是有心了，不过可不是谁都还能穿得上吧？"

她打量下贾飞。他比高中毕业时并不显得胖，但明显高了几公分，身形保持得极好，可见是常年运动的结果。

"那可不，有人找不着，有人找着了可肚子跟怀孕八个月似的，哪儿还塞得下去？"贾飞笑着说，"反正今儿无论如何人都是凑不齐的，就是个意思吧。我们球队有几个算几个，到时候拍张照传群里，给他们到不了场的看看。"

静侬听了，只点了点头。

贾飞看着外面的雨，说："说是风雨无阻……咱们这十年，谁不是风雨兼程？走着走着，指不定在哪儿就落下了。现在能来就来嘛，谁知道下一个十年又是什么样儿？"

静侬刚想说你怎么忽然悲观起来了，就见一辆车子呼啸而至，溅起一片水花来。

她认出是藤子的车，皱了下眉，想到她是去接老师了，念了句那还开得这么猛，就和贾飞一道起了身。藤子从车里钻出来，一边绕过来开车门，一边招呼他们快点过去给老师撑伞。贾飞跑得快，两步就到了车边，静侬赶快跟过来，也没看清车后座上坐的都是谁，先笑着向车内问老师好。

等她们下了车，才认出是教数学的秦老师和教英语的凌老师。

凌老师看到静侬就搂过去摸摸后脑勺，笑着说范静侬这孩子出息得简直可以选秀出道了。秦老师接上说我还记得当时咱们在办公室闲聊，好几位老师都说该鼓励她去考北电中戏，我说人家范静侬家里正经是书香门第，怎么可能让孩子走这条路呢……静侬笑着说谢谢老师们替我着想，我看我现在试试大概也还来得及，现在选秀节目这么多。

藤子笑着说你算了吧，选秀节目也有台本的，你这记性，到时候记不住台词，还没出道，先被同僚灭了。

大家说笑着进了门，一点都不介意身上多多少少沾到的雨水。

这会儿工夫，冷锋和蓝晓洁也分别接了几位老师来。老师们相互间也有多时不见的，先攀谈起来。里面的同学们得了信儿纷纷都跑出来迎接，迫不及待挤到老师面前去，笑嘻嘻地喊老师好。老师们一一辨认着学生，有的认得出，有的认不出，认对了一阵大笑，认错了也一阵大笑……等大家进了帐篷里坐定，静侬看冷锋站在一边拿了手帕擦汗，给他递了杯水。

她看冷锋把手帕掖进裤袋，又摸出一张表格来对照着看，像在清点人数的样子，轻声问："人都到得差不多了吧？"

冷锋说："差不多了……有两个说好要来的来不了了——班雅琪本来要从深圳过来，公司临时安排出差去悉尼了；易晓峰老婆早上进医院了，眼看要生，走不开……所以本来说好能来的三十一，现在二十九。"

静侬点头。

冷锋喝着水，看看时间，从口袋里摸出手机来，转过身去打电话了。

藤子正和司徒躬围着老师说话，这时候喊静侬过去"对质"。静侬笑着过去坐下来，听她们纷纷说"找范静侬当证人，怎么想得出来"，"是呀范静侬因为记不清值日表，一周能擦三天黑板"，"可是范静侬隔了十年可能进化了呀，刚才都完全没有喊错同学名字"，"你隔七秒再去让她认一次看，不会错再确信她进化了"……静侬无奈地看他们开自己的玩笑，说："我一周擦三天黑板吗？我一天都至少会擦三次黑板呢！不是因为记性差，是因为我喜欢擦黑板。"

"不，你喜欢擦黑板，你也确实记性差。"司徒躬笑着拍手。

大家一阵大笑。

外面雨下得更大了……

静侬倒也不曾想，今天的聚会是这么地融洽。这些过去相互间熟悉的、不熟悉的同学们，从从容容地展示着十年岁月带来的变化。老师们在老去，变得比从前要温柔和慈祥，同学们在变成熟，正在最美好的年纪，那意气风发的样子，光彩夺目……冷锋请老师讲了话，让大家也都说说自己这些年的经历。静侬自觉自己实在乏善可陈，轮到她介绍自己这十年，简单到三两句话就可以说清楚，于是她果然就只说了这么几句话，惹得大家不满意，你一句我一句，不让她坐下来，盘问了她好多问题。现场一时热闹起来，直到开始上热菜，大家才放过她，于是她竟然就成了发言时间最长的一位，自己想想都忍不住可乐。

坐下来，还一个劲儿地笑。

宴席一开，大家边吃边聊，偶尔还有同学站起来祝酒，或是不擅长演说的，就干脆来唱首歌。歌唱得其实算不上好，话讲得也并不动听，可不知为何总会听得人眼里有泪……静侬想，大概是雨一直下的缘故，每个人的眼周都氤氲着浓浓的雾气，专等个合适的机会凝结成水珠。

八点钟一过，老师们先告辞离场，也有家里有幼儿的同学必须早些回家，顺路送老师。静侬因为吃了感冒药始终没喝一口酒，主动举手送凌老师，又被大家笑，说范静侬上学时候回答问题都没这么积极举手。

静侬笑，扶着凌老师出门。

凌老师住得很近，开车不过十分钟。路上静侬和凌老师聊着天，听她说退休以后每天带小孙子的趣事，说每天晚上都要亲自给小孙子洗澡、讲故事哄他入睡，笑容满面。静侬不知不觉听得也笑容满面。等到了凌老师家楼下，果然见老师的丈夫带着一个三四岁的幼童在等候。静侬下了车，跟凌老师拥抱道别。

凌老师握着静侬的手，微笑道："刚才当着大家的面你没提，我也没有提……现在还有没有再翻译什么书了？我给宝宝讲故事，看到译者名字是范静侬，别提多高兴了。宝宝很喜欢你翻译的那几套童书，我已经翻来覆去讲了很多遍了……以后要多多翻译这样的好作品呀，好让我总是有新故事讲。学业要精进，工作要用心，翻译的事也要好好做。"

静侬不想老师临别还有这样的嘱咐，又意外又感动，一时鼻子有点发酸，忙点头答应。

等老师一家上了楼，她站在车边停了一会儿，看着楼道里的灯一盏盏亮起来，再熄灭，才上车返回。

走到半路又下起了雨。

等红灯的工夫，她趴在方向盘上看着雨刷把大颗的雨点扫净，又落下一层……她想着刚刚凌老师在车上，轻声细语地和她闲聊，甚至有点不真实的感觉。从前，无论如何都想不到，和老师可以聊这些。

如果方老师今天能来，她又会说什么呢？

手机突然响了，绿灯也亮了。她一看是沈绪楷的电话，突然想起来还没跟他定接走 Luna 的时间，念了句"糟糕糟糕"，忙接起来。

"喂？"她吸了下鼻子。

那边顿了顿，问："感冒了？"

"早上不小心着凉了……抱歉，今天一忙忘了给你电话。"她说。前两天他们通过一次话，究竟是出发的那天早上还是前一晚以及究竟是她送过去还是由他来接，两人并没有达成一致。关键在于她不想增加一晚上的分离时间，加重 Luna 的焦虑，因此就一再犹豫。

沈绪楷的意见是提前接过去，可以在他那里适应一晚，趁她在家，有什么意外情况也可以及时解决。

"聚会还没结束吗？"沈绪楷问。

"还没有。"静侬说。

"明天早上我来接 Luna 吧，让鲁师傅送你去机场。"他说。

"不用的，我自己可以的。"静侬忙说。

他没坚持，但也没有表示同意，只说了句小心开车，挂断了电话。

静侬把车停下来，打定主意进去跟同学们说明情况就回家睡觉。下了车看冷锋和贾飞站在门口抽烟，两人似乎在说什么，像是有争执。看见她，两人住了声，冲她笑笑。

静侬没停下来，循着笑声往里走，看大家围在长条桌边喝酒聊天，见她回来，他们都拍着桌子大笑着说好了好了，又增加一个八卦富矿……静侬坐下，才知道他们在玩"真心话大冒险"，笑着说："什么年代了还玩这个。"

"就玩这个最老土的。"司徒躬撸着袖子笑道。她喝了不少酒，脸上一层红晕。段蘅坐在她身边，把清水往她手边推了推。

静侬微笑。

段蘅发觉，也微笑。

"你们这些人，就想知道范静侬当年有没有喜欢过谁是吧？"贾飞进来，扶着椅背，笑嘻嘻地问。

"对啊！"大家异口同声。

"哎，你们这些人，为什么不好奇我呀？"藤子又拎了两瓶青梅酒过来，放在桌上。

这酒今晚大受欢迎。

静侬心想，可惜因为吃了药，什么酒都不能喝……她倒是挺想喝酒的。

"哎哟，谁用好奇你呀？你就喜欢才子，非学霸不能入眼，不管俊丑……而且喜欢谁，恨不得全校都知道……"司徒躬笑着说。

藤子想想，也是，笑着咕哝了一句。

"不像范静侬，全校都喜欢，可是她到底有没有喜欢谁，我们不知道呀！滕藤子你知道，但不能代表全体同学嘛。"司徒躬笑着一拍桌上的那个细长的冰酒瓶子，伸手一转。

静侬喝着水，看藤子冲她笑了笑，也笑了。

酒瓶旋转着，静侬就盘算着何时开口说要走，不想酒瓶转着转着，瓶口真就冲着她停了下来。大家哄堂大笑，说司徒躬是不是会法术。

"意念取胜。"司徒躬倒了杯酒放在静侬面前，"喝，还是回答问题？"

静侬慢条斯理地说："我不喝酒，回答问题。"

"我一直挺好奇一件事——有人说你高中时候喜欢修任远，是不是真的？"司徒躬问。

"是真的。"静侬回答。

一张长桌上二十多人在座，忽然间就完全静了下来。

静侬微笑着看对面大家吃惊的表情，心想怎么还至于吓成这样吗，刚要开个玩笑，突然觉得不对，为什么大家都看着她身后呢？

她缓缓转过身去，先看到了冷锋，然后看到了站在冷锋身后的修任远。

她双手轻轻抬起来，搓搓手，说："哎……呀……"

她看着修任远，修任远也看着她，两人不约而同笑起来。

突然"嘭"的一声轻响，打破了沉寂，原来是藤子把木塞拔了出来。大家转头看藤子。藤子把酒瓶举了举，说："请大家尝一下新世界的酒。"

大家稀稀落落地应着声，比起刚才席间轻松玩笑的气氛，像是突然有人伸手拧紧了弦儿。

藤子拿着酒瓶，看看静侬，没出声，只是第一杯酒倒给了她。静侬转头看她，轻轻说了声谢谢，转回头来，招招手和冷锋他们说赶快坐下啊，都这个时间了。藤子一手按在她肩膀上，看了修任远，拿着酒瓶的那只手轻轻晃了晃，示意离她最近的贾飞让开些位置。其实空座位很多，倒也不必一定有人让位子，可此时一定要有人打破这有些尴尬的气氛。贾飞笑着起来，有些夸张地让左右挪挪椅子，空出位置来，侍应生搬来两把椅子，另放置了新餐具。

有人问怎么这么晚才来，难道是卡准了什么时候范静侬说心里话？

这一下，大家又都笑起来。有人带头拍着巴掌，说这下真的好玩了，来来来，坐下来一起玩，让司徒再作一下法……冷锋笑得最响，回手将修任远揽了过来。他身量不高，揽不到修任远的肩膀，这姿势看起来就有点别扭。不过他也不在意，因为今晚喝了点酒，脸上很红，他照着修任远的胸口拍了一巴掌，把他按在椅子上，说："来晚了就来晚了，还被吓着一大跳，得先喝一大杯定定神儿——来来来，拿酒来——范静侬你也太吓人了吧！我好不容易把人找来了，好家伙，一进门给你吓跑了咋办？你赔我？"

冷锋坐下来，看着静侬笑。

静侬一笑。

修任远坐在她斜对面，她看看他，问："可以说吗？"

修任远点头。

静侬说："修任远知道啊，吓不到他。不过不好意思，吓着你们了。"

"哇……啊？"大家异口同声地表示惊讶。

"他怎么知道的？"司徒躬问完了，转过头去看着修任远，"你老实交代，怎么知道的？"

修任远抬手摸摸头顶。

他头发剃得很短，脸上呈古铜色，在灯光下看得出来，从额头到头发都沁了汗珠，不知是来到这里见到久未见面的同学有些紧张，还是这个问题被当面问及实在是太尴尬。

"喂，咱们不是在玩游戏吗？想知道的话，得照规矩来呀！"蓝晓洁也拎了酒瓶在给大家添酒，走到司徒躬身边，笑着说。

司徒躬瞪了他一眼，说："你看你这个人，明明马上就能逼问出来答案，非要费那个劲，真是十年如一日不知变通。"

"是是是，你知道变通，你会作法嘛，你多喝点……"蓝晓洁听了也不恼，笑嘻嘻地说，并且果然给司徒躬把酒倒得满满的，满到快溢出来了。司徒躬气得抽了餐巾当武器要打他，他赶忙躲开。段蘅笑着说哪有这样欺负人的，人人都浅浅一点，就给司徒倒这么多，明知道她喝多就没完没了的……蓝晓洁笑嘻嘻地走到段蘅身边，伸手把给司徒躬的那杯酒拿过来，倒了三分之一进她杯子里："这样 OK 了吧？就知道你心疼司徒！"

司徒躬却说着不用不用，拿过酒杯来，看着修任远，问："现在做什么工作？"

静侬看到冷锋已经端好了酒杯准备祝酒了，被司徒躬打断，忍不住拿起勺子来，正要敲，手机却响了，只好先放下来去接电话。她笑笑，听见修任远说："最近才换了工作……在修车厂做维修工人。这是我最近做得最长的一份工作了。"

"……啊，我记得你以前好像就很喜欢这些？没记错吧？因为没驾照骑摩托车还被拎出来通报批评过？"司徒躬问。

修任远还没出声，段蘅拿叉子叉了一块什么直接塞进她嘴里去了，皱着眉道："怎么偏偏你记性这么好呢？你不能学学范静侬？"

"这又关我事？"静侬笑起来。

大家都笑。

修任远说："这倒是没记错，确实有这么回事。"

"看吧！"司徒躬嘴里满满的都是食物，含含糊糊地说。

"原来大家都还记得我。"修任远说。

大家沉默了片刻，七嘴八舌地说："记得呀，怎么会不记得……咱们班时间短的相处了两年，长的相处了三年，还有从初中部升上来一路都是同学的，那就是五年或者六年时间……咱们人生中最无忧无虑最天真烂漫最美好的时间啊，哪能说忘就忘……我们又不是范静侬……"

静侬也笑："好好好，你们就开我玩笑好了，有本事你们这辈子都记性好……"

"来来来，为了咱们班的重聚。"藤子站在桌首，举起杯子来。

酒杯一只只举了起来，漂亮的暗红色在酒杯里流动着，透过玻璃杯，折射出七彩的光芒，亮得耀眼。

静侬只是拿着酒杯碰了下嘴唇，并没有喝，被司徒躬发现，指着她笑道："喂，你吃药都超过几小时了？有喜欢的人在这儿，不高兴吗？也喝一点嘛！"

"司徒你真是逮着人家范静侬的小辫子一个劲儿扯。"贾飞笑道。

这时候冷锋跑回来，拿着手机亮给大家看，说："来来来来，大家听个喜信儿一起高兴下——咱们班又添了一名二代啊，易晓峰同学喜得千金！来来来，大家看看感动到哭鼻子的易晓峰同学……下面请易晓峰同学给大家说两句！"

"恭喜！恭喜易晓峰！"大家一边说着恭喜的话，一边拍巴掌。冷锋把手机屏幕朝着大家，果然里面的易晓峰鼻子眼睛都是红的。大家听着他说着这一天真的很不容易，也没顾得上来跟大家见面，说着说着又开始揉眼睛，又是好笑又是感动。冷锋贴心，把屏幕慢慢换着角度，也好让易晓峰能看见每一个人。忽然，易晓峰叫起来。

"××，修任远？是你吗？你真的来啦！"

修任远身子往前倾了倾，朝向手机屏幕，说："嗯，来了。"

"你来了，我来不成，真是……啊！我连队服都找出来了，虽然穿不上了……"易晓峰在里头哇哇大叫，喊着不行我得马上来。

"以后吧，今天这个日子你就别乱跑了。"修任远怕易晓峰听不见，声音大了些。

"也是。那以后约。说定了啊！"易晓峰也大声说。

等电话挂断了，冷锋这才有机会拿起酒杯来，看看修任远，说："我原来准备了一段儿话，刚才还记得，可是被易晓峰这厮打断了，现在我也像范静侬了，想不起词儿来了……那就算了，不说得太矫情了。今天是咱们班重聚的日子，很高兴能跟大家坐下来说说话，也很高兴大家都好好的……咱们，以后有机会再约。干杯！"

"干杯！"

这一回，大家都站起来了，酒杯碰在一起，叮叮作响。

静侬看着大家挨个儿和修任远碰杯，有的只是冲他笑笑，有的就轻声说几句话……轮到她时，她的酒杯和修任远的碰了碰，笑笑，说："你今天能来太好了。"

修任远把酒喝光，看着她，用力一点头。

大家都坐下来了，他仍站着。司徒躬又在摩拳擦掌招呼大家继续玩游戏，段蘅拉了她一下，示意她看看修任远。大家意识到修任远可能有话要说，都静了下来。

修任远的手还握着那只空酒杯，并没有马上说话，而是慢慢低下头去，似乎在酝酿情绪。

静侬的目光落在他手上，慢慢转开，看着那有着黝黑肤色的精瘦的手臂——他心情一定不像表面这么平静，因为手上青筋毕露，微微发颤……这一程走来用了多少的勇气，站在这里心情有多复杂，应该不难想象。想到这里，她就有点不忍心看他。

她忽然听见身后有轻细的声响，微微侧了下脸，发现是张经理从餐厅后门走了出来，往这边张目一望，脚步急匆匆地走来，手里握着手机，这时就按掉了。

静侬向藤子挥了下手，但藤子正看着修任远，脸上是少有的严肃和凝重，并没注意这边。贾飞拿起藤子放在桌上的手机来向她示意，藤子拿过来时，张经理也来到她身后了。她按掉电话，身子后仰，转脸朝张经理看去，眉一抬，眼里是询问的意思。张经理快步上前，弯身耳语。藤子眉又一抬，迅速瞥了静侬一眼。静侬被她这一瞥，不知为何突然心一动。藤子将膝上的餐巾折叠下往桌上一放，欠了欠身，转身离席。

她走得很快，长长的裙摆扫着地面……此时雨停了，草坪上浮着一层水汽。她走着走着，似乎嫌裙摆累赘，一弯身将裙摆一把拎了起来，脚步就更快了……静侬微微皱了下眉，想着藤子刚刚那一眼，总觉得哪儿有点不对劲儿。

她不自觉将酒杯拿起来，正要喝，又停下来，听到冷锋说："……有什么话就说嘛……要是不知道说什么，再想想，等会儿再说也行，再不成，不说也可以的。我想大家都能理解……"她才意识到这会儿工夫，修任远还没开口，大家竟也都耐着性子等待着。

她也不是没有留意到，其实自从修任远出现，气氛看似和谐，每个人的反应都不尽然是愉快和轻松的。只是大家也都成熟到晓得在这样一个场合，即便有不同意见，也该稍稍隐藏些，毕竟这个晚上所有的一切，是为了一个集体，而并不只是为了某一个人才存在的。

"不不，我还是说吧。我想了好久的话了……嗯，我来这儿，其实不大合适。这我知道。"修任远的手终于离开了酒杯。他抬手搔了搔头顶。额上的汗珠更显眼了，像是随时会滚下来……于是就有人说修任远你坐下说吧，你那么高，我们看着你，脖子仰得怪酸的。静侬看过去，发现是坐在角落里一整晚都没怎么出声的刘明威——啊，是那时候因为矮小文弱说起话来总是细声细气有点儿女孩子腔调的刘明威，会被修任远他们一帮人取笑那股子姑娘气、总喊他"刘小姐"的刘明威……静侬发现修任远脸红了。他抬起头来，说："我站着说，很快说完——这些年我一直觉得我欠大家一句对不起——我努力过。我知道大家都很努力。高中的学习其实都是为了准备一场考试，一定有人因为我的过错受了影响，没有发挥好，也有可能就影响了前程。这是我的过错，我应该道歉，但是我没有什么机会讲。所以班长找到我的时候，我想了好几天，觉得是得来一趟……很对不起大家。"

没有人出声，不知是不是没有人觉得自己可以第一个开口说"没关系"。而且不约而同地，大家都下意识回避彼此的目光，好像生怕被别人看穿自己的想法……静侬忽然觉得胸闷。

她想着自己应该有话要说，可是也说不出来，喉咙疼得厉害。而一向能言善辩、巧舌如簧的冷锋和贾飞这几位，也好像没有能够组织好合适的语言，暂时都没有出声。只有司徒躬轻轻咳嗽了一声，段蘅拉了她一下，阻止的意思很明显，但她却又咳嗽了一声。

"唉，都这么多年了……我仅代表我自己说句话啊，修任远，往前看吧。你没有影响我什么，不需要对我觉得抱歉。"司徒躬说。

司徒躬开了头，其余的人也开始零零散散说了类似的话，最后，大部分人都说了"没事的，都过去了，我现在也挺好"……坐在角落里的孟凯等大家差不多都说完了，桌上再次陷入沉默时，慢慢地说："其实最有资格原谅你的人不在这里。你也知道的。我可不想说谢谢你来道歉。今天是咱们毕业纪念日，就别提这些不愉快的了吧……聊聊当年开心的事好吧？"他说着站了起来，走过来给修任远倒了杯酒，"不好意思，我因为好奇你的经历，找同事调过你的档案看。我知道你这些年也挺努力的，怎么说呢……再加把劲儿吧。我们这些人，肯定没有人希望你混得差劲。你垮掉了，我们顶多觉得同学里出了个不像样的家伙，也没什么大不了的。谁不是各自奔生活呀，都累得要死，谁理你怎么样……要是你觉得有对不起大家的地方，就加倍努力，活出个人样儿来，好吧？来，咱们哥们儿走一个。"

"孟凯你太会说话了，够格儿干你们单位政委了。"贾飞笑着说。

孟凯回手给他也倒了一杯酒，说："你少给我冒酸气，来，一起来一杯。"

几个男生站在一起，酒杯一碰，像黏在了一起似的，低声说着话，像喁喁细语……静侬鼻子塞得厉害，喉咙也痛，眼眶竟也酸胀起来。人像坐在火炉边，浑身发热，且开始昏昏沉沉，眼前的一切似乎都变得不太真实，像是一幕一幕的幻象。她心里倒是很清楚，要是再不回去吃药休息，明天一早能不能顺利登机还真的是个问题。

段蘅过来给她换了杯水，小声问她感觉怎么样："你脸色煞白，不行早点儿回去吧……这儿还早着呢，我听藤子他们刚说今儿晚上不醉不休的，还不晓得要玩到几点。"段蘅说着在她身边的空座上坐了下来，摸了摸她的手和额头，低声说发烧呢就别坚持了。

静侬私心是想多留一会儿的，但看这样子实在不该勉强。段蘅看出来，说藤子不知道干吗去了，过会儿我帮你跟她讲。

"我给她留个言好了。"静侬说。

"也好。"段蘅说。

静侬拿过手机来，先看到了未接来电。她直觉一定有沈绪楷的，点开查看，果然有他打来的两个，另外还有藤子和家里的几个电话，外公、舅舅、父母亲和表哥……她呼了口气，除了沈绪楷，这一组未接来电把她的亲密关系一网打尽。她一时都不知道该先回谁的电话。

她迅速给藤子发了条信息，说自己很不舒服，有点坚持不住了，这就得走。藤子没立即回复，她看了下来电列表，料着家里人应该只是临行前打电话叮嘱的，可是这样齐刷刷打来，顿时有种被宠爱的幸福感。她吸了下鼻子，正预备先给沈绪楷回电，就听见旁边几个人像是吵架一样声音大了起来，原来是修任远也说要走，冷锋他们几个不许……但争了一番，除了多喝了几杯酒，他们也没有强留修任远。大家都面红耳赤，修任远的脸尤其红，看起来甚至有点吓人。

听说静侬也要提早走，同学们倒显得更舍不得，但看她的情形，知道不能不让她早点回去休息。有人开了句玩笑，说是不是跟修任远约好了同进同退，静侬笑笑不语。这会儿工夫陈润涵打给她，问她是不是还在同学会。她拿起手包来，看了眼被男生们围在一边硬要再喝几杯的修任远，应声说是，但这就准备走了。陈润涵沉默了片刻才问要不要来接她。静侬忙说不用。她语气有点急，嗓音就见了沙哑。陈润涵又沉默片刻，说：“那你等下给爷爷回个电话。老爷子这会儿都还没睡。今晚联系不上你，他是睡不安稳的。”

“我知道。这就回电话，刚才没顾上。”静侬有点忐忑，忙说。

“同学会没发生什么事吧？”陈润涵预备挂电话了，又问。

“……没有啊，能有什么事。”静侬立即说。

“老沈还没把 Luna 接走？”陈润涵问。

“没有。我打算明早送过去的，不想麻烦他再跑一趟了。”静侬说。

“你这个样子……不然明早我过来看看吧。要是你明早还不见好，就改行程。玩儿的事哪有身体重要……Luna 我负责接送。就这样，你先回家，晚点再说。记得给爷爷回电话！”陈润涵说完就挂了电话。

静侬皱了皱眉，将手机捏在手里，一看藤子的电话进来，忙接通，藤子问她走了没有，她说还没有，这就往外走。藤子说那你在门口等一两分钟，我马上出来。

静侬答应。

藤子话说得又快又利落，虽然原本就是如此，静侬却觉得此时她更像是在赶时间。她又皱了下眉……有种哪里不对劲的微妙感觉，陈润涵也好藤子也好，还有沈绪楷……她想到沈绪楷，忍不住想到里面的修任远。

如果沈绪楷知道修任远来了同学会……会怎么想呢？

她又吸了下鼻子，甩下这个念头。

头昏昏的，多余的想法一点都塞不进去了。

段蘅和司徒躬做代表送静侬。她们边走边问这样子回去还能开车吗，要不要去趟医院。静侬轻声说我叫了代驾，也不用去医院，回去吃药睡一觉就好了。

她并不担心这场看起来来势汹汹的感冒。她身体素质还是不错的，但长途旅行前总要小病一场，多多少少是有些旅行综合征……心理障碍多于生理的。

　　她们说话的工夫，代驾司机给静侬打来电话，说已经到了。静侬出了大门，果然看到一个身形小巧纤细的女孩子站在那里。静侬确认身份信息后就把车钥匙交给她去取车了。站着无趣，三个人边说话边在门前慢慢溜达——那代驾司机脚步很快……静侬看她准确找到自己的车子，按了遥控车钥匙，车灯就亮。海边的停车场今晚有点拥挤。她瞥了眼自己的车，忽觉得左边的车子有点眼熟，正要细看，代驾司机已经将车开出来了，刚好挡住了那车……她听段蘅说你自己照顾好自己，有空常联系，虽然有一点时差，可不妨碍聊天。她笑着点头答应。段蘅和她握握手。司徒躬看着她们俩说话，在一旁不出声。这会儿工夫，听着门内吵吵嚷嚷，是那几个醉醺醺的男生搂抱在一起，不知在说什么……三个女孩子静默了片刻，不约而同看着彼此，轻轻叹了口气。

　　静侬以为自己的车子会先过来，不想有一辆陈旧的小货车忽然挤在前头停在了她们面前。小货车的司机往外看了看，探出身来，冲她们身后喊了一声老修。

　　"来了！"修任远在门内答应，一路跑了出来。看到静侬她们，他停下来脚步："还没走呀？"

　　静侬说："马上。"

　　修任远身上倒没有酒气，只是从脸红到了脖子，连裸露着的手臂都是红的。静侬看着他，问："你该不是酒精过敏了吧？"

　　印象里他似乎没有这个毛病……但许多年过去了，也许这一点也起了变化。

　　"没有没有。"修任远忙说。

　　"那就好。"静侬说。

　　"到底是范静侬啊。"冷锋说。

　　"为什么'到底是'？"孟凯问。

　　"是呀为什么？"静侬笑问。

　　"你们听听她这声儿，还顾得关心人家是酒精过敏还是中毒。"冷锋说。

　　孟凯笑起来。

"老修！"小货车的司机又喊了一声，看样子是赶时间。

静侬的车悄悄地滑过来，就停在小货车后面。小货车司机催过了修任远，从后视镜里看到那车子，忍不住又探身出来，回头望了望，啧啧两声，转脸看了静侬这边。静侬看出他眼神里对车子的懂得和喜爱，也有几分艳羡，于是就微微笑了笑。那人也笑了，这一笑就显出憨厚来。

"范静侬你先上车吧，多耽误一会儿你就多难受一会儿。"司徒躬提醒道。

"藤子还没来呢。她不是让静侬等等吗？"段蘅问。

"来了。"静侬听见高跟鞋笃笃笃的声响，就知道是藤子到了。果然不一会儿，藤子的身影从那几个树桩子似的男生身后闪了出来，手里是拿着两个包，其中一个是白色的，上面有红十字的标记，显然是药箱。她过来径直走到静侬身边，拉着她的手下台阶，往她车子那边去。

"那，各位，我先走一步。"静侬跟着下台阶，回头看着大家。

"走吧走吧，我们再聚。"冷锋说。

"常联系啊……以后旅行招呼一声，我们可以约着一起去。"段蘅微笑着说。

静侬点头，说："你们都进去吧，好好玩个痛快。"

她边走边摆摆手。

藤子打开车门把两个包都放到后面座位上，扶了车门看着她，说："回家赶紧躺下睡觉……药箱里都是常备药，你打包到行李里头随身带着；另一个包里是我给你路上用的。明早要还是不舒服别勉强，推迟行程也好取消也好，没什么大不了的，别让人不放心。知道吗？"

"知道啦。"静侬看着啰唆的藤子，呼吸不畅的鼻子堵得更厉害了似的，眨眨眼，"我回家收拾下，睡前给你电话。"

"你就老老实实睡觉吧，有什么话过两天有空了再说。你不找我，我还得找你呢。这会儿我事儿多着呢，没空哄你睡。"藤子没好气，按着她的肩膀把她塞到车里去，关上了车门，往前走两步跟代驾司机交代了几句路上开车慢一点，麻烦她照顾一下静侬……"走啦走啦！"

静侬降下车窗，伸手出来摆一摆，忽然看到门前站着的几个男生，笑了。她把手握成拳。

"干吗啊！"藤子瞪她。

贾飞反应最快，跑过来拿拳头碰了下她的拳……孟凯大笑，跟着过来，也依样子照做。七八个男生女生，连一脸不情愿的藤子在内，都依次过来碰碰她的拳，走在最后的是修任远。

"加油！""加油！"

静依松开手，轻轻挥了挥。

大家都没急着进去，站成一排看着她笑。修任远也没急着走，尽管他的朋友已经趴在车窗上看他们像看戏似的了……静依和代驾司机说请开车吧。

车子驶离，她回头看了一眼——看着那一张张熟悉、亲切又有些陌生的面孔从眼前划过，终于被落在了后头……看着他们有的直接转身走了，有的在跟修任远告别……她转回身来靠在椅背上，长长地出了口气。手碰到一旁的药箱，轻轻摸了摸，磨砂表面摸上去很舒服……她闭了会儿眼，突然意识到哪儿不对劲了。

"等等。"她说。车子靠边停了下来，那辆破旧的小货车箭一样超了过去。

静依看了下时间，差十分钟十点整。

"麻烦您掉头，回刚才那个停车场。"静依说。

她的手按在药箱上，心跳得突然急了起来……

代驾司机将车开到前面路口转向。这里是单行线，回到出发的位置需要绕一段路。车子在静静的窄窄的街道上行驶着，像游鱼穿过水草，迅速而灵巧……几分钟后，她们返回停车场，静依一眼就看到了沈绪楷和藤子——藤子正和沈绪楷说着什么……她轻声说："请停一下车。"

车子无声无息滑动了一段距离，稳稳地停在路边。这个位置停得刚刚好，正在一片树荫下。静依不知道司机姑娘是不是特地选定的这个位置，总之刚刚好。她看着藤子跟沈绪楷摆手示意，转身走了，以为沈绪楷会马上上车离去，但是他并没有。

他走到车前站下来，往海边望了一眼。

静依跟司机说请等我几分钟，开门下了车。刚下过雨的夜晚，轻风潮湿中有一丝清凉，越往海边走，凉意越重，她轻轻抚了抚手臂。这段距离并不远，她很快就能走过去，然而她走了没几步，发现沈绪楷也在往前走，看样子是要到海边去。

她想喊他一声，张了张口，又忍住了。

她忽然有点犹豫，觉得自己就这样出现在他面前，应该会让他特别意外……沈绪楷并没有走远。他在木栈道上停下了。海风把他的衬衫吹得鼓了起来，让他看起来像背了半只白色的气球……只是这气球里像是充了水，是沉重的。

许是听见了脚步声，沈绪楷回了下头。

看到一个白色的影子从栈道另一侧的礁石上飘了下来，他微微一愣，但没等看清来人的面容，也已经认出是静侬。

他看着她往自己身边走来，问："怎么又回来了？"

"对不起，我刚才不知道你在这里。"静侬答非所问，但沈绪楷看着她的神情，让她明白他是懂了她的意思。

"是我让藤子别说的。"他说。

"她没讲，是我猜到的。谢谢你给我送药箱。"静侬说。

沈绪楷一点头，倒没问她是怎么就猜到了，似乎这是个完全不重要的问题。他仔细看看她的脸，说："来之前你和藤子的手机都没打通。"

"对不起。"静侬又说了这三个字。

"这没什么，是我来得不巧。"沈绪楷说。

静侬一时没有说出话来，只是看着他，忽然觉得他从神情到姿态都显得有些疏离……她轻轻攥了下手。她此时确信，沈绪楷如果不是亲眼见到了修任远，应该也已经知道他今晚在场。

她喉咙像在冒火，忍不住轻轻清了清喉咙。

沈绪楷说："你明天还要出门，该早点休息的。等你旅行回来咱们再聊。如果到时候，还有这个必要的话。"

静侬怔了怔，看他双手扶在木栏杆上，风转了个方向，衬衫被吹得紧贴在他背上，宽厚的肩膀显得非常结实而且……强硬。她深吸了口气，说："那……"

其实她不是非要说什么，沈绪楷这态度也的确让她完全开不了口。

"我送你上车。"沈绪楷说。

"不用的。"静侬说。

沈绪楷没回头，看样子并不打算坚持。

静侬看着他紧紧按在木栏上的手，因为用力，青筋毕露。她心慢慢沉下去，但忍住没有出声。

"不好意思，我这会儿情绪不太好。"沈绪楷说。

"没关系。我只是……既然知道你在这儿，觉得应该来跟你当面道谢。那，我先走了。"静侬一口气说完。

沈绪楷放开手，插在裤袋里。

他看着仍然在阴云密布的天空下黑沉沉的海面，不知是想要说给静侬听，还是仅仅只是想说给自己听，声音很轻，低沉而有力量，一个字一个字地沉下去，破开浪，沉入海底。

他说："……究竟谁更幸运，死去的，还是活着的？十年来，这个问题我始终没有找到答案。"

静侬站在他背后，呆住似的一动不动。

风不冷，但仍然像箭一样能把人身体穿透。

片刻之后，沈绪楷转回身来，并不看她。但他走到她身边，轻轻扶了一下她的手臂，没有说什么，带着她沿着木栈道走了几步，跨过礁石，穿过停车场，将她送到车边，把车门打开。

"晚安。"沈绪楷说。

"……晚安。"静侬说。她眼睛是望着他的，但他没有看她，已经到了舌尖的那句"你真的还好吗"就停在那儿了。

沈绪楷朝司机示意开车，站在路边看着车子开走，好一会儿一动不动。等车子完全消失不见，他才转了下身："藤子？"

"唉！"藤子的身影从灌木丛后闪了出来。她抱着手臂，探身看看静侬车子离去的方向，"走啦？都聊什么了？"

"没什么。"沈绪楷从从容容地说。

"我还以为你会送她回去。"藤子说着，看看他脸色。

沈绪楷抬手按了下右边的眉。

藤子看他这样子，偷偷吐了吐舌，不敢随便出声了。但过了一会儿，到底忍不住，说："静侬跟他也没什么，整晚都没说几句话。我们班同学……大家都是同学，就算心里有什么，面子上也要过得去，这点事我们还是懂的。"

"不是因为这个。"沈绪楷没往下讲。

看藤子一脸的歉疚，沈绪楷倒笑了笑，说："跟你们没关系，该怎样怎样。"

藤子看着他，说："我好想抱抱你。"

沈绪楷瞪了她一眼。伤感的气氛突然就显得有点儿滑稽。

他的手机响了，拿出来看了看，眉头微微一皱，看了藤子问："润涵知道吗？"

"知道了。他刚问过我，我照实说了……你又没嘱咐我不可以跟他讲。他也是不放心静侬，问完了静侬感冒怎么样，顺嘴问的。"藤子说。

"以后别什么都和他说，他脾气不好。"

"知道了。"

沈绪楷接听电话，声音低沉地应了一声，那边不知道说了什么，他顿了顿才说了句今晚就算了……他跟藤子示意自己这就走了，藤子说了声小心开车，看着他边走边讲电话，挂断之后把手机往车里一扔，开门、上车、发动……车子起速非常快。藤子还没有反应过来，车影子都不见了。

车开得像不要命了似的。

藤子叹口气，后退几步靠在栏杆上休息片刻。

这一放松，顿时觉得从头到脚每一块肌肉都有点酸痛。从昨晚到现在，她都没怎么睡，全凭一股劲儿拿着忙前忙后，其实已经精疲力竭，可想到后院的同学会还没散，这股劲儿就还不能松。她站稳些，甩开裙摆大踏步回到聚会现场去——此时桌上的餐酒又换了一轮，大家却像是没什么动力再吃了，只是喝酒说话，一个个脸都红红的，似乎还有人哭过了……她坐下来，就听见孟凯托着下巴，朝司徒躬说："……人家贾飞也没说错，像你们几个，早就定了去海外念藤校的，有啥影响？说什么代表自己说没关系……你们当然没关系啊……"

司徒躬转过脸去，冷冷地说："可是影响就是一场考试吗？你是没看见拉起警戒带的现场吗？案发后到停课自由复习那几天，去卫生间的路上不会经过那里吗？晚自习课间你敢自己一个人去解手吗？OK，胆大的OK……那么，你这些年有没有做梦梦见过浑身是血的沈绪模？我跟他只是一起参加课外小组比较熟悉的关系都梦见过他好几次，你呢？还有，案发那天晚自习下课，教学楼里突然莫名其妙就断了电，几百人挤在楼道里忽然有人说看到了沈绪模，满走廊带楼梯男生女生鬼哭狼嚎、拥挤踩踏慌不择路的那个情形……这些年你有没有想起来过？你一点没怕过吗？你没怕过，你没想过别人有没有怕过吗？不要轻飘飘地把我们轻易归到了哪一组哪一类。再说国内高考我们也不是没有参加，论成绩我们也没有比任何人差，扛住了压力不代表心里就没有阴影了。"

孟凯不出声。

"司徒这是干吗呀……孟凯和贾飞也没说错，在我们看来，你们几位是受影响小一点。"

"我不是说他们说得完全不对，而是觉得这事儿不能讲得这么绝对。好像我们没有在考试上受影响，我们说句'没关系'就成了慷他人之慨。表态的时候不都挺积极地欢迎人家来？刚刚你们见了本人不也都和和气气的？这会儿说这些什么意思？"司徒躬皱着眉。

"意思就是我们觉得事儿可以翻篇儿了，别为了这事儿吵架好吗？我收回刚才那句话，对不起低估了你们受影响的程度。谁让咱们这些年也没机会敞开来好好儿聊过呢？"贾飞说。

司徒躬瞪了他一眼，把酒杯推到他面前去。贾飞忙起身给她倒了杯酒，说："你现在怎么这么能喝啊！"

"司徒说起来阴影……那天晚上那阵子骚乱我可真记忆犹新，后来我看任何关于踩踏事故的新闻都手心冒汗。那会儿就是大家一挤，我在楼梯上摔倒了，好几个人踩着我的手跑过去，还好当时有人在我身后一把把我拉了起来，要不然再有人绊倒，一个个叠上来，谁知道会怎样！"

"如果那天晚上不是方老师及时喊大家冷静，搞不好真会出现踩踏事故……有时候想起来，那种窒息感，唉……"

"我到考试前都在吃安定，一闭眼就害怕，不吃药根本睡不着。还复习功课呢，上考场脑子都是空白的……是，我心理素质差，这我不怪别人。你看人宗小苔，还能超常发挥。"蓝晓洁说。

"哎，说起来范静侬也是超常发挥？"刘明威问。

"这关静侬什么事。"藤子皱眉，终于插了话。

"不是，就单纯说超常发挥。"刘明威忙举手告饶。

"范静侬不算。她一直挺稳的，是发挥了正常水平。"段蘅很肯定地说。

"不然咱们算算谁比较惨？"

"比惨吗？总有更惨的……我复读一年，转过年再考，临考那一阵子天天做噩梦……结果比起第一年考砸了从一本到二本，更不如。只是我们还有机会，死了的就没有机会了……人家原本是要去 Top2 名校读热门专业，一路青云直上的。就算不太努力，就凭人家家世背景，随便拿个什么项目，在这个岁数人家也早就实现财务自由了……比惨？惨得过吗？谁不是一腔热血，谁不会一时冲动……可不是每个人都随身带刀子能捅人。"蓝晓洁说。

"其实就是那样的，小刀。"孟凯比画了一下长度，"随身带的小水果刀而已，只是劲儿比较寸。"

"那也是捅人啊！"

"咱还是别说了，今儿本来是挺高兴的。"刘明威轻声说。

"是嘛，本来是挺高兴的，跑来说要道歉……可笑不可笑。谁要听这个啊……"

"但是你们有没有换个角度想想——其实咱们中间也有高考考砸了的，我不是说一定和这件事影响有关，只是说考砸了，之后一路努力，反而比一些进了大学开始放纵玩乐、沉迷游戏的，要好一些？这其实是因祸得福哎。"

"要换角度想，进监狱都不是坏事了是吧？"

"好了好了，都喝多了是不是？别说了……聊点别的，聊点别的……"

桌上的声音渐渐低下去，窃窃私语了一阵子，又有叹气声，另一边几个女生不知说到什么，却又在笑……藤子却忽然觉得厌倦和疲乏。她踢开脚上的高跟鞋，盘腿坐在椅子上，一手倒了酒，一手轻轻按摩脚底……没等她把这杯酒喝光，司徒躬就提议大家散了吧。大家纷纷附和，贾飞喊大家再来张合影。大家相互招呼着聚到一起来，拍了好几张照，反反复复地拍，直到确定照片里每个人的面孔都看得过去，又开始拉拉扯扯地告别。

藤子把大家都送走，回来看着张经理在看着人收拾场地，轻声说了句辛苦。张经理看她已经露出倦容，忙跟她说快回去休息吧，这儿有我就可以。餐厅今天并不忙，打烊又早，早就归置妥了。

藤子从桌上拿起自己的烟盒跟打火机来，正要走开，张经理忽然问："柯教授还在前面咖啡厅写稿子呢，您没把他忘了吧？"

藤子瞪着眼睛看了他一会儿，才想起来确实有这么回事儿，不禁吐了个英文单词出来："这一晚的事情没有一百件大概也有八十件，谁还记得这个瘟神！"

张经理笑着走开了。

藤子叹口气，点了烟，捏着往前头走去。

餐厅是打烊了，咖啡厅却因为这个怪咖硬要在昏暗的环境里写稿还营着业……有些人，大概就是上帝专门造出来为难另一些人的。

藤子想，柯正杰就是这种人。

她推开沉重的橡木门，看手机屏亮了下，是静侬发来的信息。她停下来看了一眼，有图片有文字——静侬收拾好的行李整整齐齐放在床尾的长凳上，小小一只行李箱，里面果然放了那个药箱。静侬不管去多远的地方，出门的行李总是尽量精简，所以她知道她的行李箱里一定会有空间放那个药箱的。她给静侬准备的随身包被放在另一侧，包里都是贴身小物。静侬有时很粗心，这些提高旅行便利感的小物件也许不会替自己准备……朋友嘛，重要性就体现在这个时候了。

"吃药，睡觉。"藤子回复，"爱你。晚安。"

"晚安。也爱你。"静侬回复了个转圈圈盖被子的小兔子表情。

藤子看着这个可爱的表情，忍不住微笑，单手打字，回复道："楷哥今晚……"她想了想，又删除了，没有多嘴。

有些话，不该她来讲。

何况明天静侬就出发。静侬虽然有时迟钝些，但看她去而复返、再看看两人分开时的情形，沈绪楷的情绪她不会没察觉到，何必非要在这个时候再多说什么徒增她的心理负担，毕竟出门在外，安全第一……她将手机收起来，往咖啡厅走去。

她得在这繁忙的一天结束之前，先把瘟神解决了……

静侬躺在床上，眼见着对话框上方那个"对方正在输入"消失，藤子的信息却没有回复过来，不禁发了呆。

突然屏上弹出一条消息，沈绪楷说："明早我来接 Luna。晚安。"

静侬坐了起来，看着这一行字，翻来覆去想了好几种回复的方式，最后都删掉，只回了简单的"谢谢你，晚安"。她犹豫了一会儿，发了个拥抱的表情过去。

两只粉色的胖兔子，活泼的那一个拥抱呆呆的那一个，看着有点傻乎乎的，不过很可爱。

沈绪楷没有回复。

静侬靠在床头，看着手机屏变暗、黑屏，轻轻舒了口气。

刚才，藤子也是像她这样，想来想去，想说的话打出来又删掉了吗？应该是的吧。

她从同学会离开时，藤子把药箱交给她，只说回头再说……藤子是念着明天她要出远门，不想今晚让她休息不好，不然以她们之间有话就直说的习惯，这会儿藤子会跟她在煲电话粥长篇大论了。

照理说她应该什么都别想了赶快睡觉才是，可是眼下看来她只能指望着药效发作，强制性进入睡眠进程。她翻着通话记录，查看一下有没有漏掉该回的电话——很可惜，一个都没有，也就没有了能聊几分钟的对象。

还有外公啊，爸爸妈妈啊，她回来和他们通电话也都只讲了几句。他们无非是嘱咐她出门在外注意安全，及时报平安，然后就催着她挂电话休息……只有舅舅是例外。她给舅舅回电话，原来他只是要她回国的时候给他带几盒某小品牌的巧克力，如果买不到，那就随便买一点她看中的。舅舅嗜甜，尤其钟爱巧克力，这点要求就是他不提，她也会记在心上的。舅舅还在牌桌上，自然没心思多说，更没听出她声音不对来，说完了就挂断电话，继续凑他的"十三幺"去了……大头表哥却联系不上。

这个时间，他的夜生活才刚刚开始，是不会休息的……正因为如此，她更有点不安，连发几条信息问他在干什么。

陈润涵那边也没动静。

药效开始发作，她开始犯困，心里却是安静了些。这一天发生的事，一个场景一个场景地闪过，像是电影片段……片段放到后来开始重复，反反复复都是一个画面，是沈绪楷站在海边背对她的样子——她似乎能听见风声，风吹得人头发昏。

她叫出 Siri 来另外定了一个闹钟。

明天早上还是早些起床，万一沈绪楷没有吃早点，至少该请他吃一碗面。

厨房里有上回父亲从福建带回的两箱面，细若发丝，煮出来一定好吃。

这时藤子发了张照片来，说这是他们散席前拍的最后一张合影。

照片里一张张红红的泛着油光的面孔，笑得那样齐整……她想了一下今晚她拍的合影似乎并不多，来来回回跟老师和同学聊着天，偶尔被叫住拍张照而已，她也没在意到底都是谁，只是开开心心去拍就是了。她想着回头得去群里发一条消息，麻烦有合影的同学把照片发给她一份。这么一想，她点开班级群看了看。果然她能想到的，大家都早想到了，此时几百条留言过半都是合影。有不少直接艾特她取照片的留言，开玩笑说范静侬最讨厌了，有她在的照片衬得别人快没法儿看了，大家拿到照片把她的脸给 PS 掉……这可真的是夸张。

他们就总是爱开这样的玩笑。

她发张打滚的兔子表情进群，说声谢谢大家把我拍得这么好看。一群人接二连三跳出来赶她去睡觉。

"病得七荤八素的还说谢谢，真欠揍。"说这话的是司徒躬。

静侬吸了下鼻子，抽张纸巾擤鼻涕，缩进被子里继续翻照片。

因为自拍居多，每张照片面孔都占到画面八成以上，又因为开了滤镜，每张脸都近乎完美……她边看边保存，但照片太多，数量又不断在增加，她试图把手机拿稳，眼皮沉重起来，很快就握着睡着了……

清早闹钟响时，静侬睁开眼，先听见了 Luna 的吠叫。

声音不大，奶声奶气的。

但这叫声有点奇怪，像是在发脾气。平常这个时间 Luna 都只会在她床脚下呼呼大睡。她猛地翻身坐了起来，拿手机查看了下她长时间都想不起看一次的安保系统 App，果然看到大门外有人影晃动。她一惊，心里想着莫不是沈绪楷这个时间已经到了？慌忙换个角度查看，才发现那个穿着运动衣背着双肩包的人是她母亲。她赶快下床，抓了件袍子就跑下楼去。

Luna 一看见她，叫得更凶了。她开了门，一路跑到大门口，开了门叫了声妈妈，问："您什么时候来的？不是没回来吗？不打电话不按门铃一直等吗？"

陈谟像是没听见女儿的问话，进了门，先看到了跟到眼前来的 Luna，见 Luna 一边后退一边对着她叫唤，眉抬了抬，说："这狗怎么这么丑。"

Luna 叫得更大声了。

静侬在心里嘀咕了几句"哪里丑"，往外看了看，就看到家里的车斜着停在门前。她一看就知道这是母亲"亲自"停的，连问都不必问她是怎么过来的了，果然就听见她说："昨晚上跟你爸剪刀石头布输了，还是我回来送机——你不是感冒了吗？得有人看看你。"

静侬张大嘴巴，一时没能说出话来。

她都要三十岁了，从前不管她去哪儿也不管距离远近，她亲爱的爸爸妈妈从来没有因为她要出门想到送机什么的，最多只有一个电话，有时候连电话都没有。最近这是怎么了……见她不说话，陈谟回头看了她一眼："感觉怎么样？"

感觉比较像……"您没事吧？"静侬认真地问。

她喉咙还不舒服，但没有再发烧了，加上这是个雨后的清晨，空气极好，她的肺都像是被清洗了一遍，感觉好多了。除了……母亲突然出现，让她又意外又忐忑。

"您真没事吧？还是家里出什么事儿了？外公吗？"静侬跟在母亲身后追问。

陈谟一脸不耐烦地看着脚边这个花色奇怪总对着她又是嗅又是叫的狗，皱眉道："外公会有什么事……被照顾得不要太好。他有事我会不讲？有事就是你生病了还要出远门，你爸爸不放心，非要赶回来……难道让他坐红眼航班？"

静侬被噎了一顿，不出声了。

难得母亲一口气跟她说这么多话……Luna还不住地叫唤，她示意Luna安静待着，要去给母亲倒水，不想母亲却不知从哪儿摸了体温枪出来，照着她额头、耳朵和手腕各来了一下，见数据显示正常，说："去洗洗脸换衣服，然后下来吃早饭。"

"……您给我做？"静侬又被吓了一跳——她母亲不擅长烹饪，连煮碗面都勉强。

陈谟嗯了一声，问："你冰箱里有速冻食品吧？"

"……有。"静侬说。

陈谟挥了挥手让她走开："把你狗带走。它在这吵得我心烦。"

静侬把Luna捞起来正要走开，陈谟又问："你出门，狗谁照顾？"

"沈绪楷帮我照顾几天。等下他会来接的。"静侬被母亲突然一问，心慌了一下，这才意识到如果沈绪楷亲自来，那一定会见到母亲的……

这可是个意外的情况，不管对她还是对沈绪楷来说。

陈谟好像并不真的在意这个问题，听了静侬的回答，也没有说什么，转身去打开了冷冻室，看了一眼，拿出一盒馄饨来。

"妈妈，馄饨多煮一碗。"静侬说。

陈谟头都没回，说："我会连这个都不知道！"

静侬吐吐舌，带 Luna 上楼的工夫翻了下手机。沈绪楷没有发新的消息过来，也没有电话。时间还早，她想着沈绪楷说不定这会儿还没起床，就打消了给他留言的念头……Luna 见她收拾东西，在她脚边绕来绕去，不时跑到卧室门口朝楼下叫一声。

静侬收拾妥当把行李箱和 Luna 一起带下来，却发现沈绪楷已经到了——母亲和沈绪楷一人一杯咖啡，正看着操作台上的那只养着碗莲的小瓷缸不知说什么，母亲难得满面微笑……她在楼上可完全没有听到什么动静，骤然间看到沈绪楷，只觉得他像是从天而降一般。

她把行李箱放下。

此时屋子里飘着咖啡香和鸡汤馄饨的味道，混在一起有点奇怪，正像素来严肃的母亲和总是一板一眼的沈绪楷会微笑着聊天一样。

她忽然想掐自己一下。

如果不是她吃错了药，那搞不好就是眼前有些什么是假象。

她反应慢，可 Luna 并不是。Luna 早就大声叫着冲过去，在距离沈绪楷两步远的地方停住了，又对着陈谟叫。

沈绪楷转过身来，看见静侬，说："早。"他放下咖啡杯，弯身摸了摸 Luna 毛茸茸的狗头。

"早！"静侬把背包放在行李箱上，看看他的脸色，像是没睡好的样子，轻声说其实不用这么早的真是不好意思。

沈绪楷说："没关系，平常这个时候也在运动了。"

静侬看看她母亲，刚要解释一下，沈绪楷似乎完全明白眼下的情况并不在安排之内，轻声说："刚才陈阿姨出门去拿东西了，刚好遇见我停车。"

静侬点头，心想难怪没听见门铃声。

"好点没有？"他问。

"好多了。"静侬说。

陈谟打断他们，请沈绪楷一起吃早饭。沈绪楷礼貌地说自己已经吃过了。陈谟微笑着看他，他只好说那我少来一点吧。静侬过去帮他盛了一碗馄饨，看母亲煮的还算像样，暗暗松口气，也免了她预备请沈绪楷吃曲奇喝牛奶……陈谟看看女儿，笑着跟沈绪楷说："我煮饭手艺不好，不过这馄饨是老爷子那边的阿姨包的，尝尝看味道怎么样。"

沈绪楷坐下来，微笑道："可是我记得您做饭很好吃的。"

陈谟和静侬同时看他。

沈绪楷说："有一年暑假，我跟润涵他们一起游泳回来，到家好饿，外婆把您刚炒好的一盘扬州炒饭给我们分了。"

"有这回事？"陈谟笑问。

沈绪楷点头。

陈谟笑道："那一定是你们饿坏了——不过扬州炒饭是我唯一拿得出手的。"

静侬不出声，尝了口汤，默默给沈绪楷倒了杯清水放在手边。沈绪楷也不出声，低头吃馄饨。

"说起来，陈润涵这小子为什么不见人？还让小沈大清早跑一趟。"陈谟皱眉。

静侬说："他有说过要来……"

沈绪楷等静侬说完，说："是，本来他要跟我一起过来的。"

"结果？"静侬问。

他顿了顿，才说："结果我走的时候他还没睁眼呢。"

静侬小声说："你们昨晚一起喝酒啦？"

"他喝，我没喝。主要是我后来有点事情，处理完了都很晚了。"沈绪楷说。

静侬看着他，没再说什么。

陈谟看沈绪楷吃完了馄饨，问他还要不要。沈绪楷忙说已经很饱了。静侬听见他说，低下头，忍住了笑——这馄饨味道还好，可是汤太咸了……当着沈绪楷的面，她也不好直接跟母亲说。偏偏母亲明明也吃了，可是跟没事儿人似的……

临出门，沈绪楷把 Luna 的东西都放到车上。Luna 有点不配合，进了航空箱就开始咬那个金属门。静侬安抚了好一会儿也没起作用，沈绪楷说："我带回去慢慢哄吧。"

静侬很有些舍不得 Luna，看着沈绪楷说："它要是闯祸的话……"

"放心我不打小孩儿。"沈绪楷说。看静侬都没被逗笑，他顿了顿，说："我每天给你发视频。"

"不用不用，你也很忙。我不是不放心的意思。"静侬忙说。

沈绪楷看看表，说："走吧。我送你去机场。"

"好啦，小沈，你车上有个麻烦精就够了。我还要去机场接贝贝爸爸，顺便送贝贝。"陈谟说。

她这么说，沈绪楷就不好再坚持。静侬请他先回，再三表示感谢。

沈绪楷跟陈谟道别。陈谟看着他上车，微笑道："有空到家里玩。"

"是。"沈绪楷帮静侬把行李箱放到陈谟车上去，载着 Luna 走了。

陈谟看静侬望着车子站在原地不动，先上了车，催她快一点。

"那丑东西养了多久了？"陈谟问。

静侬吸了下鼻子，说："没多久啊，不到两个月。"

"好像是看你发过照片。"陈谟说。

"我爸也要回来？"

"对啊。"

静侬心想这可真的……

"楷楷在追求你吗？"陈谟问。

"您怎么知道的？"

"气氛有点微妙。"

"他是有提过。我暂时不考虑谈恋爱，就拒绝了。"静侬说。她看看母亲，"不过不是说他不好的意思……是我自己的问题。"

"随你的心思吧。这孩子是很好，可是也不表示你必须接受。"陈谟平静地说。

静侬好一会儿没出声。

"你们班十周年纪念聚会结束了吧？"陈谟又问。

静侬看母亲。

"我看到藤子发朋友圈了。"陈谟说。

"嗯。"静侬想其实她也应该发的，等下候机有时间慢慢选照片、写文案。

"你高中毕业都十年了，时间过得真快。"

是啊，静侬心想，是真的快。

"其实那年，我和你爸爸都做好了你会考砸的心理准备了。"陈谟说。

静侬轻轻抿了抿唇……是啊，她也做好了这个心理准备了。

不是谁都能连续发烧二十天，频繁进出医院、挂水、什么检查都做了就是查不出原因来，烧得昏昏沉沉的上考场，还考出了个不错的成绩的……有关那段时间的事，她的记忆很有点模糊，应该是下意识不愿意想起来。

"年轻，多一点糟糕的经历不是坏事。谈恋爱也是这样，不要因为过去错过现在，将来后悔。"陈谟说。

静侬轻轻应了一声。

她数了数，今早母亲跟她说的话一句一句捋顺出来，加在一起，比过去两个月跟她说的总数都要多。

"妈，您真没事儿吧？"静侬在下车时忍不住问道。

陈谟瞪她一眼，把她放在了国际出发入口，没打算下车送她进去，挥挥手让她注意安全，到了报平安。"回来行李要是多，打电话给涵涵让他来接你。"

"知道了。"静侬站在车边。她弯身看着母亲的侧脸，威严强硬的母亲，偶尔稍稍柔软一点，她竟然觉得陌生，但是……"妈妈，这两天您要是亲手给我爸做饭的话，少放点盐，刚那馄饨……您腌咸鸭蛋呢！"

陈谟转过脸来看着女儿，板着面孔，慢慢地说："你这个破孩子，快滚蛋吧。"

静侬笑起来，摆摆手："跟我爸说我爱他。"

"自己说去。"陈谟绷着脸，开车先走了。

静侬看着母亲把车开得那歪歪斜斜、足够惊吓后面车子保持更大车距的样子，忍不住又是叹气又是感慨，拎着行李箱往国际出发入口来，顺利通关，进了候机室坐下来，长长地松了口气。

一旁的玻璃窗洁净透明，她去端了杯咖啡，站在那里看到反光中的自己——十年前也是这么个日子，她第一次独自出国旅行，那时候……心情可真的说不上好。

静侬啜了口咖啡，眯眯眼。

那段时间怎么可能完全轻松？就连成绩出来，考到了让她觉得意外的高分数，心情也挺平静的。并不是不高兴，但只要一高兴起来，就有些什么东西要拉扯一下。母亲竟然记得那么清楚……不过也不奇怪，母亲记性极佳，况且，再怎么讲，也是她独生女人生中比较重要的一场考试。母亲虽说从不认为一考就定了终生，几乎从来没有信过这个邪，也还是上了心的。印象里在她考试后，有一天在帮外婆劈丝线，母亲也曾经闲闲地说过，考不上理想的大学，那就缓一下，考虑去国外读大学。母亲对她的要求从来都不高，不过这不高也是看相对谁而言……她轻轻叹了口气，又啜了口咖啡。

母亲有次跟外婆开玩笑，说她跟外婆年轻时候比起来，各方面都不如，简直"提鞋都不配"……外婆嫌她这么讲话太粗鄙，让她以后都不准说了。母亲果然没再说过类似的话。不过这时候她倒是想起这句话来，母亲未必不如外婆，可是她的确不如母亲。

单单遇事扛压这一样，就差得太远。

这辈子是别想赶得上了……

她端着咖啡坐到小桌边，打开笔记本查看邮件。

这次去爱丁堡，她有很重要的行程——去拜访她尊敬的学者兼作家 A 教授。比较起来，游玩反而显得并不那么重要似的。A 教授年过古稀，人到中年才从学者兼做了作者，几十年笔耕不辍，是行文风格轻灵然而作品内核厚重深刻的作家。她的作品在国内拥趸不少但迄今为止仍缺少简体中文的译本。尤其这几年，作品渐渐成为布克奖等奖项的热门候选，在中文世界也越来越受关注。静侬很喜欢 A 教授的作品，尤其喜欢她的短篇小说。这几年她也一直在研读的 A 教授的作品，有空就翻译一些。起初只是单纯因为喜欢，慢慢研读得深了，时常会遇到一些问题，积累到一定数量，就写邮件给 A 教授求教。A 教授回复邮件通常会很慢，有时隔一两个月才回，但总会把她的问题解释得详细清楚。往来的邮件就像是学术论文。上个月，她偶然间得知 A 教授作品的版权被上海的一家大出版机构买下了，正在征集译者，于是把自己积攒的部分译稿发了过去。虽然还没有回音，她也并没有抱什么希望，却也觉得仿佛自己是做了一件大事。

静侬打开 A 教授最新的回邮，邮件里确定了见面的具体时间和地点。她仔细读了几遍，不但在手机上记录，也在日程本上记了一笔。处理完邮件，她看看时间，约莫着藤子该醒了，发消息问她起床没。等藤子回复的工夫，她随意浏览着网页。窗口闪动时，她以为是藤子，不想打开却是沈绪楷。

他发了 Luna 到家的视频。

Luna 没有马上被放出来，而是单独被带到一个房间里，让它在航空箱里多待一会儿，熟悉环境。沈绪楷坐在航空箱旁边，轻声和 Luna 说着话……沈绪楷的声音低沉而温柔，待 Luna 好似待幼童。Luna 把爪子从航空箱缝隙里伸出来，放到他手心里，那样子又信任又依赖……她目不转睛地盯着画面，看了一遍又一遍，眼睛不知怎的有点湿了，吸了下鼻子，迅速打了几行字过去，感谢他照顾 Luna。

"应该的。"沈绪楷回了这三个字，又发了一段视频过来。

视频里陈润涵趴在地毯上，歪着头看航空箱里的 Luna，惹 Luna 大叫起来，被沈绪楷拎着后脖领拎到一边去了……静侬气得发语音过去，说陈润涵你给我离 Luna 远一点……发完了才意识到这是在跟沈绪楷对话呢，干脆也不管了，又发一段话，说陈润涵你要是没醒酒就去继续睡，不准捉弄 Luna，气出个好歹来看我回来能不能打爆你的头。

过了一会儿，沈绪楷发回一句话："他说他知道了。"

静侬发了个生气的表情，才说："谢谢。"

"在候机了？"他问。

"是。还有一个小时起飞，我整理下行程。"她说。

"好。一路平安。"

"谢谢……回来我请你吃饭。"她忙补了一句。

"好。"他回复。

静侬退出对话框，坐在那里无意识地盯了好一会儿笔记本屏幕，才开始翻看自己的日程表。

藤子这才回复她信息，问她感冒怎么样了。她问藤子方便接电话吗，藤子说不方便。

她微笑，还是打电话过去了，藤子过了一会儿才接，嗓音有点沙哑，是刚刚睡醒的样子。她看看时间，说："你今天也太晚了吧……干吗，起不来了？昨晚做坏事了？"

"对呀，做坏事了。"藤子说。

"……讨厌！"静侬笑。想想藤子刚刚接电话的犹豫，她轻轻吐舌，有点怪自己莽撞，决定关心一下藤子就赶快挂电话："我没什么要紧事……你这几天累坏了吧？不然就休息一天吧。一天不工作天也塌不了。"

"难得你还知道我累。"藤子懒懒地说,虽然懒懒的,但听得出笑意。

静侬想着她那蓬蓬的一头乱发堆在枕上,要多性感,有多性感,忽然心里有点痒痒的,忍不住笑起来,清了清喉,说:"我怎么会不知道你累呀……昨天本来是要好好帮帮忙的,可是身体不争气。对不起你啦。"

藤子笑:"突然懂事……事出反常必有妖,说,你要干吗?"

"不干吗,就是出发前慰问你一下。好了,我挂电话了。"

"不是登机还早着吗?再聊会儿吧。"藤子说。

"你不要再睡了?"静侬问。

"要。但是也想跟你说说话。"藤子慢慢地说。

"昨天我走了,你们又玩了好久啊?我看散场时间挺晚的。"静侬想起那些合影来,在日程本上又写了一笔——发朋友圈,画了一个小猪头在旁边。

"嗯,也还好。后来大家都有点乏了,就闲聊。你们一走,气氛也有点怪怪的,不过好在一换话题,也就好了。"藤子说。

静侬顿了一会儿,想着藤子话里的意思,轻轻哦了一声,"因为修任远吗?"

"是啊,还能因为什么。不过也……就是聊了下各人当时的情况。你知道的,每一个人看问题的角度、深度、广度都不同,意见和反应当然也就不同。不过说开了也好。十年的情绪嘛,就一丝一缕地积累着也不少,搁在那里不处理就始终是个疙瘩,不如一脚踩爆。"藤子说。

静侬听着,慢慢点了点头。

外科手术式的解决问题方式,移除病灶……但愿从此以后,有些心结会慢慢打开。

"还说到你,好像你是没有受什么影响的。我也没跟他们多讲……这么一想我昨天确实也累了,懒得多话。"藤子叹口气,"怎么可能没受影响?"

"没关系啦,这又不是比赛。"静侬轻声说。

"可是这么单说起来,好像你占了什么便宜似的,听着让人不舒服。"藤子说,语气里是有些不平。

静侬顿了顿，又说了句没关系，"而且我也不需要别人了解那么多"。

何况，她自己认为，已经足够幸运。那么在外人看来是什么样的，一点都不重要。

"那，你还好吗？"她问。

"还好啊。"藤子慢慢地说，"还好的，大概因为经常会想起模子来，不怕跟大家一起回忆也不怕聊起一些事来。"

是吗，静侬在心里默默问道，但，也不是容易的事吧。对藤子来说，沈绪模是从小到大的朋友，是生命中原本不该被早拔掉的坐标，是也许会持续终生的友谊，也可能，虽然只是可能，关系会有其他变化的人……她轻轻叹了口气。

藤子语速仍是慢慢的，说："别叹气了。昨晚不想跟你多聊，也是怕影响你出行的心情。总之呢……反正你一直不喜欢模子。"

"我只是跟他合不来。"静侬纠正她。

沈绪模身上有她欣赏的优点，也有她难以认同的缺点。沈绪模就是沈绪模，并不因为她喜欢或者不喜欢就不称其为沈绪模。

"你们啊，大概就得算是八字不合。他可是挺喜欢你的。你有没有想过，如果当时他跟你表白了，你接受了，该多好？"藤子说。

静侬不出声。

这话有很多年不曾在她们俩之间提起了。

她突然有点生气，如果电话那端不是藤子是别人，恐怕这时她已经发火了……可这是藤子，而且藤子在讲沈绪模。在藤子眼里模子是完美无缺的……虽然在她眼里并不是的，但她明白这只是不同人的不同看法，从不强求。如果要数沈绪模的缺点……不，不要数了，没有意义。谁会跟过世的人计较……计较他什么？计较他太聪明，太自信，太骄傲，以至于有时就目中无人，还会飞扬跋扈？可是从同学到师长，谁不捧着他、惯着他呢？还是计较他太漂亮，太热情，太招惹人喜欢也太喜欢招惹人？

他是优秀的沈绪模，做什么都会被原谅，哪怕就冲那漂亮的面孔上无辜又干净的笑容，谁忍心对着那样的笑容发火？

十几岁少年的喜欢……也许有人会恒久不变，也有人恰恰相反，转眼就变了。

"沈绪模没有追不到的女生……但是范静侬是例外。"藤子轻声说。

"你是不是也还没醒酒？"静侬终于还是忍不住了。

"是啊，还有点宿醉。对不起，突然就想这么说了。"藤子说。

静侬沉默片刻，说："睡个回笼觉吧。我得收拾东西，要登机了。"

其实时间还早，但她觉得必须要及时掐断这段对话了。

"好。一路平安。"藤子说完，先挂断了电话。

听筒里藤子的话音还有窸窸窣窣的声响似乎还绵延不绝，静侬保持着接听的姿势过了一会儿才动了动。她想着藤子为什么会说出许久不曾说的话，也许是有什么触动了她吧。

昨晚的同学会，修任远的出现，对藤子来说，应付得并不容易，尽管她凭着理智和修养，并没有表现出不快来。

她还记得藤子在得知沈绪模死亡的消息后失声痛哭的样子……

他们的班主任方老师是很严肃端直的性子，走进教室里，看藤子哭，问藤子要不要出去透口气。

藤子站起来走了出去，她起身跟了出去。经过方老师身边时，方老师拿着手中的教案和课本轻轻拍了下她的肩膀。

那堂语文课，她们俩上了一半。等藤子冷静些，她们回去坐下，听到快下课，才知道其实讲课的方老师和听课的他们，完全像是在两条平行线上行走……

从来没有过那么可怕的课堂气氛，明明老师在讲课、在讲台上来回走动、有板书、有提问也有回答，这一切的声音反而不知为何就是让人觉得静，静得可怕。

这种近乎恐怖的寂静持续了一整天。晚自习时间，他们平常都会趁老师不在，偶尔窃窃私语，那天晚上个个都像黏在了座位上，一动不动，连翻书的声音都没有，整个教室只有屋顶的电扇在转动，搅动的气流和窗子里吹进来的风，凉得让人有些受不了……

藤子那天晚自习上到第二节就回宿舍休息了，一天水米不进，身体受不了了。藤子稍晚一点就被接回家了。

那天晚上去接学生的家长尤其多，交通持续拥堵的时间比平常的周末更久。

这样的消息总是不胫而走，越传越邪乎，尽管学校已经及时做出了情况说明，各班的老师也都及时通报并且安抚了学生情绪。这并不是一起复杂的案件，可起因仍然在外界被揣测到离谱的程度……藤子走得早，因此并没有经历之后教学楼里的惊魂时刻。

通常晚自习下课差不多是一天当中大家最兴奋的时候，要老师再三提醒不要太兴奋免得等下回宿舍好久睡不着，那天大家不需提醒都显得很乖。走廊里除了脚步声，只有低低的交谈，一点都不吵，让人几乎都想不起来平时那个时间是有多么沸反盈天。

可是灯突然灭了，四周一片漆黑。

她有一瞬间以为自己是失明了，但不一会儿就适应了黑暗，听见有人说怎么停电了……人群里有人拿出手机来照亮，那小小的光柱在走廊上零零碎碎的，把黑暗也切割得零零碎碎的。她觉得心慌意乱，前面突然有人尖叫起来，人群出现骚动和拥挤。有同学逆行往楼上走，还有人在哭……哭得声嘶力竭。这不是伤心而是恐惧。她在楼梯上差点被绊倒，从混乱微弱的光里看到有人倒地，也不知道哪里来的力气，抓住那人使劲儿拉了起来。她听见方老师在喊大家镇定不要乱，听我指挥……脚步声和哭声里方老师这一吼有如定海神针，简直一生都不会忘记。

几分钟后来了电，每个人的脸上都像刷了一层灰。

后来她回了宿舍，才知道混乱的起因是因为有人说在黑影中看到了沈绪模……明知道那只是幻觉，她却也想过，如果世上真的有鬼魂，也许沈绪模真的回来过。

藤子也这么说。

她躺在床上整晚都没能入睡。听着宿舍里其他人辗转反侧，知道大家也都没睡着。她闭上眼睛，总像是站在教室门口，眼前还是明亮的，没有断电陷入漆黑一片之前，安静的教室里，她看的是修任远的座位，那个座位他不会回来坐了，而数墙之隔，还有一个座位，也永远失去了主人……

平常，只要她是最后一个离开教室的人，总会回看一眼。这大概就是为什么，在很多年后，如果有梦回校园的时刻，那些片段里，她永远站在教室门口，眼前空无一人，全是堆满了书本的课桌和有着凌乱板书、怎么擦都擦不干净的黑板。

那段时间复习功课越来越紧张，她差不多每天总是最后离开教室的人。可以多看一会儿书，也可以避开走廊、通道和洗漱间的拥挤。

如果当天的值日生忘记擦黑板，她在收拾好自己的东西之后，会把黑板擦干净再走，也就只剩下她一个人回宿舍了——藤子如果没有其他的事，会等她一起，但藤子没有事的时候很少，不是这个找就是那个找，都是漂亮的男生女生，都像年轻的等待开屏的孔雀，可爱的孔雀。

那天的值日生又没有擦黑板。黑板上写着值日生的名字，宗小苔。宗小苔白天照常在上课，但晚自习不在。也难怪下午最后一堂课上的方程式写了满满一黑板，没有人去拿黑板擦……她擦好黑板站在门口看了看空荡荡的教室——修任远的座位空着，一切都保持原样未动。宗小苔的座位离他不远，隔了过道，在右前方第二排。宗小苔看上去情绪稳定……竟然情绪那么稳定。藤子大哭的时候，很多人其实都有偷偷瞄她的反应。但是没有任何反应。

想到这一点就不难理解藤子对宗小苔的厌恶和反感。两个男生因为她出的事，她表现得像是跟自己完全无关。

她看着修任远的空座位想起来前一天晚上下晚自习的时候，宗小苔第一个走出教室，在外面接她下课的是沈绪模。

比起紧锣密鼓准备考试的其他人，他们那些去向已定的同学，那段时间倒是也很忙，忙着帮大家讲解知识点、忙着帮忙讲题、忙着换饮水机上的水桶等等一些小事情。

沈绪模在这些忙碌之外，还忙着帮宗小苔复习功课……她两次在图书馆的自习室外遇到他们俩。

一次是沈绪模在帮宗小苔整理思路，她听见模子说："你这样去考试不太行啊。你就照着我给你整理的来复习……"

另一次，是宗小苔拉着模子的手，在他脸上亲了一下，然后……后面是怎么样的她自然没看见。

多年后她在图书馆工作了，偶尔会遇到学生情侣在书架间亲昵，一刹那会想起那个瞬间。

那是想象中可能出现的场景，漂亮的少年和妖媚的少女，画面是不难看的。

奇怪的是尽管这段关系牵扯了第三者，想起来并不觉得污秽，大概是少年太过漂亮，而年轻总可以成为借口……年轻嘛，不太顾及后果，也不管前因。

前因是宗小苔跟修任远并没有分手，而后果则是某一天晚上狭路相逢的两个少年，一死一伤……

她很难想象那天从教室出去之后到案发时修任远到底经历了什么。明明走出教室时，他看她擦黑板，还默默拿起另一只黑板擦，帮忙擦去了高处那一半，走之前对她笑了笑，说没几天就考试了，还做这些杂事。她说这可以解压。他就笑了，说你可以的，你会考好的，我们上海见。他先走出了教室，身上有点响动，是挂在裤腰上的几把钥匙在相互碰撞，还有一把红色的有着银色金属十字标记的瑞士军刀……就是那把刀，后来插进了模子的心脏。

这一刀，法医认定是致命伤……

不知道是不是因为那晚受了惊吓，还是着了凉，她半夜开始发烧。

这一烧就烧了二十几天。

考试前一晚她睡得还算不错，进了考场开始出汗。考了几场，就出了几场汗，每一场考试出来她都大汗淋漓，必须马上回去换衣服。看到她的人都觉得吃惊——六月的天气称得上凉爽，可是她却像水里捞出来的。考最后一门时下起了大雨，她走出考场，看着眼前水帘洞一般的雨瀑，冒雨走了出去。外祖母在考场外等她。她上了车，抱住外祖母大哭一场，回家倒头就睡……睡了两天，终于退了烧。

收到录取通知书那天，从报纸上看到了一审判决。

以沈家影响力和事件受到的广泛关注，这起并不复杂的案件从起诉到判决一点时间都没有耽搁。

她看到判决结果时并不意外。

故意伤害致人死亡，修任远还未成年，量刑偏重但并不畸重。

旅行是老早就定下来的，考虑到她是初次独自出国，家里帮她选了语言相对没有什么障碍又很方便的路线，去美国东部几个城市走一走，为时两周。

两周后回国，她立即收拾行李，去大学报到了。

后来就在上海读书工作了那么多年……

广播在提醒航班信息，要登机了，静侬匆忙把桌上的东西都塞进包里，背上就走。

坐进机舱里，她喘口气，把编辑好的一段文字发了朋友圈，配图是昨天同学会现场的彩旗、签到簿上大家各色的签名、宴席上精美的菜式和抱着鲜花的老师们。

起飞后，她要了冰酒，喝掉，拿出眼罩。

在睡着之前，她看了一眼朋友圈，点赞和留言像潮水一般涌进来。

她细看着一条条的留言，那潮水像涌进了她的眼睛……

会跳舞的贝果

Chapter

6

飞机飞临浦东机场，落地的一刻静侬看了眼舷窗外的建筑——她三年来曾多次在这里转机，但从未走出过机场。今天，她将从这里走出去，重返这座对她来说有着重要意义的城市。

　　走出机舱的一刻，长途飞行带来的疲惫感，被有着熟悉味道的湿热空气迅速驱散，她顿时觉得自己像是重新活了过来。她脚步轻快地一路往传送带走去，等着取自己那已经由一个裂变成两个的行李箱。其中一个行李箱里塞得满满的都是准备送给亲友同事的礼物。这趟旅行，她给自己采购的东西主要是书籍，考虑再三还是选了邮寄。那两个巨大的包裹此时不知游荡到哪里了，也不知道是否能如期寄到她手上。

　　过海关时关员从监视器前抬头瞄了她一眼，这让她脚步慢了下来，但他只是拦住了她身后的一位女士要求开箱检查。她赶快推着两个行李箱跑了出去。

　　"范小姐！范小姐！"身后有人喊道。

　　静侬听见第二声，才反应过来这有可能是在叫自己。她忙停下来，回头扫视四周，就看到一个推着行李车的年轻女子朝她走来——行李车上堆着四五个大行李箱，上面还坐着一个三四岁的幼儿……年轻女子戴着宽檐草帽和遮了半边脸的方形墨镜，身材纤细高挑，黑色的长裙衬得人肤白胜雪，整个人简直在发光……静侬心想这是谁呀？难道是哪位久未见面的同学？

　　她稍稍歪了下头，试图从帽檐下仅剩的半边面孔找出点线索来，就见那女子说着"你等下哦"，微笑着把行李车停在了她身前，才空出手来摘下墨镜。此时车上的幼儿刚刚好面孔正对着静侬，那对大大的眼睛、一笑腮上的酒窝，看上去很眼熟……她心一惊，果然抬眼一看眼前的女子，正是蔡细绮。

"Janette?"她一手握着行李箱的拉杆，突然觉得手滑，行李箱几乎不受控制地往一旁滑走。

"是我。"Janette一伸手帮她扶住行李箱，微笑道，"别怕，我不是找你麻烦来的。"

静侬说了声谢谢，将行李箱接过来扶稳，轻声说："没怕。"

"没怕是假的吧？我都是犹豫了好一会儿才喊你的。我是有点担心今天错过了，可能以后就很难再见到了。"Janette也轻声道。

静侬不知道该说什么好——她们永不相见才更合适吧？她这么想着，看看行李车上背着小书包、一手抱着一本童书一手搂着一只卡通图案水壶的小男孩儿，轻声说："这是宝贝吧？长这么大了。"

"是呀，小孩子长得很快的。这是我儿子蔡冬龄……宝贝儿，来，跟阿姨打招呼。"Janette轻声跟儿子说。

静侬听见孩子的名字，心想啊，姓蔡……那许是……小男孩乖巧地叫她阿姨，问阿姨好。

"你好！"静侬弯下身，对他微笑。

小男孩儿长得极似Janette，几乎找不出一点盛韶宁的影子……如果非说有，那就是肤色了。Janette极白，完全是小说里写到的上海女子那白而细腻的皮子，小男孩儿没有遗传到。

"有没有车来接？"Janette爽快地问。她看着静侬，"你要去哪里，我送你一程。要是你有时间的话，我们一起吃个饭如何？"

"不了，我时间比较紧。总共停留不到一天，还约了人谈事情。"静侬忙说。

"住酒店吗？那我送你去酒店好了。"Janette没有放弃。

这时有个穿着浅蓝色短袖衬衫的中年人快步走了过来，将Janette的行李车接了过去。Janette跟静侬说："家里司机来接我们的，很方便。你要去哪里，又不费什么事，送你一程好了。"

这一次静侬没有拒绝。

她晓得Janette是想要跟她聊一聊的。

Janette看起来很高兴，主动帮静侬推了一个行李箱，边走边问静侬从哪回来，听说是去了苏格兰，又问都有哪些好玩的地方……静侬说其实去玩一趟在其次，主要是去拜访了自己喜欢的作家和学者。

"范小姐就很有学者气质，爱好也文雅。"Janette称赞道，"你看我，出门玩大部分时间都在吃吃喝喝加购物。"

"我也会呀，行李箱里全是购物的战利品。"静侬说。

Janette笑："……我带冬冬去东京住了三个月，这是刚回来。我母亲在东京定居多年。以后你去玩，记得联络我，可以住在我家里……我现在一年里大半时间都住东京。等冬冬大一点，我再考虑重新工作。冬冬小时候身体弱，刚好我的精神状态也不是很好，就辞职了……对了，我跟盛韶宁离婚了。冬冬出生之后，还没出院，我就提了离婚。"

她提到盛韶宁，静侬一点都不意外。

能接受Janette送她去酒店的好意，也就意味着准备好了听Janette说几句她想要说的话。

"你好像不意外？沈总告诉你了？"Janette问。

"不。他没讲过。"静侬忙说。

"我猜也不会。沈总不是会主动讲人家闲话的人。他根本连自己的事也都不爱提……说起来我很对不起他。沈总对下属很好的，公司发展也很好。我在公司工作时间并不长，没帮他多少，还惹出那样的事情来，害他收拾烂摊子，临了还突然辞职……对不起，要是你不想听这些，我就不提了。"Janette轻声说。

静侬摇了下头。

司机跑过来接了她们俩手中的行李箱。车子是很舒适的保姆车，司机在忙着归置行李箱，保姆就把孩子接到车里去了。静侬和Janette上车坐到前排，转头看看，保姆带孩子坐在后面，正在系安全带——这个叫冬龄的小男孩，并不像普通的这个年纪的孩子那么调皮甚至闹腾得让人害怕……静侬不算特别喜欢孩子的人，看着冬龄却觉得可爱。

"很乖吧？"Janette轻声问。

"是。"静侬点头。

"不太爱说话……其实他身体各项指标都只勉强达到平均水平，有阵子还有发育迟缓的迹象。我每天都很焦虑。后来总算达标，他又太过安静，我就怀疑他是自闭症。我带着他去国内和日本最好的医院都检查过了，暂时排除了可能性，可是也不能完全放心……"Janette

声音很轻。

静侬还是听出她的焦虑感来，也轻声说："宝贝看起来很健康很可爱，你不要太担心。"

"我总在想也许是我得产前抑郁，精神状态不稳定，影响了他的发育……这是我的责任。我做得不够好。"Janette 说。

静侬立即想说其实你没有做得不好，在那样的环境里其实已经很好了，但又觉得以自己的立场和角度，并不适合说这样的话。这过于简单直接了些，也起不到任何宽慰的效果。实际上以 Janette 作为母亲的立场，听了也许会适得其反。

她想了想，轻声说："我小时候也不爱说话。我母亲工作很忙，根本没什么时间照顾我。有一次她周末回家，因为我很久不跟她讲一句话，带我去看医生……其实我只是不爱说话而已。"

Janette 看着静侬，微笑。

静侬说："每个小孩子有自己长大的方式。"

Janette 不出声。

静侬说："不过我不懂育儿，说错了你不要介意。"

Janette 轻轻叹了口气，说："范小姐你真的是很可爱。今天遇到你是偶然的，不过就算今天没有遇到你，我也一定会找机会见你一面的——我欠你一个正式的道歉。非常对不起。当时我错怪了你，而且太冲动了，处理方式完全是丧失理智型的……这个道歉只能由我自己当面对你讲。"

静侬轻声说："你是受害者，不需要跟我道歉。"

"不是的，你也是受害者。无论如何，真正该对我受的伤害负责的其实只有那个人。而我给别人的伤害，应该由我承担责任。我希望你能原谅我。如果你不原谅，我也能理解。"Janette 说。

"我没有怪过你，所以道歉的话就不要提了。我希望的是从来都没有让你受过伤。"

"冷静回想起来，我都不敢相信那是我做的事……真好后怕，有些事如果不是处理及时，造成的影响更大。我真的非常、非常、非常对不起你。当时的我不是真正的我，我不是那个样子的人。"Janette 低声说。静侬犹豫了下，伸手握了下她的手，摇了摇头。Janette 说，"我希望能换个方式给你补偿。你辞职是因为我……"

"我辞职是因为对自己失望。我现在工作生活都很好，希望你也一切顺利。"静侬说着，想了想，有一点觉得有必要问问Janette，"处理及时的是什么？"

"我在去找你之前还发了帖子。"Janette脸红得厉害。

静侬心里轻轻"啊"了一声，心想原来如此，那么……能有这个能量的，除了盛韶宁，只有沈绪楷了吧。

她心里顿时五味杂陈。

"……在那之前，我有时候睁一只眼闭一只眼，有时候就必须处理掉一些状况。面子，不管谁的面子，我都给留足了。有一天突然发现我费尽心思维护的体面和婚姻关系，其实不堪一击，这个认识实在是对我打击太大了……好的婚姻关系，好的伴侣，不会把人损耗得精疲力尽。你的出现只是压垮骆驼的最后一根稻草，你这根稻草分量太重了，超过骆驼本身。"

静侬有点想笑，但笑不出。

"这就是我为什么完全崩溃，因为真正的威胁来了，而我对这种威胁实际上无能为力。他最后时刻非常坦白，我也感谢这种坦白，告诉我他确实不爱我了，不管是出于什么样的考虑，都该跟我分开……我与他恋爱三年结婚七年……十年间他不断劈腿、出轨，我都容忍了。这可能跟我从小的经历有关系，我父亲就是这样的人。从小看够了我母亲伤心，我也不知道为什么最终自己还是陷入这样的泥潭……但以后不会了。我应该对自己负责。"

静侬听着，点了点头。

"谢谢你听我说这些。如果我先认识你，我猜我们有机会成为朋友的。"Janette看着静侬。

她平静且平和，除了眉心细细的皱纹，表示她仍然思虑过重，整个人看上去状态好极了，甚至显得比几年前更年轻些，也更有活力。

静侬说："现在也有机会的。"

"那我就当真了。"Janette笑着说。她把手机递给静侬，要她把电话号码留给自己。静侬照做了。就这会儿工夫，车子停在了酒店门前。Janette跟着下了车，看着门童帮忙把行李箱拎下来，她伸手握住静侬的手，"下次时间充裕的话，我们再见面。"

静侬点头，随后，犹豫了下，轻轻拥抱了Janette。

"多保重。"她说。

"你也是。"Janette 把儿子喊过来，让他跟静侬 say bye-bye（道别）。

冬龄乖巧，过来和静侬道别。

静侬蹲下来，恰好和冬龄一样高。她忽然想到什么，跟 Janette 说稍等一下，我有礼物给冬冬……她请行李员稍等，把自己的行李箱取过来打开，从里面拿了一摞英文版童书出来送给冬龄。

"呀，这是冬冬最爱的礼物了。是不是，冬冬，该跟阿姨说什么？"

"谢谢阿姨。"冬龄抱着书，很开心地看着静侬，"阿姨，香香。"

静侬愣了下，还没明白过来他的意思，就见他靠近一点，在她脸上亲了一下。Janette 笑起来，摸摸儿子的头，说："这该不会是给人带的礼物吧？被我们截和了，不好意思……"

"不是不是。这是我买给自己的，而且我买了两套。"静侬忙说。

Janette 问："为什么要买两套？书这么沉的东西……"

"习惯了。"静侬微笑。

Janette 看着她，轻叹道："你还真是够特别……难怪沈先生……啊说起来，离职的时候沈先生说随时欢迎我回去工作。前阵子公司的人力资源还联络过我。原来他说的都是算数的。"

静侬微笑，沈绪楷就是个说话算话的人啊。

"他是难得的好老板，也是难得的好人。等冬冬大一点，我如果再出来工作，先敲他办公室的门。"Janette 说着，对静侬眨眨眼。

静侬笑而不语。

Janette 牵着儿子的手送上车，临上车前轻声说："希望我们能保持联系。"

静侬点头。

等车子开走了，她才转身往大堂走去。

酒店古老又现代，紧靠黄浦江，大堂里有股说不出的味道，仿佛每迈一步，都要往旧时光里深探了一寸似的……这是她熟悉的环境熟悉的味道，似乎也是熟悉的过去的时光。

前台的接待员替她办理好了入住手续，看她面露微笑，轻声问她还有什么需要吗，她摇头说没有了。

站在酒店房间的阳台上，她看着外面安静的街道。这里距离她原先的住处并不远，走过去，顶多费时一刻钟⋯⋯只是天气炎热溽湿，也许等晚上再去看看也好。

她忽然觉得浑身轻松，从此，上海这个地方，她再也不怕回来了⋯⋯

两个约会都在下午，她有充裕的时间，于是去洗了个澡，把自己埋进沙发里，翻看着信息。

沈绪楷每天都会给她发一组 Luna 的照片和视频。数量很固定，九张照片，一段视频。今天这段视频里，Luna 在草坪上做长距离折返跑。偌大的空间里只有 Luna 自己，精灵可爱，自由自在。沈绪楷隔几天还会发给她 Luna 的体重⋯⋯这个小家伙正在以肉眼可见的速度长大⋯⋯

她每天一有空就翻来覆去看 Luna 的图像，有时候还不自觉笑。好几次，在咖啡馆看着看着就笑出声，被人搭讪，就展示 Luna 的照片。可爱的 Luna 比她还受欢迎，果然狗子的笑脸是世界通用语言。

十一天的旅行，她也拍了好多照片和视频。收到沈绪楷发的信息，她也会发给他一两张自觉拍得不错的照片。其实她的 ins（照片墙）和朋友圈都有同步更新，只不过他应该没有时间去看这些。沈绪楷有时会问这是在哪里拍的，有时候不问。不问的时候，他会发一张相同地点但在不同角度拍摄的照片——每当这个时候，她总是觉得有点气馁——虽说是去的同一个地方，为什么他选的角度和拍摄的效果就是比她的要好很多呢？

她拿给藤子看，让藤子评价哪张更好看，藤子几乎每次会选中沈绪楷拍的那张。

藤子笑她幼稚，还问她那怎么办，还打算出旅行日志呢，拍的照片自己都看不下去，能卖出去吗？要不然跟沈绪楷借几张照片用好了⋯⋯当然不可能用别人的照片出自己的书，她只是越看越觉得感慨，想起贾飞说过的话——大概有些人，就是做什么都会做到最好⋯⋯

静依看了会儿 Luna 的照片，想到明天就能见到它了，从心里觉得高兴。

她把手机放在胸口，小憩片刻，起身将准备好的资料检查核对了一番，重新放进文件袋，预备等下同出版方谈译书的具体事项时做参考。她特地改签航班，在上海逗留二十个小时，就是为了 A 教授这本书的中文译本。返程前她收到编辑廉洁的邮件。编辑部在比对了众多译稿之后，最终选择了她。但在最终合约签订之前，他们还想请她再确认几个事项。这对她来说是再好不过的消息了，值得亲自来一趟，与编辑面谈。

一个小时之后，她和廉洁在咖啡馆见面了。

刚刚坐定，廉洁微笑着告诉她，在得知最终选定的译者是她后，A教授表示很高兴，虽然她本人并没有参与译者的遴选。

得到这双重认可，静侬极为开心。待确认的事项商讨之后，双方都认为没有问题，廉洁将合约的电子稿调出来给静侬看。看译稿合约本来就是驾轻就熟的，静侬这一回看得却比较仔细，倒没有特别需要修改之处。廉洁轻声说他们虽然是大社，但是给译者的稿酬的确不算丰厚。静侬看看她，笑笑，心想译者稿酬偏低是业界共识，若是单单为了稿酬，她也大可不必做这等出力不见得好之事……不过她跟廉洁认识虽然久，这话却也不曾当面说过，于是这次也没有说。

廉洁还有工作要做，赶着回编辑部。两人约定好随后邮寄合约，廉洁匆匆离去。静侬送走她，独自去近在咫尺的书展，赴另一场约会。一年一度的上海书展，她从前总是要去逛个够的。廉洁知道她这个小爱好，刚刚还特意送给她一张嘉宾卡，邀请她去出版社的展台参观一下，笑着说凭着这张卡买书会有特别折扣。

静侬走进展会现场，直奔自己从前合作过的那家童书出版社。童书出版社的展台总是色彩最丰富、视觉效果最让人愉悦的，也是最显眼的。她走过去，就见一只胖企鹅和胖兔子在跟过往的参观者互动，她熟识的几位编辑也在不同展区忙碌，有的在跟带着小朋友来买书的家长认真介绍新出的书籍，还有的在给小朋友和家长们读绘本……不过跟她约好见面的雷伊却不在其中，不知道忙什么去了。她没打扰他们工作，悄悄走到一旁，去看正在展出的书。架子上绝大多数都是这两年新出的书，也有出版多年但畅销不衰的。她在其中也找到了几年前她翻译的书，大概因为卖得不错，被放在显眼的位置。

静侬伸手取了一本下来，仔细看了看封面和内页。书做得极精美，当然价格也不便宜。

有人走到她身边站下，她把书放回原处，待让开空间，听见这人轻声问："是你翻译的吧？"

静侬听见这嗓音，心想今天可真是巧了。

　　她转脸一看，果然是盛韶宁。他西装革履，风采夺人，站在她面前，像磁石似的顿时吸引了周围无数的目光。但她实在不想再见到他，尤其不想在这个场合见到他。这像是她的一个秘密的宝贵的私人领地，并不想不受欢迎的人来打扰。

　　大约是看她脸色不佳，盛韶宁脸上也有些尴尬。不过盛韶宁终究是盛韶宁，可不是会轻易就被人几分脸色就击退的。这一点她很清楚，也做好了要说难听话的准备。

　　不过……四周童音缭绕，她必须要克制一下，不能当着幼儿的面失态。

　　"我是来选书的，刚刚注意到译者的名字。"盛韶宁也许是吸取了上回见面时的教训，这一次保持了相当的距离。

　　静侬不想跟他攀谈，敷衍地点了点头。

　　"我还有事，抱歉。"她说完就要走，盛韶宁一急，伸手要拉她。她忙抬手，看着他道："盛先生，请别这样。"

　　"有没有空聊几句？"盛韶宁忙收回手来。

　　"没有。"静侬说。她微微皱眉："盛先生，我跟你不方便再单独见面，也没什么可说的。您请自重。"

　　"我不是想要怎么样，只是想……我们至少还能做朋友。"

　　"对不起盛先生，我没兴趣跟你做朋友。要做朋友，我宁可跟Janette——你来选童书，是买给冬冬吗？"静侬看到他手中拿了几本童书。

　　盛韶宁惊讶："你跟Janette有联络？"

　　静侬不睬他的问题，说："这套书以冬冬的阅读水平来说是浅了些，但是画风他会喜欢的。你可以买给他。"

　　盛韶宁待要问什么，身后有人过来提醒他活动马上就开始了。他看看时间，自知耽搁不得，只好看着静侬说："我电话号码没变。"

　　静侬没出声。

　　他没放弃她知道，但她完全放弃了她更是知道。

　　"盛先生。"盛韶宁的秘书站在三步远处，这时候终于开了口。她看了静侬，脸上倒是没有什么特别的表情。静侬认得她，从前跟她接触了一两次，感觉就有点微妙。后来总算知道为什么会有那么奇怪的感觉了……这位秘书小姐想来是把她看作她老板鱼塘里的锦鲤了——了不起还是比较娇贵漂亮的那一条。

静侬倒是坦然，如今她不再害怕任何人的审视。

盛韶宁看着静侬，见她没有友好的反应，显然是有点失望，不过他很知道眼下更重要的事是什么，于是对她点点头说不好意思，我得先走。

说完，他并没有立即走，仍是看着静侬，突然问是不是因为沈绪楷，你要知道我对你完全没有恶意……

沈绪楷的名字突然出现，静侬没有心理准备，但她非常不喜欢他的名字被盛韶宁挂在嘴边，又是在这样一个情形下。

她的眉头皱了起来。

盛韶宁分明是叹了口气，说如果是因为他，那我输得甘心情愿。沈是个很正直的人。

静侬盯着他的眼睛，轻轻攥了攥手。

她的手指有点麻痹，在这一刹那，她想起了那些永远不想再记起的瞬间……她听见自己轻声说我当然知道他是什么样的人。

她看着盛韶宁的眉，心想这么久了，再见面，他变化还是有一些的，比如眉上的伤疤。

她没有再开口，盛韶宁也没有。

他终于露出无奈的神色转身离去，静侬如释重负。她也待转身，不想却看到那位秘书小姐也对她点了点头，轻声说了句范老师再见，仍是不卑不亢的样子。

静侬条件反射似的说了声再见，她已经回身跟上了盛韶宁。

静侬松掉半口气，忽然被人从后头轻轻拍了下肩膀，一回头，就看到一脸好奇的雷伊，小声问她你怎么认识那么帅的男人啊，可是你刚刚好凶啊，从来没见你那么凶的样子，我还以为你一直是走软萌路线的大美人……静侬笑着和她拥抱，说美人前面缀个大字当然要酷啊，哪有软萌的。

雷伊笑嘻嘻地拉她到一旁安静些的角落里坐下，塞给她一瓶矿泉水。

静侬接了水，拧开就喝了一半，说："及时雨。"说是不紧张，不觉也出了一身汗，她急需补充水分。

雷伊问她对展台的观感如何，她边说很好很喜欢边从包里取出礼物来，跟她说不白给，要换送最新出版物。雷伊笑着指指旁边两个印着出版社标记的帆布袋，说那些都是给你的。静依给雷伊的也有两个袋子，一个是专门给她的，一个是让她跟同事分享的……两人心满意足地抱着各自的心头好，坐在那里聊着天。得知静依去爱丁堡拜访著名的 A 教授了，雷伊叫起来，接着问她是不是考虑重出江湖，又得知静依准备翻译 A 教授的书了，更叫起来，拍着手说："哎呀，你要空出一段档期来给我……我们今年抢到手好几位童书作家的版权……我知道你对我们社是有感情的！你看我发一条布展的朋友圈，就能把你勾引来……"

静依托着腮听她讲都有哪位作家的书被引进了，听得两眼放光。雷伊嘻嘻笑，因为正忙着，不好和静依多聊。两人约好了回头线上详谈。雷伊去做事了，静依在展台前又逗留了一会儿，挑了不少新出的童书当礼物准备回去送给同事的孩子们。她买得多，刚好够数送一只卡通企鹅的拉杆箱，于是干脆把书都塞进拉杆箱里，拉着箱子在各个展台前游逛。

她不觉走得远了，来到中心展区。这一展区总是留给最财大气粗的出版机构。他们的展台也总是布置得豪华极了，就像他们的出版物，外表大过内容。此时现场正有访谈，好多人坐不下，就围在外面，围得水泄不通。她停下来往里看了看，就看到台上有大幅的画报，正与主持人交流的，就是画报的主角盛韶宁——这是他的新书发布及读者见面会。主题仍然是财经。

她看着画报上意气风发的盛韶宁，再看看拿着话筒侃侃而谈的他，片刻，悄然转身离去。

曾经，这个人会让她的情绪瞬间就掀起波澜，而此时即便他在她面前，也只是个熟悉的陌生人罢了……万幸。

走出书展大门，外面飘起了雨。

静依提着沉重的拉杆箱撑着伞走了几十级台阶下去坐上出租车，长长地松了口气，拿出手机来，把刚刚拍的书展现场的照片上传。

雷伊脸上的笑狡黠又可爱，亮闪闪的眼睛里那神情好似在跟她说"我就知道你一定不想放过这个机会的"……她轻轻哼了一声，盘算着 A 教授的书稿翻译进度。其实她已经译得七七八八了，如果来得及，她还是想尝试童书翻译。

想到冬冬那柔软的小手握住她的手说谢谢阿姨的时候，她产生的那种奇妙的感受……忽然起了鸡皮疙瘩。她喜欢童书但有点害怕人类幼崽，可是……她好想回去抱抱 Luna 啊！

恰在这时，陈润涵发来了信息，问她明天什么时候到，要不要接机，接着发了几张 Luna 的照片过来，说："我来看我外甥女了。"

静依说："不用你接，我自己会回家……我落地以后第一件事就是去接 Luna。"

静依看照片。Luna 在陈润涵的镜头里，不知为何看起来没有在沈緒楷那里美丽……突然，她发现其中一张照片里，一只红色麂皮鞋闯入了镜头。

虽然只有一个鞋尖，可极为显眼。她微微皱了下眉……

回到酒店，她歇了一会儿，觉得肚子饿了。雨还没有停，她翻了好一会儿酒店的菜单，没有一样想吃的。

她拿着菜单，转头看了眼窗外，然后合上菜单，起身拿了背包和雨伞，走出了房间。

酒店大堂里安安静静的，值班经理问她需不需要帮忙叫车，她摇摇头说不必。想去的地方很近，走走便到了。门童替她开了门。外面大雨如瀑，她走出去，被风吹散的雨迎面扑来，雨丝飘在脸上，雾蒙蒙的。

她撑开伞，迈几步下了台阶，沿着窄窄的便道走着。

路上行人极少，她撑着伞，走在熟悉的街巷里，只用了不一会儿的工夫，就仿佛冲破了雨瀑，走回了学生时代那无忧无虑的时光……老街上那一间小小的馄饨馆子里，倒没有因为下雨而少了客人。客人挤挤挨挨地在窄窄的檐下排队，静依站到了队尾，很快，身后又悄悄站过来几个人，可店里并不见人出来，队伍并不见缩短……静依并不着急。

她微微侧了身，听着身旁细细的沪音，清脆而快活的，像落在伞布上的雨滴，"嘣嘣咔咔"……她偶尔抬眼看看斜对面那栋老公寓楼。两旁浓密的法国梧桐将老楼遮蔽了大半，只能看到隐约的轮廓。楼上的窗子多半都是暗的，这让它看起来有点寂寥。

她走进店中，点了一碗小馄饨，坐到临街的位子上。

坐下来，她稍稍抬头，便能看到她从前住的那套公寓的窗子了——那几扇窗子也是暗的，想来若有新住客，此时也是不在的……她慢慢地舀起一颗馄饨，轻轻吹口气。

还是那个味道，一点都没有变。

她吃到一半才想起来自己忘记拍照了。离开的时候，特地拍张店招，站在门口，发到了社交网络上。

她往街对面看了看，撑起伞走进雨中。

来到老公寓前，她停下脚步。

忽然，她听见有人叫她范老师。她听着这熟悉的声音，将伞撑高一些。看门人谭伯伯站在楼前，笑眯眯地看着她，点点头，跟她打招呼，说好久不见了，自您搬走，再没见过。她走近些，迈步来到公寓楼前开敞的门洞内。

雨滴落下来，在门洞外挂上了水帘。

从前她便喜欢站在这里看这水帘……她看看谭伯伯，轻声问候他。

谭伯伯问她是又回上海来了，还是路过，说这里换了新主人之后，公寓不再往外租赁了。谭伯伯语气里有点遗憾，静侬摇摇头，说只是路过来看看的。她随即转脸向内望了望。

古色古香的大门敞开着，门厅里漂亮的花砖泛着油润而美丽的光泽，天花板上的水晶吊灯垂垂坠坠，不像从前，一年只清洁一两次，看上去总是灰蒙蒙的有点暧昧不明的气色。那旋转着向上攀延的楼梯，大概踩上去，仍会发出咚咚咚的轻响……只是楼上没有亮灯，楼梯的尽头黑漆漆的。

谭伯伯见她出神，轻声说雨大，厅里面坐坐，避避雨也好。

静侬踌躇片刻，才迈步上阶。

门厅内的陈设跟从前很不一样了。那些古旧破败的椅子已经不见了，取而代之的是一组组真皮沙发，看上去倒是同这老屋的气质很是相符。

她细看，一层已经成了一个俱乐部。隔着玻璃门，却也看不到什么，只能听见里面有说话声……她往前略走了几步，便看见门边墙壁上挂着一块大大的布告牌，贴满了照片和随手写就的纸条。

布告牌下方有个铜牌，完全不起眼，上面镌刻了俱乐部的名字，英文缩写的。她想了想，原来这里是极限运动爱好者的聚集地。她心一动，再看布告牌上的照片，便留了心。照片很多，层层叠叠的，像是很随意放上去的。照片的拍摄风格也不统一，许多也像是随手拍就。她站在布告牌前，看看这看看那……看着照片里那一张张活力四射的勇敢无畏的面孔。

右下角的一沓照片都是关于攀岩和冲浪的。因为照片拍得极美，她看了好一会儿……看着看着，她忍不住伸手将其中一张拿下来。

照片里正在攀岩的年轻人，看起来有点像沈绪楷……她看了看，又拿下来一张。这张照片里正在冲浪的年轻人，也有点像他……她把照片拿在手里，再走近些看，这一沓照片里的主角都是同一个人。她一张一张往下取，取到最后一张，终于是一张没有戴墨镜或护具的面孔。

她盯了这张面孔好一会儿，又一张一张将照片放回去，仍旧叠在一处。

她抬头看了看俱乐部的门，此时她竟有些想不起来从前这里是做什么的了，门仿佛总是关着，偶尔开一次，一眼看去黑洞洞，潮湿的空气从里面跑出来，让楼底的厅堂里添了些霉味。

而此时，那道玻璃门透明透亮的，看起来光洁美好……

她微笑。

这栋老公寓楼，外表看上去似乎没有什么变化，岁月仿佛不曾在它身上留下痕迹。这一条街上，像它这样几乎保持着建成时的样貌的老建筑，也为数不多了。可内里，却像是焕发了新生，让人看了心里由衷生出喜悦来。

她在厅堂里慢慢踱了几步，来到楼梯处，伸手摸了摸那光洁油润的扶手。在这里住了那么久，她无数次由它伴着上楼下楼，此时再看它，像是见到了老友……她轻轻拍了拍扶手，再看一眼楼梯尽头，转身往外走。

谭伯伯仍站在楼前，向她微笑点头，提醒她小心脚下。

静侬轻声跟他道别，走下台阶来，抬头又看了看自己曾短暂拥有过的窗子——从那里看出去的风景，静谧而美好，在很长一段时间里，带给她无数的快乐和内心的安宁。她是永远都不会忘记的……回酒店的路上，雨势忽大忽小，她慢慢地走着，脚步渐渐轻灵起来。

第二天一早，外面仍然是瓢泼大雨。静侬收拾好行装，早早到机场托运了行李，等候起飞。她没忘记提前跟沈绪楷打招呼，因为她的确是一落地就要去接 Luna 的。沈绪楷说让鲁师傅来接机。她婉拒了。他也没有坚持。

航班按时起降，起飞时是暴雨，落地时却是阳光灿烂，简直像换了人间。

来接静侬的还是陈润涵。看着静侬推了行李车出关，他夸张地做要倒地昏厥状。

"虽然知道你回来的行李一定多，可你这也太夸张了……这一个死沉，那一个也死沉，你把人家古堡拆了搬砖回来的？"

静侬看他衬衫都湿了，一脸汗，眨眨眼没有回嘴——是吗，行李是沉吗……她坐到车上，闻闻味道，问："这回的女朋友喜欢'事后清晨'？"

陈润涵愣了下，说："什么呀……Luna 附体是吧？没有，就昨天载了个朋友……你怎么让没让老沈派鲁师傅来接你？他们又换了辆新车，试试新车多好。"

"我对车没什么兴趣……新车都在磨合期，也不见得舒服。"

"这话也是，我看鲁师傅最近是不在状态。你走之前那天晚上，他开车回公司去，路上出车祸……我的天，整车报废。我跟老沈正喝酒呢，听见消息赶过去看了一眼……你说怪不怪，车都废了，他人毫发无损——老沈不放心，让他住院观察了两天，检查了个透透的，半点儿毛病没有，才放心。我还开玩笑，有他这样的二十四孝老板吗，不给人留活路……"陈润涵絮絮叨叨地说着，车子不时变着车道，一个劲儿往前赶。

静侬听着，没出声。

中间陈润涵接了个电话，接听前似乎是犹豫了一下，只说："我这会儿不方便，晚点再说。"他挂断电话，看了静侬一眼，问是不是这就去沈家接 Luna。

"那必须立即马上。"静侬一点儿没含糊。

"可是楷楷这会儿不在家呀。"陈润涵笑道。

"我知道他不在家。"静侬说。

"哦，原来你知道。"陈润涵故意放慢语速，"那你是成心挑他不在家的时候去接 Luna，不想跟他碰面吗？"

静侬待要说是的，忽然觉得这事儿不对。她是为了第一时间见到

Luna才急着赶过去的，沈绪楷在不在……"他这个时间本来就应该在工作，在家才奇怪。今天本来就是工作日，只有你这社会闲散人等才有空到处乱晃。"静侬说。

"你可够没良心的。我也是把公司的事安排好了才出来接你的，到你这儿，我成了社会闲散人等了。"陈润涵笑了一会儿，问，"你跟楷楷说过了？"

静侬又点头。

"那行。咱们直接去。"陈润涵说着，又笑。

"笑什么？"

"姑姑说Luna太丑了，还说该趁这段时间把它送去学校，正好又受训了又有妥当的照顾。要不我姑母大人人家是人民教育家呢？瞧这思路。"陈润涵开玩笑道。

静侬心想母亲的想法恐怕不只是为了Luna考虑。她轻声说："难道我会想不到送去学校吗？只有你姑母大人才舍得把幼年的孩子那么训练。"

陈润涵笑着说："你对她意见很大啊。那以后我外甥女是不是不要给她带？"

"她说Luna丑你没听见吗？"静侬不满意地说。

"不是狗外甥女，是真外甥女。"陈润涵笑得厉害。

"陈校长像是会帮忙带小孩的人吗？我自己的小孩要自己带。"静侬说。

陈润涵沉默了片刻，爆出一阵大笑来。静侬皱眉看他，他说："我随口一说，没想到你连小孩谁要带都想好了。"

"我也是随口一说。"静侬笑。

"可是你想得这么清楚了，还不考虑结婚吗？"陈润涵笑着问。

"不考虑。忙都忙死了，谁要结婚那么麻烦。"静侬说。她说着，不知为何忽然想起来，她跟沈绪楷说，目前没时间谈恋爱……她抬手轻轻抓了下发顶。

这个小动作呢，应该没有被发现。陈润涵也许是听惯了她这套说辞，并没就此发表意见，倒转而问起来她最近一直在外头，有没有单独跟爷爷通过话。

静侬说："当然有。虽然不是每天，隔两天是要互发语音信息的。

中间还通过一次电话。"她看看陈润涵的神色，问怎么了。

"没什么。这次回来总算不忙了吧？过去陪老爷子吃顿饭吧。"陈润涵说。

"这还用说……我带了礼物要送过去呢。"

"我还以为你要同城快递。"

"哪儿至于那么生分。"静侬说。她之前去探望外祖父，李奶奶不是碰巧有事出门了，就是借故离开，总之会很得体地留给他们祖孙单独相处的空间。不过她去外祖父的新居总觉得有点别扭，往往坐坐就走了，从不留下来吃饭。

"那就好。"陈润涵说。

"怎么，你听说什么了吗？"静侬问。陈润涵是经常过去的，很多外祖父那边的消息她现在反而要听他讲。"我不是不想去，前阵子是太忙了。"

"嗯，知道。没说什么呀，就是想你嘛。别人不去他都不念叨，你不去他心里就闪了老大一个空，十个八个我也填不了的。"陈润涵说。

"哪儿至于啊。"静侬轻声说。

"老伴儿是老伴儿，孙子是孙子，贝贝是贝贝。"陈润涵笑。

静侬说好了好了知道了，这么大的醋味。

进入市区车速开始减慢，一辆摩托车在汽车缝隙里钻来钻去，几乎贴着他们的车子蹭了过去。陈润涵骂了一句什么，看看后视镜，果然又一辆摩托车钻过来了。他这回没出声，皱着眉停下车来等红灯。

静侬看他表情不佳，不知道为什么忽然变脸，问："怎么了？"

"说到生分，我觉得你是很能分得清里外远近的。"陈润涵说。

静侬听着这话里有话，又看看他，不言语。

大头表哥正经的时候不多，一旦正经了那一定是有重要的事……她心念一动，隐隐猜到些缘故，但不想主动提及。她看了眼车窗外——车子一路开得速度都很快，到达目的地时间比预计得应该早不少。

"你们同学会，修任远去了。"陈润涵说。

"对。"静侬说。她随手拨弄着背包上的一只毛茸茸的水獭挂件，一拨，那活灵活现的水獭就像活了一样。

"你们现在有联系吗？"陈润涵问。

静侬想了下，说："算不上有联系。之前遇到过几次，我给了他电话号码，跟他讲如果有我能帮上忙的事，可以打给我。"

陈润涵好一会儿没出声。

静依也不出声。她知道以陈润涵的性子，有什么事都三秒之内一定要做出反应的，接下来一定没有好话讲。果然，车子开到沈家附近，陈润涵先把车停了下来。车没熄火，当然是不预备久停，一定是想在这里把话说完了再进沈家大门。

"我觉得你大可不必跟这样的人有什么联系。至于说他有什么事要你帮忙……恐怕那忙也未必是你能帮得上的。我想你不至于为了帮这么个人，动用家里的关系吧？"陈润涵说。

静依把水獭托在手上，淡淡地说："我什么时候动用家里的关系办什么事了吗？没有的。"

"你为了自己未必会，可是为了别人一定会。再一个，你自己也不是没有熟人没有关系网络，动用你自己的帮他也不行。"陈润涵说。

静依看了下时间，说："别担心还没发生的事情。还有，别干涉我——我可从来不打听你跟什么人交往。"

"我再跟什么人交往，也绝不会跟坐过牢的人有什么牵扯。这一点我会拎不清吗？这种人，人家躲避都来不及，何况……"

"你说清楚，哪种人？怎么法庭都审判过了，服刑都服过了，还不准人重新做人了吗？"

"因为伤人致死坐了牢，死性不改，出来又犯事儿，二进宫出来，还在假释期间，也没见老实。这种人不是你能轻易闹明白的，我警告你别沾惹他是为了你好。"

静依看着陈润涵，手指缠在金属链条上，不知不觉就缠紧了。

她松开链条，尽量平静地问道："你怎么知道得这么清楚？"她忽然间想到之前藤子对修任远的情况也知道得一清二楚。她疑心是孟凯查过修任远，透露给了藤子，但现在看来，未必不是通过陈润涵。

她想到这里，突然之间忍不住一阵背后发凉。

她下意识地看了一眼沈家的大门——陈润涵知道的，沈绪楷不可能不知道……

"看，如果你还当我是你哥哥，如果你还当沈绪楷是朋友，至少是朋友，不说会不会有继续的发展，你跟修任远必须划清界限。不能这些人都没有原谅那俩货，你先接受了洗心革面、再世为人——有这么简单就能赎了的罪？法庭判了的多了，有几个人真心悔过的？坐牢这种事，有一次就有两次，有两次一定有三次！"

"哥，"静侬转过脸去看着陈润涵，"如果说原谅他，那只能是沈绪模。如果说还有谁可以，那也只能是沈绪模的父母家人——别人，哪有资格说原谅。我可没有。我也没这么想过。"

她说完，拉了下车门把手，推开门就下车了，穿过马路往沈家走去。

"范静侬！"陈润涵气得七窍生烟，"你给我回来，我话还没说完！"

静侬没理他，在人行道上快步行走。

早上下过雨，此时海雾弥漫，马牙石路面因为潮湿稍有点滑。她走得太快，脚下不住打滑，不得不尽量保持平衡。眼看到了沈家大门，正要去按门铃，就听见里面 Luna 的叫声，她心里一放松，还没等抬脚，鞋底一滑，整个人就摔在了路面上……这一下摔得有点狠，一身黑色的长裙铺开，她像只撞在树上的蝙蝠一样趴在地上，与地面接触的部位瞬间疼得钻心。

"啊……呀……"她张了张口，发出缓慢而悠长的叹息。

这时大门开了，Luna 冲出来，劈头盖脸就开始亲。

"等等等等等……"静侬招架不住 Luna 的热情。Luna 一点儿冷静下来的意思都没有，幸好有人走过来，把 Luna 抱了起来，伸手拉她。

她以为是陈润涵，正要不理，可一眼看到手腕上的表，怔了下，抬眼一看，轻轻"啊"了一声，心说这可真的糟了……沈绪楷不是不在家吗？

沈绪楷拉住她的手，微笑道："你走路不看脚底下的呀？这回可没及时扶住你。"

静侬说："真不好意思，让你看我这么狼狈的样子。"

"狼狈倒没有。"沈绪楷把 Luna 放下，搀起静侬。她身上裙子颜色深，看不出是否沾了水渍，不过手上却是湿漉漉的，还沾了松针，倒是没见擦破皮。"疼不疼？"他问。

"疼。"静侬脱口而出。膝盖尤其疼，站起来简直像上刑。Luna 重获自由，冲到她脚边，咬着她裙角使劲儿拽。这劲儿有点大，扯得裙子下坠，静侬还不得不拉住领口："哎呀，Luna 你这个坏家伙……"

沈绪楷把手里的牵引绳扣在 Luna 背后，递给静侬，笑着说："走吧，进去上个药。"

静依抬眼看他，说："我回家上药好了。"她原本也没有计划多耽搁，只是没想到他这会儿会在家。

沈緒楷转了下身，看陈润涵把车子开过来，问："进去喝杯茶好不好？"陈润涵一挥手，表示没问题，看都没看静依。

静依问："耽不耽误你时间？今天不是应该上班吗？"

"不耽误。"沈緒楷跟陈润涵示意让他把车开进去。

陈润涵鸣笛，大门很快就开了。

"能走了吧？"沈緒楷站在静依身边，低头看她脚下。

静依的鞋尖沾了点水，浅黄色变成深黄色。

"能走啊，也不是很严重。"静依说着，手心在裙子上擦了擦。Luna 咬着牵引绳拽她，差点拽她一个趔趄。"怎么十来天不见，它力气变这么大……"虽然沈緒楷经常发给她 Luna 的体重变化数据，可是不亲眼看到，那就只是个死板的数字而已，这一下，她可有直观的感受了。

"它力气还会变更大的，你以后牵它遛弯儿注意点。"沈緒楷说。

"嗯。"静依又擦擦手。手上水渍早没了，可不知道为什么一直觉得湿乎乎的。

他们走进大门，上了一条长长的坡道，一边是石砌的高墙，一边是成排的水杉。越过水杉是一道绿色围网，那边是一个标准网球场。路边有排水渠，刚下过雨，渠里的水湍急清澈，清凌凌的声响让人心情愉悦。走到正屋还有段距离，两人就闲聊了几句，无非是回来路上是不是顺利……听说上海正在下暴雨，沈緒楷说好像每年这个时候，上海就会下很多的雨，不过昨晚这里雨也很大。

"下透了雨，天蓝得耀眼。"静依说。

沈緒楷听了，过了一会儿，微笑点头。

静依有时讲话会文绉绉的，初听起来会觉得稍显突兀，但习惯了也就好了。

他不出声只是笑，静依意会过来，忙说："我是说，今天天气很好。"

"你跟润涵闹意见了？"沈緒楷问。

"那么明显吗？"静依问。Luna 这会儿安静多了，只是似乎对她很不放心、怕她随时会离开似的，走两步，就要回头看一看。她有点心疼，弯身摸摸它的头。

沈緒楷点头。

"我跟我哥都是七情上脸的人。"静侬有点不好意思，尤其想到跟陈润涵起争执的原因，更觉得不自在。

"没关系，我就是问问。"沈緒楷说。

他们已经走到坡道尽头，左转再走一段林荫路就是主屋了。这宅子从进了门还有一层又一层的屏障，别说从外头轻易看不见里面的真容，就是走进来，如果不熟悉，也是摸不着头脑的，私密性绝佳……静侬没发现陈润涵的车子，沈緒楷指了一下前方，告诉她车子应该停到后面了。

"润涵对这儿熟，会招呼自己的。我来给你带路。"沈緒楷说着，做了个请的手势，"我刚泡上茶，你们就到了。"

静侬心想坐下来喝茶，这下可打扰得久了……倒也没有什么不可以的，只是不能打扰太过就是了。

她跟在沈緒楷身边，走过林荫路，进了正厅。

室外因为树多又密，蝉噪盈耳，讲话都要提高些声量，一旦进了屋内，将门合拢，外头的声音马上像是被完全屏蔽在外了似的。静侬一瞬间觉得自己是不是耳朵出现了什么问题，很不适应。门口摆着一双白色的女士拖鞋，她估了下码数正适合自己，于是虽然沈緒楷说了不必换，她还是换了鞋。

"舒服一点……而且家里这么干净。"她微笑道。她手扣住 Luna 的牵引绳，看见门边叠放的毛巾，跟沈緒楷示意了一下，取了一条过来，给 Luna 轻轻擦了下脚。Luna 这会儿乖巧得跟方才判若两狗，她看着它漂亮的眼睛，忍不住拿毛巾使劲儿撸了下它的狗头，亲亲它，说："想死了，想死了……"

沈緒楷站在一边看着他们，微笑。

静侬站起来，把毛巾叠好放到一旁的篮子里。沈緒楷过来，给 Luna 解开牵引绳。她要阻止，他却说："随它吧。见了你，它不会乱跑的。"

静侬原本还有点怀疑，但牵引绳一松开，Luna 只是高兴地抖了几下毛，就跟她脚边寸步不离了。

"它跟别人可不这样。"沈緒楷看着 Luna，说。

"它见过别人呀？"静侬随口问道。

沈绪楷顿了顿，说："这事儿本来应该跟你报备的。昨天润涵和一位朋友过来做客，把 Luna 放出去在后院玩了一会儿。"

"哦。"静侬点头。

"你知道了吗？"沈绪楷问。

"……我哥发照片给我，看到一只红色的鞋尖。我就猜到啦。"静侬说。她说得很自然，看沈绪楷表情似乎有点异样，忙补充道："并没有介意。"

"我倒希望你介意。"沈绪楷说。

静侬愣了下，才说："当然也不是完全不介意，是……我的 Luna 没在身边，别人却能跟它玩。我有点嫉妒。"

Luna 听见它的名字，抬头鸣了一声。静侬借着弯身摸狗头的工夫，轻轻吐了吐舌，缓解了下这份儿尴尬。沈绪楷倒没再说别的，她的脸也就没更热……屋里的温度有点低，她一额头的汗，就显得欲盖弥彰。

沈绪楷看看她，说："你请坐。我去帮你拿药。"

"不用的，我等下回家处理。"静侬说。

"及时擦一下药油，瘀青会轻一点。"沈绪楷说着，转头看了眼茶室方向——茶室连着客厅，阔朗通透，隔着玻璃墙望出去，外面是绿色的草坪，加一片小小的金镶玉竹林，满目翠色，清凉适意……但陈润涵没在那里。他待喊一声，就见陈润涵从外头走进来，说："快给我茶喝，渴死了。"

"怎么才进来？"沈绪楷指了下桌上已经泡好的茶，让他随意。

陈润涵说："去看了眼那两只乌龟。我怎么瞧着比昨儿还蔫儿？"

"是不大好。我预约了医生上门，说是得下午四点才能来。"沈绪楷皱眉。

"可不敢等。"陈润涵说。

沈绪楷一点头，见静侬还站着，说了声你先坐，转身走开了。静侬见他走远，舒了口气，看看陈润涵一副懒得理她的样子，也没去茶桌前坐，而是走到玻璃墙前，站在那里往外看——刚才站得远，从那个角度看不到假山和水塘，大概他们说的乌龟就在那里了吧……假山之外，是一架紫藤，那枝叶垂垂坠坠，老藤缠缠绕绕，撑起好大一片空间。她一动不动地看了一会儿，忽然有种莫名熟悉的感觉，仿佛在那紫藤花开的日子，曾经在这样一个地方，跑来跑去，玩得不亦乐乎……但也许是旅行时见过这样一方紫藤架，占地巨大，开花的日子，都像是节日。

"那棵紫藤，比这房子还老。"沈绪楷回来，见静侬看紫藤看得出神，说。静侬转头，对他笑笑。他顿了顿，才说："我为了了解这房子，特意去档案馆查过资料。这房子建好了，屋主从各地买了好些奇花异草来，唯独紫藤是从他家乡老宅移栽过来的，当时就有八十年了。当时总共移栽了两棵，全都成活，不过五十年代死了一棵。"

静侬算了算，这紫藤快二百岁了，忍不住叹道："了不起。植物比人类活得长久。"

"你们俩要一直站着畅谈人生吗？"陈润涵问。

静侬回头，见陈润涵倒了三杯茶，指指自己对面的椅子。

"坐。"沈绪楷说。

静侬过去坐下，沈绪楷替她扶了下椅子，坐在了她身旁。药油放在桌上，他往她手边推了推。陈润涵喝茶，瞟了眼药油，说："离远一点擦，不然这茶香都给你破坏掉了。"

静侬瞪了他一眼，把药油拿在手里，转头要跟沈绪楷说一声，就见沈绪楷也瞪了陈润涵一眼，听他说："喝我的茶，训我的客人，你可真能耐。"

陈润涵手拿着茶壶悬在半空，瞪回去。静侬忍不住笑了，轻声说我去那边擦。

沈绪楷却说坐旁边就好了，你别听润涵的。她笑笑，起身穿过竹帘，走到一旁的观景阳台，在藤椅上坐下来。她提起裙子，才看到两只膝盖已经红肿，药油擦上去，真疼。隔了竹帘，她听着沈绪楷和陈润涵低声聊着天，声音像是隔山隔水似的那么远……她将药油盖子盖好，放在小茶几上，正要起身，听见身后有人叫了她一声范小姐，问需不需要帮忙。

她回头一看，是沈家的阿姨，忙说不需要的，谢谢你。

阿姨轻声说楷楷让我进来看看的。

静侬站起身，和阿姨说其实药油都擦好了，就是坐在这儿舍不得马上走开……"景色真好，像一幅油画。"她说。

阿姨往外看了看，说："楷楷也喜欢坐在这里。他有时候想事情，在这儿一坐就是半天，我们也不敢打扰他。"

静侬拿起药油来，看了眼刚刚坐的位置。

一对藤椅还很结实，但看上去就是用了很多年的，已经呈赭石色，扶手的位置有一处经过修补，颜色要浅一点……看得出来，这是主人很爱惜的器物。

她和阿姨说着话走进来。阿姨从另一侧离开了，她照原路返回。

路上她看了看时间，盘算着过一会儿就该告辞了。

等她坐下，沈绪楷问："伤得严重吗？"

她摇摇头。

沈绪楷看看她，说："刚才跟阿姨说了，留你们吃午饭。不过考虑到你可能要休息，这个不做硬性邀请。"

静侬又摇摇头，说："已经很打扰了，午饭就不在这里用了。啊，你要带乌龟去看医生的话，要不要我介绍一家诊所给你？就是 Luna 常去的那家诊所……医生医术蛮好的。"

沈绪楷说我正要问你这个，地址就是备忘里写的那个是吗。静侬点头。

"你这会儿不是没事吗，干脆让她带你去好了。"陈润涵听了半晌，很不耐烦地插话了。

"OK。"静侬说。

沈绪楷像是没想到静侬答应得这么痛快，顿了顿，问那你伤没事吗。

"又不用走路去，不怕的。我们范贝贝，呵，没事都要找事做。这种大发善心、挽救生命的事儿，她最积极了。"陈润涵说着把手里的茶一口饮尽，拿起车钥匙说我先上车了，范贝贝你要带路，坐老沈的车。

他说完也不等静侬发表意见，站起来就走。静侬看他那脚步都带着气哼哼的样子，抬手抓了下耳朵尖，扭过头去跟沈绪楷说："走呀，我帮你抓乌龟去。"

"不用抓，已经放在箱子里了。"沈绪楷像是在忍笑。他让静侬稍等，去搬了个箱子过来。静侬隔着空隙往里头看了看，原来是好大的两只褐色乌龟，只是缩在龟壳里，精神萎靡。

"好可怜。快点去诊所。"她说。

"走。"沈绪楷说。

静侬背起包来，拉着 Luna 的牵引绳，这回走在了前面。她替沈緒楷推开门，跟他一道上了车。陈润涵的车子在前头，开出沈家大门，就一路都在前面。

"润涵这气生得不小啊。"沈緒楷说。他转头看看静侬，"能问问为什么吗？"

静侬不自觉伸手握了下安全带，轻声说："观点不一致。"

她看陈润涵在前面路口直接转了方向，知道他是不耐烦陪着一起去诊所的，没想到这么快就把他们甩下了，不知不觉叹了口气。

沈緒楷听见，又看了看她，说："他那脾气一阵风儿似的。风口上说不得，过后他自己就先和软了。"

"嗯。"静侬答应。

她不是不知道陈润涵的性情，只是没法儿开口跟沈緒楷讨论这个问题……想到这她就觉得很不自在。有一点，陈润涵倒是没说错。她如果想和沈緒楷做朋友，是不能藏着掖着有所隐瞒的……她想着，转头看沈緒楷——他这会儿沉默着，像是在专心开车，不过她直觉他这会儿是在想事情。

她没出声。

沈緒楷的记性很好，对这一带路又很熟，地址只听她报了一遍，就完全不需要她提示，总能在最恰当最合理的位置转弯。静侬一路看来，简直叹为观止——她在这里一住多时，也还时常会走错路。当然这一片的交通网络可不是开玩笑的，稍微生一点的手，哪怕靠着导航都能走进死胡同……静侬心说沈緒楷这脑筋恐怕能媲美计算机，但忍住了没夸出口。

车子停在了诊所门前，静侬一看路边停满了车，心里有点犯嘀咕，担心杜医生这里也挤满了病患。不想他们进去一看，虽然人也不少，可杜医生这会儿正有空，看见她牵着Luna来了，先打了个招呼，问Luna怎么了。静侬忙说不是的，指了指身后，说："是乌龟有状况……"她还没说完，意识到不对，忙闪开些空间，让沈緒楷上前。

沈緒楷抱着箱子进了杜医生诊室，将里头的大乌龟搬出来，放到诊疗床上。静侬牵着Luna一旁等着，看那大乌龟神情倦怠地伏在床上一动不动，杜医生戴上乳胶手套，边检查边问一些具体的情况，沈緒楷一一回答了。

杜医生检查完这只又检查那只。沈緒楷对两只龟的情况，描述基本一致。杜医生听完了，好一会儿没有出声，只是又把乌龟翻过来，拿出放大镜来仔细查看龟壳表面，然后叫护士进来，刮了乌龟皮肤上的组织、龟壳上的附着物，又抽了血，拿去化验。安排妥当，杜医生告诉沈緒楷和静侬不要太着急，等大约二十分钟检查结果就出来了。这时候又有其他的病患来问诊，沈緒楷和静侬带着 Luna 退到外面，将两只龟暂时留在诊室。

他们没走远。也许是诊所的气味给它的感觉不好，Luna 紧贴着静侬的腿，尾巴缩起来。静侬摸摸它头说 Luna 不怕，今天不打针。

沈緒楷看 Luna 这样子，看看时间，说："我先把你们送回去吧。Luna 不喜欢这儿。"

"不差这会儿工夫了。我也想知道它们生了什么病。"静侬说。

"不累吗？"他问。

"不累。最近睡得都很好。昨晚下雨，又睡得很早……本来是想出去逛逛的，我住的酒店就在先前租住的老房子附近，就只在那里走了走，吃了碗小馄饨。"静侬轻声说。

她说着，顿了顿，因为想起昨晚在老公寓里，意外看到过他的影像。那是极限运动爱好者的俱乐部，照陈润涵曾透露过的意思，沈緒楷去玩极限运动是不欲宣扬的，她这会儿最好别提这茬儿……她看了眼沈緒楷的侧脸，分明看见他的眉轻轻颤了颤。

"那里还是老样子呢。"她说。

"也不会有突然的、大的改变。"沈緒楷慢慢地说。他说着，看了她。她点头。

"对，毕竟老社区，房子基本上都是要保护的，整修都得报备。"静侬说。

"还是很喜欢那里吧？"沈緒楷问。

静侬想了想，点头，轻声说："毕竟生活了很长一段时间，也认真考虑过定居的。那栋老公寓里，有我很多的回忆，念书、工作……很多。"

沈緒楷沉默。

"但是现在也很好。不管在哪里，我过的都是我想要的生活。而且，这里也有装了我很多回忆的老屋。"静侬轻声说。这句话，听起来有点像是在解释什么……她看到沈緒楷抬起头来，看着她，微微一笑。

她脸上略有点发热，转开了脸。只是停了一下，她说："谢谢你。"

她没有看他，也不知道此时他脸上是什么样的表情。

"我这一趟，还在机场遇见 Janette 了。她带着儿子，看起来还不错……她还送我去酒店了，讲我们以后再联系。"她的声音很轻。

她几乎能感觉到自己额头上、背上沁出了细密的汗珠……沈緒楷抬起手来，轻轻拍了下她的后脑勺。

他说："前阵子 HR（人力资源）还联络 Janette，问她有没有兴趣回来上班。她要照顾小孩，暂时不考虑工作的事。不过，生活得不错就好。"

"嗯。"静侬轻声应着。

她点了点头，看看他。他也点了点头。

Luna 恰在此时抬头"呜"了一声，两人不约而同弯腰安抚它，又不约而同地笑出来……

看到护士从化验室走了出来，静侬轻轻碰了碰沈緒楷的手肘。可护士拿着化验单，叫了一个名字，从他们身边走过去了，原来是旁边一只猫的检验结果……她有点失望，想想也好笑，就笑了笑。

"别着急。"沈緒楷说。

"嗯。它们多大了？"静侬问。

"我也不知道。"沈緒楷说。

静侬笑了，小声说："竟然有你不知道的事。"

"家里谁也不记得它们俩什么时候来的。我记得小婶说我出生那年夏天下了一场很大的雨，家里院子都一度被水漫了。雨停了，水下去了，水池里就多了两只乌龟，当时个头就不小了……这么说就至少有三十岁了。"沈緒楷说。

"有点神奇。"静侬说。

她听他提到小婶，就是沈緒模的母亲……模子过世之后，沈緒楷也许需要承担一部分由他的缺席留下来的责任，包括作为儿子应该付出的情感支持。这需要付出很大的心力，想必也是不小的负担，但沈緒楷看起来……应付得很好。

沈緒楷说："我小婶是很善良的人。这些年又信佛又信教，万事问圣母马利亚和观世音菩萨，还好这二位不会打架，不然不晓得会出什么乱子。"

静侬有点想笑，然而转瞬间又有点想哭。她忙转开脸，去看那只因为要抽血叽叽哇哇大叫的猫咪……她问："小婶身体怎么样了？"

"还要看恢复。"沈绪楷说。

这话讲得很有保留，静侬看看他表情，也就不问下去了。

"过几天她生日，我会过去替她庆生。"沈绪楷慢慢地说。

静侬点头。

"她最近有跟我问起你。"沈绪楷说。

静侬一惊。

她对模子母亲最后的印象，是愤怒和惊痛的表情……虽然没有后悔过拦住了模子母亲扇宗小苔耳光，但不代表回想起来不忐忑……"她还记得我？"

"当然记得。"

静侬想问一句她一定很讨厌我吧，但没问。这可也没有必要印证。

沈绪楷说："我小婶是很善良的人。"

静侬有一会儿才反应过来，沈绪楷这句话是在短短时间内重复了一遍的，也许他又恰好猜到了她在想什么……她慢慢抬起头，就听见护士在叫"七七、八八""七七、八八"，沈绪楷轻抬了一下手，过去拿报告了……原来那两只高寿大乌龟，一个叫七七，一个叫八八。

静侬跟在沈绪楷身后走着去见杜医生，一时没忍住，笑出声来。

沈绪楷进诊室前看了她一眼，进去给杜医生看检查结果了。

知道了名字，静侬看那两只大乌龟竟越看越觉得有意思。沈绪楷看看她神情，微笑。杜医生说问题不大，应该是居住环境被污染，引起皮肤和消化系统的问题，需要对它们的居住环境进行彻底的消毒杀菌，另外开了口服和外用的药，叮嘱定期复诊。两人听说"问题不大"，已经齐齐松了口气，笑了。

杜医生看着他们，也笑着说带回去好好儿照顾吧，记得复诊。

沈绪楷谢过杜医生，出来小心地把箱子放到车后座上。

静侬边系安全带边说："我帮你照顾它们几天吧……我这边带它们复诊也方便。"

"阿姨会照顾的。阿姨待它们很好。"沈绪楷说。

静侬一想，换了陌生环境，也许不利于它们恢复，也就罢了。

沈绪楷问："你马上开学了吧？"

"嗯，后天返工开会，之后就要上班了。"静侬说。这个暑假似乎过得特别快，一眨眼就不见了……"可惜我明天约了同事在家聚会，不然可以请你吃饭。"

车子在大门前停下来，却不见陈润涵的车。静侬皱皱眉。

"你不用这么着急还我人情的。"沈绪楷说。

"不是……我给你带了礼物，在行李箱里，下回带给你。"静侬忙说。

沈绪楷点头。

他下车帮静侬开了车门，送她到门口，说："我就不进去了，回去好好休息……还有一件事。"

静侬看他。

"那红鞋子是我女性朋友 Hailey He（海莉·赫）的。私事上 Hailey 只是女性朋友，公事上我们有业务往来。在有些方面我的做事方式一定是一清二楚的，不会把自己也不会让任何人处在尴尬的位置。这一点，我希望你知道。"沈绪楷说。

时近正午，阳光正烈，静侬虽然站在绿荫下，但看着沈绪楷，他身后的背景简直亮到刺目。也不知是他的话还是这强烈的光芒刺痛了她，她一时说不出话来。

"我只是觉得有必要和你说清楚这点，没有别的意思。进去吧。"沈绪楷说。

静侬点头。

"那我先上车了。Bye。Luna，Bye！"沈绪楷特地弯身和 Luna 告别，走开了。

静侬站在门前看着他车子驶离，回身开了大门。

她站在门口，解开 Luna 的牵引绳，看着横七竖八堵在面前的六个行李箱、两个纸箱……"陈润涵！"她握住拳，摸出手机来。

她是不介意自己动手搬行李的，可是这么随便就给她卸下来扔在这里，实在是不该。

但她没有给陈润涵打过去，也没给他发信息，因为看到他写了一条留言过来。

"但是我们有不原谅的权利和资格。"陈润涵道。

静侬盯着这行字，好一会儿没有动。

Luna 围着她转着圈，扯着她的裙摆，几个来回之后终于没了耐性，大声叫了起来。

静侬把手机放回包里，摸着 Luna 的头出了会儿神，先带它回屋里，给它喂了水……

她坐在地板上，闻着家里熟悉的气味，像 Luna 一样，有种终于到家的安定感。Luna 喝过水，贴着她的腿躺了下来，舒服得长出一口气……她微笑，抚摸着 Luna 柔软的肚皮，翻出手机来，给外祖父和父母、藤子先发消息告诉他们自己已经平安到家，晚些时候再通电话。

另外还有李晴晴老师的许多条留言——那么多留言，连着看起来，李老师诙谐的语气、活泼的样子就在眼前。想到明天李老师和几位同事会过来做客，她微笑。

藤子开心地说晚上过来吃饭呀，给你做好吃的。

她答应了。

她没回复陈润涵的留言。

翌日清晨，静侬起床就直奔早市，买了好些新鲜的食材，回到家里就钻进厨房里分门别类开始处理。

等到十点钟，门铃准时响起，她刚刚好把贝果从烤箱里取出来。

客人们就在贝果香甜的气味和Luna奶声奶气的吠叫声中走了进来。总共来了四位老师，李晴晴、曾倩、贾岩和杜立恒。李晴晴还带来了她的宝贝女儿——穿着粉色公主裙的 Ruby。Ruby 小小年纪倒不怕狗，追着 Luna 在草坪上跑，跌倒了爬起来继续追……静侬担心她摔伤，李晴晴却说没关系，草坪那么厚，怎么可能摔伤，我家小孩没那么娇气。她顺口嘲笑了下丈夫那粗放的带娃方式，说一个暑假在家里一边照顾女儿一边写论文，整天嚷嚷累，可是论文也没少写，娃也带得很好，以后再也不要相信任何男人不会带娃的鬼话，那都是借口。

静侬她们笑。

李老师家属平常就承担家务、分担育儿的工作，还很喜欢烘焙，虽然技术不佳，但成果也经常被李老师拿来图书馆给大家分享。七月底Ruby 姥姥突然中风入院，李老师需要贴身照顾，把 Ruby 整个都交给了爸爸。她们笑着说您家家属算是典范了，出身鲁地山区淳朴农家，又是独生子，主修中国文学史，按说该是最传统意义上的中国男人，家里倒了油瓶都不扶的，可是思想和行动上却很接近现代意义上的男人。

李晴晴笑眯眯地说你们不管结婚的还是没结婚的，该坚持的一定要坚持，我们家Ruby爸爸虽然难得，有些事情也是靠我坚持了很久才让他认同的。

"哦对了，Ruby爸那天惹恼了小区带娃婆婆妈妈团——全小区遛娃的男人除了他，就只有那位意大利邻居。Ruby跟人意大利娃讲半桶水儿童英文，很合得来，就不太爱跟其他小朋友扎堆儿，被一个婆婆讲闲话，说小小年纪的孩子就这么势利、喜欢跟外国小孩儿玩儿，性格还一点都不讨喜。意大利邻居中文不好没听懂，Ruby爸哪儿能忍人家这么说他闺女啊？掐着腰跟那个婆婆说我家教闺女从来不以'讨喜'为标准，又不是培养谐星，讨喜什么讨喜……哇，可捅了马蜂窝。你知道Ruby爸，上学期文学院期末学生打分，那是课堂讲评最高分得主，论嘴皮子谁有他利索？舌战众位婆婆妈妈，愣是把意大利邻居和娃娃看得目瞪口呆，最后还问他到底说什么了，怎么有位老太太看起来像要犯心脏病……我听了又是好气又是好笑，问他一个大男人跟女人吵架跌份儿不跌份儿，以后在小区要夹尾巴做人了。他说我竟然会这么想，有点儿像封建余孽……气不气死人！"

大家大笑起来，都看着Ruby说多好的孩子啊，Ruby爸爸带娃带得尽心。

"有时候也讲不通的，他有他的道理。急了就吵架，真的好烦。"李晴晴笑着抱怨。

"只要能沟通就还蛮好的。"静依带着同事们在院子里四下转转，听她们聊了这半天，才说了这句话。

大家又笑，说小范又变老人家了。

李晴晴笑着碰碰静依，问："哎，去爱丁堡什么的，没艳遇吗？"

"没有呀。"静依说。

"人家出国玩，都全程朋友圈直播，小范倒好，零星发几张图，不是吃的，就是旧书店。"杜立恒笑道。

"就怕人家不知道是图书管理员。"曾倩补充。

"本来嘛。"静依微笑，"不过我有拍很多照片啊，等下给你们看。"

Ruby和Luna转着圈圈围绕大人们玩。大人们看着两个算起来年纪差不多的幼崽，开玩笑评价到底哪个更聪明……静依请她们回屋里坐。她已经准备好了茶点招待各位同事，另给 Ruby 预备了小桌椅和儿童餐具。大家诧异，问道："你家里怎么什么都有？明明单身单到连个男朋友影子都没的！"

静侬笑道："早就预备 Ruby 来玩了。李老师总说没空养小动物，可是 Ruby 又喜欢嘛，以后可以经常带 Ruby 来玩。"

"太周到了。"

李晴晴说："不好意思了……只能以后经常来，把这些多利用几次，摊薄成本了。"

"不用太操心，说不准小范明年这时候手里都抱一个了。这个要来很快的。"贾岩笑着说。

"怎么会！闪婚都来不及！"静侬叫起来。

"这么说是有对象喽？"李晴晴抓住她问。

"没有啦！"静侬拍手，"哎呀，准备吃火锅……九宫格我都搞定了，等下就开火。"

她从沙发上起来赶快往厨房走，李晴晴一边说着瞧这脸红的样子准有事儿，一边让其他人帮忙照看下 Ruby，自己过来给静侬打下手。

静侬说："不用啦，我都准备好了——我们去那边小餐厅吃，那边有桌子专门吃火锅，通风也好，冷气也足，不会把味道留在身上……"

她说着，盘点着面前的食材。蔬菜菌菇海鲜牛羊肉，一样不缺。她放心了，和李晴晴把盘子端到小餐厅里去。李晴晴看小餐厅的设置，笑着说："好家伙，吃火锅都这么专业。"

"装好了也一次没用过。"静侬说着，又查看了下电磁炉，确认正常，"最近有什么新鲜事儿吗？我这四十来天好像是在世外桃源过的，人间烟火味道都要忘了。"

"有啊。"李晴晴一笑。

静侬抬眼一瞥，就知道李晴晴过来帮忙其实也是想跟她私下聊几句："很劲爆的？"

李晴晴说："前天姜山教授举行婚礼了。新娘没换。"

静侬轻轻"嗯"了一声。这并不意外。多少人恶形恶状闹个难看，最终还是要花团锦簇地一起走下去，哪怕花团锦簇下盖的是腐臭脓包，不定什么时候一戳就破了。

"婚礼可真是盛大……就只看现场摆桌的工艺品、用的鲜花还有送的伴手礼，花费不菲。美中不足的是——也算不上不美——新娘肚子大得婚纱都遮不住了。听说是三胞胎，阚菲菲嘴巴坏，说最好三个都是女儿，将来让姜教授操心去吧。"李晴晴轻声说。她让静侬等一等，把手机拿出来给她看婚礼现场照。

静侬手里端着一盘羊肚菌，看着那一张张的照片——成艺的确孕肚突出，人也胖了些，可是真美……她忽然看到一张照片划过，忙跟李晴晴说前面那张我再看一眼。

李晴晴笑道："等一下，那张算什么，来，看这张……这是姜教授门生和师父师母的合影，瞧这是谁？幸亏新娘子美艳，不然风头要被抢走的。"

静侬看着照片里的人——新婚夫妇站在前排中央，左右和后面两排站的都是新郎的学生。学生有男有女，年纪覆盖了二十出头到四十岁，都微笑着，大部分脸上也都有着和老师相似的神情和书卷气。这张照片如果在不明内情的人看来那确定无疑是一团和气。站在前排最右侧的小巧妩媚的女生也脸带微笑，一身粉色的裙子，看上去十分抢眼、十二分的温柔可人，尤其手中拿着一个花球——她吸了口气，轻声问："她还抢到了新娘花球？"

"是啊。"李晴晴一副不知道该怎么说合适的表情，摊了摊手，"新娘子一家真好修养——那天怎么没看出来呢。"

"自己婚礼，没必要让人家再看笑话。"

"可这也太离谱了，都不知道是谁疯了。我和 Ruby 爸爸看宗小苔带男友出现的时候都目瞪口呆，主角好像没什么事儿一样。可能我们是落伍了，不晓得闹成那个样子还能走个回头路、维护面子维护到这么完美的地步。"李晴晴说。

静侬继续看了几张照片，从证婚人到主婚人，双方父母……都是有头有脸有名有姓的人物，就连主持婚礼的，也是从省电视台请来的两位当红主持人。这种场合是绝不可能出什么岔子的。过后怎么算账，那是后话了……她想也许宗小苔就是看准了这一点，才带新男友去了婚宴。

可这又何必呢？

"真是个狠角色。我都怀疑她是不是对外界完全没有感知能力。"李晴晴说。

"这是伴娘团？"静侬看到这张六个女傧相的合影，凝神细看。虽然都是粉紫色的长裙，服饰只有细节上的差异，其中一位还是非常出挑的——身材高挑，细瘦但线条极美，兼骨肉匀称，面庞更是精致……那一头大波浪卷发散开，人更添几分随性之美。

"是。这位好看吧？听说伴娘团都是赫赫有名的角色，这位是远道来的。成艺本科毕业不是去加拿大留学了吗？这位就是她在那边交的好朋友……主持人介绍说是什么什么航空的，自我介绍是Hailey……什么来着……"

"Hailey He？"

"对哦！你认识？"

静侬摇头："听说过。"

"她上去作为新娘后援团讲了几句话。说得不多，可是绵里藏针，仔细品品，不是味道。大体意思就是恭喜两位结为连理，抱歉中文不太好可能用词不当，请作为中文系教授的新郎原谅。不过作为朋友，她只让新娘原谅这一次。如果新郎将来有什么错被她抓住，直接就痛打了，到时不必原谅，彼此痛恨就可以了……底下好多人都笑，就新郎官笑得比哭还难看。这是真闺蜜啊，听那话音，也是敲打新郎。"李晴晴说着滑了两下屏幕，"你看，我后来又偷拍了几张——她发现了也没表示不快，还对我笑了笑。"

下面一张照片里，Hailey He手中拿着一杯香槟，抱着手臂，眼睛望着前方。她并不显得快活，相反神情十分严肃。静侬看着这张侧脸，心说Hailey He原来长这样子哦。

她和李晴晴又闲聊了几句，把餐食摆好，出去喊其他人来吃饭。

Ruby摇摇摆摆走在最前面，手里还拿着小半个沾着她口水的贝果，看到静侬，举起来给她。不想早被Luna看在眼里，潜行接近Ruby，轻轻一拱，贝果掉在地上，欢快地转起圈儿来，然后在大人们还没反应过来之前，Luna一口咬住贝果，跑远了。

静侬抱起Ruby，喊Luna回来。

Luna是乖乖回来了，贝果却也不见了。

静侬看着它那顽皮又无辜的眼神，想教训它又舍不得，只是戳了戳它的脑门，转身带Ruby去吃火锅了。

大家坐下来聊着天，静侬收到李晴晴转给她的照片，说喜欢看美人就多看一眼，喜欢看八卦也可以多看一眼。

她趁着李晴晴给没去昨天婚礼的各位补课的工夫，重新看了几眼被精选出来的这组照片——因为了解些不为人知的内情，每一张照片看起来都像是一帧剧照，前因后果、爱恨情仇，都在脑海中浮现……她看了好一会儿宗小苔的面孔，那浅浅的让人看着总有种说不出的感觉的微笑，那对眼睛……她莫名觉得宗小苔在看向她，似乎是有什么话要说。

宗小苔的眼睛，始终装着些欲说还休。

静侬将照片滑过去，看最后一张。

Hailey He，她猜可能是这么拼吧，于是迅速输入搜索引擎，瞬间网页便全被搜索出来的信息占满了。

中文名字原来是叫作赫思勉的。

她只仓促看了一眼，将手机放在一边。

桌上的九宫格开始沸腾，婚礼上的故事正讲到高潮，听众们的叹息此起彼伏……然而她刚刚已经听过了一部分，此时多少有点心不在焉。

倒是只扫了一眼的新闻照片不住地往九宫格里跳。

Hailey和沈绪楷并肩坐在一起，是在一个很正式的活动上。两人都一副精英范儿，出挑，俊秀，英气勃发。

可真好看啊……她叹息。

手机振动了下，她拿起来看了一眼，是一个陌生号码。

正巧李晴晴给她盛了菌菇和一点汤递过来，她忙接了，再看，电话已经挂断了。

静侬心一动，顺手拨回去，那边却也没接听。

她等了一会儿，且把手机放在了一旁。

每 一 本 书 ， 都 有 它 的 灵 魂

总 有 相 似 的 灵 魂 ， 正 在 书 中 相 遇

岁月两心知

下

尼卡◎著

北京联合出版公司
Beijing United Publishing Co.,Ltd.

图书在版编目（CIP）数据

岁月两心知：全两册 / 尼卡著 . -- 北京：北京联合出版公司，
2023.6

ISBN 978-7-5596-6846-2

Ⅰ . ①岁… Ⅱ . ①尼… Ⅲ . ①长篇小说－中国－当代
Ⅳ . ① I247.5

中国国家版本馆 CIP 数据核字 (2023) 第 060292 号

岁月两心知：全两册

作　　者：尼 卡
出 品 人：赵红仕
出版统筹：李小含
责任编辑：牛炜征
责任印制：耿云龙
特约编辑：段年落　高继书
封面绘制：Lylean Lee
装帧设计：程景舟

北京联合出版公司出版
（北京市西城区德外大街 83 号楼 9 层　100088 ）
北京联合天畅文化传播公司发行
北京美图印务有限公司印制　新华书店经销
字数 400 千　880 毫米 ×1230 毫米　1/32　13.375 印张
2023 年 6 月第 1 版　2023 年 6 月第 1 次印刷
ISBN 978-7-5596-6846-2
定价：68.00 元

目 录

Contents

7

不合时宜的腌笃鲜

静依抱着一摞书走出办公室，走廊上的窗子都大开着，一阵接一阵凉风扑进来，顿时有了点秋日的萧瑟。

　　此处背阴，外面的植物枝叶像是又涂了一层绿色，比夏日显得更深，离五颜六色、赤橙黄绿相间的深秋景色还有相当长远的距离……此地是海洋性气候，四季的更迭比起别处来总是要晚些。

　　开学已经将近一个月了，一切都回到了正轨，既不忙，也不闲，只是平静。有时难免平静得令人生疑。

　　静依回到书库，看见有新生还穿着军训的迷彩服在门口张望。

　　看见她，领头的男生腼腆地问现在是不是就可以进书库了，还需要准备什么吗？她微笑着打量下这个头几乎要比自己高出三十厘米的学生，轻声说不用的，直接走进去就好，布告栏里有注意事项，仔细看看……那男生说谢谢老师，回头招呼同伴。

　　静依在书库门口略停了停，看着这几个新生依次走进去，像几只蓝色的长毛兔，一蹦一蹦地，小心翼翼地往草地深处探索。

　　等她走进去，蓝色长毛兔们已经消失在书架之间，忽然听见低低的一声"哎呀快看"……又马上消失了，只听见几声吃吃的笑。她想到刚刚那男生吊起来的裤脚，又忍不住笑。

　　"干吗呢？偷偷笑，也不和我分享。"曾倩从电脑前抬起头来，看了静依一眼，笑道。

　　"新生的身高啊，每年都有新纪录是不是？今年最高的是多少？"静依坐下来，把手边的几本书翻检一下："去年我记得是两米零二？"

　　"不晓得……我没注意这个。不过昨天有个女生进书库，一抬手摸到最顶层，跟我抬手拿水杯一样轻松，那个子得有一米九——我考虑跟馆长建议，以后图书馆工作招聘来一条，性别不限，但身高两米优先。"曾倩低声笑道。

静依笑。

个子再高，也不过十八九岁的年纪，脸上仍然有团团的稚气，非常可爱。

"一米九的是排球特长生吧？今年有两个女生高中是打排球的。"静依说。

"你怎么什么都知道。"曾倩笑道。

"我潜伏在登山队群里，各大运动队教练领队都在，体育生的信息我门儿清。"静依说。

曾倩噼里啪啦敲打键盘："别说，年轻的面孔本来就好看，体育生尤其好看，游泳的，打排球的……男生女生都骨肉匀称，别提多美了……"

静依听了，笑着点头。

可不是嘛……她看看时间，快到午休了。她和李晴晴约好了等下去校外吃炉包。外卖总是没有店里新出炉的好吃，她惦记了有段时间了。为了安安心心午休，她得赶快把手上的事做完……

曾倩的椅子忽然往这边滑动了下，靠近她些，说："注意啊，柯教授来了……你应付他一下吧。"

静依抬眼一看，果然柯正杰站在书库门口。她低下头，继续做事，轻声说："好像不 定是来借书……"

"反正最近他奇奇怪怪的，有时候就站在这看一会儿就走……他今年院士有门儿没有？"曾倩问了句无关的。

"差不多。"静依说。

"所以脾气古怪点也就算了。"

"他不算太古怪吧。"静依轻声说。

"这还不古怪……真不知道什么时候才能有人收了他这个小妖怪。"曾倩开着玩笑。

静依心一动，赶快把这几本书归好类写好卡片塞到面前的文件夹里，把信息输入系统，刚刚好就在她点了退出键时，听见柯正杰叫她"范老师"。她的视线离开电脑屏幕，看向柯正杰。她心里轻轻"唔"了一声——柯教授瘦了好些，脸上也不像先前，眉毛胡子头发一把抓，看起来像个怪兽，而是干干净净、清清爽爽……哦对了，眼镜也换过了。

新换的这副黑色细框眼镜很称他的肤色，还给他平添了几分秀气，比那副旧的玳瑁边眼镜不知道好看多少倍。

静侬微笑问："有什么能帮您的，柯老师？"

柯教授也不知道是不是在看着她说话，眼睛是盯着她这边的，但嘴唇动了动，并没有出声。静侬等着，等了好一会儿，才听他说："算了。"

静侬愣了下："柯老师？"

柯正杰鼓了下腮帮子，像是瞪了她一眼。

静侬不出声了。

看他转身要走，她正要追问一句，就看他回过头来，看着她说："我跟你说，滕藤子绝对是个大坏蛋。"

他说完就走，那步子迈得很大，走一步都像是要把地面给踏碎了……

瘦下来的熊也仍然是熊啊，不可小觑。

静侬默默地在心里说，可是……藤子是大坏蛋？他是特意过来跟她说这句话的？为什么呀？

曾情关了电脑，正抱着手臂瞧热闹，这会儿忍着笑，就想问柯教授那话是什么意思，但看静侬那一脸问号，知道她也一样摸不着头脑，笑着起身，说了句到点吃饭了，先走了啊。

静侬答应，看柯正杰走出书库，在门口和李晴晴撞了个正面，也没打招呼就走开了。李晴晴对着他背影张牙舞爪打了几拳，招手让她快点，示意自己在外面等。

静侬收拾好桌面，拿了手包往外走。

李晴晴问："你看见柯老师那表情没？他刚跟谁置气呢？我叫他都不应……哟，还没晋升院士呢，架子先起来了。"

"他不一直那样吗。"静侬微笑道。

"就一说。"李晴晴笑着说。

两人说着话往校门外走。经过静侬的车边，静侬问了句要不要开车去，走路也要十分钟，不算近。

"难得这个季节这个气温，要多舒服有多舒服，开什么车啊！走走走。"李晴晴拉着静侬的手，开开心心往前走，"话说，你车被剐那事儿，就没下文了？"

"等等看嘛。"静侬微笑。李晴晴不提，她都快忘了。

"一等就是半年，再等下去，没影儿了……说不定那帮学生今年已经毕业了呢。做错事一次没有被抓，就觉得是侥幸，以后要再犯，就不一定是小事了……"

"那，混社会呢，碰上的人，一百人能有九十九是遇佛杀佛的角色，哪有什么侥幸。"静侬笑着说。

出校门时，她们走人行通道，一旁车道上有几辆车排着出门。静侬说着话，看见最前面是辆很旧的小货车，只觉得有点眼熟，正想仔细看，那车出门转了弯，开得很快，消失前她只看见车身上有一条红色的广告……原来真的是拉货的车。

李晴晴拉了她一把，带她过了马路，因看见出版社大门了，问她之前丁老师负责的那套书进度怎么样了。

静侬说上周下印厂了。

印厂那边因为环保问题被查处，整顿了三个月，这才开工，耽搁了这么久，书印出来勉强赶得上校庆前上市，也算是圆满。

正巧是放学时间，附近小学和中学门前都熙熙攘攘的。

静侬和李晴晴两人穿入人群，像是穿过了满是蝉噪的密林，走出好一段路去才略觉清静。

两人忍不住笑起来，在图书馆工作一久，到稍微嘈杂一点的地方，她们就会觉得不适。

"我还好，Ruby每天也会吵一会儿。你就不一样了，Luna吵也是可爱的。"

"你常带Ruby来玩嘛。"静侬说。

炉包店到了，她待要往里走，看到刚才遇见过的那辆旧货车。

李晴晴先进了门，说："人满，要等位子。"

"拼桌也可以吧？"静侬问。

"我没意见。我怕你介意。"李晴晴说。

"不介意。"静侬说着也走了进去。

靠门边就是一张四人桌，桌上两人对面而坐，因为个子都挺高，这桌显得有点拥挤。

她正要走开，正低头吃包子的那个人抬起头来，口里还咬着半个包子，看见她："哦哦哦你是……"他起脚在桌下踹了下对面的同伴。

静侬转脸一看，修任远。

李晴晴看看她，问了句认识的，不然坐这里。

静侬问修任远方便不，修任远还没说话，同伴先说方便，赶快往里挪了挪。静侬说不用挪，这空间足够，我们先去点餐，等会儿再过来。她说着和李晴晴往前走，排队等点餐的工夫，李晴晴看了看修任远他们，悄声问："这谁呀？"

静侬留意到他们两人穿的是某家搬运公司的制服，心里有点奇怪，但对修任远总是换工作其实也见怪不怪了，就只说："就以前和你说过的，高中同学……"她是想到了李晴晴说过的那个词，太难听了，不想提。

李晴晴是个直肠子，反应是极快的，看着她，问："瞎巴？"

静侬瞪她。

李晴晴眼睛瞪更大："真是他？OMG（天啊）！等下我仔细看看这人。"

轮到她们点餐了，静侬推推她上前去。她们点餐很快，可是刚好排在前面那位老者买了大半炉，下一炉要等十分钟。李晴晴就说："你先过去坐嘛。不然一会儿咱们开始吃饭，你同学他们都该走了……"

静侬说："我去拿餐具和米汤，等下你叫我来端炉包。"

"就这么一点儿东西我还拿不了吗？"李晴晴笑。

静侬去旁边消毒柜里取了杯勺碗筷，过去桌边放下，看修任远他们果然快吃完了，就笑了笑，问："还要不要什么？"

"够了。"修任远忙说。

静侬看了眼桌上，去取米汤时端了四碗，过来放下，说："这家米汤特别好喝哎……要加糖吗？我这里有。"她坐下来，从手包里拿出个小糖盒，里面放了方糖。

修任远说不要，笑笑，又说："你的包还是百宝囊啊。"

"嗯？"静侬往米汤里放方糖。修任远的同伴接过去说谢谢，她轻声说不谢。往李晴晴碗里放了两颗，她问："什么百宝囊啊？"

"你书包里什么都有呗。有一次咱们班去海滩烧烤，你那包里一会儿烫伤膏一会儿创可贴一会儿又什么感冒药活络油……把我们给惊得不得了。"修任远笑道。看静侬一副"本来就该这样啊"的神气，他笑着挠挠眉，忽然想起来，指了指同伴："我朋友，大禹。陶大禹。"

"你好。我们见过吧？"静侬问大禹。

"上回你们同学会，我去接老修的时候见过你……的车。"大禹笑道。

静侬也笑，说："不好意思，今天没开过来。"

"下回见能给我开一下吗？"大禹问。

静侬笑，见他问得认真，反应过来他不是在开玩笑，点头道："没问题。"

"你听他瞎说。"修任远说着看了大禹。大禹要说什么，没出声，只是笑了笑。

"刚才出校门的时候就看见你们这辆车了……之前车上好像没有贴广告？"静侬问。

"对，新贴的啦……白天有空就接活儿拉拉货。我们也没别的什么技术，干啥啥不行，出力再出不了，那像什么话呀。"大禹看看修任远，"早上那个，有个送器材的活儿，我们俩送进去的……地方可真难找啊，转了好几圈才找到。你是那里的老师吧？"

"在图书馆工作。"静侬说。

"厉害了。我念书不行，进学校就犯晕。老修今天也有点犯晕，进了门就不说话，只是到处看……我俩就跟俩乡巴佬似的。"大禹喝口米汤，咂咂嘴。

修任远皱了下眉，让他注意点儿。大禹笑笑。

静侬看看修任远。

哦，在学校里到处看……她拿勺子慢慢在米汤里搅动，说："我们学校风景出名地好。"

她瞟了眼修任远放在桌上的手——桌角放着烟盒和一次性塑料打火机，他这会儿工夫已经几次试图拿起来，但都把手缩回来了……陶大禹接口称赞学校里的风景，修任远显得心不在焉。

静侬等大禹的称赞告一段落，问修任远："联系到她了吗？"

修任远脸整个都红了，摇了摇头，没出声。

"谁呀？"大禹好奇。

"我回头跟你说。"修任远指了指他面前的米汤，"你喝你的汤。跟你没关系，少打听。"

"你是我亲朋友，这是你亲同学，都不是外人，嫌我话多啊？那我喝完就走。"

"没关系啊，闲聊而已。"静侬忙说。她看看修任远："慢慢等合适的机会吧。"

修任远点头，说："不是非见面不可。突然出现可能也不好。"

静侬沉默。

一个月前，修任远曾经打电话给她，问及宗小苔的近况。

他已经知道宗小苔在她们学校攻读博士学位。

静侬据实告之，宗小苔的联络方式她无法提供——想办法调取她的资料其实很容易，但这不合适；当面索取，也许会成功，但不经过宗小苔允许，也不方便随意就把联系方式给别人。这个别人，包括但不限于修任远。

她当时跟他讲，下回见到宗小苔，她可以试着转告，但从那之后，她就没见过宗小苔……通过李晴晴侧面打听了一下，据说宗小苔在姜教授婚礼之后就不怎么露面了……在这个阶段，博士生多半都在闷头写论文，不常出来走动也是可能的。

"你别放心上了。我估计她也不想见到我。"修任远说。

静侬没出声。

大禹喝着米汤，左右看看他们俩的神情，也不出声。

"那，上次不是说在修理厂工作吗？不忙吗？"静侬问。拉货送货也需要时间，修理厂难道很清闲，能随时出来做兼职呢？她隐隐觉得哪里不对。

修任远说："不在那家干了。"

他说得很简单，就几个字。

静侬听了，慢慢点了点头。

她想起上回浴场保安大叔说的话来，琢磨着这一份修任远又没做长久的工作，究竟是自己不适应辞职不干了呢，还是又被老板解雇了……她倾向于后者。

小桌上再次出现了短暂的静默，静侬不知该说什么，修任远大约是觉得没必要跟静侬继续这个话题，至于陶大禹……他几口喝完了米汤，咂咂嘴，说："说得好像你有的选似的，还不在那家干了哩，那能干哪家哩？陈公子在老板面前放个屁，老板都当是香的哩……以后陈公子随便放屁的日子长着呢，你还能干啥？老老实实跟我去……"

他突然打住了，静侬正仔细听着，抬眼看他。

"闭嘴。咱得走了。要不来不及了。"修任远说着抓起放在桌角的烟盒和那个透明塑料打火机。

"等一下。"静侬说。修任远就没立即站起来。她没看他，仍是看着大禹："陈公子是哪位？陈润涵？"

"不是他是谁呀。你也知道他啊？臭名远扬是不是？"大禹问。

"对，我知道。"静侬说。

"大禹别说了。"修任远站了起来。

"哎，你乐意你同学以为你不上进啊？你给他整得天天借酒浇愁的，日子好过啊？"大禹问。

静侬转向修任远："陈润涵找你麻烦？"

"没有的事。你别听大禹瞎说。"修任远看着大禹："你走不走？"

"走啊……我跟你说，范老师，陈润涵那人，就跟个疯狗似的，老修哪份工都打不长全赖他……"

"大禹！你有完没完？！"修任远一声大喝，桌上的杯子几乎都要跳起来了。小饭店里吃饭的人瞬间都抬起头来看向这边。修任远脸色极为难看："不好意思，那个，这儿你别管。我们有个活儿挺远的，再不走来不及了。"

静侬点头。

大禹见修任远生气，倒不害怕。他起身往外走，弯身跟静侬说再见，也说不好意思，说多了点儿，一回身看见李晴晴端着两盘炉包站在一边，又弯身打躬说老师再见……外头修任远恼火地叫大禹，他一溜烟儿跑出去了。

出门见修任远正在点烟，几下都打不着火。他夺过打火机来给他擦出火，点着了烟，咕哝了一句你就屎壳郎垫桌子，是让你同学知道你有难处才混不好合适呢还是让人以为你破罐子破摔合适？

"我还不够破罐子破摔的？"修任远上了车，狠吸了口烟。

"话是这么说……可正式工作老被陈润涵那狗崽子搅黄了，这不假吧？人为了混口饭吃，干点儿下作的事儿，也不丢人。咱们也不求出头天对不对，不就是得活下去吗？我得养活我家老头儿，你得养活你自己……"大禹发动车子，发动了半天都打不着火，越说越气，气得使劲儿砸了方向盘两下，才发动起来。

修任远好一会儿没说话，等车子上了路，才说："我警告你，以后见了我同学，把嘴闭上，要不以后你甭想拉我去干黑活儿。我就让你坐蜡……你知道陈润涵是人家什么人啊你就乱喷？我拉都拉不住！"

"什么人啊？不就认识吗，你们一个中学的不是？"大禹说着看他，"话说老修我跟你也是过命的交情，你有多少事儿瞒着我？我说今天拉货来这儿你还挺积极，合着你另有打算。你小子够阴的你……什么人啊，说啊。"

修任远没好气地说："表哥。"

"……"大禹吸了口凉气，"你不早说……"

"我不早说！我就差大嘴巴子扇你了，还要怎么早说啊，大××！"修任远骂了他一句。

两人都不出声了。

过了好一会儿，大禹问："表哥啊？亲的？"

修任远不理他。

"陈润涵是不是他们家捡回来的……"

"你快给我闭嘴吧！"

小店里，李晴晴把盘子放下来，招呼了下服务员把桌上的餐盘收拾一下，坐下看看静侬，说："好家伙，'瞎巴'脾气够大的。"

静侬温吞吞地说："多难听一词儿啊，别再讲了。"

"好呀。脾气大可以说吧？"李晴晴问。

"话赶话啦。"静侬说。

"快点趁热吃……这一炉包子白白胖胖的，看着就招人喜欢。"李晴晴把盘子往静侬面前推了推。她喝了口米汤："我再多嘴说一句啊——你同学可够帅的。看现在这样儿，以前十几岁的时候，准是美少年，太勾人了……而且吧，到这个岁数男人味开始出来了……"

"你这是一句话啊？"静侬咬了口炉包。

啊，香……要不是这会儿有点心事，这得是多美的一顿午餐啊！

李晴晴笑道："不过怎么回事，跟那么不着调的人在一块儿，倒不会显得不着调，就是……说不出来那感觉，有点可惜？那么帅，要是捯饬捯饬，不得了的。"

静侬夹着包子蘸了点醋，说："那谁还没有个沟儿坎儿的时候啊。"

"他这沟儿啊坎儿的，瞧着有点儿大啊。你们班不是刚聚过？满眼白领精英，他要往那儿一站，扎眼。"李晴晴开玩笑。

她没什么恶意，说的也是事实。静侬想了想，那天晚上的情形，的确也是这样的……她又蘸了下醋，说："慢慢儿往上爬呗。反正人生长着呢，何必急在一时。"

"倒也是……你尝一下这个馅儿的。"李晴晴指指右边那盘炉包。

静侬点头，咬了一口包子，醋蘸得有点儿过火，满嘴的酸味，刺激得她脸都皱了。李晴晴看见，笑道："哎，又心不在焉了不是？醋又不是蜜，少吃。"

静侬笑了笑，继续吃。

走出包子铺时，她收到一条短信息，是修任远发来的。

内容很简短，意思却很明确，希望她不要把大禹说的话放在心上，跟陈润涵的关系他自己会处理好的。

她回了句知道了，没再说别的。

李晴晴走在她身边，这会儿才说："我转账给你了。你别忘了点……好几回了，要不盯着点，过了 24 小时又退给我，还得重新发，好麻烦。"

"好，这就点。"静侬说着顺手打开 App。

还没去点红包，她先看到了藤子发来的信息，问她晚上要不要过来吃饭。

这阵子开学加上她要赶翻译书稿的进度，藤子那里都少去了……她心念一动，觉得今天其实应该去看看藤子。

她回复藤子："好呀，我过来吃饭。"

藤子说："来就好了，有惊喜给你。"

她微笑，轻声说："咱俩还不一定谁给谁惊喜呢。"

"说啥？"李晴晴问。

"我收红包了哦……我好朋友啦，说给我惊喜。"

"哈哈，要是男的嘛，说不定请你吃饭，鱼肚子里吃出钻戒来。你那位好朋友是女人，惊喜就是真的惊喜了，期待一下吧。"李晴晴笑着说。

静侬也笑了，是啊，藤子说有惊喜，那真的可以期待一下……

下了班，静侬先去了苏记。

进门看到 Sukie 朝自己打了个手势，心想"妥了"，果然冲到柜台前，拿破仑还有八块。她拍了下巴掌，说："全要了！"

"范老师您能给我们留一块吗？"紧跟着她进门的是两个男生，轻声问道。

静侬回头看看，不认得，不过不妨碍她让出蛋糕份额。她笑着跟Sukie说："四块就行。"

Sukie给她包好蛋糕，问她还要别的不要。她想着藤子喜欢吃苏记的脆崩砂，拿了两盒，结了账和Sukie告别，因看到收款台前有一本西语书，冲Sukie笑了笑，见她正忙，拿好点心就出了门，直奔藤子的餐馆。

路上她跟藤子通电话，说买了拿破仑和脆崩砂。藤子"哎呀"一声，说："正好想吃脆崩砂，拿破仑就算了，那不是我的爱……不过……哈哈哈……你快点啊，等你。"

藤子正忙，先挂了电话。

静侬遇到拥堵，想快自然也是快不起来，干脆在车上随便听听广播。广播里刚好有一段在介绍J航最新开辟的几条航线，机票优惠，服务又好……

她想着这段时间J航投放的广告量可真不少，电台电视台各大网络平台，铺天盖地，而J航的Hailey He论能力论口才论外貌都是超一流的水准，自然经常代表J航出镜，实在是很出风头。

她最近总能看到Hailey He的消息，也是巧……她换了个台，不想仍然是J航的新闻。

她干脆关了广播。

可车子里没了声响，又觉得有点闷……待把车开进餐厅停车场，还没等停稳，她先看到了熟悉的车子。一把抓起点心袋子，她下车把门甩上，回头看了眼餐厅方向——隔壁咖啡厅门口的平台上，陈润涵正坐在那里打电话，显然是已经看见她了，但只是把拿着烟卷的手抬了抬……静侬则抬了抬眉，从停车场离开，先往餐厅里去见藤子，经过咖啡厅时也只是看了眼陈润涵，并没有特意过去打招呼。

他们表兄妹俩，自从上次言语不合，最近就有意无意避免见面。

她虽然没恢复周末去看望外祖父的老规矩，去探望的频率比起前几个月来是明显高一些，跟几乎天天去看老爷子、被李奶奶简直当成亲孙子的陈润涵却从未碰过面。

张经理看见静侬进门，笑着打招呼，说滕小姐去咖啡厅见朋友了，过会儿就来，又问她是上去等还是也去咖啡厅。

静侬心知这朋友大概就是陈润涵了。

她想了想，还是往咖啡厅走去了。

她推开门走进咖啡厅，先往外看了一眼——这里她来了无数次，享受过无数杯咖啡的时间了，但每一次，真的是每一次走进来，都会被眼前的景色所征服——有风的季节眼前会是波澜壮阔，平静的日子这里就是巨幅的静物画，不管是什么，就是能让人一坐良久，绝不觉得枯燥无味……她推门走了出去。

陈润涵正好打完电话，自自在在地晃着腿，听见脚步声，回头看见静侬，顿了顿，才说："来了啊。"

他吸了口烟，将烟蒂摁在烟灰缸里。

静侬过来，坐在他旁边的椅子上，看着他，说："哥，我有话问你。"

陈润涵握着手机，手指一刻不停地滑动着，顺口说："问啊。"

"我不跟你绕圈子的，就是要问修任远的事。"静侬又说。

"问。"陈润涵并没停下来，仍在发消息。

静侬等了他一会儿，见他完全没有要认真对待自己的态度，耐着性子说："修任远这几个月频繁换工作，都是因为雇主解雇……"

"我干的。"陈润涵头都不抬，"怎么跟你告状了呀？推你到我跟前儿来求情是吧？那明着告诉你，他在这儿一天，想做份正式工作那是不可能的。除非本地有我说话不管用的地方，那我服了他，要不然啊，他就受着吧！"

"哥！"

"怎么了？"陈润涵翻起眼皮，瞟了静侬一眼，又继续看手机，"我这态度你应该知道啊。你第一天认识我？我当然是怎么说怎么做啊。我上回跟你怎么说的？这么快就忘了？"

"修任远没跟我讲，也没让我来求什么情，是我自己想知道。"静侬说。

"那更好了，咱俩也省事儿——省得我还得骂你没脑子，什么人都帮。"陈润涵说。

静侬气怔了。片刻之后，她才道："你怎么说话呢？有你这样儿的吗？你给不给人留活路了？"

"怎么不给留活路了？这会儿他是饿死了吗？这年头还能饿死人吗？不是想重新做人吗？我这是帮他呢，好好儿受点儿磨炼吧。放心我有数，不会置人于死地的，我没他那么厉害——我还告诉你，不准你跟他接近，要是让我知道你再跟他接近，你看我怎么办他。到时候就不是丢工作的问题了……你晓得我说到做到，该怎么着你自己掂量。"陈润涵说。

"你过分了。人家努力在回归正常人的日子，不是什么错。"静侬说。

"你要知道他这些年的经历，你要知道他是怎么'努力'的，就不会觉得我有什么过分的地方了。别的不说，这半年他做的事我给你数数，就够你脑子清醒的了——你不是还喜欢他吧？"陈润涵问到最后一句话，又翻了下眼皮，看着静侬。

他相貌和神气这一瞬间都与外祖父极其相似。静侬看着他这样子，一时竟没能说出话来。

她的大头表哥，对人好的时候是能十二万分地好，可要是恶起来，那是不把人整得死去活来绝不放手的……她太知道他的性情了。

陈润涵身上如果有什么是完美继承了陈家传统的，那就是行事作风和手段，只是从外祖父到母亲，那都是用在工作范围内，从不对家人施展，但陈润涵可不一定。

见静侬没出声，陈润涵说："不是那最好。是，趁早歇了这个心——开玩笑呢！"

静侬说："我喜欢他，你又能怎么样？"

陈润涵笑了笑，说："我是不能把你怎么样，可我能把他给灭了呀！"

"陈润涵！"

"你小点儿声，这不是大声说话的地方，公共场合呢。"陈润涵站起来，微微笑着，"我呢，是跟你先把最坏的情况说清楚。你适可而止……"

"我喜不喜欢他跟你没有关系。你不能仗势欺人，断人家生路。我就说这一次。"静侬说着，拎起桌上的点心袋子就走。

这时候，她听见陈润涵干笑了两声，一直压制的怒火突然蹿了起来。

"你还笑！你笑什么笑？你……"她回过身去，却看见从平台另一侧的月季拱门内，走过来几个人。

这是她无论如何不愿意在此时此刻见到的人——沈緒楷……藤子。藤子身边还有赫思勉。

静侬这一恼简直无可言说。

三个人当中藤子走在最后，抬手悄悄给静侬做了个手势，轻轻摇了下头。

静侬有一瞬间想转身就走，可这也是无论如何不应该做的。笑一时是笑不出来的。她索性不勉强，静静地站在那里。

就这会儿工夫，那三人走过来了。

陈润涵则一直没闲下来，先是哈哈笑着问沈緒楷什么时候回来的，早上打电话还说在北京，这会儿就到了，又跟藤子说他们就这片小花坛也能看那么久，Hailey很喜欢花吗。

赫思勉微笑道："我还真是很喜欢花。滕小姐这里花都开得好美。"她说着话，目光很自然地转到静侬身上来。

藤子一边眉毛抖了抖，瞅了眼陈润涵，也看看静侬，说："你单知道我这儿就这一个小花坛？我前后院加平台那么多花都被你吃了啊？Hailey日常有空喜欢自己动手打理花园的，还朋友呢，这都不知道。"

陈润涵又干笑了几声。

几个人里，唯有沈緒楷没出声。

藤子看看他，把给赫思勉和静侬相互介绍的任务揽了过去，看着她们俩客气地握手寒暄，笑道："这个场面有点重大。两位一位是我认识了十天像是已经认识了十年的朋友，一位是认识了十几年约等于一辈子的朋友啊。"

"对我来说也是很重大的。"赫思勉微笑着说。她看看一旁的沈緒楷和陈润涵："常听大家提起范小姐，一直想认识一下。"

"不如我们进去坐下来聊？"藤子建议，她看看赫思勉，"时间来得及吗？"

赫思勉笑道："有点紧张。不好意思，我这就得走。"

陈润涵说："我送你。"

"送完还回来吗？"藤子故意问。

"不回来了。我也得回去换个衣服……人家也很忙的好不好。"陈润涵说。

"去哪儿？今天晚上好几场。"沈绪楷这时才开口。

"柳家。柳征衣刚还打电话给我。早一个月就答应了要去，一定得去。"陈润涵说。

"你呢？回来了是不是也要挑一个去？"赫思勉笑问。她接着补充了句："我去 KP 集团那边，创立纪念搞得这么隆重，捧捧场是应该的。白天的活动你的副总都代替了，晚上再不去，过分了吧？再说晚上是社交时间，我看 Peter 要头疼了。"她说着就笑了，跟沈绪楷是很熟稔的样态。

沈绪楷点了下头，说："我也去那边。晚宴还是 Peter 去，我只去酒会。"

赫思勉似是想打趣他一句，但又忍住了，只是微微一笑。

陈润涵已经悠悠哉哉地晃着往外走了，赫思勉却特地耽搁了一会儿，看着静侬说："今天临时起意过来看看藤子的花园，太仓促了，没有什么准备，请范小姐不要见怪。希望以后有机会见面，能跟范小姐好好儿聊聊。"

静侬微笑点头，说："好的，我们再会。"

赫思勉伸手过来，握了握她的手，说："我可太喜欢你了。你跟我想的一样可爱。"

静侬微笑。

赫思勉摆摆手，沿着刚刚来时的路离开。

静侬他们送到台阶下，被她劝阻，转身飘飘摇摇地走了……静侬耳边还响着她离去前说的那两句话。赫思勉语调和缓，不疾不徐，听着声声入耳，真让人心里熨帖……甚至还有一种说不出的近乎感动和蛊惑的力量。

藤子见静侬不出声，转头看沈绪楷也不出声，问他："楷哥你不走吗？"

沈绪楷看着她，很认真地问："我是来吃晚饭的，走哪儿去？上楼吗？"

藤子大笑，说："走走走，上楼去——早就准备好晚餐了，我特地交代今儿晚上要是没火烧眉毛的事儿，让老张就别叫我下来了，我也想清清净净吃顿饭。这都多少天了，我们范老师人影不见，又陷进文山书海了……楷哥也很久没过来了吧？看你这阵子都要忙昏了。"

"昏倒不至于昏，忙是真的忙。"沈绪楷说着，快走了一步，把门拉开了，请两位女士先进去。

三人穿过咖啡厅，走进餐馆，正好进来一拨儿客人，他们就停了停脚步。

静侬看了看等候区，问："最近柯老师还经常来吗？"

藤子说："有阵子没来了吧，记不清了。"

"这么个见天儿给你找麻烦的人有多久没来，你记不清啊？你又不是我。"静侬轻声说。

藤子顿了顿，转脸看着她笑道："哎，你还挺有自知之明的。"

静侬蹭了下鼻尖，说："算了，这会儿不跟你计较。"

藤子笑笑。

静侬看她忽然有点失神的样子，不知是想到了什么，待要继续问，又觉得沈绪楷在身边，便没作声。

等到楼上，她看看满桌上摆的菜，轻轻"呀了"一声说："藤子你又来了，这么多菜吃不完全都浪费掉，都堵在你去婚礼的路上……"藤子听见，照她后背就拍了一下，说："烦人。"

静侬笑。

去不了天堂藤子根本就不在乎，但是去不了婚礼可能就是问题。她把盒子放到桌上，去取了个盘子盛出来。

沈绪楷倒了水，回头看到拿破仑蛋糕，像是出了神，有那么一会儿一动不动的。

静侬看他，轻声问："要不要先吃一块？"

沈绪楷递给她水杯，慢慢地说："不，我要吃饭。"

静侬看了下桌子中央空出来的位置，说："主菜还没上。"

"来了。"藤子说。

两个侍应生一前一后进来，将一个面盆大的汤锅端进来，放到餐桌中央。

静侬闻闻味道，轻轻"呀"了一声，说："腌笃鲜！"

"Bingo（棒极了）！"

"你怎知道我想吃这个！"静侬叫起来。她使劲儿搂了下藤子。

"少肉麻……我不知道啊，楷哥说的。"藤子笑着说。

"啊？"静侬还搂着藤子，看向伸手把汤锅盖子拿起来的沈绪楷。那汤锅真的很大，能放个小婴儿洗澡了……她说："藤子，这……"

"我知道，这么大一锅，显得太暴发户了，那你多吃点儿嘛，不是很久没吃了很想念？虽然这个季节吃腌笃鲜，稍有那么点不合时宜，可是谁让咱们想吃呢？"藤子笑道。

沈绪楷这时看了她们，问："可不可以坐下来边吃边聊？这是我今天第一顿饭。"

藤子哈哈哈笑了一会儿，很认真地反问："请问贵公司章程里有没有规定一条，虐待 CEO（首席执行官）会怎么办？"

沈绪楷停了停，才说："倒是希望能解散。"

"就是想把下金蛋的鹅养胖才这么努力工作的，哪儿舍得解散呀。还好你只虐待自己，不虐待员工。可是虐待自己也得有个度，一整天就等着这一顿饭，偶尔为之还行，老这样真的要出问题的……是不是，静侬？"藤子问。

静侬正在盛腌笃鲜，手里这碗就先给了藤子，一边盛第二碗，一边说："是呀，还是要好好吃饭的。"她把第二碗给了沈绪楷，再给自己盛一碗。

沈绪楷看看静侬。

好像这会儿她的注意力都在面前这锅腌笃鲜上……这锅腌笃鲜虽然看起来实在是很棒，可也不至于这么吸引人吧？

他尝了口汤，问藤子："你跟 Hailey 怎么认识的？"

藤子马上说："刚才没说吗？上周 K4 晚上有支乐队演出，在那儿遇见她的。涵哥是乐队多年的粉丝了，这次演出是他出资赞助的。我去听歌，看见她跟涵哥在那里聊天，就那么认识的……Hailey 很大方的，也没什么架子。我跟她还蛮有共同话题的，就交换了联络方式……这些天偶尔聊聊天，发现我们的喜好确实很相似的——范贝贝你有没有吃醋？"

"嗯？"静侬正埋头吃笋，听见这话抬起头来看着藤子。

"你老没空理我啊，译稿比我重要，Hailey 又可爱又知情识趣，人也通透大方，填补了你给我留的空白。"藤子笑着说。

静侬心里念了句藤藤子你这个大坏蛋，不是，你这个妖怪，让你在这给我作妖……她皮笑肉不笑地问："现在我也认识她了，回头我跟她好了，也来问你吃不吃醋？"

藤子笑得伏在桌上："现在就告诉你，吃！"

静依看看她的碗，"别只顾开我玩笑，不来一点？"

"怪腻的，亏你们俩这么喜欢。"藤子皱眉，"我吃点青菜好了。"

"这会腻？"静依和沈绪楷异口同声。

"就是啊……我顶多喝点汤吃块笋。"藤子摆手。

"哇，那谢谢你，这么一大锅全留给我们。"静依吃完一碗，刚好沈绪楷也要再盛一碗。

他伸手向她示意，把她的碗接了过去，给她盛了满满一碗。

她有点不好意思，可是想想味道那么鲜，不吃岂不是辜负这么美味的食物？干脆谢过他，接回瓷碗来继续大吃起来……她和沈绪楷都集中精神对付腌笃鲜，其他的菜倒没动几筷子。

只听见藤子叽叽呱呱说着话，一会儿抱怨这个菜淡了，一会儿挑剔那个菜油放多了，似乎满桌菜都没有一样能入眼、分分钟要下去解雇大厨。

静依越听越觉得不对劲儿："你是不是被柯老师附体了？这幸好是你自己的厨房做出来的菜。"她趁藤子皱眉不语，挨样儿试了下面前那几盘菜，就连那道最简单的果仁苦菊都清脆爽口："这不很好嘛！你挑剔个什么劲儿啊！"

"她是心情不好。"沈绪楷已经吃得半饱，拿起手边的杯子喝了口水，慢条斯理地说。

"我看也是。"静依说。

藤子手肘撑在桌上，下巴搁在搭起来的手上，左右看看这两个一唱一和的人，翻了个白眼，说："欺负我的时候就联合阵线了是吧？我哪里心情不好！我要心情不好，这儿早就火烧屋顶了。"

静依说："你就嘴硬吧。"

藤子笑而不语。

沈绪楷看看时间，说不好意思我得先走，晚上的酒会得正装出席，我需要回去换一下衣服。

静依要起身，沈绪楷忙说："别，别这么客气。"他说着就笑了，说："慢慢吃，我要不是等下还有事，也可以再吃一点的。"

静侬见他看着自己微笑着说着这些话，又亲切又自然，不知怎么忽然觉得心里不是味道。她点点头，看沈绪楷转头跟藤子说了句什么，藤子说那我下去交代一声，沈绪楷边起身边说不用了，我让老张跟我过去取一下就好了，你陪静侬吧。

于是藤子只是将他送到了门口，看他走下楼梯，回身倚在门框上，看着站在她身后的静侬，摊了摊手，说："请坐吧。现在这一锅都属于你了。"

静侬鼓了下腮："你以为我吃不完吗？"

"那太谢谢你捧场了。"藤子笑着说。

静侬等她回来坐下，拿手机过来像是在回复信息，就等了一会儿，默默地吃。

"有什么要问的就问吧。"藤子把手机放在一边。

"他怎么知道我想吃腌笃鲜的？"静侬问。

藤子笑笑，说："原来是好奇这个……我还以为你想问别的呢。这个嘛，我也不知道。他这个周不是回北京了吗，我正好有个急用的东西，快递来不及，今天早上打电话给他，碰碰运气看他是不是今天回来。幸好他接了，幸好他今天要回。我说我打算晚上叫你过来吃饭，问他有没有时间一起吃，他说有。问他想吃什么，他说你问静侬想吃什么吧。我就说静侬爱吃的我都知道，可是不晓得她最近有没有特别想吃的……他就说腌笃鲜。她最近想吃腌笃鲜。他没告诉我打哪儿知道，我还猜了一会儿，心说难道你们俩最近经常聊天儿吗？看样子也不像啊！结果还真让他说对了……够神的是吧？"

静侬想想，可不是嘛。

但是……本地能买到的做这道菜的所有食材都是外面运来的，不比在当地，食材总是那么现成又新鲜，即便自己搜罗了来做，味道也是要差一点的。

她时常会想吃腌笃鲜，都被准备食材这道门槛拦了下来。

前两天突然想吃，也只是在脑海中想，并不记得自己跟人说过——她最近接触过的人，无非就是周围的同事和学生，谁也不会跟沈绪楷有交集。

这人，难道真的会读心？

会读心也要见到人才行啊……

"其实吧，要是仔细想想，也就知道，很多事是需要关心才能发现的。"藤子慢慢地说，"Hailey呢，我是蛮喜欢她的。她这人很坦率的，虽然没明说，不过我觉得她想要认识我，多半是想借着我这个桥梁能快点儿见到你——我那几个月季拱门、小花园子哪儿还够人瞧啊？人家是J航小当家，是想吃意大利菜可以搭自家飞机马上就飞去吃的，也未必瞧得上我这里的菜。这点自知之明我还是有的。人呢，都杀到面前来了，你着急不着急？反正我瞧着是有点着急，不过你要是真的不急，我也没什么意见。你都明白，我说也是白说——另一件事也是这样。态度呢，我老早就有了，就不重复了。最近我老觉得很累，不爱费心费神。你清楚自己在做什么就可以了。"

静侬小口小口喝着汤。

藤子语速越来越慢，最后那几句，近乎低语，竟让她听出了五味杂陈……藤子自然是没有说什么，但这不说等于全说了。

她不能问的，藤子也回答了。

一想到她跟陈润涵的争执他们全都听到了，她只觉得手里这汤碗都沉了起来。

"不说这些了……你译稿进展怎么样了？"藤子伸手拿了杯子，倒了杯柠檬水。

"挺顺利的。还有最后半个章节就完稿，休息两天，再从头理顺、查漏补缺。再有一个半月应该可以交稿，比预定时间早太多了……我又接了个翻译童书的活儿，做完这本书，就开始新任务。今年在做的都是喜欢的工作，真开心哎。"静侬说。

这真的是说起来就高兴的事。

藤子听了微笑，看她脸上终于放光，笑着伸手蹭蹭她的腮，说："商量个事儿。"

"说呀。"静侬笑。腮上痒痒的。

"回头书稿的后记里，提一嘴我们这些做后勤保障的人呗？将来万一老太太一不小心得了布克奖诺贝尔奖什么的，突然成了百万级别畅销书，我也跟着走进千家万户，与有荣焉啊！"藤子说着说着就笑得更厉害了。

静侬说："没问题。唉，现在的纯文学作品，要真的成畅销书，还真需要有个奖加持……嗯，我再问你一件事。"

"柯正杰吗？"藤子喝了口水，问。见静侬点头，抱怨了句："你们一个一个的跟人精一样，就我是透明人是吧？"藤子笑了会儿，说："也不是我们聪明，是你不善于隐藏——刚楷哥在这儿你就想问我，可是担心我不方便回答，是吧？"

静侬又点头。

"谢谢你体贴我的心情……其实也没什么，就……那晚一起过夜了嘛。"藤子说。

"同学会那天？"静侬轻声问。意外倒也不是很意外，可对象毕竟是柯教授。

"嗯。"藤子舒了口气，"你别这个表情，我成为完全行为能力人都十年了，他大我那么多，后果会不清楚吗？又不是小孩子。"

"可是问题是……看起来你清楚，他不太清楚哎。"静侬说。

"对，你说到关键的了。"藤子皱了皱眉，"这事儿本来没什么，结果他觉得必须要明确关系——我说我没想过，他很生气。"

"藤子，柯教授的年纪呢是不太年轻，因为晋教职顺利，做教授都算资深，当然如果今年成功晋升院士，院士里算很年轻的，可不是当不起……我说这些呢，意思就是，虽然他论资历、成就都在同龄人里是佼佼者，人却是非常单纯的。就我的认识来说，非常非常单纯。我其实不能算心思很复杂的人了，但跟他也比不了。所以这件事，你得谨慎处理。我不是替他说话，而是，你们俩处事是很不一样的，就是不要有什么误会……开始就开始，结束就好好结束，你明白我的意思吧？"静侬很小心地措辞。

"我知道啊……我也说不出来为什么，不是不喜欢他这个人，可是想到要跟他长久相处，还是有点害怕。"藤子说。

静侬过了一会儿，才问："那你是怕跟他长久相处，还是怕跟另一个人长久相处？这是不同的问题。"

"啊，我会仔细想想的。"藤子眉头皱得更紧，半晌没再说话。

静侬看着藤子，也不难体会她内心的犹豫和煎熬，这在一向对待感情干脆利落的藤子来说，是比较罕见的，可见关系虽然发生得有点仓促，倒也不是无迹可寻……

若是对一个人完全没有心思，何必为他苦恼呢？

藤子都这样，也难怪柯正杰失魂落魄。

静侬想着想着，忽然觉得有点好笑。

"喂！"藤子不满地敲敲桌子。

静侬举手告饶，说："对不起，只是想起柯老师今儿跟我说话那赌气样子，真的是好有趣……"

"哇，有趣！对待感情那么幼稚，小孩子才那样好吗，一是一二是二的，大人的感情世界是复杂的！"藤子又要翻白眼。

静侬不跟她争，笑了一会儿，才说："你心里有数就好。感情上的事，我帮不了你什么忙。"

"我不需要你帮忙，需要你的另有其人。"藤子说。

静侬不出声，又鼓了鼓腮，决定再吃一碗腌笃鲜。

藤子看她贪吃的样子，不由得觉得高兴起来，忽然说："哎，老柯看见翡翠竟然不害怕。他其实特别怕软体动物。我本来以为他看见翡翠说不定会昏过去，结果他看了半天，回去还研究了好多翡翠的品种习性什么的，还发给我瞧……哇！"

"跟他在一起不会闷，是吧？"静侬问。

"那倒是真的不会闷……觉得闷之前大概先会被气死吧。"藤子懒洋洋地说。

静侬只是笑。

她今天多陪了藤子一会儿，等到餐厅打烊，和藤子盘点完了，见藤子懒得开车，就把藤子送回了家。

她在楼下等着，直到藤子的窗口亮了，看她朝自己挥了挥手，才驱车离去。

她开着车窗，晚风吹进来，带着寺院的烟火气。

等红灯的工夫，能听见寺院里的塔上风铃在叮叮当当响，清脆悦耳……秋意渐渐浓了，她拉了下披肩。

回到家，她把打包的食物放进冰箱后，就钻进书房去，打开电脑，准备再工作一小时就去睡。

打开浏览器，她看着本次开屏的欢迎画面，忽然想起来自己在哪儿公开表达过想吃腌笃鲜了——

前天晚上，完成了当天的翻译任务已经十一点钟，她刷了会儿ins，因为饿，特意去看了自己关注的美食博主，正好他晒了自己做腌笃鲜的视频，看得又馋又饿，于是忍不住留言说太想念这味道了……

但她没转发，只是留了这句话。

她翻出自己那条留言来，看了一会儿，又退出来进入自己的用户页面，看到关注人那里，虽然只有几百个关注，可是要在这些五花八门的 ID 里面找出一个人来，可也不容易。

再说，也许沈绪楷只是碰巧和她一样关注了同一个博主，而他也恰好愿意花点时间看看留言，以及，刚刚好又看到了她的留言，并且，他清楚那个 ID 就是她……会有这么多巧合？

她在列表里翻了一会儿，想起沈绪楷英文名字是 Michael，准备照着这个线索找。但她只翻了两页就停了下来，盯了页面一会儿，退出来，在微信里找到沈绪楷，问："想问问你，是不是有在 ins 关注我？"

发出去之后，她又觉得自己唐突，但是她忍住没在允许的时间里把这句话撤回。

被熟悉的人没有告知就关注其实并不算是一种很愉快的体验，总觉得是隐秘的自我被发现了，会有一个稍稍不那么舒服的过程，虽然沈绪楷从来没有打扰过她。

他很快回复道："是的。"

随后他把 ID 发了过来。

静侬看到这个 ID 的时候竟松了口气，她没猜错。

沈绪楷又说："是偶然发现的。如果我的关注让你不便，马上取消。"

"没有。"静侬说。

这句话倒不是违心说的。冷静下来，她意识到自己并没有反感他关注。

有好一会儿，两人都没有再发消息。

静侬想到他这会儿在酒会上，想必应酬正忙，自己也没有什么想要说的了，就把手机放在了一边，打开文档开始工作。

进入 A 教授的文字世界总是让她觉得心特别安静，她很享受每天在这里面度过的这段时间，投入进去就不想出来……所以手机振动了一下之后，她虽然发觉了，还是过了一会儿才拿起来看。

沈绪楷问："我想见你。这会儿会不会太晚了？"

静侬一怔，看了下时间。

马上就十一点了……

这会儿他身边是觥筹交错，衣香鬓影，热闹非凡，但她似乎能看到沈绪楷拿着手机的样子，那是在人群中却又和人群保持距离的模样。

只要他想，随时会变成一个旁观者，但又随时会融入其中。

她想到他这个样子，胸口有点发闷。

"不会。"她回复。

"我喝了一点点酒，但是很清醒。如果你介意，我就不过来了。"沈绪楷说。

"OK 的。"静依又回复。

"二十分钟后见。"他说。

"OK。"静依发回去，把手机放在桌上。

她抬手托住腮，重新把对话过程看了一遍。

按照她的习惯，这个时间，基本上是不可能发生类似的对话的，可是对象是沈绪楷，她不知为何就觉得，如果是这样，也没有什么问题……

她寻思着，是不是自己脑袋有什么问题了？

她甩了下头，好像这样就能让自己清醒一些。

她整理好文档，小心备份，关掉电脑就去翻出沈绪楷的 ins 来，点了关注。

来不及看内容，她只匆匆看了一眼他那简洁的头像和页面，就揣着手机走出书房。

夜深了，屋子里很静。

她只听得到自己的脚步和呼吸声。意识到自己的呼吸声时，她也同时意识到了自己的紧张——还是有点忐忑的。除了近亲，她还没有在这么晚的时候，在自己独居的地方见客，连女人都没有过，更不必说这是个男人。

她去厨房里准备饮品，扫了一眼橱柜和冰箱，取了小青柠出来洗净晾干……

沈绪楷不爱喝没有味道的水，最低限度，也要是柠檬水或苏打水。

她不知道什么时候发现了他的这个习惯，而且竟然记住了。

匪夷所思。

她想。

门铃响了下，她去开了大门。Luna 已经睡了，听见对讲器里沈緒楷的声音，从狗窝里噌的一下跳出来，等门一开就冲到院子里去，眨眼就跑远了。

Luna 身上的斑纹让它在夜色里也还是有些显眼，像一道豹纹的闪电一样。

静侬走出来时，就看到 Luna 扑到刚刚从台阶上走上来的沈緒楷身前，跳着扒他的裤腿——

沈緒楷身上的礼服非常整洁，Luna 可不管，扒过裤腿竟然还在沈緒楷弯身时就跳起来咬他的领结……

静侬忙喊 Luna 别咬，咬碎了可糟糕……沈緒楷慢慢地说："咬碎了就碎了嘛，有什么关系。"

他说着抽下领结来，在 Luna 面前转了转圈，一挥手就扔了出去。

Luna 豹纹闪电往领结的落点飞奔而去，很快就衔了回来。

沈緒楷伸手要接，Luna 跑到他面前几步远处却刹住了，转而奔向静侬，很得意地把领结放到她面前的地上，开心地坐了下来，抬爪子要求表扬……

静侬赶快把领结捡起来，倒是没忘了给 Luna 鼓励，摸摸它的头说："没撕碎东西很好，可是下回不要这样了。跟你说了很多次了，不要拣贵的东西咬……咬坏了赔不起的。不好意思啊，Luna 太兴奋了。"

静侬说着，抬头看沈緒楷。

"说了没关系，送给它玩。"沈緒楷不在意地说。

静侬手里拿着被 Luna 的口水弄得湿乎乎的领结，看着沈緒楷那微笑的样子，没出声。

沈緒楷走过来，也摸摸 Luna 的头。

"进去坐吧。"静侬说。

他身上并没有酒气，也不见醉意，可见他刚刚说的并不是假话……不过也许是因为他们站在户外，空气这么好，哪怕有一点污浊的气息也会被迅速冲淡的。

"我准备了青柠……或者你喝茶吗？"

"谢谢，不用。我不进去了。"沈緒楷说。

静侬想起来，上回他送她回来，也是晚上，他也没有进屋坐。其实要避嫌，倒也不必如此……沈緒楷有时显得过于君子了。

可是，如果他不是这样的，大概她是不会说那句"OK"的。

"可是，外面有点凉哎……"静侬说着，指了指屋内。

更深露重，是这个时节了。

在户外站得稍久一点，裙摆都会因为草叶上的露水，变得沉一些。

"没关系的，喝杯水而已。"她又说。

她看着他的眼睛，等着他做决定。

沈緒楷默默地看着她，良久不语。

再过了一会儿，他终于走过来，轻轻将她拥进怀里。

静侬站着没有动。

这个拥抱突如其来，可是她并不觉得太意外。

有些意外的是，沈緒楷明明是拥抱着她的，可是他身体僵硬又直板，像石头一样，还有些冷……

她脑海中瞬间闪过几个念头，每一个都让她抬起手来回应他……几十厘米的高度而已，她的手很轻易就可以够到，但这个过程有点漫长。

没等静侬反应过来，沈緒楷放开了手。

他轻轻抚了抚她的额发，说："抱歉。不过，谢谢你。"

静侬怔了下，问："谢什么？"

"我知道你有点同情我。"沈緒楷说。

这句话说出口应该很艰难。静侬看着他，尽管他脸上的表情非常平静，而眼睛又是那么地深……没人喜欢被同情，骄傲如沈緒楷更不喜欢。

"你哪里需要我同情了？"静侬问。

说着，她将领结使劲丢了出去。Luna 开开心心去捡了，她则转身走到门前，开了门请他进去。"你看起来很累，坐一会儿休息一下……放心，我不会吃了你的。"

Luna 跑回来，站在两人中间，似乎还没决定这回该把衔回的领结交给谁，犹豫了下，跑向了沈緒楷。

沈緒楷扯住领结一端，跟 Luna 拉扯了一会儿，抱起它来，走进了屋内。

静侬轻轻将门关好，看沈緒楷准备换鞋，忙说不用了——她这里其实没有准备多余的男式拖鞋。

陈润涵进来从来不换鞋，另外几双分别属于几位男性长辈，总不好随意拿一双来给沈绪楷……她不记得上回他进门有没有换过拖鞋了……

就这么会儿工夫，她忽然觉得自己琐碎又无聊，为什么总是在这种无关紧要的细节上纠结呢？她回手拉开鞋柜取出一双女式拖鞋来撕开包装，说："应该是小了些，要是你不介意的话……其实不换完全没关系，我不在意拖地。"

沈绪楷仍然抱着 Luna，这时微微笑了笑。

他脱掉鞋子，穿了这双大概只容得下他三分之二只脚的粉色拖鞋，转身向内走。

静侬看着他一身黑色礼服，配上这被撑得变了形的粉色拖鞋，实在是有些滑稽，忍不住咬了下牙根，才没笑。

她看沈绪楷将 Luna 放下，转回身来看着她，忙走过来，说："请坐。"

她没说请他坐哪里，沈绪楷也没问。

她去操作台切青柠，往玻璃杯里放的工夫，抬头问他加不加冰，就看他走了过来，在她对面的高脚凳上坐了下来，说："要。"

她去冰盒灌了大半杯的冰，加入青柠和水端过来，放在他面前。

沈绪楷看着冰水，问："薄荷叶呢？"

静侬顿了顿，幸而薄荷就在身后的窗台上。她顺手取了剪刀，剪了一段薄荷下来，纯净水一洗，回手用夹子夹住，轻轻搁在了沈绪楷杯子里。

"请。"她说。这一连串动作一气呵成，然而她背上却不知不觉出了汗，面前这杯冰水就显得太及时了。

"谢谢。"沈绪楷说。

静侬摇摇头。

她默默地喝着水，细细地看着他——

他坐在高脚凳上，目光低垂，落在他面前这杯冰水上……他的睫毛很长。

她这样看过去，只觉得那弯弯的睫毛像某种鸟类漂亮的羽毛，有着细细碎碎的星光，一颤，那星屑就会抖下来……他慢慢地抬起眼来，看着她。

她的目光来不及躲闪，只好也看了他。

“这个时间确实有点晚了。我没在这个时间单独去过女孩子住所。”沈绪楷说。

“嗯。”静侬点头。

“但是……我觉得今天晚上如果不来看你的话，可能以后都不会来了。”他说。

静侬心里一震。

玻璃杯上凝的水珠在往下滑，沈绪楷拿起杯子来，一气喝了半杯，那水珠就扑簌簌往下落，落到雪白的衬衫上、黑色的礼服上，继续滚落……她忽然看到他露出的袖扣，盯在那里，一动不动。

那是她送他的礼物。

在爱丁堡的时候，她特意留出一点时间来选礼物，给他挑礼物又特别花了点心思，最终在一家杂乱无章的小古董店里，挑了一对银质袖扣。

袖扣的图样很简单，是两把交叉的剑。

她想着也许他都不会用这么不起眼的东西，虽然她觉得，其实这会让人联想到骑士风范的小饰物，是很符合他的气质的……

他收礼物的时候并没有表现得很开心。

她当时还有一点小小的失望，后来宽慰自己，选礼物嘛，尽心意就好……

她对沈绪楷，远称不上了解，礼物买不到心坎儿上，是再正常不过的了。

静侬出了神。

沈绪楷把水喝光了，她也没发现。

冰还在杯子里继续融化……

沈绪楷见静侬不出声，却也知道她是在听的，于是继续道：“润涵做的事，我不知情，当然，并不觉得意外。我不想装大方，也不想装作我没听见你们两个争执……必须要承认的是，听见润涵做了那些事，我竟然有一点痛快的感觉。”

静侬看着他，并不出声。

“对不起，这句话应该会让你不舒服，可这是我真实的反应。我不想回避也用不着否认这一点——如果可以，我是想要他从这个世上消失的。润涵做的，不及我脑海中演练过的万中之一。”沈绪楷说。

静侬纹丝不动，一瞬不瞬地看着他。

"我很明白在这一点上你跟我的观点不可能一致，情感上也不可能同步，甚至痛苦你也不会完全体会——你会同情我，但你并不能体会我的痛苦。这一点不是你的错，只是我觉得，可能我们真的需要多点时间。"沈绪楷说完了，将融化的冰水一饮而尽，"谢谢你让我过来，当面跟你说出来我的想法。装作什么都没发生，从此以后就疏远了，这可能是最好的方式，成年人的方式，成熟的方式。不过对不起，你对我来说，可能……"

他说到这里，停了一下，因为静侬忽然站了起来。

他微微一怔，看着她。

她走到他面前来，停下，仔细地端详着他。

是的，上一回他坐在这里吃早饭，她就发现在他身边走动时，似乎恰好能和他的视线持平……

而她走了过来，印证了这一点，还是让她心里瞬间轻轻"啊"了一声，原来真的是这样的。

她抬手扶住他的颈子，轻轻在他唇上印了一个吻。

沈绪楷没有动。

静侬退后了半步，看看他，然后又上前轻轻给了他一个拥抱。

沈绪楷还是没有动。

他的肩膀宽厚，穿着礼服，齐整到像是两个直角。

静侬忽然有点不知所措。

她垂下手，再要后退，沈绪楷伸手拉住了她。

他也还是没说话，只是看着她。

过了一会儿，他将她轻轻拉近些，如法炮制，在她唇上也轻轻亲了一下。

他并没有进一步的举动。

静侬嘴唇上却像着了火。

这一下，力道明明和她亲他差不多，然而效果却完全不同似的……

她知道自己脸一定是红得不像样，轻轻咬了下嘴唇，说："我知道我是喜欢你的，所以你也不要问我刚刚为什么要这样做。你说的我都明白。我心里很清楚，有些事我是站在了你们的对立面……我是怎么想的，大概你也知道了……如果现在不是最好的时机，我也希望你知道我对你的心意是什么样子的。"

沈绪楷握了握她的手。

静侬低头。

他的手温暖而有力量……她心忽然就酸软起来，慢慢地拉着他的手，轻轻晃了晃："谢谢你坦白。"

"如果更进一步还不可能，我们之间至少应该做到这个地步。这是起码的尊重和坦诚。"沈绪楷抬手又抚了抚静侬的额发。

静侬不知何时额上沁了一层汗珠，额发早已半湿。

她有点儿尴尬地抬手按住额头，轻轻"哎呀"了一声，说糟糕哎……这样一点也不好看，也不优雅。

可是……他脸上有浅浅的笑容，好像知道她想什么，也在告诉她即便是这样，其实也没关系。

"我得走了。"沈绪楷说。

"我送你。"静侬忙说。

"不用。出去的路我还蛮熟的。"沈绪楷说。

静侬皱了下鼻子。

沈绪楷在门口换鞋时，将换下来的那对粉色女式拖鞋摆放整齐。

他抬眼看着静侬，还有蹲在静侬脚边歪头看他的 Luna。

他伸手摸摸 Luna 的头，给它指令不要动。

可是他转身出门，静侬跟出来送他，Luna 却仍然跟在静侬脚边，不声不响的……

他整理了下衣领，走下台阶。

但走到半截，他站下了，静侬一脚踏下去，也急忙站住。

"忘拿什么了吗？"她问。

"没有。就送到这儿吧，你不用出来了。"沈绪楷说。

静侬犹豫了下。

她忽然意识到，沈绪楷此时可能不希望她看到他离开的背影吧……她点了点头。

沈绪楷却没有马上走。

他看着静侬，说："还有一件事，我想跟你说。我并不确定会不会对他做出什么来。"

静侬没出声。

沈緒楷看起来也没打算等她说什么，转身下了台阶。

她站在台阶上，看他缓步走下去，走进了树荫里。

那墨色的身影走进树荫里，墨色就更深重了，看得人心里发冷。他拉开门，外面的灯光映在身上，整个人才亮了起来，也只是一瞬间，他走了出去……

门外车子引擎声轻轻响起来，不一会儿，就开走了……

静侬又站了一会儿，直到街上的声响完全消失，才挪动了一下。

她也不知道自己是不是因为沈緒楷离去前那两句话，才像是被施了咒语一样被定在这里了，总之她确实从他的话里听出了更深的无奈、痛苦和不确定……

她慢慢吐了一口气，缓过神来，见 Luna 跟着跑到大门口，被关在门内，正轻轻嗅着门上的味道，叫了它一声："回来啦。"

Luna 跑上来，静侬勒起它上台阶，说："小胖妞儿。"

Luna 像是哼了一声。

她揉揉它的狗头，把它放在地上。

Luna 很快跑开了，她则走得很慢。

秋虫叽叽叫着，让人心里更添一层凉意……她在草坪上来来回回走了几圈，直到裙摆都湿了，意识到自己在户外也徘徊了太久了，这会儿沈緒楷应该到家了吧……

她抬眼看到 Luna 趴在门前地垫上不知道在啃着什么，忙快步走过去，近了才看清 Luna 啃的是沈緒楷的领结。

她哄着 Luna，把领结给要了过来，气得揪住它耳朵说："怎么说都不听。"

Luna 张开嘴巴露出一口亮白的小狗牙，那样子十分像在笑。

静侬看着看着，实在是没有办法跟小家伙生气……她开了门让 Luna 进去，给它擦脚的工夫，点着它的小鼻子说："……把你惯得无法无天了。"

是谁惯得？她没说。说了 Luna 也听不懂……可是 Luna 每次见到沈緒楷，做出的也是最真实的反应——除了她这个主人，沈緒楷大概是 Luna 最喜欢最信任的人了。

今后，沈緒楷还会不会像以前那样，亲切地对待 Luna，经常来看它？

她也不确定。

她放开 Luna，起身去找手机。

果然看到沈绪楷发来的信息，告诉她自己已经安全到家。"晚安。"他最后说。

"晚安。"静侬坐在沙发上，盯着手机屏。

这两个字像是有温度的……她抬手轻轻按住嘴唇。

沈绪楷的嘴唇也是有温度的，柔软而温润。

她额头上又沁出一层汗来，赶忙跳起来，跑去将水杯清洗干净，一路关着灯，带着 Luna 回到卧室里，好好洗了个澡。

可是等她躺到床上，她竟然觉得脸还是热的，尤其嘴唇那一点，热得像被灼烧过……

她趴在床上，钻到枕头下，默念了一句范静侬你这个傻子，闭上了眼睛。

她原本以为自己很可能会睡不着，可是眼睛一闭，竟然几乎是瞬间就入眠了……

唯一的问题是，她竟然一个睡姿保持到醒来，睁开眼，枕头仍在头顶，而脖子像是被拧歪了一样，等她爬起来，要好一会儿才能动。

手机就在手边，她抓过来看了一眼，发现藤子竟然一清早发了信息给她，马上打开看，原来藤子问她昨晚睡得好吗，"……昨晚都是你照顾我、听我倾诉了，我一觉睡醒，想想你呀，觉得你昨晚心情也好不到哪里去，不知道今天怎样了……"

静侬看着藤子发的这几行字，握住手机，很快也打了几行字回去，告诉她自己睡得很好，当然脖子拧了这回事是不必要提的，有点丢人……还有更让她觉得不好意思的，不过倒不怕跟藤子承认。

"昨晚我亲沈绪楷了。"她说。

藤子好一会儿没回信息。

静侬由垂着腿坐，改成了盘腿坐，又改成了下床站立，很快在床尾走动了几个来回，又回到床上盘腿坐……Luna 睡眼惺忪地看着主人像一只被圈禁太久的动物似的做着刻板运动，也换了个姿势躺。

"说话啊，滕藤子。"她说。

"亲一下而已啊。"

"而已！"

"……终于要开始谈恋爱了吗？"

"并没有。我们……还需要点时间，但是我喜欢他。我不想骗他，也不会骗自己。"她回复道。

"被你绕晕了……你知不知道你这样子很像个渣女？"藤子问。

"很像吗？"

"根本就是。"

"你好烦。"

"你才烦。我不过是问问你睡得好不好，你丢给我一个炸弹，害我睡不成回笼觉了……算了，我去趟海鲜市场吧。"藤子说。

"我陪你去。"静侬马上说。

"算了吧，范老师。工作日的早上这么点时间哪儿来得及，你再带着一身鱼腥味进图书馆，得，就算是仙女下凡了——周末吧，周末咱们俩一起逛去，到时候好好儿聊一聊。"藤子说。

静侬说："刚才还渣女，这会儿就变仙女了……你要是觉得累就别去了。这几天好好休息，周末我陪你逛个够。"

藤子发了个大笑的表情。

静侬去洗脸时听见手机振动，拿小拇指点了一下屏幕，就看到藤子又说："互相确认心意就是一大进步。你不要放过楷哥，既然渣了就索性渣到底。渣女也讲道义的……"

这都什么话！

静侬满嘴泡沫，咕哝了这一句。

她忽然想起昨晚被 Luna 啃的满是口水的那条领结，忙去找来看看，判断了下材质，又去柜子里翻找了好一会儿，才找到最适合的洗涤剂，洗干净晾好……

她看着变回洁白的领结，晨风吹进来，领结慢慢晃着，晃着……让她想起沈绪楷站在海边时那孤独又倔强的背影。

她不知不觉叹了口气，换过衣服下楼去简单弄了点早餐吃。

进了车库，还没等上车，她接到陈润涵的电话，告诉她等下出门的时候开一下报箱。

"我懒得跟你讲了，你自己看。看是我不给人留活路，还是人家本来就自己作死。他要是再折进去，那不能怪我。"陈润涵说完挂断了电话。

静侬抬手揉了下眉心。

她想了想，还是退了回来，去开了报箱。

报箱里果然有一个牛皮纸文件袋。

报箱很久没开了，拿出这个文件袋，还扯出几份小广告来。

她将散落在地上的小广告捡起来，拿到车库里扔进垃圾箱。

手里的这个牛皮纸文件袋也顺手搁在了垃圾箱上，然后，她开车出了门。

车子开到图书馆门前停稳，她在车里坐着没动。

陈润涵给她的文件袋里会有什么，她猜不出。

此时她也不想去猜。

她耳边清晰地回响起沈绪楷昨晚离开前最后说的那两句话，手心出了一点汗。

她很明白，如果陈润涵对修任远做的那些，像猫吃掉耗子之前的随意戏耍，换了沈绪楷，让修任远凭空消失绝不是不可能的。

就是陈润涵想这么干，也只是费点周折而已。

不过陈润涵是不会那么做的，沈绪楷……他应该也不至于。

但是想到这一点，她多少有些不寒而栗。

车窗被轻轻敲了两下，她回过神来，转头看到李晴晴，忙笑了下，摆摆手，下了车，说："早啊，李老师！"

"早！怎么坐在车里发呆？"李晴晴伸手挽住静侬手臂。两人要走，她又拉住静侬："锁车啊！"

"啊……没事，又丢不了。"静侬锁好车。

"啊对了，着急跟你说个事儿呢。"李晴晴拉着静侬，两人刷卡进门，"最新出炉的消息，昨晚那个……Ruby爸学院群里通知的，这事儿让不准乱传——我跟你说，那个宗博士，出事了。"

静侬把门卡放回包里，看了李晴晴，问："还是和以前类似的事吗？"她不太想直言问李晴晴，宗小苔是不是又一次陷入了校内不伦之恋。

李晴晴说："那个还不清楚。只知道她服药过量，被隔壁女生发现，半夜送医。她在医院里大哭大闹，陪她去医院的女生搞不定，联系不到家属也联系不到她男友，只好联系导师……姜山怎么可能亲自去？听说宗小苔的论文接连被毙，毕业论文写得也不顺利，眼下跟姜山的关系是那样的，就是换导师也来不及……"

"要是中间没有什么猫腻，为什么要下封口令？"静侬皱眉问。

"敏感时期嘛，还有几天就校庆了。再说，不是上周信息院有个硕研男生因为和导师顶了几句嘴，被骂了个狗血淋头，转头就跳楼了吗……接二连三出事，影响不好。宗小苔的情况又特殊。她没事儿都能搅起三尺浪来，出点儿问题，不知道有多少人睡不好，能不下令封口吗？"李晴晴说。

静侬轻声说："就业压力大，发论文压力大，再加上导师们各有各的道道儿，不知道多少学生不堪重负。"

"我早上本来想拿 Ruby 爸的手机截图给你看——后来一想不太好。倒不是不信任你，主要是这事儿啊……说不定什么时候就被捅出去了，到时候说不清。"李晴晴摇着头，"药是误服吧？我看她是像有那么点不正常，也只是觉得可能价值观异于常人，不认为她精神有什么问题。"

静侬眼前浮起宗小苔的样子，那咄咄逼人的表情和冷嘲热讽的语气……实在是很够人受的。

她虽然也希望宗小苔不至于有什么问题，可人若是果然有什么疾病，也不见得写在脑门上似的总是要显现出来。

"应该不会。"静侬说着，推门进办公室，把包放在桌上，卷起衬衫袖子，打开窗子通风，"姜教授没去医院，后来呢？那女生一直陪着吗？"

宗小苔在中学时就缺少女生朋友。

依她这大半年来的观察，宗小苔也从未和哪位女同学走在一起……她这么想着，又在仅剩的有关宗小苔记忆里重新梳理了一遍，再次印证了自己这个判断。

出意外状况时能有女同学及时发现，不能不说是万幸了……她自己是从不缺朋友尤其不缺女性朋友的，虽然亲密无间的也不算多，总归是有。

李晴晴正在收拾办公桌，听见静侬问，说："最后好容易联系到一个宗小苔的朋友……那女生拿着宗小苔的手机在通讯录里挨个儿打，看着像能帮上忙的都问。我就说，有的人读到博士也是读成了书呆子——人都在医院里了，还能出什么乱子？硬是要大半夜搞得草木皆兵。再说为什么要不知底细随便就给人打电话呢？"

静侬把窗台上的花都浇了一遍，刚要说话，听见走廊上有人高声聊天，是同科室的其他同事来了。她和李晴晴很默契地停下了这个话题……

这一天的工作安排有点紧，静侬到下班时才想起宗小苔这事儿来。李晴晴像是知道她惦记着下文，走出图书馆时特意跟她说最新消息是宗小苔已经脱离危险，但是还要留院观察两天。

静侬听说宗小苔安然无恙，就把这条消息消化了。

她开车出校门时，忽然想起昨晚藤子提了一句还挺想吃苏记的那个山楂馅儿的夹心蛋糕来，临时拐了个弯，往苏记这边来了。

她进了店，Sukie 正在和爸爸争论什么，音量有点高。

见她进来，父女俩同时收了声。

Sukie 有点委屈地叫了声范老师，问她是不是还要拿破仑饼。

静侬摆手说："今天不需要，我要山楂蛋糕，给我来两盒。"

付款时她看看 Sukie 的表情，笑着问怎么不高兴了，这可太难得了。苏老板站在女儿身后，笑道："非要回向阳院去拍照……我说那边门也封了，垃圾遍地，哪儿还是你小时候记得的那个干净利落其乐融融的老里院儿啊？有人住的房子是房子，人走楼空就是鬼屋。我这会儿又不能陪她去，眼看天黑了，一个小女孩儿不安全……"

"我才不是小女孩儿。爸爸您这就是看低女孩子。还有为什么觉得不安全就只会提醒女孩子？治安不好不是女孩子注意安全就可以了的。"Sukie 不高兴。

苏老板仍然笑嘻嘻的，说："范老师您瞧这孩子！我看重女孩子，不表示我不该提醒她凡事小心——你要不是我女儿，是别人家的女孩子，我该提醒也会提醒的……"

"爸爸说这么多，还是不让我去拍照呗？"Sukie 不耐烦，"范老师，那边老里院要保护性拆迁。我小时候跟奶奶在向阳院住过，很有感情的。昨天在朋友圈看到老邻居发的照片，心里怪难受的……"

静侬看看苏老板，问："向阳院的改造项目开始了吗？您家在那里有房产啊？"

苏老板点头，说动迁的协议都快签完了，剩下的没签的都不多了，条件没谈好……"其实从前向阳院隔壁那整个院儿都是我们家的。后来吗……"他笑笑，不说了。

"那您认得林奶奶吗？"静侬问。

"认得！老太太走得有十好几年了吧？范老师跟林奶奶认识？"

"是，我母亲的老保姆。我小时候她年纪已经大了，可也还经常来我家走动的，我也跟着我母亲去看望过她……林家早搬了吧？"

"早搬了。比我们家搬得还早几年呢。林家的孩子都有出息。这回回来办手续，他们都没露面，派人来办的。"苏老板笑着说，"范老师以前应该也到那一带玩儿的吧？那边小吃也多，什么都有，做生意的般般样样儿，齐全，热闹，红火。瞧瞧现在……改造不改造还不就是那么回事儿吗？人是永远都不会回去了，就老人儿们剩下点儿念想吧。我还想着楼底下那几家面馆子……他们还没走，改天我回去吃碗面。"

"看，这不是有感情吗？那您还不让我回去拍几张照片。"Sukie 说。

苏老板又笑，但仍然没松口。

有顾客进来，他去招呼了。

Sukie 给静侬看她保存的邻居们发的照片——有几张是在顶楼，走廊上摆着老院的油画，背景就是整个画内的老院，在夕阳下，画面色彩厚重光线柔和，看起来非常动人……她轻叹："真美啊。"

老里院不剩下多少了，再不保护的确来不及了。她也有很多年没有往那边去了，虽然距离并不远。消失的老城和成长的新一代，在这个城市里你退我进。

静侬拎着点心，看苏老板闲下来，说："您要是放心，我和Sukie 一起去吧。我也有点想看看那儿现在是什么样子了。再去，可能就是修好了的新文物了。"

Sukie 笑起来。苏老板见静侬这么说，点头答应，不过嘱咐她们在楼底看看就行了，不要上楼了。

"那些房子老旧，动迁协议签一家，施工队就进去扫荡一家，门窗都砸烂了，又破败又危险。"苏老板说。

静侬点头说我明白。

Sukie 开开心心扔了围裙，拎起她的包来就跟静侬上了车。静侬看她从自己的大背包里拎出来一台小小的徕卡在摆弄，微微一笑。

静侬和Sukie 闲聊着，大概十分钟后，就来到向阳院所处的老城区。

车子开进破败陈旧的街道，静侬和 Sukie 沉默下来。

停了车，两人下来，看着周围——很多临街的窗户都被水泥封了，墙上写着"已交房""拆"等等又难看又潦草的字，触目惊心。

偶尔有人从门洞里钻出来往外看看，像是拾荒的老人。

路边高大的法国梧桐静静立着，看起来它们倒不为所动，只是不知还能坚持多久……静侬轻轻叹了一声，说："物是人非。"

Sukie 倒是有点兴奋，拿着相机开始拍来拍去。

静侬跟在她身后，走进向阳院，提醒她小心脚下，看看表，说："Sukie，只给你二十分钟。天黑前我要把你送回去。"

"知道啦。"Sukie 笑嘻嘻地说着，一路往里走。

地上垃圾很多，可是设施基本完整。

垃圾之间有人行的通道，看来平常还是有人走动的……

静侬打量下这老院子，四层楼，楼梯交错，像密布的蜘蛛网，细致地通往每一户人家……

她还记得小时候来这里玩，对这迷宫样的住宅感到新奇又有趣，在里面跑来跑去，从这里跑到那里，永远都有路可以走……

她发现这院里还有几户人家没有搬走，走廊里晾着鲅鱼和衣服，看起来，保留了老院子生活的烟火气。

Sukie 看着也开心，拍照拍得更起劲了。

静侬和 Sukie 沿楼梯走上去。

站在顶层的廊子上，两人看着院子里满目狼藉，赶紧抬高视线——前方是教堂的尖顶，一排排的橘红色屋顶，像鱼鳞似的错落有致，果然是别人拍出来的艺术照里欧洲小城般的景色，美不胜收。

Sukie 拿着相机靠在廊柱上，静侬看见，说你小心一点，万一廊柱老朽松动了。Sukie 笑着说范老师，这老房子的建筑质量不比现在的呀，老房子拆起来都费劲，因为用料实在，施工讲究……

她们俩说着话，听见旁边屋子里有响动，回头看是一户没搬走的人家，许是吵到他们了，就往旁边走了走。

Sukie 指给静侬看，他们家原先的房子是哪一处，静侬看，果然已经变成了一个洞……Sukie 说着话又叹气，说不遇到动迁，不晓得……能做钉子户的很多都是滚刀肉，像我们，早早签了协议就搬了，耗不起。这院子里刑满释放的，有前科的，都是重点工作对象……静依心一动，正待要问。

Sukie 说其实人家也没有提什么出格的要求，不过就预先给人设定了立场，觉得人家一定是无赖，的确有些歧视的意思。不过拆迁办嘛，还不就是那么回事。

静依看看 Sukie，心想小女孩儿想法是有一些的。

走廊中间那户人家门开了，从里面走出一个人来。

Sukie 吐吐舌，仔细看了一眼，打了个招呼，叫声"远远哥哥"，笑了。

静依回过头去看见修任远，看他挥挥手朝这边点了下头。

她正要打招呼，修任远身后又跑出一个人来，看见她，大声叫"范老师"！

静依看陶大禹一边整理着身上的长袖 T 恤一边跟她摇手，因为喊了声老师，神气真有点像小学生。她微笑，也摇摇手。Sukie 有些诧异地问："范老师，你们认识吗？"

静依说："我们是中学同学。"

Sukie 吃惊，说这太巧了。她没见过陶大禹，只打量了一下这个看着粗壮的年轻人，转而问修任远还住在这里啊，水电不是都给断了？

修任远不太在意地说："所以趁天光还高出来活动。"

大禹挠挠头，指了指里面，问修任远不请范老师她们进去坐坐吗。

修任远看静依，静依看看 Sukie，见 Sukie 也看自己，就说："不了，我们就是进来看看，Sukie 想拍几张照片。"

修任远听了 Sukie 这个名字明显愣了一下，于是 Sukie 指指自己。他"啊"了一声，说："英文名字啊？那是比苏琪琪听着要洋气多了。"

Sukie 笑道："大家都这么叫，习惯了，现在大概只有我爸生气了喊我一声苏琪琪。远哥还记得我名字嘛，怎么之前到我们店里跟不认识似的。"

修任远说："跑单时间太紧了……"

"开玩笑的啦。其实一开始我也没认出你来，还是你走了以后，我爸爸从里头出来，说像是你。"Sukie 微笑着说。

修任远顿了顿，说："太久不见了，苏叔还能认出我来。"

"他说你样子和小时候没大变。"Sukie 说。

"不然还是进去坐下说吧。"大禹笑道。

修任远皱眉看他。

Sukie 说屋子那么小，想想我和范老师进去都没地方转身，不进去了。Sukie 看看静侬，拉了她一下小声问范老师饿不饿，一起去吃面好不好。

静侬刚要问哪家店，修任远说就是老陕西。

Sukie 补充说就是他老爸惦记的那家店。

静侬说行啊。

"马上也就关门了。"修任远说。

"签协议了吗？"Sukie 问道。

"还没有。水电都给掐了，靠自己的小发电机和小火炉子撑到现在，山穷水尽了。"修任远从裤兜里掏出烟盒来，捏了下，又塞回去。

几个人往外走，静侬问锁门了吗。大禹笑着说："敞开门欢迎，贼还嫌埋汰呢——哪有什么可偷的？范老师可放心吧。"

静侬听了，看看修任远。他还是一副不在乎的样子，但转回身去，把门关严了。

"免得老鼠乱窜。"他说。

"我打电话喊我老爸来吃面行吗？"Sukie 问。

"行啊。"大家异口同声。

"要是歇了业，他可哪儿吃这口面去。"Sukie 边走边拨电话，还得躲避着楼梯上、院子过道里的垃圾。

过了不一会儿，她追上来，说："老爸说他来不了，让我给带几个肉夹馍回去。"

他们从院子里出来，天色暗了许多，回头再看门洞上方那斑驳的三个字"向阳院"，已经稍有些模糊。

"从前叫裕诚里。主家开的是酱菜园子，解放前去了对岸。刮掉这一层，底下应该有裕诚里三个字的。"Sukie 说。

静侬看了 Sukie，微笑道："你是不是对这些很有兴趣？"

"研究过一阵子。那时候还计划给每个老里院拍照，把来历做个梳理，可是店里忙嘛，哪有时间搞。"Sukie 说。

她们闲聊着，只有大禹跑到静侬车子那里左看右看。修任远嫌他丢人，跟静侬说："一看见车，智商基本回到三岁水平。"

静侬笑。

大禹这回倒没提要开她的车子，只是夸了一下性能，问了很多问题，有些静侬都回答不上来，但是修任远不声不响地，总是能顺口就接了话。

Sukie 惊叹他对车子的了解，问他现在做什么工作。

"搬运工。"修任远说。但与此同时，大禹却说"修理工"。

说完了大禹看了修任远一眼，修任远却没看他。

大禹有点儿尴尬地嘿嘿笑了两声，不言语了。

这时候他们也走到了老陕西面馆门前。

店里没亮灯，有点暗，但门外人行道上摆了一排六张桌子。

这是占道经营，原本是不允许的，不过眼下这里的情况，显然管理者也是睁一只眼闭一只眼……四个人商量了下，拣了最外面的一张桌子坐下来。修任远就喊"马大爷"。

不一会儿，一个年近七旬的白衣白帽老人走了过来，轻轻"嗯"了一声，说："来啦。"他站在桌边，问他们都吃什么。

四个年轻人依次要了自己想吃的面，另外又点了肉夹馍和小吃。

Sukie 小声说："点这么多吃不完吧？不要浪费了。"

大禹摸摸桌子，说："我们吃得完。晚上必须多吃点，还有活儿要干呢。"

"晚上有搬家的？"Sukie 好奇地问。

大禹愣了下，正要说什么，修任远把水杯推到他面前。大禹反应过来，憨笑两声，说："不是给人搬家啦……"

Sukie 有些困惑，不过看看他们的表情，也知道不能再问了。她笑笑，转头看静侬，问："范老师您晚上有事没有？我等下可以自己回家的。"

"没什么特别的事。我送你。"静侬喝了口水，问 Sukie 住在哪里。听了地址，她心想正好，等下她要去藤子店里，是顺路。

她跟 Sukie 小声说着话，听见大禹问修任远等会儿去医院吗，心一动。她没抬头，只当没听见，修任远也没回答大禹。

大禹停了两秒又说你这个冤大头。

这时老马带着五十多岁的小马端来了面。

静侬抬眼看这父子俩——她有限的记忆里，跟同学一起在这一带逛完了书店和五花八门的小铺子，会拐到这里来吃面吃凉皮，当时的老马比现在的小马只显老一点点。那时也许是生意红火，老马小马总是笑眯眯的，不像现在，笑是笑的，就是无精打采的。

"马大爷，过几天就歇业了？"修任远问。

"先歇了再说。"老马拿了托盘站在桌边，挥了下手让小马进店里去了。

"找好铺面了？"修任远又问。

"还没有。"

"马大爷也做做外卖生意吧。我看人现在店里都有这买卖了。"大禹说。

老马慢悠悠地叹口气，说："面这东西又不像别的，要是做外送，还得研究火候，根据距离掌握熟度。我们一家子年纪最轻的都五十三了，搞得来那些？我们还是换个地方开店。换嘛暂时也没什么合适的。人气旺的地方租金太贵，便宜的地方又不好做生意。我在这儿也几十年了，换城市不想换，回老家是不会回的，慢慢儿找吧。"

他说着笑笑，让他们快些吃面，说再听我发几句牢骚，您几位这面就坨了。

他话还没说完，就听见大禹吸溜吸溜吃面的动静了，大家一笑。老马回店里了，几个人边吃边聊。

静侬看面前这碗面实在有点多，笑着说要是早知道应该跟 Sukie 分享一碗。Sukie 则说我胃口大，这一碗我能吃光还能吃一个肉夹馍。静侬笑了一会儿，见大禹眨眼间自己那碗面就已经快吃完了，跟他说分他半碗。大禹不客气地果然分走了半碗面。

静侬看大禹和修任远风卷残云一般，桌上点的食物很快就一扫而光，不由得惊叹。

这两个人，跟斯文和优雅完全不搭界，可是，分明有着极强的生命力，野蛮生长。

饭吃到尾声，静侬提醒 Sukie 别忘了打包肉夹馍带走。

等老马过来，她特地多要了一打肉夹馍。

大禹诧异问她要这么多干吗，怕老马家卖不掉馊了吗。

她笑笑不语。

等打包食物的工夫，她问修任远："这房子户主是谁呀？"

"房子是我姥爷的。姥爷在世的时候是舅舅和舅妈照顾的，后来房子就给了他们——前几年我表哥家里添了孩子，他们去帮忙带小孩儿、照顾生意了，房子就闲着。"修任远说。

静侬想问他父母的情况，想了想就没问。

她还记得自己上次问过，修任远也没回答。

修任远住在这里，也许正像 Sukie 说的，刚刚好是因为他的身份。

"你注意安全。"静侬说。

"没事啦。谁会跟我这样的人起冲突。"修任远说。

静侬皱了下眉，道："不是，你知道涉及搬迁……"

"我知道。他们来过几次，试探试探就走了。我琢磨着他们也得打听下我的情况。知道了，就轻易不敢硬来。"修任远说着，看静侬的神情，又笑笑，"我觉得你还是担心你自己比较好——陈润涵没少骂你吧？"

"陈润涵那狗……不好意思，范老师。陈润涵还找我朋友麻烦……范老师，他是不是就没正经挨过什么教训？想什么是什么，爱干吗干吗，要欺负谁欺负谁……这家伙看上我一朋友……"大禹越说越气，修任远看了他一眼。"你别瞪我，让我把话说完——我们是真的给他咬怕了，可是兔子急了还蹬鹰呢！"

"好了。"修任远沉着声音说。

大禹住了嘴。

静侬说："他不能太过分。我虽然管不了他，而且如果我劝他还会适得其反，不过，把我电话号码背熟了，有急事要帮忙可以找我的。"

"我就是要跟你说，不要管。咱们接触多了，对你影响不好。"修任远说。

"没什么的。"静侬慢慢地说。

"这程度我又不是受不住，你不用担心。实在有事过不去，我会拜托你。"修任远说。

静侬见修任远脸上一瞬间表情有点变化，心想也许下一秒他可能要说什么，不过他瞥了眼桌上的手机，应该是看了下时间，没说下去。她也没有。

Sukie 听他们说话听得云山雾罩，也不插话。老马把要打包的肉夹馍码好了放在一个篮子里拿过来，给了几个食品袋。Sukie 默默地拿了一个吃完，见他们的谈话才告一段落，小声问："咱们分了赃走吧？"

静侬笑起来。

她伸手拿了两个肉夹馍放进袋子里搁一边，说这是给藤子的，给Sukie装了八个，剩下的全装进一个袋子。

他们跟老马一家子道了别，原路返回。

天已经完全暗了，静侬让Sukie上车，把手里的袋子递了一个给大禹，说："晚上加餐。"

大禹搓搓手，开开心心地接过来，说谢谢范老师，说看看修任远。

修任远抬脚踢了他一下，说："就知道吃……破费了。"

静侬挥挥手，又说了一句你们注意安全啊，上车离去。

坐在车里，Sukie吸吸鼻子，小声说："范老师，要不要开开车窗？车里全是肉夹馍味。"

"香嘛，不怕的。"静侬轻声说。

车子转弯，她回看了一眼，修任远和陶大禹已经不在原地了……她听Sukie说没想到您跟远哥是同班同学，笑笑，问："很意外啊？"

"是呀。不过咱们也就是讨论下'今天拿破仑还有没有'的关系，是了解不到这些。"Sukie笑道。

静侬也笑笑。

Sukie叹口气说："远哥可惜了……以前为了培养他游泳，家里可花力气了。他姥爷、舅舅、妈妈，其实身体条件都很好，原先在单位也都是运动健将。他爸爸跳高很厉害的，在市里运动会上拿过名次。他训练很苦，不管春夏秋冬，早起晨练是风雨不误的。他姥爷也不惯着他，冬天很冷也把他揪起来看着他跑步去。他们家条件不算好，给他补充营养也下血本……唉，不然一路走着，至少现在也是白领吧。"

静侬心说是呀。她认得的其他特长生，进名校读书，毕业进大企业或进国家机关或出国留学，可选择的路有千万条。

"不过看他自己有找事做也挺好的。我爸爸有一次念叨，说人做错了一次不要紧，只要别一路滑下去，破罐子破摔就好。"Sukie说。她看看前面，说："范老师车子就停这吧，不用开进去了。"

静侬还是让她刷了一下小区的门禁卡，送她到楼下。

路上静侬忍不住问："那他父母现在呢？"

"这我还真不清楚。我们家后来也搬走了，老邻居陆陆续续都买房子离开了，留着老屋就是图拆迁，至今还住在那里的，要不就是独居老人，要不就是实在没能力换房的。"Sukie 说。

静侬点头，说："我就顺口一问。上回问过他，他没说。"

Sukie 下车前拎着肉夹馍说："谢谢范老师，太不好意思了。"

"平常没少吃你们家的好东西呀。谢什么。"静侬看着她笑。

她等 Sukie 进了单元门，才把车开走。在小区门口排队出去的工夫，她发了条语音信息给藤子，问："你在店里吗？我五分钟后过来。"藤子没回复，大概正忙着。她也没在意，直接开去了店里。她没打算停留的，预备见不着藤子就让店里的人交给她好了，回家她还有今天的翻译工作等着完成呢……到了餐厅，就看见藤子抱着手臂站在那里等了。

她把车一停，没下来，将袋子递给藤子，说："苏记的山楂蛋糕，老陕西的肉夹馍——还没胃口吗？想吃什么跟我讲，我会做的就给你做，做不出来的就给你买。"

藤子手指挑着袋子，伏在车窗上看着她笑，眉毛一抖一抖的，道："难得你这么关心我……来来来给我捏一下脸，是不是有爱情滋润，皮肤也变好了？你脸上跟抛了光似的，太亮了！"

静侬拍她的手，说："又作死呢，快进去吧。我得回去了。"

"那走吧。谢谢啦！"藤子晃了晃手里的袋子，"爱你！"

静侬笑着挥挥手。

藤子又问："喂，亲了以后，今天见面吗？见面干吗？"

静侬从储物盒里抄了包纸巾当武器打过去，把车开走了。

藤子还在笑，笑得人心里真是有点……她握了下方向盘，牙根痒。

回家把车子停进车库，静侬下来，转身出门时，看到垃圾桶上那个牛皮纸袋。

她站在那里看了片刻，伸手捡了回来。

手机忽然响了，她听电话，听见藤子尖叫一声，吓得她手一抖："怎么了？"

"贝贝，坏了坏了……我不是怀孕了吧？"

静侬手机差点掉地上。

飞翔的车轮泡芙

Chapter

8

范静侬从来也没有想过，自己会为了去药店买验孕棒在夜里飙车。

因为超速，她的车子不断在经过摄像头时引发闪光灯。她一定很快就会收到罚单。这应该是她领驾照以来的第一次，但是为了藤子，这点小事实在不足挂齿。

她去餐厅接了藤子，送她回家。

路上，藤子说："哎，要不马上去酒店开间房，或者……"

静侬瞪了她一眼，说："就差这十分钟？我送你回家不是节外生枝，是为了让你安安稳稳地在家里待着，有什么事儿好有我在一边儿有个照应，没事儿你也好马上休息——情绪这么大起大落的，搁谁受得了啊。"

藤子呼了口气，伸手过来。

静侬说："拿开。"

"讨厌。"藤子咕哝，老老实实把手收回去了。

静侬看她不知道该把手放哪儿的样子，反倒不忍，伸手过去握了握她的手，说："慌什么呀？这不还不一定呢嘛。"

她其实也有点紧张，但是不知道为什么，到了这时候，看着藤子发慌，倒冷静下来。

两个人一起哆哩哆嗦咋咋呼呼的，一点都解决不了问题。

"你确定做好防护了？"她问。

这也不知道是她第几次问了，藤子每次都给出肯定答复，而且总要补上一句，任何防护措施都不是百分之百安全，显得她问这问题跟个白痴似的。

"算了，不想了。是死是活一会儿就知道了。"藤子说。

虽是这么说，藤子脸色还是很难看。

她从前从未出过状况，也就没什么处理类似问题的经验。

静侬更不消说，能在半个小时之内买了一堆验孕棒、接了她回家，已经算是冷静。

想一想，有静侬在，还是让她很安心。

"谢谢你啊。"藤子说。

"谢什么谢。"静侬说着把车停下，"我就跟个傻子一样，一点儿都没感觉出来问题……"

她说着话把那一袋子验孕棒塞进包里，喊藤子下车。

她有点着急，走得快了些，又想起藤子这情况，万一摔了不好，停下来等她的工夫，伸手要扶她。

藤子被她逗笑，两人就在院子里互相看着，又是笑又是取笑对方。

静侬说藤子马失前蹄也有今天，藤子说你不要笑话我，这是个教训，以后你万一重蹈覆辙……"不会哦？陈校长是亲自给你上课的哦？"藤子看静侬。

静侬敲她的头："还顾得上开我玩笑，事情不够严重哦？"

亏藤子还记得她母亲做的这些。

她自己都快忘了……

说起来，母亲大人的确很会未雨绸缪，也的确很重视性教育。

藤子说："那难道要哭给你看啊？当然先要笑一下啦。"

她们上了楼，开门进屋。

藤子每天进门前都要先看看翡翠的情况的，今天竟然忘了，往沙发上一躺，完全不想动。

静侬去洗过手，把验孕棒的包装拆开。

静侬连拆了三个，放在洗手台上，出来见藤子四仰八叉的，过来就把她拎起来，拎着她去翡翠窝前头转了一圈点个卯，又拎着她去卧室换衣服。她就在卧室门口等。

等的工夫，见藤子不出声，问："没事儿吧？"

"……还是有点儿的。"藤子在里面回答。

"怎么了？哪儿不舒服吗？"静侬问。

"感觉哪儿都不舒服。"藤子走出来。

静侬看她眼红红的，说："哎，我说，就算是怀孕了没什么大不了的。养小孩其实跟养小狗没什么区别啊，不是很难的。"

藤子白了她一眼，说："满打满算你养 Luna 那个活物也就不到一百天，跟我说养小孩不难？疯子！"

静侬揉揉她的肩膀。

藤子肩膀僵硬，静侬又揉又捏又拍，送她进了卫生间，指指洗手台，说："我就在这儿等你。"

她说着关上门，拎了个小马扎过来坐下。

藤子叫起来："你干吗拆三个！"

"三重保险。"

"疯子……"藤子隔着门说。

静侬吐了口气，等了会儿，见里面又没动静了，手指在门上爬了爬。

藤子说："跟我说会儿话吧。"

"说什么？"静侬想不出。

"……随便。"藤子说。过了一会儿，她拍了下巴掌："哎，楷哥怎么样？"

"什么怎么样？"静侬脑筋有点转不过弯来。

"你不是亲了吗？"

"滕藤子！"

"哈哈哈……你可以不回答。不过我知道你自己肯定回味过很多次……"藤子在里面笑。

静侬想着藤子那个样子，也不知道该气她还是笑她。

她靠在墙上，看看表……等待的时间总是很漫长。

这时候卫生间门开了，藤子走出来，静侬惊讶地问："有结果了？"

"哪有那么快！可是在里面闷着等，我要窒息了。"藤子看到静侬坐在小马扎上，一副乖巧的样子，忍不住笑起来，"对不起，让你跟着担惊受怕。"

"说什么呢。"静侬站起来，看看藤子，然后抱住她肩膀，"我跟你说，不管结果怎么样，喏，有我。"

"知道。"藤子拍拍她后背。

静侬看她，问："我问你啊，如果是阳性，你想怎么样？要告诉柯老师吗？"

"当然要告诉。经手人不告诉吗？"藤子说。

静侬看她脸色发白，嘴唇都在颤，让她去沙发上坐下，自己去给她倒了杯水来。

　　她坐在藤子对面，问："那然后呢？结婚吗？"

　　"结婚倒……不是一定要结。"藤子喝了几口水，像是缓了过来。她看静侬不出声，往后一倒，靠在沙发上，出了会儿神，说，"我还蛮喜欢小孩子的。不过为了小孩子结婚，好像下不了决心，而且这对老柯也不公平。"

　　静侬看她。

　　"也许生下来自己养吧。"

　　"啊？"

　　"你不是说跟养小狗差不多？"藤子喝着水，看静侬。

　　"……你还真会听我的话。"静侬说。

　　藤子笑笑。

　　静侬沉默了一会儿，才说，"要是你这么决定，我帮你养。"

　　藤子抬手按住眼睛，说："知道了。我会慎重考虑的。虽然这是不慎重带来的后果，可是我不会轻易做决定的。"

　　静侬点点头："你知道我在你身边就好了。"

　　"知道。"藤子把水杯塞给她，"再给我倒一杯去。"

　　看静侬乖乖去倒水，藤子笑得伏在沙发扶手上。

　　"还笑，你呀。"静侬回来把水杯给她。

　　"心里有了打算，就没那么慌了。"藤子说。

　　静侬看她说得认真，倒是也安心了些。

　　藤子一口接一口喝着水，抬眼看了静侬，说："老柯是个很好的人。"

　　静侬不出声。

　　藤子说："要是孩子的智商像他，性格像我，倒是很完美。"

　　静侬吸了下嘴唇。

　　藤子继续说："可要是刚好相反，那可就……"

　　"闭嘴。"静侬说着，把她手中的空杯子拿了过去，放到身后，"刚好相反也很好。每个孩子都是独一无二的。"

　　"贝。"

　　"嗯？"

"你帮我看结果去，到时间了。"藤子说。

静侬搓搓手，站起来，走进卫生间去。

洗手台上摆着一排三个验孕棒，她过去看了一眼，又看一眼，再从左到右、从右到左，来回看了两遍，回身走了出去。

此时藤子双手扣在一起，托着下巴，一动不动地坐在那里，听见脚步声，才转过脸来看着静侬。她从静侬的脸上看不出什么来，于是问："所以？是有了吗？"

"不，三个都是阴性。不知道这个时候说'恭喜'合适不合适……"静侬说。

她本以为藤子会从沙发上跳起来，可是藤子像是呆住了似的。

她小心翼翼地举着验孕棒："你要不要自己看看？"

藤子吸了下鼻子，伸手抽了几张纸巾按在脸上，说："不要。你帮我扔掉吧。"

静侬站了一会儿，回去把东西都处理掉。她看着剩下的那些没拆封的验孕棒，用袋子照旧包好，放进了柜子里，说："可能晚上验得不准，我们明天早上再验一次吧。"

"不用了……"藤子闷声闷气地说。

静侬走出去，坐在藤子身边："我觉得你最好去医院检查一下，是不是肠胃有什么问题，不然就查一下妇科……"她说着，伸手摸了摸藤子的肩膀，"再有，我想你还是认真考虑一下和柯老师的关系。其实看你刚才的反应，也不是不期待的，是吧？"

藤子不出声。她站起来，去洗脸了。

静侬坐在沙发上，开始默默地咬拇指的指甲……然后，藤子出来，像是完全恢复了平静，问她要不要吃什么。

"肉夹馍和山楂蛋糕，你吃哪样？"藤子问。

"我不吃了，晚上吃得好饱。"静侬说。她陪着藤子，看她吃了块蛋糕，又要吃馍，已经吃不下，终于忍不住说，"你去洗个澡，然后睡觉。"

藤子抬起头来，说："这个还是很好吃。"她举了举那馍。

静侬又咬了下指甲。

藤子起身去洗澡了。

静侬让她不要锁卫生间的门，以便有什么情况她能进去。

藤子咕哝了句什么，进去了，果然没锁门。

静侬起初坐在那里等。藤子这个澡洗得却有点久，她几次想去敲门，想到藤子这会儿的心情也许非常复杂，需要慢慢平复，就忍住了。

再过一会儿，干脆起身进了厨房，戴上手套开始做清洁……等她把厨房和客厅收拾整洁，又整理好了冰箱，取出青柠和冰块来做了两杯饮品，藤子才出来。

"喝一杯？"静侬抹了把额头上的汗。

藤子过来，看她大口喝水，说："我才不要喝这个。这东西只有你和楷哥才一杯接一杯喝。"

静侬瞪她一眼："什么时间去医院？我陪你去。"

藤子没精打采地说："我自己会去的。"

静侬喝完了这杯，又喝了一杯，洗干净杯子，陪藤子说了会儿话，等她安安稳稳睡着了，才准备离开。

走之前她去看了眼翡翠，见翡翠也在树叶底下睡得香，又检查了下家里的水电一切正常，才放心出了门。

坐进车里时她看了眼时间，已经凌晨一点。

她极少在这个时间还开着车子跑在路上，因此当车速一提，四周的光像是流动起来，那景象竟让她觉得很有点迷人……

难怪藤子会时不时就飙会儿车。

她这么想着，另选了一条回家的路。

当她的车子在海风和午夜的流光中自由穿梭到简直像飞起来时，有种奇怪的快感，新鲜又令人兴奋。

她手紧紧握着方向盘，忽然隐约间听到汽车引擎的声响。

那声响越来越近，却不是一辆车子，而是很多辆车子。

果然很快她就从后视镜中看到了流星般逼近的跑车。

那些车子也像流星般从她的车边闪过，她几乎能感觉到那一道接一道的闪电和一阵接一阵的气流把心脏冲击到战栗，握住方向盘的手不住地使着劲儿，脚下的油门几乎踩到了底……

可是一瞬间，她忽然激灵灵打了个冷战，手和脚同时松了些力气，车速就慢了下来，而那一阵阵的引擎声像鸟一样飞远了，四周终于只剩下风声和海浪声。

静侬呼了口气，心跳得太快，不得不靠边停了下来。

她伏在方向盘上，过了一会儿，再次听见了引擎声。

她以为是飙车的队伍又返了回来，但很快就听见了刹车声。

她抬起头来，看到一辆银色的跑车停在了路边。

车门一弹起，沈绪楷从车里出来。

他步子跨得特别快，来到她车边，扶了车顶，做了个手势。然后他往后退了一步，等她下车。

静侬犹豫了下，还是开车门下来了。

沈绪楷盯着她，问："你刚刚干吗呢？"

静侬不出声。

沈绪楷转了下脸："你知不知道你刚才时速多少？"

静侬想了想，摇头。她根本没注意，但一定是一个她没有开到过的数字就是了。

"那你知不知道你那么干很危险？"沈绪楷问。他脸上已经不是平静的神情。

这时候，那支飙车的队伍返回了，这一回他们的速度比起刚才来慢了许多。

他们中有人鸣笛示意。

沈绪楷抬头看了一眼。

最后有辆车子放慢速度，司机降下车窗，冲沈绪楷笑着喊了一句"今儿晚上输了哦"，是非常地道的京片子。

沈绪楷只是抬手示意了一下。

静侬等车子都开走了，这才看了沈绪楷——他一身衣着相当简单，像是从办公室出来不久似的，衬衫西裤还整整齐齐的。

她转了下脸，果然看到他把上衣随意丢在座椅上。

"那你呢？"静侬轻声问。

沈绪楷低了下头，像是需要调整下呼吸才能开口。

但他低下头，静侬看到他浓密的有点蜷曲的头发，不知为何忽然抬起手来，想要触一下……于是沈绪楷抬起头正要说话时，就看静侬那净白的手掌近在咫尺。他愣了下，就没开口。

静侬若无其事地放下手，背到身后："我开车超速，你是赛车，谁更危险？"

沈绪楷又转过头去，再次调整了下呼吸。

"我承认。我也有不对。可你这样的新手，突然就提速加入陌生的赛车队伍，很容易出事的，你知道吗？你失去理智了吗？"沈绪楷大声说。

他声音很大，伴着海风，静侬只觉得鼓膜似乎都被震得疼。

"不是，我……"

"你有信心能握紧方向盘吗？情况一旦失控，你那点力气哪儿够？还有这种高速前进的车队，突然有新车加入，别人也会被你打乱节奏，车毁人亡就是一瞬间的事。你后悔都来不及，知道吗？这次你没出意外，一旦上了瘾……"

静侬忽然踮起脚来，在他唇上亲了一下。

沈绪楷停了下来："范贝贝！"

静侬轻声说："我不会上瘾的。刚才就是一时兴起。"

"那你保证没有下次。"沈绪楷靠近她些，看着她的眼睛。

静侬也看着他，问："你能保证没有下次吗？"

"我能。"沈绪楷说。

静侬愣住。

"我保证没有下次。我以后都不会在公路上赛车，也不会飙车。你？"沈绪楷一字一句地说。

"其他的呢？比如翼装飞行？那比赛车还危险……"

"你怎么知道的？"沈绪楷愣了下，问。

静侬顿了顿，说："我看到过照片，在俱乐部外面的图片墙上。"

沈绪楷看着她，说："可以。"

他说得非常干脆。

"不是……我……"静侬反而没有料到沈绪楷这么痛快连这个也答应了。

他痛痛快快地做出保证，听起来不像是真的，但他等着她回答的样子又明明白白……

她看着他的眼睛："我不是真的要你保证这些。我的意思是，你尽量不要做危险的事，如果一定要做，千万千万做好万全的保护措施……不过，你要能做到就太好了……嗯，挺好的。"

沈绪楷看着静侬。

静侬一紧张就语无伦次。

"你呢？"沈绪楷不打算就这么让她含混过去。

"我也保证没有下次。"静侬说着，咽了口唾沫。放在背后的手，手心都捏出汗了。

她也不知道为什么会这么紧张……

沈绪楷再靠近她些。

他的目光坚定而有力量，落在她身上，像是能把她锁住，再也动弹不得。

他低下头，嘴唇印在她唇上。

他的亲吻也坚定而有力量……

静侬的头脑瞬间像是被清空了，耳边除了涛声，似有无数的车子呼啸而过。

她慢慢地闭上了眼睛……

"我不想也因为意外送走你。"沈绪楷低声说。

静侬攥紧了手。

"我不想因为意外再送走任何对我来说很重要的人。"沈绪楷说着，伸手把她的手拉了过来，握紧了。

静侬低头，看着他们握在一起的手。

她沉默了片刻，把手抽出来。

沈绪楷眉一皱。

她抬头看了他一眼，把他的手抚平，然后勾了小手指，钩住他的。

"行，就这么定了。"她说着，放开手。

沈绪楷手还停在那里，似是叹了口气，说："幼稚。"

静侬笑了。

沈绪楷看着她，抚了抚她的发顶。

"你怎么这么晚还在外面？"他问。

"藤子那里有点事。"静侬说。她差点儿脱口而出是什么事，想想不该说，及时刹住了。

沈绪楷看她表情，问："身体的问题？"

"……嗯。她有点不舒服。"静侬心一动，不知为何忽然觉得沈绪楷应该是猜到了原因。她抬起手来挠挠耳垂。

沈绪楷拉下她手来，说："上车吧，我送你回去——记住了，不准开快。"

静侬答应。

沈绪楷等她上车系好安全带才走开。

静侬透过车窗看他走向自己的车子，进去之后并没有马上发动车子，而是接听了个电话。耳机上那一点点的蓝色光芒闪动着，他转脸来看了下这边，然后做了个手势让她先走。

静侬开着车子在前面跑，沈绪楷很快跟上来。

她这回开得比正常速度还要慢一些，心想沈绪楷在后头跟着，这个车速恐怕也是没有开过的，还不知道要有多憋屈，不禁吐了吐舌……

快到家时，她接到藤子的电话，问她是不是已经安全到了家。

"睡了一觉醒过来，没看到你留言，有点不放心。"藤子说着又问她怎么回事，是不是还在外面。

"已经到家门口了，马上进门。放心啦，你好好休息。"静侬说。

"有猫腻……你搞什么鬼？"藤子问。

静侬看了眼后视镜，看到沈绪楷的车子就在后面，轻声道："你又有精神八卦了是吧？"

藤子哼了一声，说："你这么讲，看样子是跟楷哥在一起啦。那我不打扰你了……不过明天给我电话！我要听细节！每一个细节！"

"喂喂喂，胡说什么细节……"还没等她说完，藤子电话已经挂断了，"胡说什么！"

她把车子停下来，咬着牙又念了句胡说。

这时候沈绪楷已经下了车，过来敲敲她车窗，示意她不必下车了。静侬把车窗降下来，听他说："开进去吧，进屋之后给我个电话。"

静侬看着他，一时没出声。

"愣着干吗？"沈绪楷催她。

静侬摸出遥控器来按了一下，等车库门升起。

两人一个保持着手扶车门的姿势，一个就静静坐在那里，谁都没出声。

车库门完全升了起来，沈绪楷松开手，静侬把车子小心地开进去。

她看到沈绪楷就站在路边，手抄在裤袋里，看着她停车。

她把车停稳，回头看了他一眼。

他挥了下手，让她关门。

静侬看他说完抬手腕看了下表，知道他也许是赶时间——说不定跟刚刚的电话有关系，也可能跟刚刚那些人有关系……

她心念转着，车库门就已经降了一半有余。

她再往外看，就只能看到沈绪楷修长的腿……但他还没走开。

她迅速来到门边，蹲下身，从仅剩半米多的空间里钻了出去。

沈绪楷原本都要打算上车了，就看到静侬突然像只灵活而机警的猫一样重新出现在眼前。

他看了看她："还有事？"

"忘了说晚安。还有，回去路上小心开车。"静侬说。

"不能电话里说吗？还这样跑出来。"沈绪楷慢慢地说。

"不能。"静侬微笑。

沈绪楷也微笑，示意她往大门口走。

静侬站着没动，让他上车："我已经到家门口了。"

她看看沈绪楷的神情，心知他不看着自己进家门是不会走的了，于是走到门边，按了密码，回头看了他。

沈绪楷站在她身后，这时候低声说了一句："别看了，快点进去。"

静侬摆摆手，轻声说："你要说到做到啊，不要开快车了。心情不好的话一定还有其他的方式纾解的。"

沈绪楷手还抄在裤袋里，听着听着，低低"嗯"了一声，说："知道了。"

静侬开了门，又回头看了看他，似乎仍然不放心。

沈绪楷说："范贝贝，已经很晚了。"

静侬点头。

"你要一直这么看着我，我要行动了。"沈绪楷说。

静侬伸手虚虚一拦，说："OK，那我进去了。"

沈绪楷看她这样子，伸手帮她拉住铁门，问："吓着了？"

"没有。"静侬脸热心跳。

她知道他没有开玩笑。

这个时间，只是眼神也很可能天雷勾动地火。

她不是小孩子，知道此时如果心也跟着乱起来，不知道接下来会怎么样……

"我也不是想忍才一直忍的。你不是会玩的人，我也没拿你当会玩的人。如果不确定能走到最后，我跟你是不会随便进行下一步的。

我已经等了很多年，不在意再等等。"沈绪楷说着，下巴一摆，让她快点进去。

静侬这回完全没有耽搁，几乎是连蹦带跳地进了门，速度快到刚刚好够让沈绪楷轻轻拍了下她的后脑勺、帮她关上大门。

她呼出一口气来，听见沈绪楷隔了一道门，轻轻笑了一声。

她有点懊恼地按了下额头。

她没听见沈绪楷的脚步声，于是踮了下脚。其实大门是铁板一块，她这样也是看不见什么的。

"你还没走吗？"她问。

"嗯。"沈绪楷应声，"上台阶看着些，留神脚下，不要摔跤。"

"知道。"静侬回答。

"我走了。"沈绪楷说。

这回脚步声响起来了，静侬听见引擎声远了，那速度果然没有太快的样子，不禁松口气。

她慢慢上着台阶。

这会儿心里有点慌慌的，她得仔细些，不然一跤跌倒，可没人扶……

她忽然想起自己的背包还在车库，忙折回去。

还在门外就听见手机响，她进去摸出手机来，看是沈绪楷的电话，接起来。

她拎了包一回身，看到出门前又被她重新丢回垃圾桶上的牛皮纸袋，拿起来放进了背包里。

不知是不是错觉，她觉得纸袋比早上要沉重一些。

"进屋子了吗？"沈绪楷问。

"还没有。"静侬说。

"Luna该急了。"沈绪楷说，声音里有微微的笑意。

静侬能想象出来他说这话时的样子。

被他一提醒，她心里果然念了句"糟糕"……本来今天回家就晚了，进了家门还没来得及去放 Luna 出来跑跑，就去藤子那里了。

她一着急脚尖磕在门槛上，疼得吸溜一声。

沈绪楷听见，问："是不是又崴脚了？"

"没有……只是磕了一下，不疼。"静侬看看鞋尖。小羊皮鞋子该磕破了……不过这也没什么大不了的。

她噔噔噔上台阶。

"我给你的药油还有吗？"沈绪楷问。

"有。这款药油的药效很好呢，我记得以前家里总是常备，后来自己倒没买过了……谢谢你呀。"静侬说。

"不客气。"沈绪楷说，"你以前也给过我一瓶。可能你完全不记得了。"

"……啊？"静侬穿过院子，跑得气喘吁吁，手指按到锁上，听见 Luna 哼哼唧唧的声音了……她愣了下，"我给过你这个？你确定？"

"确定。有次比赛，我被对手犯规，摔倒的时候，右脚刚好踩在队友脚上，嘎吱一下的——当时没觉得严重，以为爬起来还能继续比赛，谁知道没跑两步就倒了，正好倒在观众席前面……就在咱们学校体育馆，那年刚启用，为了校际比赛，还特意加了观众席位，离场边非常近。你坐在场地观众席第二排，我摔倒的地方离你不远。"沈绪楷说。

静侬不出声。

门开了，Luna 兴奋地从里面冲出来，围着她转了几圈，冲到草坪上撒欢儿去了……她把包放在门口，跟着出来，看着 Luna 开开心心地跑圈子……

沈绪楷说的比赛，她没有什么印象了……

她轻轻舔了下嘴唇，听见他在说："……其实那也就是场跟高二的对抗赛，不怎么正式，校医没到场。看我伤得严重，我队友跟高二学弟就在场上打起来了。"

"打架我记得……是不是有个学长，打起来的时候喊'我隐形不见了'，结果打错了人。"静侬说。

"不是那次。那次是校际比赛。"沈绪楷说。

"对不起……"

"这有什么关系。"沈绪楷完全不计较她没记性，声音里含着笑意，"就我受伤那会儿，我在地上还得喊住我们班同学不要打……然后我就听人说快点儿把你们棒冰都给我……我想着这干吗呢，然后你就冲过来了……拿你的手绢包了几个棒冰直接按在我脚踝上，拿发带绑紧了，拉着我们队友说快点送校医室……他们还顾着掐架呢，哪儿管我死活？还是润涵和茆昕从观众席跳下来背着我去，你就追上来给润涵裤兜里塞了瓶药油，说那个好用……润涵后来说我妹整天背着她的包不离身，包里东西五花八门，可没想到跟江湖郎中似的，印度神油都有。"

静侬说："什么呀，说得多难听！"

沈緒楷笑："进了医务室,医生也说这个办法救急倒也算是个法子。润涵就说我妹看着傻兮兮的，不晓得怎么想到的，反应还挺快。"

静侬过了一会儿，才轻轻"啊"了一声，说："是呀，我是怎么想到的……"

但好像是真的做过这种事，只是对象到底是谁，记不得了，好像并不那么重要。

"是本能反应吧，所以这种小事，也不值得记住。"沈緒楷说。

"不是啦，是我记性不好。"静侬看看时间，"你该到家了吧？"

"到了。我明天得回北京，可能马上还要去一趟温哥华，具体什么时候回来，要看情况。"沈緒楷说。

静侬没来由种不祥的预感，问："是……有什么不好状况吗？"

"小叔电话里没有细讲。"沈緒楷说。

"沈緒楷。"静侬叫他。

"嗯？"

"你知道你是很多人的精神支柱吧？"

沈緒楷不出声。

"你就是知道，所以……压力很大。我就是想说，如果你有什么事，对他们的打击是很重的。模子不在了，你要好好的。"静侬说。

面对沈緒楷的时候，这些话有些难出口，因为他看上去太坚强了，哪怕是只有一丝一毫会让他显得脆弱和柔软的缝隙露出来，他也要迅速抹了去。

沈緒楷没有出声。静侬又看看时间，说："晚安。"

"晚安。"沈緒楷挂断了电话。

静侬握着手机站在院子里，叫了 Luna 一声，等它跑过来，伸手将它抱起来，回身进了门。

夜里很凉了，她在外头站了这许久，只觉得凉意已经沁入骨中，Luna 柔软的毛发和热乎乎的小身子让她一时舍不得放开手。

她和 Luna 玩了一会儿，只拿了手机，甩开鞋子，解放双脚，原地舒展了下身子，低头看到刚刚匆忙插进包里露出一角来的牛皮纸袋，弯身抽了出来，上楼去了。

洗过澡，她坐在床上，看看时间，已经凌晨两点半。

到这会儿她竟然不困，就把那个纸袋打开，将里头一沓厚厚的文件都抽了出来，靠在床头慢慢地翻看起来……

她看得并不算仔细，只大略地扫了扫，然而也发了好久的呆，才将文件放回纸袋里，塞进床头柜。

关了灯，她闭上眼睛，告诉自己暂时什么都不要想。

明天是全新的一天，睁开眼仍然要努力甚至是挣扎，没有谁能代替谁去生活……只是她想睡，却怎么也睡不着。

凌晨时下起了雨，很快又起了大风。

天快亮时，静侬才睡着了。

她缩在被子里，风声雨声塞满耳朵，竟渐渐觉得心里安定下来。

风雨一来，秋意就浓了……

夏天终于过去了。

她叹了口气。

虽然她不喜欢夏天的溽热，但她一定会想念这个夏天的……

十月中旬的校庆结束后，静侬颇有几天觉得身心轻松。

图书馆日常的工作量倒是没有变化，只是为了校庆而承担的额外任务圆满结束之后，加上为校庆献礼做的那套书意外广受好评，让她精神上获得了巨大的满足。

趁着秋高气爽，精神愉悦，她一鼓作气，将手上的译稿修订了两遍，交了稿。

编辑廉洁收到稿子兴奋得不得了，连说这下时间可从容了……静侬也觉得很高兴。

这段时间雷伊又给她派了一个系列的童书翻译任务，刚刚签了合约。她摩拳擦掌，准备用这一年剩下的时间，好好儿打磨这套童书的翻译稿。

李晴晴老师最近经常带 Ruby 来和 Luna 玩，有时候 Ruby 的奶奶或者爸爸也来。

静侬经常留他们一家吃饭。

家里地库是个很大的藏书室，平常她是用不到的，许多闲书都堆在那里。

Ruby 一家来了，就可以在那里给 Ruby 读绘本。

有一次，Ruby 的那个意大利小伙伴和爸爸妈妈也一起来玩了，藏书室就像是变成了小型的儿童图书馆。这时候静侬就得用英文给两位小朋友讲故事……

李晴晴老师开玩笑说小范以后可以来个副业，考虑加盟个幼儿园，到时候别人的孩子和自己的孩子一起教，反正一只羊也是放一群羊也是赶。

静侬跟李老师说她会认真考虑这个提议的。

李老师说："小范你知道吗，之前大家开玩笑你经常都不接茬儿，跟你开玩笑都开不下去，现在你有点不一样了。"

究竟是哪儿不一样了，李老师没细说，静侬也没问。

她虽然没有觉察自己内心有什么明显变化，可外表的确是有所改变。

校庆结束的第二天，她把留了十年的长头发剪掉了。

转过天来上班，一头短发走进图书馆，不管是迎面走来的还是从她身边经过的同事都没认出她来……

李晴晴说学校论坛里的帖子又要盖高楼了，范静侬老师长发变短发，这也是个小小的新闻——可是天气冷了，反而把头发剪短，不觉得脖后发凉吗？

静侬说幸好我有大围巾，可是脖后发凉是什么鬼话？

李老师她们又笑了半天……笑过了之后大家各自去忙了，她自己想起那句"脖后发凉"来忽然觉得有点异样。

她不是个迷信的人，但有时候异样的感觉会在不久后得到印证。她通常管这叫作巧合，只不过这种巧合绝不受欢迎。

在那之后又有好几天，只要是有一阵子没见面的人，见到她的第一眼都没能认出来，比如柯正杰教授。

最近因为教学工作和社会活动量都骤增，柯教授很少来图书馆，而且新学期他又搬了新办公室，来图书馆就不那么顺脚了。

尤其这一学年他的新任秘书和新招的研究生工作都很得力，替他分担了很多的工作，静依见到他的机会就比较少了。

柯正杰看着剪了短发的她愣了好一会儿，竟然转而找曾老师给他调取资料。

曾老师问他不是一直找范老师吗，他说那不是他认识的那个范老师了……曾老师都顾不上图书馆里保持安静为第一准则，笑得差点儿掀了桌子……

静依也觉得好笑，不过很理解柯正杰避免跟她接触的心思。

如果，只是说如果，她在看到新闻和公告柯正杰晋升院士的消息时，有那么一会儿也想过，要是藤子没有虚晃一枪，也许柯教授会是双喜临门……哦，三喜临门，不晓得该多高兴呢。

她这些日子偶尔问起藤子，还跟柯教授有没有联系，藤子倒是不怎么在意的样子。

可是藤子最近也有了些变化，很难说是不是柯教授的缘故。

藤子最近不出去玩了，闲了不是早间拉着她逛市场挑肉选菜，或者直奔码头亲自上海鲜，不然就来她这里动手做饭，再不然就在家里陪着翡翠，竟然还把丢下多年的工笔画和毛笔字捡了起来，说是可以静静心……

到底是有童子功的人，没几天画也出来了，字也圆熟了……就是不知道这到底静的什么心。

藤子拉着她做这个做那个的时候总要缀上一句，要是沈绪楷回来，怎样怎样……她总是要揍藤子两下，让她闭嘴。

沈绪楷这段时间经常往返的是北京和温哥华、上海和香港之间，完全没有过来的时间。她也习惯了只是跟他偶尔通个电话，即便没有电话也不打扰他。

藤子说谁知道模子妈妈的病情会突然恶化呢，这些年楷哥在他们跟前就像亲生儿子一样，这时候需要他的陪伴吧。

静依了解这一点，就越发不能随意跟沈绪楷联络了。

不过不联系不代表接收不到他的消息。

她每天上下班的路上，一早一晚听的广播加起来只有一刻钟的工夫，总能听到一段广告，是某某地产公司投放的。

其实起初她并不太留意这个广告，但是这广告取代了J航的，让她觉得耳目一新。

过了没几天，她连广告词和背景音乐都熟悉了。

某天和藤子聊天，忽然就冒出了那几句朗朗上口的广告词，那时候藤子正在她的厨房里做泡芙——是的，藤子最近迷上了做泡芙，各种泡芙，那天尝试的是车轮泡芙——听见了就说哎，楷哥他们公司的项目嘛。

她说不是吧，这不是某某地产吗，跟他有什么关系呢。

藤子看她一眼，跟看傻瓜似的，说可这家就是楷哥公司控股的啊……她说那谁闹得清那些，跟我又没什么关系。

藤子笑了半天说论起来这确实不是楷哥热衷的事业，不过他不能不接手。他小叔经营了多年的盘子，这两年尤其是这半年陆陆续续都往他手里交……听说他小叔考虑退休，手上的事都交给他，再扶他几年，到时候只挂个荣誉头衔就是了。

藤子说沈家小叔叔正在年富力强的岁数，若不是太太生病，应该还有的拼，你看多少人八十九十岁还在做决策。如果不是他给楷哥重压，楷哥还会忙到没时间谈恋爱？沈家小叔拿侄子当亲儿子待，不过亲儿子也许会宠会娇惯，对侄子的话就算是宠爱可能也不会过度，反倒一个劲儿地施压，想想都替楷哥累得慌。

藤子后来倒不是开玩笑了，是很认真地在分析。

她也知道这多半是事实。

沈緒楷的父母年轻时候就驻外，他在祖父家的时候比在父母身边时候多，跟小叔夫妇更亲近，和绪模则完全像是亲兄弟。

他上大学才回到自己家里，跟父母感情反而要疏远些……

这方面她比较能理解沈緒楷。

她自己的父母还不是年轻时候，不，一生都在拼事业，等到稍有闲暇可跟她亲近的时候，她已经成年了。

藤子一边做泡芙，一边给她细数了几个身边的家族企业的情况，除了个别家里是长辈出了意外情况的，哪里有继承人三十岁不到就被推到前面去的？不是做二世祖混日子，就是得紧跟在长辈身边学习，离上位还差十万八千里，等掌权比查尔斯王子等王位还没指望……

藤子聊到这些如数家珍，倒也不是成心搜集这些消息做内参，只是职业原因，加上本来就交游广阔，各路人马天天往她餐厅里汇聚，不听不听也听了很多……

静侬把藤子给她的信息梳理一遍，想通了很多以前想不通的事，对沈绪楷的理解也更多了一点。

虽然这些，其实在她看来，也并没有什么重要的，只是它们跟沈绪楷有关，组成了他的生活，组成了他这个人。

此时他们天各一方，她却像是离他越来越近了。

沈绪楷三个字，是会让她在忙碌的日子里停顿下来，出那么长长的一会儿神的……这大概，就是想念和牵挂了吧。

她想。

天气渐渐冷了，她果然早早就开始体会到脖后发凉的感觉，赶忙拿出了围巾来。

这天早上，她又要陪藤子去码头取货，天还没亮，就带上 Luna 出门了。

Luna 乖巧地坐在后座上，一路上只看风景。

到藤子家楼下时，它也没出声，只是等藤子上了车，给它塞了两块自制鸡肉干，才开心地让藤子摸摸头。

藤子笑着说这小家伙有意思……

静侬看着吃得高兴的 Luna，笑着说："哎，最近给你不停地投喂，眼看就要超重了。"

"小孩子当然贪吃啊，让我宠嘛。"藤子回身摸摸 Luna 的脑袋，"真乖。"

静侬看看藤子，说："你最近怎么回事，不管看着什么幼崽，都两眼放光拔不动腿。"

藤子笑笑，说："而且以前看到活鱼活虾简直要跳起来，兴奋。现在想到亲手拿进店里去，头皮发麻……是不是上了年纪，开始变态？"

静侬顿了顿，说："是有了慈悲心。"

"……那这一行我还能干多久？"

"大不了你店里开发全素宴啊。老早跟你说，你要是在寺院附近开个素菜馆子，不晓得生意会多好呢。"静侬说。

藤子停了停，忽然哧的一声笑起来，说："我发现最近给你补课还是有效果的，生意头脑竟然也有一点了。"

静侬也笑，道："本来嘛，现在的馆子能赚圣母马利亚信徒的钱，再开个馆子赚观音菩萨信徒的钱，不挺好吗……"

藤子大笑。

静侬开着车子在海边空旷的路上跑起来，不自觉就提了速。

藤子是开惯快车的，这会儿却提醒她说："哎哎，注意速度。你看这弯道，你一踩油门150迈也行，下车我就得吐了……你忘了你答应楷哥什么了？"

静侬乖乖降了速。

藤子听见她低声咕哝，笑着说："我眯一会儿，到了你叫我。"

静侬答应，一路保持着正常速度开到了码头，在停得横七竖八、乱中有序的小货车里，她找了个最合适的位置停稳车子，抬眼就看到旁边有一辆旧的但是收拾得很干净的三轮摩托车。

她轻轻"咦"了一声，藤子睡眼惺忪的，正摸出手机来回复信息，往外看了看，一下子来了精神，说："等会儿，咱们稍等一等再过去。"

"你不怕货又被人抢走啊？"静侬问。

最近已经好几次了，她们想要的货，总是被人先一步要了。她不是好胜的性情，可也觉得气馁。

藤子说："抢走就抢走嘛，采购食材其实有时候讲究的是'遇'。能遇见什么就是缘分，食客能吃到什么也是缘分，每天都有遗憾有惊喜，这才是人生啊。"

静侬笑笑。

藤子碰了她一下，说："快看。"

静侬就见一个瘦瘦小小的人搬着两个摆起来远比其身体更宽更高感觉也可能更重的泡沫箱往这边走来，那脚步又快又灵活……

等走近些，她才发现这是个女人，不禁惊讶。

她是坚持健身的人，自问还有一点点力气，一般的重物她很容易就可以提起来，比如办公室更换饮水机的水桶，比如在书库搬打包运来的新书……

像这样搬运重物毫不费力，她也不敢说自己能做到。

"好厉害。"静侬看她把泡沫箱子放到那个三轮摩托车的斗里，很快跨上摩托车，只是好一会儿才把那个古董般的车子发动起来，减了几分一气呵成绝尘而去的潇洒，"好帅的女人。"

"很年轻啦，比咱们应该小一两岁。"藤子说。

"认识？"静侬问。

藤子挥挥手示意她下车，说："你带 Luna 那边儿遛一会儿，我去点一下货马上回来，刚那女孩子的事儿，回去路上我跟你说。"

静侬答应，开车门让 Luna 下了车。

藤子走开前笑着说："让你多看一眼是有理由的，说不定以后成你表嫂。"

静侬"哈"了一声，说："不是我埋汰陈润涵，这么帅的女孩子，他可配不上……"

"哎哎哎，得了啊。"藤子接听电话，笑着走了。

静侬拉着 Luna 沿着海边的路往渔村方向来。

Luna 到了陌生的地方觉得很兴奋，跑了一会儿，站在海边的礁石上，望着海面和不远处聚集了无数渔船和人群的码头，像是出了神……

静侬看着 Luna，不知为何竟觉得有种异常感动的情绪，悄悄拿了手机给它拍了一组照片，回看，只觉得每张都漂亮，于是打开 ins 上传了一组，再发朋友圈。

她最近发动态的频率比从前不知道高了多少倍，偶尔有人，比如贾飞就会又点赞又评论，开玩笑说人走蜜运的时候就是不一样……她会回复一个微笑的表情。

她看看时间差不多，果然藤子打电话给她，说："货都拿到了，回来吧，驾驶员！"

她笑着带 Luna 小跑着回到原地，看见地上摆了几个泡沫箱子。藤子有点儿得意地掐腰站在旁边，挥手说："今天一样都没有被抢走！开心！"

静侬打开车门把箱子放进后座，让 Luna 也上去，笑着说："是人家今天不需要你这些吧？不然以咱俩这程度，到了这儿，白瞎了。"

藤子也笑，说还真是的，先上了车。

静侬的手机在口袋里振动了下，她摸出来，发现没电了，上车赶快找充电宝，问："藤子不是要给我讲故事吗？"

藤子说："你等等啊，我先回个电话。"

静侬听见她打通电话嗯呀嗯呀地应了好一会儿，也不知她跟谁讲电话还这么耐心，不禁转头看了她一眼。

藤子指指手机，看了她，说了句"回头我问下范静侬她有时间的话我把她也拽过来"。藤子又笑了一会儿，收了线。

静侬问："谁呀？"

"蔡思璇嘛，前天生了宝宝，八斤的大胖闺女，还是顺产……她在月子中心，卸了货觉得无聊，盼着人去看她。"藤子笑着说，"我可想去看小 baby（宝宝）了……蔡思璇早就说挺想你的，好久没见了，我们上个月聚那一次，她挺着大肚子都来了，你没空来。"

"咱们班那次聚她也没来。"静侬说。

"是哦，那你有空没有？我跟她约了明天早上。"藤子说。

静侬说："有空啊，跟你一起去，看看新生的丑娃。"

藤子敲了她一下，说不是每个新生儿都丑，蔡思璇女儿胖嘟嘟的，不是那种皱巴巴的娃娃……

两人笑了会儿，藤子说："哎呀，忘了八卦——我是最近这段时间老是跑鱼市什么的，才注意她的。她跟谁也没什么话讲，来了就直奔主题，拿货就走，下手又准又狠，很多尖货都被她拿走。咱们俩之前扑空的几次，就是因为她。"

"挺有能耐呢。"静侬叹道。

"是呀，有机会能认识下就好了……不过不好让她知道我是涵哥的朋友。"藤子笑。

"陈润涵看中人家了？"静侬问。她倒没听说陈润涵最近跟谁走得近。"可是吧，他喜欢起谁来那架势也挺吓人的，一般人吃不消。"

"这回也有点不太对劲儿。不晓得涵哥怎么追的，反正那天在游艇会，让人家给扔海里了。"

"真的？"静侬手指敲敲方向盘，"肯定没干正经买卖。"

藤子笑道："不过看得出来他是真喜欢。"

"谁受得了他的喜欢法儿啊……"静侬慢条斯理地说。

车子里有海货那新鲜的腥气，闻起来有种特别的香甜。

静侬帮藤子把东西送回餐厅，一起去吃了早点，又把她送回家，约好明天一起买了礼物看蔡思璇。

静侬准备离开，忽然想起刚刚那个没能接起来的电话，翻了下通话记录，发现是修任远的来电，有点意外，马上拨回去。

修任远立即接了电话。静侬从这个细节判断出来他应该有急事，先跟他说抱歉刚刚手机没电了。

修任远说没关系，我刚刚太着急，也不想想你接电话方不方便……他说这会儿我冷静多了，真不好意思。

静侬问："急事？"

"是。方不方便见面聊？我要说的事儿大概十分钟就能说完。"修任远说。

"我刚好也有事想当面跟你说。这样吧，你现在在哪里？"静侬问。

"我在你们学校附近。"

"那不然去苏记？"静侬问，"要是你不想过去……"

"就苏记吧。"修任远说。

静侬答应。

挂断电话，她很快往苏记去了。

路上车少，她比预计时间还要早几分钟就到了，看了下苏记门前，果然停着那辆旧货车，修任远比她还要早到。

她带着 Luna 下车，Sukie 先跑了出来，喊着范老师这是你的狗呀，太漂亮了……

Luna 倒不认生，不管是对可爱的 Sukie 还是跟着出来的苏爸爸和修任远，都表现得比较友好。

不过修任远没上前，只是隔空跟静侬打了个招呼。

苏家父女就留在外面逗 Luna，带它在店门口的椅子上坐了。

苏记店铺里最近在临窗的位置贴边安置了一张长条桌，加了几把高脚椅，又多了一台咖啡机，开始提供简单的饮品，也像便利店那样给客人提供坐或站在这里解决简单一餐的机会。

据说苏老板开始是不赞成的，嫌怪模怪样，不像糕点铺子了，不过 Sukie 很坚持。

实行了几天之后效果还不错，苏老板也就不吭声了。

这会儿那长条桌上就摆着一碟点心和两杯咖啡，静侬和修任远隔了个座位并排坐着，看着外头苏老板慈祥地摸着 Luna 的头，跟经过的一对带小朋友的年轻夫妇不知在说着什么……静侬问修任远："你找我是为了宗小苔吧？"

修任远点头。

"我知道前阵子她出意外被送进医院了。最近她好像很多事都不顺利。"静侬说着喝了口咖啡。Sukie 恰好走进来，她转头对 Sukie 举了举杯子，无声地说了句好喝。

Sukie 笑笑，去忙了。

修任远说："她的情况确实不太好。"

静侬说："我听说是服药过量，是误服还是？"

"自杀。"修任远说。

静侬没出声，握紧了咖啡杯——她回想着最近什么时候见到过宗小苔……

校庆那天，在文学院的座位区，宗小苔坐在离姜山不远的位置；过了没两天，在图书馆又看见她一次……

当时她在书库忙着，突然一抬头看见一个黑色的影子鬼一样站在玻璃门后，吓得心跳几乎骤停。

她认出是宗小苔，还是觉得有点可怕——宗小苔比校庆那天的样子看起来像是缩水了，也许是没有化妆的缘故……

宗小苔只是停了一会儿，转身离开了。

那脚步飘忽，真的有些像鬼……

静侬忽然觉得脖后发凉。

她放下杯子，被咖啡杯暖透了的手指放到脖子上，但仍然没有驱散那股突如其来的寒意。

"问她为什么，都不说。送她去医院的同学也不清楚状况，推测可能是因为论文……她学习压力会这么大吗？会不会还有别的原因？"修任远问。

静侬看看修任远，说："我也只是听说了一点，应该是毕业论文写得不顺利。她预先联系好的工作，可能泡汤，这样的话压力就比较大了。现在好的工作也不好找。文科博士的出路其实不算太多。"

"医生说她的精神状态很不稳定，需要人照顾，也让她按时去看心理医生。我跟她讲了，她说知道了。"修任远说。

"你跟她什么时候联系上的？"静侬问。

"咱们在饭馆子遇到之后第二天。是她找我的。"修任远说。他语气很平静。

静侬看看他，问："她怎么联络到你的？"

"我也不知道。她打通我的电话，直接就叫我修任远，说别出现在我面前。她说的，不想看见我。我跟她讲，我先前想过联系她，没有别的目的，是想跟她道歉的。她让我去死，然后就挂断电话了。"
修任远说。

静侬微微皱了下眉，没出声。

"我确实没想要让她难受。她说不准我出现，我就没有再出现。
那天半夜我手机响了，看是她的号码我就接了，接通了才知道是她同
学……那位同学问我能不能联系到她家人，或者能不能帮忙联系下，
当时她情况很危急。我问清楚在哪家医院，就赶过去了。我那天晚上
就守在医院了。我也是太累了，不小心睡着了。我睁开眼的时候吓了
一跳——她穿着病号服蹲在床上，就那么盯着我……"修任远说着，
一个大男人，轻轻打了个寒战。

静侬想起那天宗小苔的神气来，很能体会修任远的感受。

看着宗小苔这样，修任远大概是做不到扔下她在医院不管吧……

果然他说宗小苔住院那几天，他定时去探望。出院以后，他也会
问问她的情况。

宗小苔其实也不理他，不过她还接他电话，虽然接通了也不出声，
知道她暂时安全，他也就放心一点。

"咱们在老陕西吃饭那天，我本来想跟你说的，想了想没好说出
口。"修任远说。

静侬想了想，问："她有没有什么其他异常的表现？"

"也没有什么……这个病我也不懂。不过这阵子恶补了好多资料，
还去问了大夫。大夫反复强调她一定要按时服药，按时去看医生。她
说她都知道。我问她要我做什么。她说……"修任远说到这里，脸上
的表情有一瞬间特别痛苦。

静侬说："她让你去死。"

"嗯。说她不需要我道歉，也不需要我做什么。她说要道歉就去
沈绪模那里吧，你有多少话都当面跟他讲。"修任远说。

静侬看了修任远。

不难想象他在宗小苔面前是怎么样的一个姿态。

他能想到去跟宗小苔道歉，一定是把各种情况都考虑在内的。

然而这些话只要想一想，被当着面说出来，想必双方都不好过。

"这是我应得的。"修任远说。

静侬不语。

修任远又重复了一遍这句话。

他似乎也不是想要静侬的回应，只是自言自语。

静侬看看他，牛高马大的，说这话时人也像是缩小了……像宗小苔出现在图书馆时候的样子了。

她习惯了宗小苔趾高气扬、目中无人，突然间意识到在这个外表之下，她有另一副面目，一时之间拗不过来。

修任远见她不说话，就把宗小苔的病情和身体健康情况跟她说了一下。

宗小苔的抑郁症持续多年，情况比较严重。她的身体目前呈现营养不良的状态，已经有一段时间了。另外还有些小的毛病……

静侬看了他，问："你希望我做点儿什么？"

修任远说："我有问过她家里人的情况，她说都死了。这是不可能的……但是我也确实不晓得该怎么办。她身边没有什么可以依靠的人，你能不能在方便的时候关心她一下。我不是请你照应她，就是，一旦她有什么情况，你能不能告诉我？"

静侬轻声说："我今天来见你不光是想听你说的。这些天我也犹豫要不要给你打个电话，提醒你一些事情。"

修任远不看她。

静侬说："宗小苔是成年人了。没错，是有严重的健康问题，不过，首先要对她负责的是她自己。你照顾她？不加重她病情就算好了——还有，你离假释期满还有几天了？能不能在这段时间，对自己负责一点？你知道如果犯错，后果多严重？"

修任远等她说完，好一会儿没出声。

静侬说："我没什么资格干涉你。不过我从心里希望你能顺利渡过这一关口。你错一次错两次，不能再错第三次，知道吗？"

"我知道。谢谢你提醒。"修任远说。

静侬说得隐晦，修任远一下子就明白她所指。

两人这份儿心照不宣，引发了一阵尴尬的沉默。

静侬宁可他质问自己怎么能这么说话，到底听谁瞎说的，他这样简单地回答，半句不否认，那意味着她看到的资料也可能只是一部分。

静侬忍了忍，没有说小心翼翼夹尾巴做人，还有人等着揪你的小辫子，何必又去做些打擦边球的事……重新回归社会确实不是那么容易。

　　理论上来说每一个刑满释放人员最终的归宿都该是回到社会中，正常地生活，但理论毕竟是理论，实践中是有不同程度的困难的。

　　她又忍了下，没有叹气，说："我没帮你什么，不用谢我。你拜托我的事，我会放心上。她有什么意外情况，我会通知你。"

　　修任远又说了声谢谢。

　　犹豫了下，他说："我知道我跟她再也不见面是最好的，可是她现在这个情况，我不该不理。当年错是我犯的，我不想她一直背着这个包袱。"

　　静依不出声。

　　修任远说："……我，那时候还不能理解到人的感情是很复杂的。一个人可以同时喜欢两个人，甚至可以都是真心喜欢……人的感情也是会随时变化的，今天还爱一个人，也许明天就不爱了……这不是打比赛争胜负，赢了输了，不是感情上该计较的……我想明白了也晚了。"

　　"以后别再犯。"静依说。

　　"我不会了，可有些债欠了是永远还不上了的。"修任远将面前的咖啡一饮而尽，"我打听过……听说墓迁走了。"

　　"修任远。"静依突然打断了他。

　　修任远像是被她这突如其来严肃又有点严厉的声音惊到，抬起头来。

　　"不要去打扰模子，不要接近沈家任何人。听我劝，这对谁都没有好处。"静依说。

　　"明白。"修任远说。

　　"小心做事，注意安全。"静依说着看看时间。

　　修任远也看了下手机，说："耽误你这么久，不好意思。"

　　"没关系啦，周末嘛，不赶时间。你呢？"静依语气缓和多了。

　　"我去接大禹，过海，有个公司处理一辆旧轿车。"修任远说。

　　静依点头。

　　修任远说他先走，静依又点头。

　　他们走出苏记，修任远跟苏老板打过招呼，匆匆开车走了。

　　静依蹲下来，摸摸 Luna 的脑袋。

　　Sukie 跑出来，说远哥走了吗，给他带点心呀。

苏老板说你脚程这么慢，哪赶得及。

父女俩又斗了会儿嘴。

静侬心情有点沉重，听着父女俩的笑语，渐渐缓了过来。

苏老板笑着进店里去了，Sukie 把给修任远准备的点心塞给了静侬。

"您别客气……就几个早上刚烤的核桃酥。"Sukie 说。

静侬接了，又谢谢她。

Sukie 摆摆手："范老师，后来我跟我老爸打听了一下远哥父母的情况。他进去以后第二年，他爸爸因为肾病过世了……后来，他妈妈跟一个从新西兰回来找老伴儿的人再婚了，把家里房子卖了，跟那人走了。不过听说前年那人也去世了，倒是留了牧场房产什么的给她。远哥姥爷去世，她回来奔丧了。这些也是老邻居们东拼西凑听来的，到底是不是这样的，也不敢保证。"

静侬点头。

修任远在说到宗小苔身边没有家人没有朋友的时候，神情是很落寞的。她以为他是为宗小苔难过，可也许同时也想到自己了吧。

"……本来他们家好好儿的，唉。"Sukie 小声说，"我看他日子也很难过。"

Luna 有些不耐烦，站起来咬着绳子拽静侬。

静侬说："我们得走了。"

Sukie 说："那您慢走。"

Sukie 一直把她送上车，站在路边冲 Luna 挥挥手，说："您经常带 Luna 来玩呀……"静侬微笑，想起来跟李晴晴约好十点半带 Ruby 上门，这眼看就十点钟了，得赶快回家。

她到家把车停进车库，先把 Luna 放出来。看着 Luna 一路奔跑着，她想起自己之前发的动态，边走边翻看。

收到很多留言和点赞，都没有沈绪楷的。

她又翻了一遍，的确没有。

她在院子里站下，往前翻了两条动态，分别是昨天和前天发的，确认都没有沈绪楷经过的痕迹——

沈绪楷当然不是随时有空会浏览也不是喜欢给反馈的人，可此时她觉得有些不对劲儿。

Luna 衔了一颗网球来，她拿起来扔远些，算了下温哥华的时间，给沈绪楷留言问他是不是还在工作，这几天情况怎么样。

她把手机握在手里，跟 Luna 玩丢球，一次比一次丢得远，Luna 总能更快地跑回来。

让 Luna 跑了三个来回之后，沈绪楷的电话打过来了。

接听时，她心跳突然加速。

沈绪楷声音低沉沙哑，说："这几天比较忙。"

静侬听她没有提及其他，想到前些天，小婶身体状况比较好的时候，他会主动说两句，也就推测得出来他情绪低落的原因。

"你是不是都没休息好？"她问。

"还好。"沈绪楷说。他顿了顿，说他父母也来了，多数时候长辈们会互相陪伴。"……需要我做的并不多。"

"那边天气冷一些，你当心身体。"静侬说。沈绪楷这么说，她就很清楚目前的情况了。她有点担心会耽误他时间，"挂了吧，有空我们再通话，没空就算了……"

"等等，小婶让我跟你说谢谢你。"沈绪楷。

静侬愣了下，才反应过来，沈绪楷说的应该是上周她拍摄的视频。

沈绪楷那天提了一句小婶最近经常想起生活了二十几年的城市里一些很小的物事，有时候清醒些会明明白白说出来自己最喜欢的哪条街道、哪处海滩、哪家的食物……小婶提到的很多地方已经被拆了，有些即便还存在也变化巨大。

她特地去选了一架无人机，拍了些视频和照片，回来做了剪辑，发给了沈绪楷。

这是小事儿，做完就扔到脑后了。

"不谢的。"静侬说。

"她说要的，说你是温柔细心的孩子。谢谢你。"沈绪楷说。

"替我问候她。"静侬说。她这时已经带了鼻音，知道自己必须马上中断这个电话了。

"好的。我等下进去就跟她说。"

"沈绪楷，"静侬叫他，"你照顾好自己。"

"我会的。"沈绪楷说。

静侬说了再见，挂断了电话。

她看了下通话时间，一分二十秒，包括了他们两人静默和停顿的时间。

不过在她的感觉里这段对话的时长远远不止这点儿……

沈绪楷归期遥遥，她有种说不出的感觉，也许下一次见面，会发生一点什么。

她愿不愿意任其发生？

在这通电话之前，她的答案应该是否定的。

但此时她知道她是愿意的。

如果沈绪楷在她面前，她会紧紧拥抱他的……她在对话框里发了一个最简单的拥抱表情。

沈绪楷没有回复。

门铃响，Luna 扔下网球，最先冲下了台阶。

静侬去开门，见李晴晴牵着 Ruby 的手站在门外，Luna 马上就开始吃 Ruby 手里的鸡肉干了。

她微笑着和 Ruby 打招呼。

李晴晴牵着 Ruby 的手进了门，指指身后那一个巨大的编织袋，让静侬自己搬。

"Ruby 奶奶给的栗子。全都是熟透了爆开落到地上，爷爷收起来的。这种熟透了的栗子特别好吃。"李晴晴说。

静侬过去，一把没能提起来这个袋子："哇，这么多！怎么拿来的？"

"Ruby 堂叔送爷爷来的，看 Ruby 顺便送点好吃的给我们。"李晴晴看看静侬的脸，没出声。

等到进了家门，带 Ruby 去洗过手，让她跟 Luna 去玩儿了，李晴晴在沙发上坐下来，坐在一个既能看见静侬泡茶又能看见两个幼崽玩耍的位置。

静侬把洗干净的葡萄和泡好的普洱放在茶几上，喊 Ruby 来吃。

这时 Ruby 和 Luna 正伏在地毯上，费劲儿地摸着滚进沙发底下的网球。

两个小家伙一个手臂粗短，一个前肢短粗，谁都够不到……

李晴晴笑着说让他们玩儿吧，这会儿 Ruby 眼里只有 Luna。

静侬拿了串葡萄给她。

李晴晴接了，看了看静侬，问："心情不好吗？看你是哭过的样子。"

"这么明显？"静依问。

"眼圈儿都红了。在哪儿受气了吗？"李晴晴问。

她一贯爱开玩笑，这回却没有。

她知道静依不是轻易会哭的人，如果这样难过，一定是有比较严重的事情发生。

静依说："刚才接了个电话，就很难过。"

李晴晴轻声说："虽然不知道是什么事……"

静依摇摇头。

沈家的家事，她一时感触，却也不方便跟李老师细讲。

李晴晴见状也就不问了。

这时 Ruby 蹒跚着跑来，一头扎到静依怀里。她手里举着沾了 Luna 口水的网球，塞给静依。

静依抽了消毒巾给她擦手，喂给她吃葡萄……

Luna 眼巴巴看着 Ruby 吃葡萄，急得爪子刨地毯，静依还得安抚它一下，强调一遍小狗子不能吃葡萄。

李晴晴看她情绪好起来，放心了些，又恢复了爱说笑的样子，说："我看你现在越来越喜欢小孩子了。其实我刚开始带 Ruby 过来玩的时候，你还只是喜欢远距离观察小朋友吧？"

静依给 Ruby 擦擦嘴巴，看着她肉乎乎的小脸儿，她凑过去亲了一下，说："的确是越来越喜欢了。不过我还好，没喜欢到恨不得自己生一个。我那好朋友藤子，嚯，现在简直不得了。我们约好明天去看同学的新生儿，我都担心她会不会给人家偷回来。"

李晴晴笑："看看，这几年可是同学们密集地结婚生子时期。"

"是啊。一会儿婚宴，一会儿满月酒，吃不消。幸好留在本地的不多，不然更忙。"静依微笑。

"说到你们同学……我听 Ruby 爸说，宗博士之前联系的两份工作，至少有一份是姜教授夫人给搅黄了的。我看这么下去，宗博士恐怕没法儿顺利毕业。虽然走到这一步，她多半也是自作自受，可是吧，一个人受了这么多年教育，成了如今这样，总觉得可惜。总归还是希望她能快点回到正道上，好好儿毕业。Ruby 爸说宗博士是有天分的，如果肯沉下心做研究，将来混到正高职还是比较轻松的。唉……"

"她应该是病了。"静依说。

李晴晴愣了下："真的吗？"

"是。"静侬说。她看李晴晴的反应并不十分意外，"我记得上回你还说过，看她样子不太正常。"

"是呀，我也想到了这个可能。远的不说，看姜教授婚礼上她那表现……行为有异常，应该是身体或者精神出了问题。"李晴晴叹了两声，"作孽，好好儿的一个人。"

"接受治疗会好的。"静侬说。

不过，听修任远的意思，宗小苔根本就没有在认真接受治疗。

"她好像没什么亲戚朋友在身边？"李晴晴问。

静侬想了想，摇头。

关心她的人倒是有一个，只是她宁可不要吧……

至于亲戚，她从中学时期就没见过宗小苔的父母。

不过有一次家长会，宗小苔的奶奶来的。

年近八旬的老太太，穿着老式旗袍、梳着发髻，整个人像民国招贴画里走出来的。

宗小苔跟奶奶长相气质都相似。

其他的情况……修任远都没提，也许他也不知道吧。

"有人支持还是挺重要的……Ruby姑姑之前是因为工作压力太大，得了抑郁症。奶奶扔下爷爷和家里大片林地，跑到上海去陪她。有一年多的时间，Ruby姑姑走到哪儿，老太太都跟着，好不容易熬过来了。Ruby姑姑现在好多了，换了份工作。可是一家子还是不敢掉以轻心，她两三天没消息，就担心她是不是又出问题了……我看着Luna，想着要不要建议我大姑子养只小动物。她之前倒是有过这个意思，还带奶奶去过领养日的活动。"李晴晴说。

"也许会有帮助。这个不如咨询下医生。或者做点别的也好，养花？"静侬说。

"在上海住高层的，跟你似的呀，有院子有地。"李晴晴笑。

"一点点绿色植物也好呀。前几年如果没有外面这块草地，我也不晓得我会怎么样……心神不定的时候我就蹲在草地上拔杂草。"静侬也笑。

她还记得有一次父亲过来，看到草地干净得出奇，问她是不是花钱请工人来修剪清理的……

得知她定期拖着剪草机修剪，还动手拔掉干枯的草叶，父亲当时没说什么，走的时候跟她说可以在养草之外，再养几盆花。

父亲那时候应该看出来她心理状况不佳，但是相信她的方法得当，还是能够控制自己的。

这么想来，她其实也不是个让父母省心的孩子呀……

她听李晴晴问她有没有什么适合在室内养的花草，她马上说了几种。看李晴晴马上打开手机下单买给大姑子，笑着说你们感情还不错。

李晴晴说："我们开玩笑说她也是'扶弟魔'。她比 Ruby 爸爸大八岁，帮他很多的。我们结婚买房，她想给我们一笔钱，我们没要。宁可买小一点，自己负担，没跟父母和姐姐要钱。她虽然赚钱不少，工作压力也太大了……这血汗钱哪里要。Ruby 奶奶包山种树也是土里刨钱，给我们些山货就很好，还帮我们带 Ruby 呢……对了，栗子……回头给我们做栗子蛋糕吃。"

"下周来，栗子蛋糕、栗子鸡……我们做全栗宴。"静侬笑道。

两人说笑了一会儿，时间差不多，静侬准备了午饭，留母女俩吃饭。

中间藤子打电话来问她明天去看蔡思璇带礼物，有什么意见。

两人商量了一下，约好明天上午藤子开车来接她。

静侬放下手机，想起蔡思璇那温婉斯文的模样，忽然想起来，蔡思璇最后一年，和宗小苔一直是同桌……

印象里，跟思璇见面的时候，从没听她提到宗小苔。

静侬想，宗小苔这个名字，在同学会上短暂出现在大家的记忆中之后，应该会再度沉寂，直到完全消失吧……

"天气预报有寒流，降温幅度有十五六摄氏度呢。"李晴晴说着，提醒静侬记得换厚被子。

静侬答应了。

这么一降温，要接近零度了。

天气冷了。她看了下天气预报，随手滑了下，显示了温哥华当地的气温，已经在零摄氏度以下……她看着这个温度，似乎能切身感受到彻骨的寒冷。

她搓了搓手。

手机屏上弹出一条消息来。

看到是沈绪楷发来的，她心一跳，忙点开。

紧跟着她发的那个拥抱的表情，他回复了一个同样的。

她盯着屏幕，缩了下手臂，仿佛，这个拥抱是真实的。

她的胸口有点闷，像是有什么东西在被狠狠压抑着，但已经压抑不住，就要冲出来了。

"想你。"她说。手指有点发颤，但并不是因为天气足够冷。

"我也是。"他说。

她屏住了呼吸。

"静侬。"

"嗯。"

"等我好吗？"

"好。"她没有丝毫犹豫。

周日早上，虽然换了厚被子，静侬还是被冻醒了。

她蜷缩在被子里，看到 Luna 同样姿势蜷缩在床边，垂下手摸摸它的脑袋，拿过手机来翻了一下。

周末连手机也沉默许多。

她点进沈緒楷的 ins 页面，浏览了一遍已经非常熟悉的仅有的那几条动态——

最新的一条还是上个月，夕阳下的停机坪，印着他们公司标记的最新型号的公务机……机体上花纹简洁优美，实在是很好看。

下一次他有心情更新不知道是什么时候了……

静侬发了会儿呆，起床去遛 Luna。

外面寒风瑟瑟，她冻得缩手缩脚，Luna 却很高兴。

风吹得落叶在地上跳舞，它像是发现了新玩具，不但追树叶，还追风……静侬跟着 Luna 随意跑了一会儿，带它上了山顶。

来到山顶亭子前，一人一狗都觉得累了。

她牵着 Luna，坐在了檐下长凳上，望着远处的沙滩和海面——秋高气爽，能见度很高，因此碧海蓝天红瓦绿树的景象就如同色彩艳丽的风景画呈现在眼前……

Luna 突然站了起来，牵引绳绷直了。

静侬忙拉住牵引绳，这会儿工夫，Luna 吠叫起来。

静侬拍抚着 Luna，发现 Luna 背毛竖了起来。

她回头看了看，并没有发现什么人。

亭子周围是茂密的树林和灌木，远处的观景平台和曲折的游廊隐隐有说话声，但目之所及，并无异动。

这时 Luna 由吠叫改为低声呜咽，静侬继续拍抚着它，见它没有平静的迹象，轻声说 Luna 这是怎么了，试着牵它离开。

Luna "嗷呜"一声，近似狼嚎。

静侬有所察觉，抬头望亭子上方一望——三层高的凉亭，二层是开放的，上面有个穿着黑色衣服的女人……静侬寒毛都竖起来了。

她不用看清楚那女人的脸，就知道是宗小苔。

她太熟悉宗小苔的体态了。

Luna 扯着静侬要往前冲，静侬将它抱起来安抚着，再抬头看时，宗小苔已经不见了……这一下比刚才还让她毛骨悚然。

Luna 又大声吠叫起来，静侬定定神，看着凉亭出口——从上面下来应该没有那么快：下山的路径虽然有好几条，可除非宗小苔是飞下山，一定要从她面对的这个出口出来的。

静侬站在原地没有动，果然不一会儿，就看到亭内楼梯上，露出了黑色的裙摆——只是轻轻晃了晃，那只脚伸出来要往下继续走，却又收回去。

黑裙就露了一角，像只黑色的猫，藏在角落里……

静侬背上出了汗。

她等了一会儿，黑猫终于从角落里钻了出来。宗小苔移动着步子下了楼梯，走出出口时，抬眼看了静侬。

她没出声，静侬也没有。

Luna 在看见宗小苔出现的一刻，像是感受到了威胁，对着宗小苔狂吠。

静侬必须紧紧搂住 Luna，才能防止 Luna 挣脱。

她还不知道一只像 Luna 这样未成年的幼犬，力气可以这么大。

宗小苔走下来，目光从静侬身上飘过，经过她身边时，看了一眼 Luna。Luna 突然像噎住了似的，住了声，回头贴着静侬的颈子。如果静侬不是紧紧搂着它，它可能就越过她肩头逃窜了……静侬背上汗出如浆。

她看着宗小苔那钉子似的下巴，吃惊不小。

比起上次见到她，她像是又瘦了些。

"这狗挺好看的。"宗小苔忽然开了口，"不过它好像很怕我。"

"小狗胆子都小。"静侬抱紧 Luna。Luna 夹着尾巴，瑟瑟发抖。她从未见过 Luna 怕过什么……为什么这么怕宗小苔呢？虽然她看上去瘦得简直成了鬼。

"听说有的小狗小猫会看见鬼……可能我身边有鬼吧，也可能……我看着就像鬼。"宗小苔轻声说。

她脚步飘忽，声音却沉静有力。

静侬听得心惊，但面上却淡淡的，说："瞎说什么呢。世上哪有鬼。"

"世上的人比鬼可怕多了。比较起来，鬼确实没那么可怕……尤其如果见过的话。"宗小苔说着，伸出手来虚虚地爬了两下，像是在 Luna 背上摸了摸，"修任远一定找过你吧？别听他的。我也不需要谁关心。"

她说着就下台阶了。

静侬要顾着 Luna，只能看着她走，但到底说了句论文需要帮忙查资料可以随时找我，看我能不能帮到你。

她想说延迟毕业并不算是什么大的问题，可想到宗小苔的心理状态，这一点也许会刺激她，就没有说。

"知道了。谢谢你，范老师。"宗小苔回了下头，微微一笑。

静侬愣了下。

瘦成鬼、行事乖戾的宗小苔，这一笑仿佛回到了少女时代——那张脸上是她熟悉的笑容。

宗小苔的身影消失在灌木丛间下山的小路上。

静侬抬头看看凉亭——宗小苔站在那里的时候在想什么？她回了下身，看了看远处。

那个位置在凉亭的中层，比下面高出十几米，也许看到的东西和她看到的不太一样……她带着 Luna，不能到凉亭里去，那里是禁止宠物入内的。

静侬放下 Luna，跟着宗小苔选了同一条下山的路。

这条路通往学校后门——那里离博士楼很近。

也许宗小苔经常沿着这条路散步上山。

Luna 似乎有点犹豫，走几步就回头看看静侬。

静侬看着它夹着的尾巴，直到走下山，来到公园出口，才舒展开……而此时，宗小苔的身影，已经飘到了小巷的尽头，在视野中只有寸余大小了。

静侬抹了下额头上的汗，山下几乎没有风，还是让人觉得冷。

Luna拽着她走上回家的路，一路上又重新高兴起来……静侬看着Luna，想到宗小苔看Luna的神情。

自从她和宗小苔再次相遇，这是她看到的宗小苔眼睛里流露出来的神色中，最温和的了。

离约定的时间还早，静侬在家里等了一会儿，觉得有点心慌，干脆出门等藤子。

街巷安静，既没有往来的车子，也没有行人，只有偶尔在墙头上一跃而过的野猫——静侬看着因为天气渐冷而胖起来的花猫，缩了下肩膀。

天有点阴，温度还在降，果然大风降温天气不是开玩笑的。如果不是有约会，她此时应该在书房里抱一杯热茶开始翻资料准备动手开始新一阶段的译稿了。

藤子来电话，说她会稍微晚点到。

静侬看看时间，想退回家里去，又懒得折腾，干脆沿着街巷随意走走。

她走起来没什么目的性，准时回到家门口等藤子来接就好了，不知不觉上坡下坡的一走动，站在路口的时候，已经看到了学校大门。

她正准备折回去，忽然有人叫了声小范老师。

范老师前面还缀了个"小"，她想这应该是学校的老人儿了——跟她母亲熟识的老师和工作人员通常会这么叫她。

不过这回叫她的这位阿姨，看起来面生。

她微笑着问好。

阿姨笑着问是不是不记得她是谁了。

"我以前在校办那边打杂，现在在博士楼看更。"阿姨笑着说。

静侬想起来了，还是母亲在这儿办公的时候见过这位和气的阿姨。

"肖阿姨？"静侬问。

"是哦！你记得我哦？"肖阿姨笑得眼睛都弯了。

静依也笑。

"陈校长好吧？校庆那天隔老远看见，还是那么有风度。"肖阿姨说。

静依点点头，说："让您惦记了。挺好的，就是忙，不大回来。"

静依发现肖阿姨没有按红灯的按钮，示意帮她按一下。肖阿姨说："瞧我，看见你就忘了。"

"您这个时间是交班？"静依问。

"不，我今天休息的。不过有点事，回去看看。"肖阿姨说。

静依点头。

肖阿姨要走，静依忽然想起来她是在博士楼值班的，问："阿姨您能给我留个电话吗？我也许有事情得麻烦您。"

"可以啊。"肖阿姨给静依念了自己的手机号，"尽管打给我。"

"您知道宗小苔吗？"静依问。

肖阿姨很明显愣了一下，犹豫着问："你认得宗博士？"

"我高中同班同学。"静依说。

"啊，是想打听下她的情况？"肖阿姨问。

两人站在边道上，肖阿姨拉着静依往一旁挪了一步。

见静依点头，她说，"我就是有点不放心她的情况，回去看看。我还得跟值班的同事再说一声，留意一下她宿舍的动静——我怕她出事。"

"我早上在公园还遇见过她。"静依说。

"是不是恍恍惚惚的？"

"看着还可以。我看她回学校了。"静依说。

"那还好……她服药过量那天我值班，可吓坏我了。平常我还真觉得她挺烦人的，老有男的也不登记就上去找她……可是我眼看着她这情况不太对，又不踏实。你看，虽然跟我没什么关系，要是在我管区出了事儿，到底不太好不是？你跟她念书的时候关系很好吗？"肖阿姨看着静依。

"不算亲密。那这样吧，她要有什么意外情况，麻烦您告诉我一声，行吗？"静依问。

"行。我值班我就盯着她点儿。我看她最近一直在打包行李，每天都往外扔东西，许是要搬走？"肖阿姨说着摇头。

路对面有辆车子鸣笛。

静侬抬头就看到藤子。

静侬和肖阿姨一道过了马路，看着她往校门走去，才上了车。

"幸亏我仔细看了一眼，还说怎么那女的跟范妈妈这么像——你怎么走到这儿来了，在家等急了？"藤子问。

"没有。就是不知道怎么就走到这儿来了。"静侬说。

藤子笑着说这可能是肌肉记忆。

她说着赶紧发动车子，说得快点儿了，要迟到了。

静侬想起来，问她上次去做体检的报告取了没有。

藤子说："下周才能出报告。体检中心会给我打电话的。"

静侬说有什么问题赶紧去看专科医生，藤子顺口："说我能有什么问题啊，你可太能操心了。"藤子说完看了静侬一眼，皱了眉间，"你怎么了？是不是因为沈家小婶，感触特别多？"

"一部分吧。总之不要把小问题拖成大问题。"静侬说。

"知道啦，范妈妈！"

月子中心离藤子家近，两人约好了看过思璇之后去藤子家吃午饭。

周末来探访的客人格外多，藤子在停车场里找了好一会儿车位才把车停下。

两人下了车，从后备厢里拎出来好几样礼物，除了一样是婴儿用品，全是给产妇准备的。

静侬知道里头有一套性感内衣，藤子给她电话商量时，她觉得这礼物有点儿怪，可是想想就同意了。

藤子说希望思璇当了妈妈仍然记得自己还是自己。

果然进了思璇房间，在相互寒暄、见了婴儿发表了一通惊叹喜爱、问候了产妇情况又大大恭喜过她之后，她们献上礼物，思璇最喜欢的就是这件。

除了看护和婴儿之外，房间里只有思璇和她们两个。

思璇说她先生昨晚陪在这里，周末店里生意忙，要去照顾一下，晚一点才来，抱歉只有她接待她们了。

"反正我们主要是来看你和宝宝的，没关系呀。"藤子逗弄了一会儿婴儿，坐在思璇身边问这问那。

静侬则靠着婴儿床，看着这个好脾气的女婴——胖嘟嘟的，手脚全都是窝……脸庞嘴巴像思璇，眉眼却不太像，大概像爸爸吧。

她听见那两个人叽叽呱呱说着话，语速特别快，忽然冒出她名字来，转过头去她们，问："干吗，叫我？"

"在说你难得参加一次咱们同学攒的饭局。"思璇微笑着，慢慢地说，"你看我呀，大肚婆时期也每局都不落——就是咱们同学会那天有事真去不成，把我给遗憾到现在。"

静侬笑："以后常去。"

思璇也笑，问她是不是还有在翻译童书："等我家懒宝长大了，我给她讲故事用。"

静侬有点惊讶她怎么知道自己在译书的："藤子说的？"

"我没有。你又禁止我到处去讲'我有个朋友是翻译家'，我敢到处讲？"藤子笑道。

"本来就不是什么'家'呀。"静侬说。

印象里除了凌老师那天提到过，其他人还真的没有在意这回事。也许大部分同学都还只在恋爱结婚阶段，接触不到童书："你这么早开始囤童书？"

"这倒还没有。"思璇踌躇，似乎说了什么不该说的话。

"怎么了？"藤子笑问，"怎么突然这个神情？"

思璇看看她们，才说："我前阵子在医院遇见过宗小苔一次。"

静侬和藤子同时愣了下。

静侬听说是在医院遇见的，倒不惊讶。

藤子皱了下眉，没出声。

思璇看两人的反应，有点小心翼翼地说："我们刚毕业时候还有联系，也不多，后来就断了。医院里碰见那次，正好我先生急着回店里，她看我不太方便，要送我回家的。我们俩一起吃了顿饭。我才知道她在静侬学校读博……说实话挺佩服她的。她蛮聪明的。"

"小聪明一肚子。"藤子说。

思璇不出声。

静侬也不出声。

房间里只剩下婴儿咿咿呀呀的声音，藤子起身过来，问了思璇是不是可以抱她，得到同意就抱了起来。

思璇看藤子抱着女儿和护士说着话，过了会儿，小声问静侬："我刚说错话了？我不是故意瞒着你们的，宗小苔也不愿意跟大家见面，我们连微信都没加，再没联系了……"

静侬看她，也小声说："没有啦。我今天早上也还见过她，还说了几句话。"

"你有没有觉得……她不太对劲？"思璇问。

静侬轻轻点头。

思璇说："那天一起吃饭，她不停说话，好像特别怕我问她什么，说了好些乱七八糟的，社会新闻都讲了好些……我听得好累。我看她不想说自己的事，就不问了。她告诉我说你翻译童书的。"

静侬又点头。

"可是后来想起她来就又说不出什么感觉。我想跟你打听下吧，总也开不了口，不晓得怎么起头。"

"你身体需要恢复，别想那些。她不会有事的。"

"唉，其实吧……"思璇看看藤子，"她也没那么强悍。好多人讲她心理素质多强，我觉得也不见得。我跟她同桌嘛，那天我都怕死了……她坐在我旁边我觉得不认识她了，也不敢出声跟她说话。她坐在靠窗位置，好久都没挪动过。后来，我发现不太对劲，座位上有水……"

"失禁？"静侬问。

"嗯。我没出声，后来我把校服上衣给她了。她确实……是做得不对啦。可是我觉得小女孩儿吧，很容易有那种虚荣心是不是？我高三的时候也喜欢沈绪模啊，就是很喜欢那么优秀又好看的男生。现在我想起他来都觉得耳热心跳的。她反正……我也说不清。错是错的啦，我也不敢说什么。你看同学群里说请他们参加同学会，我屁都不敢放一个。我不想得罪人。我当年学习成绩就垫底，现在做人也垫底。我比你们其实更熟悉她一点，不过也说不上太了解……活着的人还是要活下去的，是不是？"思璇轻声问。

静侬问："她家里的情况你晓得吗？"

思璇想了想，说："要是没记错的话……她爸爸是远洋船员，一上船就经常一年半载的，回来休息几个月又出海……她妈妈好像在她很小的时候就不在她身边了，是离婚了还是过世就不知道了。她跟奶奶过的。她奶奶很可怕。她特别怕她奶奶。其他的也不知道了，这次见她也没有问到这些。她都成年了啦，应该也不需要靠家里了……"

静侬点点头，说："嗯，也是。"

"喂，你们两个说话可以大点声吗？"藤子把婴儿放回去，拿了把折扇扇着风，故意说。

思璇轻笑，说："也没什么啦。"

"都说完了是吗？说完我们该走了……来看产妇的，让产妇说这么多话。"藤子瞪静侬。

"是是是，我不懂事。下回来我给思璇表演脱口秀。"静侬说。

思璇笑起来，拉着静侬的手，说："下回来家里玩。能带上你的狗子吗？我好喜欢看你分享它的动态。"

"行。"静侬笑着说："只要你受得了它，我可高兴它能换个地方拆家了。"

她们笑了一会儿，看看时间差不多，静侬和藤子就告辞了。

到了楼下，静侬上车前抬头看看，果然思璇站在阳台上，冲她们挥手呢。

静侬挥挥手让她回去，上了车，慢慢地舒了口气。

藤子问："中午吃意面行吗？"

"行。"静侬拿出手机来，翻看了一下，没有未接来电，也没有什么特别的消息。

"惦着楷哥？"藤子开着车，敲敲方向盘，"惦着就过去看看他嘛，去温哥华不方便，趁他回国，上海香港你哪儿不能飞过去陪他一会儿？"

"我有点担心这会让他心烦。"静侬说。

"心烦那看对着谁。对着你不会心烦的……我看你有点心烦是真的，除了楷哥，还为了什么？"藤子停下车来，看看静侬，眉头微微皱着。

"我不是不想告诉你才不说。我也不想说。"静侬开车门下来，和她一起上楼。

"说说呗，宗小苔？修任远？没了吧？"藤子问。

静侬进了门，去洗手。

藤子问她："陈爷爷生日快到了吧？今年打算怎么办？"

静侬擦干手出来，说："还不知道呢。今年情况比较特殊，可能大家还没商量出方案来。"

藤子咕哝了一句,说重组家庭总归是要考虑得多一些。她也洗了手,准备去做饭,看静侬坐在翡翠的窝前面,叫她过来帮忙,又问她到底出什么事了。

静侬就简单把宗小苔的情况说了一下。

藤子利落地准备着海鲜意面。

静侬说什么,她似乎都没在听,也没插话……

静侬说完了,也没有问她意见——不用问也知道是什么意见。刚才思璇说漏嘴,藤子没甩脸色那是因为思璇是产妇……对她就不一样了。一个不小心,等下自己这口意面还吃得上吃不上,这都很难说。

藤子把意面端上来,看着静侬拍照、发动态,才说:"吃饭……每天这么认真发动态,也不是为了我们这些看客,其实就是给那一个人瞧的。我看你们俩,干别的都挺利索,就这一样,闷到一家去了。没事儿,我不着急,我等着看你们憋到什么份儿上,给我来个冲击波。"

静侬拿叉子旋了一大卷意面,一口咬住,瞪了她一眼,含混地说:"那你有的等了。"

"这可不一定。有的人,专门闷声作大死……哦不,闷声发大财……哦,是悄悄做大事。"藤子笑嘻嘻地说。

静侬又瞪她一眼。

心里倒是有一股温柔的情绪被牵动了……她在等他回来,等下一次见面。

等他……

藤子看着静侬白净的面孔上红晕渐渐散开,不禁微微一笑。

这天剩下的时间,静侬和藤子没有什么特别的事。

吃完饭,睡了个午觉,起床后,她们给翡翠的窝做了一次彻底的清洁。

静侬看翡翠心满意足地盘在枯枝上,那绿得发亮的鳞片简直光可鉴人,不由得惊叹:"真把翡翠养得油光水滑的。"

"老柯帮我找的那些资料还蛮有用的。"藤子说。

静侬看看她:"怎么了,拒绝人家求婚了,还能做回普通朋友啊?"

"我跟他进了同一个宠物群啊。他也养了一条——叫什么金灿灿——啧啧,因为养这个,被他妈妈踢出家门,不得不开始独立生活了。我看他发动态,过得还不错的样子。"藤子说。

静侬听着笑，慢悠悠地说："原来爱一个人，可以改变这么多。"

藤子掐她脖子："胡说八道。"

天色暗了，静侬准备回家。

藤子让她去餐厅吃过晚饭再走，静侬说要回家煮栗子吃，不要再在外面耽搁了。

藤子给她拿了点熟食，去上班前先送她回家。

藤子在经过学校时拐了弯。

静侬发觉她要进校门，问她干吗。

藤子问："你带门禁卡了吗？带了就刷一下。"

静侬从包里摸出门禁卡来，看了她。

"过去看一眼吧，没事咱们就走。我是很讨厌她，可是我也没盼着她死。"藤子说。

静侬不出声。

进了校园，车子开得很慢。

傍晚散步的学生们三三两两的，经过他们身边时，如果留意，每一张面孔上的表情都看得清楚……

藤子说："年轻可真好啊……哎，以前这个篮球场，咱们经常来看他们打球啊。"

静侬想，是啊，十几年前的事儿了……

她突然听见藤子"咦"了一声，转头就看到拖了一个小拖车慢慢走在路边的身影。

那是柯正杰。

"哇！这个巧。快快快，快停车。"静侬说。

"我才不！你看他好老土啊……他平常都这么土吗？"藤子叫起来。

静侬斜她一眼，降下车窗来，大喊一声："柯老师！"

藤子"嘎"的一下停下了车，正好停在柯正杰身后。

趁柯正杰还没回过神来，藤子伸手钻进静侬外衣底下，狠狠掐了她一下："又作死。"

"啊啊啊……啊，柯老师。"静侬揉着腰，开车门下来，"晚饭吃了没？"

"正要去吃。"柯正杰指了下旁边的餐厅。

静侬笑，转头看藤子，说："正好藤子也没吃晚饭，一起吧？藤子，我们师苑餐厅周日的饭很好吃的。"

藤子脸上挂着微笑，眼神却是能掐住静侬脖子似的。

静侬说："帮我也买一份，等下我就回来。柯老师，行吗？晚饭您请。"

她心想她都说到这份儿上了，如果柯正杰还不接招儿，那就真没辙了……还好柯正杰说："好呀。今天先请你们吃食堂……范老师你还是我认识的范老师。"

藤子听得莫名其妙，静侬忍不住笑出声来，指指前面，说我最多十分钟就回来了，等我下。

柯正杰问范老师去博士楼做什么，静侬正要回答，突然间听见了救护车的声响。

那声音越来越近，很快救护车就从他们面前呼啸而过。

前方是五条路的交叉口，救护车在路口往右转了。

静侬看了救护车离去的方向，镇定自若地和藤子说："你跟柯老师先去吃饭吧。"

藤子看着她，静侬说："我过去看看，如果有事我会打给你。"然后她看着柯正杰说："麻烦柯老师照顾藤子。"

她说着转身就走。

藤子叫了她一声，她挥挥手。

柯正杰小声问是不是出了什么事。

藤子说有可能。

藤子心里七上八下的，犹豫着要不要追上去。

这时她看了柯正杰手扶着小拖车的把手正正经经地站在自己身边，又觉得好笑起来，仔细看了看小拖车上的东西，叹了口气道："真是难以想象。现如今什么不是数字化呀，你怎么还跟原始人一样？"

柯正杰说："我不排斥数字化，不过有时候这样准备资料更有安全感、效率更高，为什么不呢？"

藤子看他托托眼镜，问："金灿灿呢？换了新环境可习惯？"

柯正杰又托托眼镜，也问："你要不要过去看看它的新环境？"

藤子那么爽朗的一个人，突然间脸就红了，说："谁要去看！"

"它新家很漂亮啊……地方大，我特地给它换了个超级大的玻璃房。要是翡翠跟金灿灿合得来，合住都没有问题。"柯正杰得意地说。

藤子看了他，问："你认真的？说的是翡翠和金灿灿？"

"那不然你以为我说什么？"柯正杰反问。

藤子笑，点头说："我没以为什么。"

柯正杰看看她的车，认真地说："你把车停在这里不太好，可能会妨碍别人。"

藤子看他一板一眼的，心里念了句这大笨熊快笨到天边儿了……不过她也必须承认停在这个位置虽然不违规，可并不是那么合适。

她上车，看看柯正杰。

柯正杰指指餐厅旁边的空地。

他拎着自己的小拖车先走到餐厅门前的台阶下，一杵，等着她。

藤子到此时也已经有些理解了柯正杰有他自己做事的路线、规则和习惯。

这些玩意儿在柯正杰那复杂的大脑里也许只占了极小的一点空间，但起的作用却特别大。

如果硬是要他改变，他不舒服，别人也难受。

她想也许是隔了很久才又再度近距离接触柯正杰的缘故，居然觉得这人其实也还不错……

两人一起走进餐厅里，藤子立即发觉好多学生都抬头看他们。严格来说，是看看她，然后再转向她身边的柯正杰。

她小声问："他们干吗那么看着你？"

"怀疑我绑架你了吧。"柯正杰说。

过了一会儿，藤子才笑了笑。

她看到有栗子面小窝头，碰了碰柯正杰，说要一份这个，静侬喜欢吃。

柯正杰问："你喜欢吗？那个呢？"他指指旁边的蛋黄奶包。

藤子轻轻"啊"了一声，有点意外他想得到问问她的喜好，摇摇头说那个不要……他们点了几样，柯正杰四处摸校园卡，摸了半天，慢慢地说："糟……糕……了……"

柜台里面等着他掏卡结账的大师傅脸上那笑，隔着口罩都藏不住了。藤子咬了下牙，问可不可以等等，他要找不到，我们等范老师来结账。

大师傅点头，说："没关系，柯教授经常饭吃到半截儿就找着卡了。"

藤子赶紧拉着柯正杰走开，小声说："你说你丢人不丢人……"

"丢不丢人不知道，经常丢卡呀……"柯正杰说。

藤子看着这大笨熊，突然有点气恼，抬脚轻轻踢了下他那个小拖车的轮子。

"啊呀！"柯正杰像被踢到了似的，心疼得叫了一声。

藤子扑哧一笑。

……

静侬走到坡顶往博士楼来，脚步越来越快。

这一区的楼房都是三层高的老楼，给了文科学院的博士生住。其中也有青年教师的几间单身宿舍，不过数量很少。

这几年她几乎每天都经过这里但从来没有走上来过。

宗小苔住在三号楼3单元301，还是她早上从肖阿姨那里问来的。

此时肖阿姨并没有给她打电话，她抱着希望，这救护车不是因为宗小苔来的……

然而越走越近，三号楼前停着救护车、保卫科的巡逻车，蓝色的和红色的警示灯在车顶旋转着，白色的楼房外墙上交替出现着这两种色彩，看得让人心里又堵又慌。

静侬跑起来，来到三号楼前，一看保卫科的同事守着的正是三单元门口，心就一凉，再抬头看时，三楼只有那一个房间亮着灯……

看到她要往里走，保卫科的警卫拦住她，说暂时还不能进去，医生正在里面抢救，现场也得保护。

这警卫很年轻，脸生，她并不认得，显然他也不认得她，大概误以为她是住在这楼里的研究生了，说话并不客气。

静侬想问详细点，手机屏亮了。

她看是肖阿姨打来的，赶快接通了电话。

听到电话里肖阿姨声音急促，静侬反而镇定下来，说："您先别急，我这会儿就在博士楼下。"

肖阿姨说："你是已经收着信儿了吗？"她停了下，说值班的同事刚刚告诉她的，宗小苔又出意外了……她早上从外面回来之后就出过一次门。下午还有个男的来找过她，联系不上，送的东西放在值班室就走了。值班的同事打了两次 301 的电话和宗小苔留的手机都没人接听……"亏得我还嘱咐了多留意她一点……一下午没动静就该拿钥匙去开门看看呀……宗博士室友回来拿东西，觉得不对劲破门进去一看，赶快喊人……不知道还来得及来不及……我这会儿正往学校赶……"

静侬说："救护车已经到了。您先别担心。"

她看到楼道灯陆续亮了，知道救护人员正在往下走。

心跳得越来越快，不自觉地就把手机握紧了，她听见自己冷静地跟肖阿姨说再见，挂断电话，往前走了两步。

担架被抬出楼道。

她镇定地把手机放回包里，走上前去。

警卫要拦住她，她说："我是她同学，我跟着救护车去医院。"

这时认识她的老警卫喊了同事一声说这是范老师，又说范老师辛苦一趟吧。

静侬只来得及说了声谢谢。

她目光始终跟着担架。

其实看不清宗小苔的样子，蓝色和红色的光不住闪动，所有人看起来都有些变形。

她最后一个上了救护车，终于在暖光中，看到了宗小苔露出来的极瘦的脸。

她的目光只停了半刻，看到她身上的血……她突然有点恶心。

没有人出声，救护车里弥漫着药水味和淡淡的血腥味。

静侬感觉到手机在振动，拿出来又按掉了。

她听见救护人员跟急救中心联系报备，语气严肃、用词简练，报了她听不懂的好几种药名和伤口的位置及深浅，也报了宗小苔的血型和病史……

她看见跟她隔了一个人坐着的这位女救护人员，手中拿着个夹板，上面的表格填得密密麻麻，一边联系急救中心一边还在表格上打钩。

宗小苔，AB 血型，年龄 28 岁，无药物过敏史，目前深度昏迷，对光和声音无明显反应，已经进行的急救措施是……

静侬在心里慢慢重复着这几句话，并且在救护车到达之后，又听着急救人员跟医生对接时再次相互交换信息，确认无误。

她被拦在了急救中心外。

看着关闭的门，她深吸了口气。

转过身来，她先给修任远打了个电话，告诉他医院的地址和目前的情况。

她并没有把救护人员说的那些重复给修任远听，也没听到他都说了什么，实际上大概他什么也没说。

挂断电话她给藤子打回去，告诉她自己跟着来医院了。

这时藤子却说："我就在你身后。"

静侬拿着手机，回过身去看，就看藤子站在入口处。

藤子说："我在餐厅里看到救护车走，你又不接电话，我就知道不对了，出来问了下警卫，知道地点就来了。"

她边说边走到静侬面前，这才挂断了电话。

静侬看着她，问："柯教授呢？"

她还能想得到柯教授。

藤子顿了顿，说："我把他扔车上，给我看着车。"

静侬点头。

藤子没问她什么，只是过来，轻轻抱了她一下。

"贝，有个不好的消息。"藤子说。

静侬闭了下眼睛，问："走了？"

"是。刚刚来的路上我妈给我电话告诉我的，大概三四个小时之前的事。"藤子说。

静侬想，三四个小时之前，她在干什么？

记不起来了。

不过她好像给沈绪楷发过一条信息，问他需不需要她。

他当时没有回复，应该是没有时间也没有心情。

她轻轻靠了下藤子的额头。

她看到有个未接来电，是几分钟前。

她直觉是沈绪楷打来的，一看果然是。

她拨回去，接通后只觉得听筒里静得惊人。

像是进入了一个完全没有声音的世界，而身边的嘈杂似乎也消失了。

她嗓音干涩，轻声说："我知道了，你节哀，多保重，照顾好家里人……"

沈緒楷过了片刻才说："知道了，你也是。"

他们并没有说什么，此时也并不适合。

沈緒楷说我挂电话了，还有事要做。

静侬又说了句多保重。

他应了一声。

听筒里声音消失了，静侬拿着手机，有那么一会儿呼吸困难。

藤子握住她的手，说："你缓一下，放松、放松……"她听见脚步声从几个方向往这边来，点点头说："我没事。"

她看到了跑得满头是汗、呼吸急促的修任远，也看到了医生。

医生说："我们尽力了，现在会把她转入加护病房，但能不能醒过来，恢复到什么情况，不能保证……"

静侬听着医生的话，只是觉得他跟自己的距离好像特别远。

藤子紧握着她的手，站在她身旁。

医生走了，她们站在原地，看着脸色惨白的修任远。

修任远良久一言不发，眼睛发红，像是要痛哭出声，但并没有。

他们等着宗小苔被送进加护病房安置好，修任远跟医生说拜托他们尽力救治，说医药费他会负责的，不用担心费用……

医护离开，只剩下他们三个站在病房外。

看着病床上的宗小苔，藤子犹豫了一下，才轻声跟修任远说："这病房一天的费用负担很重的，你要想清楚，应该尽快联系宗小苔的家人才是。"

修任远说："我今天就把搬迁协议签了，房子不要，要现金补偿，先拿这个钱给她治。"

藤子没出声，静侬却问："不要房子，那你将来在哪儿落脚呢？"

修任远看着病房里，低声说："我在这里不需要落脚的地方了……"

静侬和藤子离开医院时已是深夜。

坐在车子里等着的柯正杰，看到她们俩，松了口气。

静侬发觉他的目光后来始终落在藤子身上。

而藤子，似乎是满不在乎，也不回看他，只专心开车，先送静侬回家。

静侬下车时，和藤子说："有句说滥了的话，用在这时候很合适——珍惜眼前人。"

藤子拥抱她一下，没有出声。

静侬在门内站了一会儿才往上走。

被吹落的树叶飘下来，打在她头顶。

天气冷得像突然步入了冬天。

冬天里的冰糖桂花炖梨

Chapter

温哥华下了很大的雪。

静侬在外祖父病房的电视机里看到报道那场大雪的新闻画面，想的却是这么大的雪，不知道沈家小姉的葬礼还顺利吗……

病房里只有静侬和外祖父两个人。

两人都只盯着画面，谁也不出声。

这条新闻播过了，外祖父才跟静侬说："回去吧。"

此时正在播的节目是整点新闻，静侬知道稍晚些李奶奶就该来了，接下来的时间是属于两位老人的。

不过她今天特地迟了一会儿再走。

外祖父身体上并没有什么大的问题，只是每年到了这个时候，他都要入院，做做检查，做做治疗。

李奶奶来了，见静侬还没走，稍有点吃惊，微笑着说："贝贝留下来跟外公一起吃饭吧。"

李奶奶每天亲手做了可口的饭菜送来医院，跟陈老爷子一起吃吃饭、聊聊天，之后她再独自回家。

静侬则会在每天下班后过来，陪外祖父坐一坐再走。

外祖父总是在适当的时间提醒她该走了。

她今天走得晚些，也是想跟李奶奶碰个面，说句话。

静侬谢过李奶奶，并没留下吃晚饭。

李奶奶送她出来时，小声和她说："外公蛮喜欢你炖的甜品的，那个桂花雪梨是怎么做的，可不可以告诉我？"

静侬忙说："喜欢的话我明天做了再带来。"

李奶奶却说："你外公喜欢的话，我学会可以常常炖给他吃，你要工作的嘛，没有那么多时间，是不是？"

　　静依想了想，说："我回去整理一下，把方子发给您。外公想吃什么您跟我说，我有空做好送来的。"

　　她掏出手机来要加李奶奶的微信。

　　这大概也是在意料之外，李奶奶竟然有点手忙脚乱，好容易才找出二维码来……

　　静依一点也没不耐烦，站在她身边，看着她把手机拿远些，缓慢地一步步操作，静静等候。

　　"谢谢你呀，贝贝。"李奶奶说。

　　静依微笑，摇摇头，请她回了病房。

　　等电梯时她低着头看脚尖。

　　最近常来医院，总是穿这双褐色的麂皮军靴。

　　靴尖不知什么时候蹭了一小块灰尘，看着有点碍眼……

　　电梯来了，她抬头看看，走了进去。

　　轿厢里空荡荡的。

　　她出了病栋，往停车场走去。

　　这个病栋安静又舒适，离主住院区稍远些，停车场却是共用的。她站在车边看了眼前方住院部大楼，停了一会儿才上车。

　　车子里暖和，她搓了搓手。

　　这一波儿接一波儿的寒流持续了一段时间了，一天比一天冷。

　　冬天还是如约而至了。

　　但有的人，永远停在了刚刚过去的这个秋天……

　　宗小苔在重症病房昏迷了三天之后，最终还是没能醒过来。

　　修任远在病房外守了三天，因为有急事被雇主叫回了工厂，再回到医院，宗小苔的病床已经空了。

　　静依那几天去看过宗小苔。

　　有一次，把 Luna 的照片贴在了她的床头。

　　后来据护士说宗小苔曾经短暂恢复意识，但是不知道她想要说什么，只是盯着床头，看了一会儿……

　　此后她再也没有清醒的时刻。

　　宗小苔过世之后，没有亲属露面操办后事。

　　文学院指定了一位老师来处理。

这位陈老师想法子联系到了宗小苔的姑姑，但那个在宗小苔奶奶过世后占用了老人房子并且和侄女断绝了来往的中年妇女，拒绝参与此事，并且告诉他宗小苔早和她没关系了，要找就找她亲妈亲爸去……

不过这位姑妈到底提供了一条有价值的线索，就是宗小苔的父亲目前在雅加达。

陈老师觉得很为难，几次给静侬电话，希望她能帮一下忙。

于公宗小苔是学校的学生，是在校内出的意外，理应做好善后；于私她们毕竟曾经是同学……

静侬和藤子商量了下，决定帮忙把这件事办妥当。

宗家的家事远比他们想的复杂，然而宗小苔本人已经不在了，要紧的是办后事而不是挖掘她的隐私。

宗小苔的遗体暂存在殡仪馆，等待她父亲回国做决定。

幸而陈老师办事得力，终于多方联络，联系到了宗小苔的父亲。

宗父在一周后回来，决定马上火化。

没有告别仪式，去送行的外人只有静侬和宗小苔的两个同门师妹。

修任远也没有出现。

令静侬觉得意外的是，宗父并没有表现出对女儿去世的悲伤和遗憾，仅在去收拾宗小苔留在宿舍的遗物时，才轻声问了句："她留下的东西就只有这么点吗？"

……

静侬没有出声。

陪着他们的肖阿姨也没出声，悄悄走到厅里去了。

静侬回头时看到她在抹眼泪。

宗小苔几乎提前处理掉了她所有的东西。

剩下有价值的也许就是她的电脑，但电脑里的数据也尽量都删除了。

虽然理论上来说这些都还可以恢复，可是看起来并没有人想这么做。

静侬看到这点遗物时已经料到宗父的反应，宗父甚至都不打算保留女儿的骨灰，对这些遗物自然也不会珍惜。

宗小苔也许是预计到了这个结局，她趁还活着，能送的送了，能捐的捐了。

仍留在世上的包括她的躯体，去向如何，她都已经不在乎了。

宗父急着回雅加达。

他在那里还有一头家，也已经另有儿女。

宗小苔像是他不得不回来处理的负累。

除了几样细小的也值不了几个钱的首饰，他不带走任何东西。

静侬问他剩下的东西怎么办时，他甚至显得不耐烦，干脆说麻烦你们找个人来背到垃圾箱扔掉算了。

静侬没再说什么。

宗父比她还早离开宗小苔的宿舍，担心赶不上午后的飞机，连再见都没来得及说……

他们肯定是不会再见的人，这句话说不说倒也确实无关紧要。

静侬站在 301 的门口，看着空荡荡的宿舍，发了一会儿呆。

肖阿姨过来默默地把宗小苔的遗物用一个行李箱装起来，居然就装下了。

肖阿姨和静侬一人一边把行李箱拎下楼，都走到垃圾箱边了，想了想，还是没有扔进去。

肖阿姨说："小范你暂时保存几天吧，说不定这个做爸爸的会后悔这么草率处理这些东西。"

静侬心里想的却是他才不会后悔呢，但还是听了肖阿姨的建议。

她把行李箱放到车里，回去找了几个袋子密密地封起来，放到了车库架子上。

做完这些，事情似乎就告一段落了。

行李箱搁在那里像是完全不存在一样，她也不太会想起那几天都经历了什么。

有时候她想，自从四月里某一天被大风吹乱了头发，在那之后她似乎总被一种力量推着往前走，走到那个地方了，停下来，一切都已经结束了……

那天晚上藤子过来，拿了两瓶酒。

两个人一人一瓶喝光了，倒头大睡。

那晚她们俩什么都没说。

第二天早上起床，她看着外面潮湿阴暗的天气和落了一地的黄叶，去煮了鸡汤馄饨。

藤子下来吃早饭时，说："如果我有什么意外，后事也拜托你了……帮忙照顾一下我爸妈，钱上不需要什么支持，多去看看他们。"

藤子极少这么感性，她当时以为只是一时感触而已。

她们是自小到大的朋友，还会一起老去，这总归是该做到的，无须承诺。

这几天她总会想起藤子说的话，隐约觉得哪里不对劲。

连日来她们的心情都不太好，但她也许是忽略了什么……静依看看时间。

快六点了，天早就黑透了。

她回家前在街边熟识的水果店门前停了一下，买了几个鸭梨。

外祖父入冬之后有一次小小的感冒，痊愈之后咳嗽持续了有一段时间了，总不见好。

静依想起来就炖一碗梨带过去。

李奶奶待外祖父确实细心。

静依拎着鸭梨进家门，看到自己摆在台子上的那本手写菜谱时，不知不觉轻轻叹了口气。

过几天外祖父生日，到时候他已经出院回家，一家人应该会聚在一起，好好庆祝一下。

静依拿过菜谱来翻到冰糖桂花炖雪梨那一页，仔细拍了照，又抄录了一下要点，把文字版也发给了李奶奶。

很快老太太就给她回复了消息，说谢谢贝贝，又问她吃晚饭没有。

静依看了下空空如也的灶台，说吃过了。

李奶奶嘱咐她好好儿吃饭。

静依坐了一会儿，仍不觉得饿，干脆去洗干净梨子和栗子，准备简单吃一点就上楼去工作。

她正削梨皮呢，陈润涵的电话打来了。

这段时间她跟表哥之间的气氛总有点尴尬。

两人无事尽量不见面。

往年外祖父住院期间，他们总约好了一起去探视。

陈润涵惯会耍宝，把老爷子哄得开开心心的，有他在病房里，一点儿都不觉得闷。

今年他们俩默契地错开了时间。

静侬接听电话就知道陈润涵一定是有事要说的，果然问的是外祖父这几天有没有说起来今年生日怎么过。

静侬老实地告诉他，外祖父没提。

给外祖父过生日总是舅舅一家出面操办，讲究的是场面和档次，这不是她父母擅长和喜好范围内的事，到时候出席并且负担费用就可以了。

这么一问，有点蹊跷，静侬于是问是不是有什么变化，陈润涵说："没有，我只是听说地方选好了，还是老爷子亲自选的，不晓得到底是怎么安排的。"

静侬一听就知道陈润涵最近准是惹外祖父生气了，这几天躲着不敢去见呢……

她忍了忍，说："你又作什么业了？过寿这么喜庆的事儿，你可别出幺蛾子了。"

陈润涵说："我哪里会出幺蛾子，都是别人出幺蛾子我接招儿，不说了，挂了……跟你说点儿事儿，老听不着好话。"

静侬也觉得自己是把话说得不受听了些。

她顿了顿，以为陈润涵挂电话了，没想到他又问了句："这阵子跟老沈联系多吗？"

不能算少，只是……他几天前已经恢复了日常的工作，但既不分享工作动态，也不分享私人行程。

她只知道他开始工作了，可究竟人在哪里工作，并没有追着去问。

她想这个时候他跟家人都需要时间，沉淀一下心情。

想到这些，她总是要默默叹口气。

每叹一口气，就像小蜘蛛绕出一圈丝，叹多了，胸口就被一张密密的网给罩住了……不能碰，一碰仿佛就会碎掉。

"不多。"静侬说。

陈润涵不知说了句什么，静侬没听清，临了他来了句："你这样儿的，我姑和姑父的基因会断送在你手里的。"

他这回很利索地挂了电话，静侬握着手机，反应了一会儿才明白过来他说的意思。

她一下子就把手机扣在了台子上，重新洗手，继续削梨皮。这回下手就有点儿狠，仿佛手里的梨，是陈润涵的爆炸香菇头。

她一气儿把买回来的梨全削了，发现量有点大，索性换了口大一点的瓷罐。

　　静侬把冰糖和梨子放进瓷罐。

　　炖梨的时候她守在一旁。

　　文火慢炖，需要的时间很长。

　　她从一旁的书架上拿过来一本看到一半的书，坐下来一边翻看，一边剥着热乎乎的栗子。

　　窗外的风声很紧，Luna时不时被树枝刮到玻璃窗的响动扰了心神，要跑过去看看，她就给它半颗栗子。

　　这么玩了一会儿，Luna累了，伏在她脚下的垫子上开始打盹……栗子皮在面前堆成了一座小小的山，书也看完了，炖梨的甜味在屋子里四处弥漫。

　　她拿了把餐刀，轻轻划了下梨子的表面，梨子已经煮得软嫩极了。她关了火，取了汤锅，放进水和冰糖开始熬。

　　糖水开始沸腾时，Luna被惊动，那花色繁复的耳朵竖起来，突然跳到她身边咬了下她的裤脚。

　　静侬垂下手抚抚它的脑袋，小声说："别闹，等下再陪你玩……外面是风啊，不要怕。"

　　Luna反而跑到门边去了。

　　静侬叫了它一声，说："你这个小家伙怎么这么奇怪。"

　　话音未落，门铃响了。

　　静侬将火关小些，跑去开门。

　　她在看到小荧屏上出现的面孔时，不禁呆了一下。

　　她没出声，也忘了按开门键。

　　小荧屏暗了下，又亮起来，这回沈绪楷问道："不给我开门吗？"

　　"啊，来了。"静侬给他开了门。

　　她走出去时，稍稍整理了下头发——沈绪楷没有见过她将头发剪短的样子吧……但应该也不会认不出。

　　她想了想，从腕上褪下发圈，将头发绾了起来。

　　这会儿工夫，Luna已经将沈绪楷迎进来了。

　　沈绪楷将已经长成半大狗的Luna抱在怀里，看起来丝毫不费力气。

他身后跟着的是鲁师傅，替他拿了好些东西。

静侬看看沈绪楷，转而向鲁师傅打招呼。

她请他们进门。

鲁师傅把东西放在门口，她请鲁师傅进去喝杯水。

鲁师傅看看沈绪楷，微笑着说不了，退出去，将门关好。

静侬在门厅里站了一会儿，回头看沈绪楷，就见他仍然抱着Luna，任它在怀里扭动打滚儿——他的外套和西装都是黑色的，已经沾了 Luna 身上不同颜色的好多狗毛……

静侬见他不动，轻轻啊了一声，从鞋柜里拿出给他准备的新拖鞋。

"不知道合适不合适……"她是估摸着买的，没好意思讲，45~47 一个码买了一双，还担心不合适。

沈绪楷放下 Luna，试了下拖鞋，果然稍微有点小。

他抬眼看她，问："不是还有大的吗？"

静侬被他看穿，轻轻鼓了下腮，拿出最大的那双来，这回合适了。

她轻声问："怎么突然来了？吃晚饭了吗？"

沈绪楷此时就在她面前，她忽然觉得有点不真实——他瘦了好些。起初她以为是因为穿了黑色的衣服，人显得更为精瘦，他把外套脱了，只穿着衬衫了，身体的轮廓就更加清晰些，果然是瘦了……

想到这些日子他的奔波，她心里有点闷。

"你在煮什么？"沈绪楷问。

"啊！"静侬想起来，赶快往厨房跑。

地板太滑，她跑得又急，整个人滑动着往厨房去，手臂要极力保持平衡才不至于摔了……

她有点狼狈地站到灶台前，一看锅子里的糖浆熬得刚刚好开始黏稠变色，松了口气，赶快落了火，说："差点儿忘记了……晚饭呢？我也还没有吃饭，我们吃点什么吧……"

她说着转过身，沈绪楷站在她身后几步远处，正看着她呢。

不知道是不是长久未见，他也觉得她有些变化了，那神情是专注而认真的。

她静静地站了片刻，将手中的勺子放下，走过去，手臂轻轻环住了他的腰。

啊……胸口的蛛网像是瞬间被扯破了，那股又是酸软又是难过也有些感动的情绪瞬间从那里蔓延到全身。

她踮起脚来，一下还够不到他的嘴唇，于是只好拉了一下他的衣领。

沈绪楷低下头，亲在了她的唇上。

他的亲吻温柔而有力。

随着亲吻的加深，静侬手臂收紧了些……她的身子紧紧贴着他的，严丝合缝。

空气里弥漫的甜甜的气息形成了一个美妙的泡沫，包裹着他们俩。当亲吻结束，谁也不想动，免得戳破了这个泡沫……

沈绪楷的下巴搁在静侬的发顶，轻轻蹭了下。

静侬仰起头来看着他。

他伸手将她的发圈解开，低声说："剪短好多。"

静侬轻轻"啊"了一声，说："被发现了。"

沈绪楷看着她，伸手从她颈后将头发撩起来，拿发圈重新绾住，问："这样轻松多了吧？"

"嗯。"静侬答应。

他的手法很轻柔。

手指穿过发丝，像大号的骨梳，明明没有触到她的肌肤，可是却让她有种麻酥酥的感觉……她脸红了。

沈绪楷抬手将落下的一缕发丝给她绕到耳后，看了看，又绕回来放回原处，说："还是这样好。"

静侬拉着他的手，问："刚问你晚饭吃了没有，都不回答我，吃了吗？"

"没有。"沈绪楷说。

"想吃什么？"静侬问。

沈绪楷想了想，问："上回吃的小馄饨还有吗？"

"有呀。煮那个吃？这太简单了……还有别的要求吗？"静侬放开他的手，转身去开冰箱门。

"别太咸。"沈绪楷说。

静侬取出馄饨，关上冰箱门，忍不住笑了，说："好啊，嫌弃我妈妈的厨艺，当心我告诉她。"

沈绪楷清了清喉咙，不出声。

静侬问："怎么喉咙还不舒服吗？"

沈绪楷点点头。

静侬知道他前阵子得过咽炎，大概是过度劳累又休息不好的缘故。

她让他坐下，取了只漂亮的瓷碗，舀了两个鸭梨放进去，浇上糖浆，撒了桂花，搁一只小瓷勺，放到他面前。

"先吃一点。"她说。

沈绪楷看到桌上有剥好的栗子仁，问："要做什么用吗？"

静侬把盘子也往他面前推了推，说："不做什么用，就是吃的。"她说完，又去取了冻好的鸡汤出来。

沈绪楷慢慢吃着炖梨，看静侬忙碌着，轻声问了句："最近忙吗？"

静侬回头看看他，说："还好。"

"那就好。"沈绪楷说。

他走过来，将空碗拿去洗干净。

静侬要阻止他，他已经洗好放到架子上了。

静侬想想，一笑，也就罢了。她不是看不得男人做家务的人……不过沈绪楷这会儿看起来像站着都会睡着，她有点于心不忍，轻声说："你去找个舒服的地方坐一下，馄饨煮好了我叫你。"

沈绪楷原本想说不需要的，但静侬这柔和的嗓音仿佛是给他眼睛上轻轻喷了一点牛奶，实在是快要睁不开眼了。

他点点头，带着 Luna 走开了。

静侬看着在锅里渐渐化开的鸡汤，听了听外面的动静——四周太安静了，只有风声和灶台上这一星半点儿的声响，Luna 呢？Luna 总不会这么文静的……

她有点不放心，悄悄走出去，一看，沈绪楷斜靠在沙发上，一动不动；Luna 乖乖卧在他身边，把下巴搁在他胸口处，看见她，尾巴摇起来……她轻轻叫了声 Luna 下来。

Luna 没有动，沈绪楷也没有反应。

她再走近些看时，听到他沉而匀净的呼吸声。

才一会儿工夫，已经睡沉了。

静侬弯下身，仔细看他——眉头轻轻皱着。

因为瘦了些，眉心竟然有细细的竖纹……

从前她并没有这么近地看过他的脸，这样看来，他的皮肤可真好……白皙，细腻，因此剃过须的下巴和腮上，青须的阴影更明显。

她伸手轻轻蹭了下他的腮和唇……

刚刚他亲她的时候，这里可粗糙了，蹭得她嘴巴有点火辣辣的。

她动作很轻柔，沈绪楷睡得也沉，并没有被惊动。

她的胆子就大了一点，再靠近些，在他唇上轻轻亲了一下……她微笑，看着他双手抱在一起，叠放在胸前。

那样子，真的，睡着了也是严肃和端正的，仿佛睁开眼就可以走出去开会。

静侬从旁边沙发上拖了一条羊毛毯过来，给他盖在身上。

供暖季刚刚开始，屋子里暖气很足，倒不用担心他会着凉……她轻手轻脚地走开，等鸡汤完全化开，煮沸留用。

馄饨照旧放回冰箱里。她收拾好冰糖炖梨，给自己也盛了一碗，拿好回到客厅里，就在靠近沈绪楷的位置坐下来，打开放在茶几上的笔记本，开始整理前些天翻译的几篇零碎文稿。

她最近没有翻译童书的心境，倒是 A 教授的论文和短篇小说，觉得很适合静下心来研读。

她顺便开了下邮箱，看到廉洁发来的两封邮件题目，有点惊喜——第一封是新书的封面，让她看看，给点意见；第二封给她发了 A 教授一月份来中国的日程表——不出意外的话这个月新书就会开始印刷，很快预售、上市铺货，并且赶得及一月份的北京书展。

廉洁问她有没有时间和 A 教授一起，在书展期间做一场活动。

静侬仔细看了 A 教授的日程，又核对了下自己的。

A 教授的活动安排得并不密集，只是访问的地点和演讲的题目都很重要，要参与活动，就要提前做很多功课，还好到时候她就放假了……她回复了这封邮件，接受任务，返回去看另一封。

书的封面布满几何图案，配色饱和度很高，看起来很醒目，也漂亮。

静侬往下拉动着页面，看完了外封看内封，都觉得满意……

这时候，她听见身后有极细的针织物摩擦的声响，微微一笑，问："醒了吗？"

"嗯。在干吗？"沈绪楷问。

"新书封面……要看吗？"她转过脸来问。羊毛毯子围在身上，让他看起来像个蚕宝宝。

"能看吗？"他又问。

"你还可以给点意见。"静侬把笔记本抱过来，将屏幕转向他，"怎么样？"

沈緒楷靠过来些，看了一会儿，问："什么时候能看到实物？"

"顺利的话，一月吧。"静侬说。

"还有好久。"沈緒楷说。

"已经算很快了。我交稿早，他们着手准备也早，效率还蛮高的……没有意见吗？"静侬问。

沈緒楷指了指她名字印的位置，说："这里字号可以大一点。"

静侬笑起来："再大一点，让我的名字占满整个封面！"

"嗯，就这么干。"他也笑。

她看了他的眼睛，轻轻在他唇上啄了一下。

她笑着把笔记本放回去："我去煮馄饨……刚看你睡着了，就没叫你……你是有多困？"

沈緒楷拉住她，让她坐在自己腿上。

隔了羊毛毯，她都能感受到他身体的灼热。'刚刚睡醒，他可能还有点倦怠吧……'她反手摸摸他的下巴，说："等一下，先要吃点东西。"

"你回邮件，我去煮。"沈緒楷说。

他亲了亲她，拎起羊毛毯那两只角，将她裹住，整个儿抱起来放在坐垫上，然后摸摸她的发顶："把你今天要做的事儿都做完。"

他走开了。

静侬坐在那里发了会儿呆，心跳突然急起来，还藏在羊毛毯下的手竟然开始流汗。

她赶忙甩开毯子，一转头看沈緒楷已经进了厨房。

她跳起来，跟过去看时，他正在洗手……白色的衬衫袖子卷到手肘处，手臂的线条随着手上的动作越发清楚……他真的瘦了很多。

"门口堆的那些都是给你们的。要是你不想做事，就去拆包裹吧。"沈緒楷回了下头，说道。

"我先回信去。"静侬跑开。

她这会儿的效率尤其高，很快将邮件写好发出，合上笔记本，去门厅那边。

Luna跟过来，兴奋地围着这些袋子转。

静侬觉得有点奇怪，果然打开来一个是给 Luna 的玩具，打开一个是给 Luna 的零食，再打开一个又是给 Luna 的衣服和背带……"

"没有给我的吗？"静侬听见脚步声，知道沈緒楷过来了，故意生气地问道。

"有啊。"沈緒楷走过来，蹲在她身边，亲在她嘴巴上。

"你不算礼物。"静侬扶着他下巴，轻轻捏了下。

沈緒楷顿了顿，嘴角微微一牵，看着她说完这句话，脸开始变红……他伸手从最后一个袋子里拎出来一个细长的盒子，拉起她的手来说："走。"

盒子打开来里头是一瓶冰酒。

这个时候，来一杯甜甜的酒，大概是最合适的了吧……

厨房里很暖，沈緒楷煮的小馄饨恰到好处，虽然他说这是他第一次动手煮鸡汤馄饨，火候拿捏不准……

不过她想他实在是有点太过谦虚了。

谁说第一次就一定做不好呢？

沈緒楷做了饭，她负责洗碗。

之后，她又把笔记本和书收好，放回书房。

这会儿工夫，沈緒楷去洗了个澡。

她在书房多耽搁了一会儿才回房间去。

也不知道为什么觉得必须晚一点上去才好……不过也不能太晚，再晚，她的指甲要被她咬坏了。

浴室里有现成的新洗漱用品，但不是特地给他准备的。

她也没有给他准备睡衣浴袍……她还没想到这些，只能临时拿她自己的凑数。因此等她回房间看他已经洗完澡出来并且果然穿着她的浴袍时，忍不住想笑……

这不是该笑的气氛，她还有些紧张，但是不知道为什么，看着沈緒楷的样子，她觉得他比她还要紧张似的。

她走过去，轻轻拉了一下浴袍的腰带。

沈緒楷马上按住了她的手。

静侬戳戳他手背，退开些看看他身材。

沈緒楷被她看得有点尴尬起来，忽然听她说："哎呀，我想起来了……"

她冲他摆摆手，一溜烟儿跑出去了。

沈绪楷站在原地，从穿衣镜里看着自己不伦不类的样子，刚才那股尴尬劲儿过去了，又有点儿无奈。

Luna 趴在静侬床脚下，这时候懒洋洋地看着他。

沈绪楷走过去，在床边坐下来。

Luna 一抬头，他伸手遮了下它的眼睛。

静侬的床很柔软，坐下去，人能陷进去一半似的。

屋子里目之所及，都是她零零碎碎放置的个人物品……

床头床脚都有堆起来的书，可能是方便随手取用。

他坐在这里不方便乱动，担心稍稍一动，会让什么东西掉下来……

不过看得出来，这比他刚刚进来的时候整洁多了。

她当着他的面紧急收拾了一下，后来一看绝对不是三五分钟就能完成的任务，马上宣布了放弃……

他没有觉得哪儿不对，再说也没有乱到不可接受。

他说不收拾也完全没问题的时候，她明显松了口气。

这对她来说，以及对他来说，也许都得算是个意外情况，如果非要说，那应该也要算意料之中以及等待已久的意外吧……他希望是这样的。

静侬的脚步声凌乱又急促，他听着，抬起手来按了下眼眶。

真的有点好笑。

她这里实在是太暖和也太让人心安了，让他不能不松弛下来……那脚步声近了，但她没有立即进来。

身影一闪，从门前掠了过去，听声音是进了隔壁房间……

过了不一会儿，她出现在门口，问他："你喜欢什么颜色？红色还是黑色还是格子的？"

沈绪楷愣了一下，说："都喜欢。"

"没有最喜欢？"她似乎有点不满。

"没有。"他说。

"那你等等。"静侬身影一闪，又不见了。

沈绪楷又按了一下眼眶。

这些天没休息好，眼眶总是觉得酸胀……

她的脚步声又回来了，他放下手来，心咚咚跳，不知道等下眼前会是什么。

她像一阵风一样吹过来，来到他面前，抖了下手里拿的内衣，红的黑的格子的……

内裤和睡衣，一大堆，都是新的，连标签都没拆……他看看这些，又看她。

她眼里有询问的意思，把内衣往前举了举："我想起来我爸房间里有新的……你比他高但是比他要瘦，这个有弹性，应该可以哦？睡衣就没有办法了……你肩膀真的好宽……可是睡裤应该可以穿的，当九分裤就好了嘛……你要不要现在换上？"

沈绪楷慢慢咽下顶在喉间的这口气，喉结也缓缓动了下。

他看着静侬，默默把她手里的衣服都接了过来，顺手搭在床尾的长凳上……然后长臂一伸，要把她拦腰揽住，不想她脚下溜滑，像鱼一样溜远些，说："你再等我下哦……我没那么快，你要是困了可以先睡。"

沈绪楷慢慢地"嗯"了一声。

静侬进去关好了门。

水声很轻，轻到几乎听不见……

沈绪楷坐了一会儿，站起来，在屋子里走了走，把顶灯关掉了。

从长凳上选了格子款的内衣和睡衣，余下的都照着折痕叠好放在另一边。然后，他站在床尾看了看床上，右侧床头柜上放置的东西多一点，还有闹钟，静侬应该习惯睡这边。

他走到左侧，掀开被子躺下来，感受了一下，伸手把这一侧的灯也关掉了。

屋子里暗了许多，空气里说不出的气息被不知哪里来的风轻轻搅动着，和窗外呼啸的风声节拍相合……

他轻轻闭上眼睛。

静侬走进浴室的时候是稍稍愣了一下的。

她以为扑面而来的起码会是一团团湿气加一摊摊水渍，但是并没有，除却镜面都有除水雾的装置不讲，这显然是沈绪楷在洗浴之后顺手收拾过的了……她简直想立即冲出去表扬他——她自己都是个因为要收拾浴室总是不断推迟洗澡时间的人！

她看了下台面上的洗漱用品，他用过之后都归置在一处，跟她的东西没有混放，但看牙刷摆放的位置，都和她的方向一致……这个时候还能从从容容顾到细节……她扶着洗脸台站了好一会儿，抬起头来，看到了自己微微上翘的唇角。

等她从浴室出来，发现卧室里光线昏暗，一点动静都没有。

她轻手轻脚走到床边，发现沈绪楷躺在床的另一边了。

他枕边那圆滚滚的一团，突然动了一下。

她愣了片刻，看清是 Luna 蜷在沈绪楷肩窝处。

她忍不住腿一软，在床边蹲下来，扶着床沿笑得身子也软了……她过了一会儿才起身，悄悄掀开被子上了床。

Luna 抬头看看她，照旧靠着沈绪楷。静侬戳了它屁股一下，说了句坏东西。

它也不理会她。

静侬伸手过去，摸摸沈绪楷的发顶——头发已经干了，这样睡着也没有关系。

她盘腿坐在被子里，心情变得愉悦起来。

原本紧张到全身发颤，这会儿又笑得骨酥体软。

她慢慢地伸开腿钻进被底，躺了一会儿，将灯关了。

屋子里彻底黑下来。

身边多了一个人，虽然床够大，距离也足够远，并不妨碍什么，可是毕竟不一样。而且，还有个从来都不会蹦到床上来的 Luna……静侬翻了个身，伸出手去，够不到沈绪楷，却搭在了 Luna 背上。

不一会儿，Luna 爬起来，踩着两人中间的空隙走到床尾，跳下去了。

静侬的手臂横在那里没有移动。不知过了多久，朦胧间，她感觉到一只温暖的手握住了她的。

她没睁开眼，手指慢慢张开，跟他的扣在了一起。

手是越扣越紧，人也是越靠越近。

终于两人之间再无缝隙……

沈绪楷的从容缓慢细致温柔像是有了用武之地，整个过程他都没有出声，但是总在等静侬的反应再进行下一步。

静侬曾经想过无数次在这个场合下可能发生的不愉快体验，都没有发生……

当一切结束后，她握着沈绪楷的手，平静地躺在他身边，转头在他肩头轻轻吻了一下。

他回吻她，印在额头。

静侬闭上眼睛，沉沉睡去，并没有松开手……

天还没有亮，她隐约听到响声。

她睁眼，要片刻之后才想起来，身边还有一个人，果然她转了下脸，看到沈绪楷侧身将手机拿了起来。

黑影中隐约看得到他的背影。

她忽然想到他的皮肤在她手掌下时那瞬间产生的电流，忍住没有把手放上去，而是攥紧了……她听见他低声应着，问怎么回事，初醒时沙哑低沉的嗓音突然混进了严肃和些许尖刻，让她有点吃惊。

她没动，听他压低些声音又问："……什么时候……为什么这会儿才跟我说……知道了。我马上回来。"

他放下手机，似乎是要强制自己冷静下来。

一只温暖的手轻轻触到他腰上，他回过身来，问："吵醒你了？"

"有事？"静侬问。

沈绪楷握住她的手，俯身过来亲了她一下，说："我得马上走……你还好吗？"

"还好。你呢？"静侬觉得瞬间一点的热从脸上蔓延到颈上、胸部。

沈绪楷摸摸她的脸，在她额头上亲了一下。

他迅速抓起放在床尾的衣服开始穿，一边穿一边压低声音拨了电话。静侬坐起来，穿好衣服，听见他吩咐人马上调机申请批准航线，如果申请不到就备车，他要马上回北京。

静侬问："你现在去机场吗？"

沈绪楷点头。他很快洗漱完毕出来，看静侬已经穿好了外出的衣服，说："我自己走，你别出来了……再睡会儿。"

"我送你去。"静侬说。

"车子借我就好。"沈绪楷已经整理好，过来将静侬搂进怀里，"我很快回来……还有些话想跟你说，等我回来。"

"我送你去。"静侬又说了一遍，这一回比上一回语气要坚定得多，"你这种情况下开车我觉得不放心。"

"我不会开快的。"沈绪楷说。

"走吧，别啰唆。"静侬说着，先出了房门。

沈緒楷迟疑了下，跟她走了出来。

静侬等他穿外衣的工夫，先把 Luna 给放了出去。

门一开，冷风吹进来，静侬一激灵，Luna 似乎掉头缩回了门厅，再不肯出去了。

静侬弯身摸了摸 Luna 的头。

她站到门外，将冲锋衣的拉链拉到颈间。

外面可真冷，不怪 Luna 这有一身保暖绒毛的小家伙都不想这么早出门。

听见沈緒楷走出门，静侬背对着他，伸了一下手。他握住她的手，抄进口袋里。

两人没有说话，一起穿过院子，走下台阶，又一起去取了车子。

天还没有亮，路上只有零星的车子经过。

等上了快速路，静侬看着前方空无一车的通道，一只手离开方向盘，轻轻搓了搓，慢慢呼了口气。

沈緒楷伸手过来，轻轻弹了一下她的手背。

"啊。"她叫道，"我没有想开快。"

"你可以稍稍快一点，但是不能超速……上次的罚单收得开心吗？"沈緒楷问。

静侬吸了下鼻子，不出声。

沈緒楷抬手蹭了下她的耳垂，接了个电话，挂断之后问她还记得上回接 Luna 把车停在哪里吗？说这回还停那儿。

静侬答应。有沈緒楷给她提示该在哪个位置直行哪个位置转弯，她很顺利地将车子停到了准确的地点。

"别进去了。"沈緒楷解开安全带。

他没有立即下车，看着静侬。

静侬点点头。

她始终没有问他出了什么事，为什么这么着急走，以及什么时候回来……她也不知道为什么自己不问，可能心里就是确定，如果问，沈緒楷肯定会告诉她。

"你不要着急。"她说。

沈緒楷倾身过来，轻轻抱了她一下。

他说："小叔这趟是和我一起回国的。我们担心他在温哥华触景伤情，不让他一个人留在那里。凌晨他突发脑梗，进医院抢救，还没脱离危险。"

他声音很沉，静侬听得心也很沉。

她手臂收紧些，轻轻抚了抚他的肩膀："会好的，你不要怕。"

他像是深吸了口气，点了下头，放开她，说："回去路上小心开车。到家给我消息。"

"好。"静侬答应。

沈绪楷下车前看了下她的衣领，隔着衣领碰了下她的颈子："下回我会注意的。"

静侬拉住他的手，低声说："没事。"

沈绪楷握握她的手，在她唇上亲了一下，这才开车门下去了。

静侬跟着下了车，但没有往前走。

她目送他走远，又回了下身，冲她挥挥手。

停车场到候机楼这空间大得像是广阔无垠的沙漠，他的身影就只是那么小小的一个黑点……但是容进她眼里，又很大、很大。

候机楼前有人在等他，静侬看他身边有人照顾，慢慢松了口气，上车离开。

回家的路上，她数次想把车速提起来，每次手背上都像被人轻轻弹了一下，于是她都忍住了。

天渐渐亮了，她还没到家，沈绪楷先打了电话过来，飞机已经准备起飞，预计很快就会抵京……

她到家将车子停在路边，回去带了 Luna 出门遛了两圈，给它喂食喂水，换好上班的衣服，拿了一罐炖梨准备出门去藤子那里。

这时沈绪楷给她发了消息过来——他已经落地了，正在往医院赶。

静侬看了这条消息好一会儿，发了个拥抱的表情过去。

她等了一下，没有收到他的回复。

这会儿他想必心烦意乱……她心里都有些七上八下的，看看时间，先出了门。

她买了藤子喜欢吃的烧饼油条加甜沫，到楼下给藤子发了消息问她醒了没有，原本想等一下的，藤子却奇迹般地马上回复了消息，并且打开窗子，探身出来喊了一声："这么早你来干吗？"

静侬下了车，把手里拎的早点提起来亮了亮相。藤子给她开了单元门，让她一会儿上来自己输入密码。

静侬爬上楼来，站在门口想了好一会儿想不起来藤子家门上的密码了……她试着输了好几次，最后还是藤子给她开了门。

藤子手里还拿着电动牙刷，敲了下她的脑袋，含混地说："有时候真要怀疑这里头装的是什么。"

静侬不理她，直接进厨房拿碗碟盛好，出来帮藤子收拾了下客厅。

这时候藤子也洗漱完毕，跑到餐厅里看了一眼，大呼小叫："范静侬你真的很知道我的心思耶！范静侬？"

静侬走过来，手背在身后。

藤子手里拿了一根油条，正要下口，就看静侬手伸出来，掌上一个小首饰盒。

她不动声色，咬了口油条。

静侬把首饰盒打开，露出里头的钻戒来。

"你干吗，求婚啊？"藤子笑嘻嘻的。

"这谁给的呀？就随便放？得亏我仔细，不然就扔垃圾桶了。"静侬合上首饰盒，"好好收好。"

"是，范妈妈。"藤子吃第二根油条。

静侬坐下来，看着她。

藤子却不看她，默默地吃饭。

"滕藤子，你有什么事儿瞒着我吧？"静侬问。

藤子呼了口气，摇头。

"体检报告拿了吧？哪儿出问题了？"静侬问。

"就知道你一大早堵门，肯定是有话讲。我还以为你出了什么大事儿……"藤子说着抽了下鼻子，又抽一下，"我闻到了特别的味道。"

"我的事儿晚点儿告诉你，你先回答我问题。"静侬才不会被她轻易转移话题。

"是有点麻烦啦。妇科问题。我犹豫了几天，约了今天做活检，应该后天会出报告。"藤子说着，把一根油条撕开。她瞥了眼首饰盒，"老柯跟我求婚，我只说我考虑一下。要是结果不好，我就拒绝他；要是没有什么问题……范静侬，恭喜你，可以当伴娘了，而且不久以后，肯定要当干妈了！"

静侬看着藤子笑，心里却是发酸，笑不出来。

她说："等下我请半天假陪你去做检查。"

"不用。很简单的检查。"

"简单个鬼……我上次去做检查，遇到一位阿姨刚做完出来，疼得跳脚，说大夫有杀驴的心……很难受的，我知道。"静侬轻声说。

"你别吓我。吓到我，我就不去了，爱怎样怎样吧。"

"滕藤子！"

"知道啦……是死是活都得面对是不是？我明白的。"藤子说。

静侬瞥了眼首饰盒，问："为什么不让柯老师知道？"

"我也说不清，可能……有些怕他会临阵脱逃吧。"藤子说。

静侬沉默了好一会儿才说："如果不能一起面对眼前的困难，那怎么能有信心过完一生？"

"你对人性抱有太多不切实际的幻想。能同甘者众，能共苦着万无其一。何必考验人？最后失望的还不是自己。"藤子轻笑。

"我并不觉得这是考验，而是，如果你对他没信心，其实也是对自己没信心——我就觉得他不是会因为你生病就跑掉的人。"静侬说。

藤子不出声。

静侬看着她，说："没什么大不了的。男人也许会跑，我不会跑的。"

"你是跑不掉好吧。"藤子撇了下嘴。她忽然伸手过来拉了下静侬的衣领："你老实交代昨晚干吗了？"

静侬"啊呀"一声拉起毛衫领子，脸唰的一下就红了。

"就……那样了呗。"她小声说。

藤子慢慢嚼着油条，眯缝着眼看着她，过一会儿，沾了油的手指翘起来，钩了钩，说："我早说了吧？我要怎么来着？我要知道细节，所有的！"

静侬瞪她，看看时间："约了几点？我陪你去医院。"

"不。我自己去。拿报告那天你陪我去。"

静侬看着她，问："你确定自己可以？"

"我百分之一万确定。"藤子说。

静侬半晌才说："那好。有问题第一个联系我。"

"会有什么问题啊……我又不是驴。"藤子说。

静侬鼓了下腮。

"说啊。"藤子抬抬眉。

"说什么!"静侬叫起来。

"你说哩?我有那么好糊弄!"藤子敲着桌面。

静侬抿嘴不言。

藤子鼻孔出粗气,说:"算了……两只菜鸟有什么好讲的……"

静侬刚要张口,忽然又抿住嘴巴,过了两秒,才说:"我不会上当的。"

藤子开始还在忍笑,过了一会儿,干脆大笑起来。

"喂,别笑了。"静侬被她笑得窘得不得了。

"OK 啦,不笑。"藤子说是不笑,还是笑得越来越厉害。静侬抗议也没有用。藤子点着她:"你小心了……楷哥真的不像是好惹的样子。食髓知味,一发不可收,你有的受了!"

静侬气得站起来隔着桌子使劲儿拍:"还说!"她手臂纤长有力,这几下拍得不是不疼的。藤子任她拍,说哎呀这点儿鸟劲儿……果然是菜鸟没错了。

"你还说!"静侬作势又要打。

"不说了,不说了……"藤子歪在椅子上,边说边笑,"喂喂,生气啦?我真的不说了!"

静侬并不会真的生藤子的气,只是被她看穿,很不好意思。

藤子晓得她的性格,知道玩笑也不能开太过火。不过她越想越觉得好笑,过一会儿,要趁着起身去拿水果偷偷笑一下,再板起面孔回来。

静侬又不是不了解她,哼也又哼了好几次,可是毫无办法,想着藤子这心情,能让她开心,好像也不错……

她坐在那里发了会儿呆,不知怎的想到沈绪楷握住她的手,攥在手心里,其实明明也只是攥住了她的手,但好像她整颗心整个人都被攥住了似的,动都动不了。

实际上也不想动,只想那样静静地待着。

像刚跑完长跑,又是难受,又有点说不出的舒服……

藤子在桌下踢了她一下。

静侬惊醒,睁大眼睛看着她。

藤子又要笑,不过这回倒不是取笑,看着静侬,轻声说:"真是让人羡慕啊……要知道两情相悦有多稀奇,也就知道该是多幸运。"

静侬微笑，没出声。

藤子看静侬的样子，沉默了一会儿，想说什么，不过又一想，就也没出声。

静侬拿起首饰盒来，打开。

钻石不大，可钻石就是钻石，仍然闪闪发光。

不过戒指很素，没有多余的装饰，又简洁又直白，完全是柯教授的风格。

这不是藤子第一次被求婚，但一定是第一次收到这么小粒的钻石。藤子自己也喜欢买裸钻存着，高兴起来就跑去挑一颗。克拉数都是奔着能力范围内最大的去，从不要小的。

"你不是嫌小吧？"静侬合上首饰盒，故意问。

"人家不是讲金，是讲心！"藤子把首饰盒夺回去。

静侬笑，点点头，说："你知道就好。"

藤子去把首饰盒收起来了，静侬趁她没回来，打了个电话，请半天假。藤子出来得知她还是请了假，很正经地和她说完全没有必要这么做。

"你这样我反而有压力。"藤子说着，把她的手机找出来递给她。"刚电话打给谁就再打一次。我十几岁就会自己看医生，不可能人都三十岁了还不懂怎么做。那不是越活越回去了！讲好后天你陪我去拿结果，就那样办。"

静侬无奈，说："让我缓几分钟再去，不然领导以为我发神经。五分钟不到就变卦。"

"工作那么勤奋的人，偶尔发次神经没关系的。"藤子终于笑了。

这时门铃响了，两人听见，都愣了下。

藤子说这时间除了你还有谁会来，走去开门。

静侬看看时间，准备走。

她收拾了下自己的东西，到这会儿还没听见有说话声，觉得奇怪，走到门厅处往外一看，就见藤子和柯正杰一里一外，静静对峙，像是被施了定身法，那气氛绝对说不上是愉快的。

静侬反应再慢也知道这两个人有点小争执，而且藤子像是吵不赢……

她有点幸灾乐祸，很想看结果，可是她也知道自己该识相一点快些走。

她忙去拿了背包，和柯正杰打了个招呼，转头和藤子说："我先走了，不然要迟到。"

"你捎上老柯。"藤子说。

"我今天没课，不去学校。"柯正杰立即说。

"没课你回家待着不好吗？"

"从医院出来你和我一起回家待着，我就回。"

"你到底是怎么知道我今天要去医院的？你跟踪我还是监视我？你不说我跟你没完，告你骚扰……"

"你接个电话那么大声，我又不是聋了会听不见？"

"那你跟我求婚！"

"我跟你求婚是因为我爱你我想娶你想跟你一起过日子，跟你生不生病有啥关系？你说说能有啥关系？这完全是两件不同的事，你非要混为一谈，是不是觉得我傻？"

藤子气得瞪住他不说话了。

柯正杰也不说话。

静侬心想这是她认得柯教授以来，大约是见他反应最迅速、口齿最伶俐的时刻了……她不出声，换了鞋子迅速溜出了门。

柯正杰不往里面走，一屁股坐在鞋凳上，一副就在这里等着你一起出门去的架势。

藤子看他这说不通道理的犟牛样子，无奈地说："我都跟你讲了……"

"我就陪着你。我保证不说话。"柯正杰说。

"妇科呀！人家不让男的进去，你去也没有用……"

"我都说我就是陪着你了，人家安排男的在哪儿等我就在哪儿等，绝对不妨碍任何人。"柯正杰说。

藤子拍着胸口："你让我缓缓……给你气得喘不过气来了。"

柯正杰等了一会儿，凑近她些看看，问："喘好了吗？可以走了吗？"

藤子一拳打在他胸口："等着！"

她说完甩开步子回房间了。

柯正杰摸摸胸口，长长地出了一口气，笑了……

静侬跑下楼来，上车前又回了下头，看看藤子家的窗口。

适才的忐忑由于柯老师的出现减轻了大半，甚至有点欣慰。

她舒了口气，开车门坐进去。

想到藤子早上提起柯老师来，一会儿用"大笨熊"一会儿用"犟牛"，可是临到柯老师坚持自己的意见跟她讲道理的时候，她就成了无可奈何只会胡乱嚷嚷、重复同一套说辞的鹦鹉，这实在也是很有趣……

果然一物降一物，牙尖嘴利的藤子竟然也会被"笨人"反制。

她翻了下手机，看到有沈绪楷的信息赶快打开。

他已经到了医院，详细的情况没有讲。

她说让他自己也多保重，没有时间的话不必回复她。

她看着自己回复的消息，心想保重这个词，最近她不记得跟他说了多少次……

沈绪楷很容易就把别人的感受和需要放在自己的之前。这只会让他比别人更辛苦。

静侬吸了下鼻子。

她想大概因为今天是入冬以来最冷的一天，这冷空气肆虐的日子，她眼睛也不舒服，鼻子也不舒服，十分想念那个温暖的怀抱……

看到静侬准时出现在办公室，李晴晴惊讶地问："怎么回事，早上主任还给我打电话，说你请假半天，让我跟你调整一下工作内容。"静侬说本来有事，现在没事了。李晴晴笑了一会儿，说："你也太老实了，已经请假了，不如在家休息半天。"

"还能多翻译几页书不是？Ruby都知道要等着看范阿姨的书了。"李老师开玩笑。

静侬也笑了一会儿，说："我会抓紧时间的。"

办公桌上的电话响了，她过去接起来，是丁老师打来的，让她中午有时间去她办公室一趟，神神秘秘地和她讲，有好事儿……静侬答应，想着有几本样书还存在丁老师那里一直没取，也怪自己拖拖拉拉的。丁老师的生日，也就是她荣休的日子，马上就该到了。想到这个她难免不舍。虽然以后还是会保持联系，但毕竟不能像现在这样，办公室只不过隔了半个校园加一条窄窄的马路，说见面就能见面。

李晴晴看她脸上那落寞的神色，倒来安慰她，说："哪儿有不散的筵席……这些日子发生这么多事，你还参不透这个理儿吗？"

静侬知道她的意思，点点头。

李老师在同事间算是最了解内情的一位了，也因此并不像别人那样随意褒贬，显出了难得的厚道。

李晴晴给了她一杯咖啡，两人站在窗前边喝边看着外面萧疏起来的树木花草，叹着气说一年中最冷的日子就要来了……

空气里竟然有几近于无的桂花香，静侬忽然想起来，宗小苔留下的笔记本上，贴了几片贴纸，图案就是桂花。

几片贴纸连在一起，露出的缝隙里有没能遮住的划痕。

原来漂亮的贴纸是为了遮丑的。

有多少人是这样的呢，看上去多光鲜，皮囊下藏着的伤就有多深。

"……这许多年，我总是想着他们也不知道会过得怎么样……过世了的，销声匿迹的，都在心里……"静侬轻声说。

"你呢，就是心软又和善，这很容易成为负担……不过呢，要不是这样的话，可能又不是你了。"李晴晴好半天才说。

她轻轻拍了拍静侬的肩膀："你来善本室之前呀，我还想不晓得小范是不是和传说的一样好相处，可能也就是表面文静温和吧。前面那几个书库，老实说个个儿跟盘丝洞一样，哪一个是省事的，能在那儿工作几年口碑还很好，怕不是也一蜘蛛精——相处久了，我又想哇，传说真的不可信——傻乎乎的，不晓得怎么活到现在的，这只能说世上还是好人多吧。"

静侬听着听着，笑了出来。

这话谁说过呢，要不是藤子，那准是大头表哥，或者还有其他的什么人……毕竟，应该有好些人都看出来她的本性了吧。

"哪有那么夸张。我没有觉得哪里是盘丝洞啊。"她笑。这是什么形容！

"所以现在才难怪每个科室的同事都觉得要是能把你要过去就太好了——做事呢就做事，不说人是非，好相处，又不会没原则，该讲话就讲话，还讲得蛮有道理让人不能不听……你晓得现在的人，常常都会说'你的善良，要有锋芒'——你看，善良都要议价的呢。道理你都懂，咱们不害人，总归多个心眼是没错的。我也老担心你会被坑苦……得了，小秦休完产假回来，你就不用这么忙了……不过，小秦要是辞职的话，你是不是可以调过来？"李晴晴问。

"为什么辞职？"静侬小小吃了一惊。

印象里小秦虽然不是工作上特别有上进心的人，但人非常地聪明，工作总能在最短时间内完成。

"据说想把老大带到上幼儿园，生老二。等老二也上幼儿园，这都几年过去了？再回职场，哪那么容易。不过，她先生挣得多，也不靠她这仨瓜俩枣的。"

"有点可惜。"静侬说。

"如果是主动选择也还好。"李晴晴说。

静侬没再发表意见。

小秦是和她同一年进图书馆的。

她们两人学历相当，她闷头做事，闷到有些避世，小秦却像是打定主意要在滚滚红尘里积极淬炼，迅速且顺利地完成了相亲、结婚、生子一系列的大事。

如今她正想着安安心心工作，下一步什么时候到来，根本都还没有具体的计划，小秦都打算辞职生二胎了……她总是和同龄人的节拍合不到一起。

但好像，也没什么大不了的……

"今天好冷，咱们晚上约了吃火锅去吧？"李晴晴问。

"啊我晚上要跟我 Daddy 吃饭。"静侬笑着说。

李晴晴笑话她瞬间变得跟 Ruby 一般儿大小了。

静侬说就是因为跟 Ruby 说话多了，好像随时也会变成三岁幼童。她笑着问："要不晚上来我家吃火锅？我爸很喜欢跟年轻人吃饭聊天的……他去单位食堂从来不吃小厨房，就爱跟青年教师啊学生啊一起吃，也不管人家跟他一起吃饭，是吃得下还是吃不下。"

李晴晴笑。

静侬原先从不跟同事聊父母。

能跟她说两句，大概这意味着她们在同事感情之外，要多几分朋友的意思了吧……

李晴晴笑着说："还是不去了，你们家里人也难得一起吃个饭。"

静侬叹气，说："可不是嘛。"

难得她父亲回来休息几日，过两天又是周末，除了春节，这几乎是这几年父亲在家停留最长的时间了。父女俩还能坐下来聊聊，一起吃顿饭、喝杯茶……也说说母亲的坏话。

她还有点期待呢……她想着，不知道要不要告诉父亲她和沈绪楷的事。

还没告诉父母和家里人她打算和沈绪楷试着交往，竟然已经发展了亲密关系。

这虽然不是需要跟任何人交代的事，总归是……跳了几级台阶，不晓得会不会让他们担心。

静侬在办公桌前坐了一会儿，下了决心——见机行事，该说就说。

她打开对话框跟父亲聊了几句，跟他约好晚上一起吃饭。

听到父亲问她想吃什么，晚上他过来给她亲手做，她托着腮想了一会儿，说吃什么都好。

她忽然想起来问爸爸见过 Luna 没有，要是提早到了，要小心些，不要吓到它。

范爸爸发了条信息回来："真是乖女儿，不担心爸爸会被狗子咬伤，担心狗子被吓坏！"

父女俩一起大笑。

工作时间一到，静侬关了对话框，开始做事。

午饭她照旧和李晴晴一起去食堂吃的。

天气冷，她们特地去喝了羊汤。

两个人一身膻味从食堂出来，被冷风吹了好一会儿，那味道才散了。

静侬要去出版社见丁老师，在路口和李老师分开，往校门外走去。

才走了不远，听见有人大声喊她范老师。

她停下来，看到那辆熟悉的旧货车："大禹？"她往车子里看了看，副驾驶位上没有人。

大禹问她去哪里，"捎您两步路？"他大大方方地问。

"那就谢谢啦。"静侬也大大方方地上了车，"过来拉货吗？"

"嗯，上回给他们拉实验器材，满意得很。这回到了新的也喊我了。老修今天在修理厂有硬活儿，出不来。我就自己来了。"大禹说。

静侬点头："修任远这些日子怎么样？"

"就……也还成吧。喝酒比以前凶。我会看着他的。"大禹说。

静侬又点头。

她上次见大禹，还是在医院停车场。

大禹送修任远去探视。

他们在停车场说了几句话，那会儿大禹就挺担心修任远的。

不过他也说了，反正哥们儿也没别的本事，要是看他不小心跌倒了，拉他一把还是能做到的。

"……补偿款还剩了些。那女同学，医药费不是还报销了些吗？好像学校也有一点人道主义的什么钱……所以他也没花他很多。剩下那些钱他自己没留，都给他舅舅了。他说本来房子也是归舅舅的。他舅舅和舅妈人也蛮好的，说那钱收下了，不过是给他存着。将来他也还是要成家的嘛……舅舅说让他过阵子也去广州。他表哥的生意做得还不错，很缺人手。我寻思呀……范老师你说呢？"大禹忽然问。

静侬轻声说："看他自己的想法吧。换个新环境也好，尤其还有熟人照应。"

"可广州夏天多热啊！要我可不去。"大禹笑着说。

"但冬天也不冷啊。"静侬也笑。

"倒也是。唉，他要不走啊，我们修理厂的活儿也干不长，还得另找下家……老板这日子最近也挠头。"大禹说着也叹气。

车子开出校门，大禹问静侬该停在哪儿。

前面就是出版社大门，静侬指了指那边。临下车，她问："是生意不好吗？"

"不是，生意老好了，就是吧，"大禹脸上的表情有点别扭，似乎犹豫该不该说，"反正就是，干不下去了就是了。唉……"

静侬看他欲言又止，倒是也猜到了几分原因。

她知道这儿不方便停车太久，赶快下了车，谢了大禹。

"范老师我走了啊。有事儿您招呼我。"大禹说着摆摆他那沾了好多灰尘的手。

静侬微笑点头。

大禹的小货车蹦蹦跳跳地走了。

大禹给她留过电话号码，说以后车子有问题或者有什么其他的事儿，比如搬搬抬抬的，尽管打电话找他。

静侬把号码存了，倒也不是想着以后要让大禹帮忙干什么。

大禹说的情况，她不觉得很意外。

他们的老板姓岑，名下产业不少，除了汽车修理，还经营二手车，也还有些大大小小的业务。

有些业务不在台面上，却是他主要的利润来源。

大禹讲的那个修车厂只是岑老板拥有的数个修车厂中最不起眼的一个，设备旧，不过占地面积大，靠近城中村，马上就面临改造，地皮的价值比修车厂的业务可值钱多了……

这也是为什么明明也赚不了多少钱，岑老板还是留着那个厂子。岑老板有个绰号"岑四儿"，背景复杂，不过不复杂也做不了三教九流的生意。

他对修任远和大禹这两个工人到目前为止还不错……他们两个，尤其是修任远帮他做了很多事。

静侬想到这些多少有点头疼。

修任远到下个月假释期就满了……在这之前出点差错，可不是小事。留着大禹的联络方式，也是防着有万一。

"小范！"丁老师从窗子里叫了静侬一声，招手让她快点进屋。

静侬笑笑，推门走进去，再往里走，丁老师已经在办公室门口等她了。

静侬跟丁老师进了门，看见一旁的小桌子上摆了茶具，有三只杯子，就问丁老师："还等谁来吗？"

门被敲响，进来一个高个子年轻人，修眉朗目，神采飞扬的。

年轻人进来就喊大姨，静侬就知道这是丁老师的外甥了。

她立即明白过来，丁老师这是要给她牵线搭桥了。难道丁老师说的有好事儿是这个吗……她只微微笑着。

丁老师给他们介绍，她又和气又大方地跟对方聊了一会儿。

不久年轻人借故告辞，丁老师就笑眯眯地看看她。

她也笑眯眯地看着丁老师。

丁老师是很熟悉她的，这时候看她神情，恍然大悟，问道："小范你是有在交往的人了吗？"

静侬点头。

"什么样的人呀？"丁老师脱口问道，"我前儿和陈校长通电话，她还说你没有男朋友。"

"是认识了很多年的人，我高中的学长。最近才确定的关系。"静侬轻声说。她微微笑着，脸是有点热，想必这会儿也是红的，"我还没有找到合适的机会跟我母亲讲。"

"唷，那怪不得的。既然是这样的人，知根知底儿，家里也放心些……"丁老师微笑道，"什么时候带来给我们看看。你看中的人，一定是很好很好的。"

静侬微笑，想了想，点点头，说："以后，以后介绍给您认识。"

丁老师看起来很欣慰，并没有因为牵线搭桥没有成功而有半分的遗憾或者不满意。

静侬知道她待自己的这份儿心向来是真诚而不掺杂念的，因此格外感动些。

两人又坐着喝了会儿茶，聊了下手上的工作。

她跟丁老师分享最近译书的苦乐，丁老师也讲了些退休后的计划，其中一样可能是返聘回社里继续做喜欢的编辑工作。

静侬听着，又替她高兴。

丁老师小声说将来找到好的选题，不准她因为谈恋爱啊结婚啊就不接。

静侬笑着答应。

离开出版社时，静侬抱了一摞书。

稍稍有点沉，但因为心情莫名好起来，走了好远的路，一点都不觉得累。

她走到车边，开了车门将书放进去。

锁了车门，往图书馆走的路上，忽然一辆车子加速驶来。

她吃了一惊，赶忙停下，待看清车子，眉头不禁皱得更紧。

开车的是姜山，而那辆车子，她也不会忘记的，是他如今的太太成艺的……她看着姜山从车上下来，回头望了她一眼。

姜山显得比以前憔悴了些，不太像那个意气风发的名教授了。

不过官架子似乎起来了些，因此看起来，更让人有种说不出的厌恶。

静侬放慢了脚步。

她看得出来姜山想跟她搭讪。

之前也有几次，他在找机会接近她。

她不知道姜山到底有什么目的和理由这么做，但是她绝对不想跟他有半丝半缕的联系，崩星儿都不可能。

姜山是个聪明人，不会看不出她的意思来。

果然，看她放慢脚步，他也识趣，转身先进了图书馆。

静侬回到办公室，心里仍有点不舒服。

还好跟父亲的约定，让她对下班后的时间有所期待。

好容易等到下班，她迫不及待地回了家。

还没停车，就看见陈润涵的车子停在大门口——这样恰恰好堵住门，也只有他会这么干。

静侬又有点生气又觉得无奈，只好费点劲小心把车开进车库。

关车库门时往外看了看，看到父亲的车停在斜对面。看到车子都觉得开心，静侬脸上露出微笑，小跑着进了院子，就听见 Luna 在不停地叫唤。

她想着一定是陈润涵欺负 Luna 了，不然就是父亲和 Luna 不对付……赶忙快些进门。

可门一开，Luna 冲到她面前的同时，她终于想起了更重要的事——早上出门匆匆忙忙的，她没来得及收拾家里。

虽然她的卧室别人是不会进去的，但是……门厅里的拖鞋，厨房里晾在外面的酒杯和餐具……她在心底哀号一声，求圣母马利亚和观音菩萨保佑，父亲，还有表哥，千万不要在她主动交代之前，看出什么蛛丝马迹来。

"爸爸，哥哥！"静侬摸着 Luna 的头安抚，冲里面叫道。

她目光迅速在门厅里扫了一眼，一看地上除了并排的两双男式皮鞋，并没有其他的杂物——可是要命的是，她想不起来究竟这是自己出门的时候顺手把拖鞋都塞进鞋柜了，还是……

范爸爸围着围裙从厨房里走出来，笑眯眯地看着女儿，说："回来啦。下班很准时嘛。"

静侬轻声说："没什么事耽搁，路上也没堵车。"Luna 在她脚边，像是有恃无恐，叫得更大声，不过不是冲着范爸爸，而是冲跟着出来的陈润涵。

陈润涵手里端了一只瓷碗，里面装的是炖梨。他拿了勺子，一边吃一边往外走，瞅了瞅静侬，抬脚虚虚地踢向 Luna，说："这会儿胆儿壮了，刚吓得躲起来。"

静侬皱眉道："你来之后干吗了？是不是吓唬它了？谁让你吓它的！"

陈润涵口中含着炖梨，要说话没说出来。范爸爸笑着说："没吓它呀，不过我们进门架势大了点儿，它有点害怕，就叫唤，涵涵呼喝了它一声。小家伙脾气还挺大，一点不服气，跟在涵涵屁股后头一直叫。"

"都是贝贝给惯的。"陈润涵终于咽下去那口炖梨，跟姑父告状，"惯得跟她一样脾气大。"

静侬瞪他一眼。

当着父亲的面她才不想跟表哥斗嘴，显得很幼稚。

好在 Luna 看她回来了，像有了主心骨，渐渐安静下来。静侬上楼去换衣服，Luna 也跟上去。

回到房间里，静侬看一切都还保持原样，稍稍松了口气，赶快收拾了一下。

幸好沈绪楷有随手将自己东西归置妥当的习惯，他换下来的衣服早就叠好放进洗衣袋里了。

早上走得那么匆忙，想起来这个没有处理的时候已经在高速上。他说拜托她处理掉。

怎么处理……她有点挠头。

他的意思是扔掉吧？还是销毁？这个要去问他吗……扔了会不会太浪费了？这个人像是在野外活动惯了的猛兽似的，为了不留下自己的痕迹，习惯了掩埋。

静侬收拾着东西停下来，想到自己被这个微不足道的小问题弄得心慌意乱，又是好笑又是有点跟自己生气。

她站在房门口看看，觉得差不多了，正要下楼，又发现自己还没换衣服，赶忙随便抓了件来套上就跑下来。

她还在楼梯上，就看陈润涵在准备往外走，手里还拿着一只刚出锅的海虾天妇罗。

"干吗，这就要走呀？"她跳下来，落到陈润涵面前。

陈润涵没好气地说："又不受欢迎，为什么要留下？当然要快点滚蛋了。"

"谁不欢迎你了。"静侬皱眉。

陈润涵撇了下嘴，说："我还有局。过来是见姑父，跟他聊几句的。"

"又遇到什么人生难题了？"静侬跟出来送他。

陈润涵换好鞋子，转过身来看着她。

他不说话，只是盯着静侬。

静侬原本没觉得有什么特别的，被他盯这一眼，忽然有点不安。"干吗？"她嘴硬。

陈润涵摇晃着手里的车钥匙。那车钥匙在他指尖飞旋，看得静侬心烦意乱的。

他倒没说什么，只是握住车钥匙，轻轻点了点她的额头，说："走了。"

静侬要出去送他，被他回手一下子把脑袋推回门内。

Luna见状又大叫起来。

陈润涵气得说："你这个小没良心的，要不是我，你还能在这家里！"他作势捡了个石块扔过来。Luna跳起来冲他乱叫。静侬怎么阻止都没用，只好任它叫了一会儿。

Luna看不见陈润涵的身影，才停止了吠叫。静侬看着它，小声说小家伙你怎么这么记仇呢……Luna歪头看她。她笑着揉它头，带它去厨房看父亲做晚饭。

"涵涵走了？"范爸爸问。

静侬洗洗手，要给父亲打下手。

范爸爸让她一边儿坐着等，静侬拿了个苹果啃了一口，坐在高脚凳上。

刚坐下来，想起这个位置是沈緒楷昨天坐过的……他好像每次来，坐的都是这个位置——当然其实总共也没有来过几次啦……她啃着苹果，脑海中像放幻灯片，出现一个一个场景，都是他的样子。

"啃着手了。"范爸爸忽然说。

静侬回神，看手指上沾着苹果汁，早不知道多久没啃着苹果瓢了……她忙啃了一口大的，说："陈润涵好像是心情不太好的样子哎……"

她说着，仔细一想，陈润涵这大半年心情几乎就没有好过。

这里头有他自己的原因，也有外界的因素，当然主要其实还是他自己造成的。

可是别人的话，他总也听不进去……

她轻轻叹了口气。

"他找我聊了聊，好像好一点了。"范爸爸说着看看女儿，"最近没空关心他？"

静侬鼓腮。

范爸爸笑道："吵架了？你们两个从小感情要好，吵架斗气拖不过三天。"

"他是哪方面有烦恼呀？"静侬忍不住问。

"哪方面都有。"范爸爸做的主菜是寿喜锅，端上桌来，静侬马上扔了苹果。范爸爸笑着看她开开心心准备吃饭，等了会儿，才说："你关心一下他嘛……他有心事也不是总能说出来。我又不能经常在家。"

"知道了。他呀……"静侬想抱怨几句，想一想，跟父亲说似乎也不太合适。陈润涵的确有很多地方做得让人看不上眼。他跟父亲的感情非常好。父亲很疼陈润涵的。她不忍在父亲面前批评陈润涵："那我回头找他聊聊……要是他愿意的话。"

范爸爸笑着点头。

静侬问他最近工作忙不忙，又问起母亲来，说到给外祖父做寿，她听父亲说："上午去看老爷子，正好你舅舅他们都在，正式定下来了。寿宴在玺园办，不多请人了，除了咱们自己家人，还有几位，都是熟朋友，年轻的年长的都有。你未必认得，我也不熟，不过既然是给老爷子做寿，老爷子高兴请谁就请谁，高兴受谁的招待就受谁的招待，咱们到时候给老爷子庆寿去就得了。还有，要紧这些日子咱们都别招老人家不开心——我刚也这么和涵涵说的。他前儿才惹老爷子发了顿火。就是因为做寿，他出的主意让老爷子不爱听了。"

静侬听父亲说着，想到陈润涵那天给自己打电话时说到的，点了点头。

这一出，弄不好又牵涉李小超。

这气斗得没完没了……真让人头疼。

提到玺园，她也知道那个项目，也就知道寿宴上来的外人大约都有谁。外祖父退休之后也依旧扶持很多人的事业。

他做寿，借个清静的地方倒是好事，不然张扬开来，不知道场面又要搞多大。

本来舅舅夫妇就是好热闹和排场的人，幸而有外祖父压阵。

那天她在病房听外祖父和李奶奶说话，有几句就是讲这个。

李奶奶和外祖父意见一致，都不欲张扬，理由是又不是整寿，没必要铺张……

她听着，觉得李奶奶讲话的确能讲到外祖父心坎儿上。

然而静侬想到今年的寿宴，本来属于外婆的座位上坐着的就是另一个人了，还是觉得心酸。

　　范爸爸看女儿低着头，几乎停了筷子，猜到她心思，故意用一种轻松的语气说："别看头回见，Luna 还蛮喜欢我哩。"

　　Luna 听见叫它，马上抬起头来。

　　静侬看看它，微笑道："我妈说Luna是丑东西。爸爸你觉得它丑吗？"

　　"哪里丑！我们 Luna 最好看了！"范爸爸故意大声说。

　　静侬笑，看着 Luna 开心地摇尾巴，说："它可知道谁喜欢它了。"

　　"跟小孩儿似的。"范爸爸叹气，"我听你妈妈说，上回她来，遇到小沈啦？"

　　静侬顿了顿，点头。

　　范爸爸给女儿夹了牛肉放到碗里。

　　静侬抬眼看看父亲。

　　"嗯？"

　　"嗯。"

　　"'嗯'的意思是还没到带回来给我们见见的时候？"范爸爸笑问。

　　"又不是没见过……"

　　"可是作为女儿的男朋友并没有啊。"

　　静侬抬手蹭了下额头。

　　男朋友……这个她也得和沈绪楷沟通下。

　　"是有认真考虑过才交往的吧？"范爸爸问。

　　静侬点头，但她心里莫名一惊，问："怎么您不喜欢他吗？"

　　"没有。是个好孩子。只不过我喜不喜欢倒不重要，关键是你喜欢。"范爸爸说着，又给女儿夹了些牛肉，"多吃一点，冬天嘛，囤一点脂肪有好处……不要只顾得这个那个的工作，工作是做不完的。"

　　"嗯。谢谢爸爸。"静侬心里一暖。

　　"我看到鞋柜里有大码的拖鞋……怎么好几双？你连人家鞋码都还不知道吗？"范爸爸惊奇地问。

　　"还……需要了解。"静侬说。

　　范爸爸无声地笑了。

　　静侬慢慢吃着饭。

　　"小沈家里最近事情多呀。"范爸爸忽然说。

"您也知道啦？"

"我也有看新闻嘛。小沈这个年纪，就算家里用不着他主持大局，总要跑前跑后做事，也不易……既然喜欢，有意发展，就多关心关心他。不过要讲究时机，不能帮忙就罢了，别添乱。"范爸爸说。

静侬不出声，只是点了点头。

范爸爸又笑道："你妈妈要是知道我说这些，就要批评我多管闲事了——是的，你们年轻人有自己的相处方式。我的建议只是我的，你也不用必须听。不过呢，两个人相处，是要替对方考虑一些的。"

"晓得。"静侬说。

"好啦，不说这些了。你们要是发展得好，他作为男朋友迟早要到我跟前儿来的。"范爸爸笑着说。

静侬抬眼看看父亲，不知为何忽然觉得父亲脸上的表情竟然很得意，像是……"您跟我妈打赌了吧？"她忽然问。

"哪有！怎么可能！"范爸爸马上否认。他说着起身另去拿了只碗来，一本正经地再次否认。

"没有才怪！赌了什么？"静侬追着父亲问。

范爸爸一个劲儿摇手否认，只是笑。

静侬也不由得笑了。

她的确没有想过家里人的意见会对她和沈绪楷交往或者其他任何人的交往会起什么决定作用，但是，想到沈绪楷会被他们喜欢和接受，她还是觉得心情很好……

她的笑容从心里蔓延到脸上，眉梢眼角都是笑意。这是藏也藏不住的。

范爸爸和女儿聊着天，吃完了饭，又一起杀了几盘象棋，忽然问道："不晓得小沈会不会下象棋？"

"会。他偶尔回来会去看望外公，听说陪外公下过象棋。"静侬看看父亲，"您问这个干吗？"

"当年我追求你妈妈的时候，哗，被你外公拉着下了好多盘象棋啊……我每次心里都想着能早点杀完一盘，跟你妈妈多说会儿话也好啊，可是也不敢。下棋嘛，你外公下棋确实很厉害，可是我也不差，年轻时候胜负心也重，老得提醒自己不要赢、不要赢，一不留神就杀他个片甲不留，几次气得他要掀桌——你想想，你外公修养多好的人！"范爸爸说起来忍不住笑。

静侬也笑。她忽然回过神来："啊？"

"我寻思着，风水轮流转，肯定会有个小毛头会栽在我手里——哈哈哈……"范爸爸忍不住大笑起来。

静侬笑着问："那小毛头要是不会下棋呢？"

"没关系，你老爸我会的可太多了。我总有一样拿得出手来治他的。"范爸爸开玩笑。

静侬笑着给他添了茶。

等父亲离开，静侬回来把家里收拾了一下，坐到书桌前。

藤子今天一整天都没有消息。

因为知道有柯老师陪着她，她比较放心，几次想打电话都忍住了。她知道藤子要做的那几项检查，过程比较痛苦，过后也会很久不舒服。

等到这会儿，她终于给藤子发了消息，问她感觉怎么样。

藤子没有回信。

静侬想着给沈绪楷打电话，可想想，索性再等一等，随意浏览了下网页，看看今天的主要新闻。

沈家小叔突发急症入院是下午才由公司正式发布的确认消息。

看到这条新闻，静侬反而心里安稳了些，因为如果情况危急，恐怕消息根本就只能是坊间传闻，传着传着就无声无息了……

她仔细看看新闻稿的内容，那简洁有力的措辞，突然觉得这说不定是沈绪楷亲自拟的。

这几句话就带着他身上那种沉着，谨慎和果断的味道。

屏幕右下角闪了几下。

静侬打开一看，是藤子发回来的消息。

她说："睡了一下午，感觉才好点儿了。你说起的那位阿姨，用典准确啊。"

"什么呀？"静侬一时想不起自己说过什么了。

"医生下手，可能真的是揣着杀驴的心。"藤子附上一个吐舌的表情包，开起了玩笑。

静侬笑了一会儿，说："好好休息。柯老师呢？走了吗？"

"我让他回去了。陪了我一天，自己的事都放下了。"藤子说。

"我过来陪你吧。"静侬说。

"不用。老柯说他回去拿笔记本，等下给我带晚饭来。他边工作边陪我。"藤子说。

静侬看了好一会儿这句话，怎么看怎么觉得这句话里含着蜜糖。

"藤子啊，我要失去在你这里的宝贵地位了吗？我不是你最爱的人了吗？"她发了个哭唧唧的表情。

"乱讲。永远最爱你。男人会跑，姐妹不会。"藤子说。

静侬笑。

"楷哥有消息吗？"藤子问，"我刚看了新闻，想给他发消息又怕打扰他。"

"我也没有他的消息。晚点儿试试联系。"静侬说。

"真希望他们渡过难关，以后再无厄运。"藤子说完，没有再发消息来。

静侬发了会儿呆，看看时间，正准备给沈绪楷发一条信息，忽然手机屏就亮了。

她心突突一跳，马上接了起来，听到他低沉的声音，她松了口气。

声音低沉而略有沙哑，但听起来很正常。

"这会儿有时间通话吗？"她问。

"有。担心了吧？"沈绪楷问。

"嗯。"静侬应声，"情况怎么样了？"

"还算稳定。医生说暂时度过了危险期，目前谨慎乐观。"沈绪楷说。

静侬不自觉地随着他说的这简单的两句话点了下头："我看了新闻。"

"稳定以后才对外正式发的消息。"沈绪楷说。

"是你敲定的新闻稿吗？"静侬问。

"你怎么知道的？"

"像你的语气。"

"啊……"他慢慢拖了长音。

"那你还好吗？"

"还好。"沈绪楷说。

静侬能听出他语气里有一丝丝的放松。

"你刚才在干吗？"沈绪楷问。

"我？"静侬本想说刚才在想你在干吗，话到嘴边，停了下，想起来一件重要的事，"你会下象棋吧？"

"嗯？"沈绪楷应该是愣了下，"会。"

"那就好。"静侬说。这不着边际的话，她知道肯定是不符合父亲刚刚指点过的道理的，不过她还是想跟他聊两句轻松的话题。

"干吗问这个？"沈绪楷问。

"就问问。棋技怎么样？"她问。

"外公赢不了我。"沈绪楷说。

静侬听了，抬起手来，轻轻咬了下手指尖："有件事想跟你讲，我爸晚上来我这里吃饭了……"

沈绪楷顿了顿："发现什么了？"

"嗯。拖鞋。"静侬说。

她想说如果那些要算"罪证"，现场俯拾皆是，不过现在不是开玩笑的气氛，她又忍住了。

"你怎么解释的？"

"不需要解释。那，你准备好跟他下棋了吗？"

"不能赢的那种吗？那确实要准备一下。"沈绪楷说。

"等你准备……我们不着急。总有时间合适的时候。"静侬说。

沈绪楷的呼吸声和缓而平稳，真令人安心。

"保重。等你回来……不是有话和我说吗？等你啊。"静侬轻声说。

"好。"沈绪楷答应。

电话挂断，静侬将手机放下，手在桌上轻轻画着。

不知不觉画了好久，等她意识到，她发现自己在写字——緒楷……緒字是繁体。

她一直想知道为什么明明早前他的名字和绪模一样，中间那个绪字是简体字。

沈家的家谱上，他们这一辈中间字就是这个"绪"字。

晚上和父亲下棋的时候说起来，倒是父亲想得深一些，说后来改了这个字，也许是另有深意。

父亲是如此说的，或者从笔画上有什么讲究吧，毕竟绪模走了以后，绪楷就成了那家里唯一的孩子，都不仅仅是男孩子。再不迷信的家族，也希望能尽可能让这个孩子平安长大，一生顺遂。

这是父亲的猜测，也许以后她会去问沈绪楷，究竟是不是这个原因，不过绝不是现在。

　　当然也不是必须要知道答案。

　　只是这个猜测，让她在此时此刻，慢慢地写出他的名字时，心像海面上的浮标，随着潮汐，起起伏伏……

　　她的手在桌面上轻轻按住，将那个写出来的虚虚的字迹印在了手掌心。

Chapter

10

甜蜜温柔寿喜锅

天气越来越冷，终于到了随时可能迎来第一场降雪的时候了。

静侬从气温降到零摄氏度就开始盼下雪。

这阵子她的心情起起伏伏，有好有坏，但总的来说还是好消息多——藤子的检查报告出来了，虽然有几个指标并不好，医生也叮嘱要在六个月之后复诊，总归没有性命之忧，让大家都松了一口气。

藤子坚持要在半年之后再考虑是否接受柯老师那颗小小的心形钻戒，柯老师也开心心地接受了。

沈家小叔病情稳定，虽然还在住院治疗。沈绪楷已经可以离开医院四处走动，同时又不得不恢复他两天飞三地这种强度的工作。

静侬想，沈绪楷才不在乎高强度的工作呢，他宁可天天都被工作重压，也不愿意医院里有人令他牵挂。

自从上次分开之后，他们还没有见过面。

可是，她也并不觉得与他距离遥远……这大概是如今她生活中最大的变化，要牵挂一个飞来飞去、不知道什么时候就飞走也不知道什么时候会突然出现在面前的人。

廉洁几乎隔两天就会跟她通报新书的进展。

万幸从走到封面设计这一步开始，就一切顺利，接下来每一步都顺利到令她们统统觉得不可思议。

当廉洁从印刷厂发给她第一张印制出来的封面照片时，她顿时百感交集。

几年来的默默努力和心血都托付在这本书上，它见证了她在低谷中近乎信仰的坚持。

她现在非常期待能在书店里见到这本美丽的书，也非常期待能再次见到 A 教授。

雷伊则每天都给她发来问候。

问候语花样翻新，每一天的对话框里弹出来的都是新鲜好玩儿的表情，让她心情愉悦。不

过雷伊真正的目的当然是催要书稿。

幸运的是，童书的翻译同样很顺利。

每天晚上走进书房，翻开书稿开始工作的那一刻，几乎是她一整天里最期待的时刻。不出意外的话，她会在寒假到来之前交稿……然后开开心心地去参加 A 教授的新书相关活动。

她甚至已经计划好，作为随行翻译陪 A 教授逛一下她三十年前曾经逛过的那些大大小小的北京胡同，陪她重温故梦，陪她重新认识这个古老又新鲜的城市，就像在爱丁堡时，A 教授借给她一杯又一杯咖啡的时光，给她讲述那里的传奇和故事。

这些日子她每次去苏记，都会买到拿破仑蛋糕。

那简直像是专门给她留的，一进门，就刚刚好有两块拿破仑蛋糕在等着她。Sukie 总是说范老师最近是因为运气很好所以心情也格外好，她则认为大概是心情很好，所以运气才好了起来。

有时候她会在苏记要一杯咖啡，坐在临街的凳子上，喝着咖啡吃完那块拿破仑蛋糕。

看着暗下来的街上人来人往，她会想象某一天下了雪，在飞舞的雪花中，行色匆匆的人们，在雪落到面前时，那一丝丝的惊喜和雀跃……这世上大概很少有人不喜欢雪吧。

Sukie 说也不见得。

她就不喜欢雪，所以要重回校园，一定选冬天不会下雪的城市。Sukie 说："范老师，我决定明年再考一次研。"

Sukie 要继续学业，静侬很替她高兴。唯有在此时，她是有为人师的自觉的，很喜欢年轻人读书上进。是的，这个时候她又有点像八十岁的老人家了……

静侬连着几天把自己家里零零散散收来的西班牙文书籍和一些 Sukie 可能需要的书打包得四四方方的，带去苏记送给 Sukie。

看着苏老板故意苦着脸跟人家抱怨女儿一把年纪还要去读书，扔下老父亲独力支撑这间小铺子，总是忍不住要笑。

苏老板对女儿的宠爱和支持在心里也在行动上。

她看着父女俩时时斗嘴，会突然冒出一个念头来。

不过这个念头实在有点太惊人，她只当自己当时被手里的马卡龙甜到突然两眼昏花失去理智了，果然还是不应该贪甜多吃这一口……

然而接下来连续好几天，这个念头总会在她不经意的时候冒出来，又要吓她一大跳，以至于在办公室里填着表格，都会突然抬起手来拍一下额头。

有一次拍得过于响了，吓得坐在她对面的章老师抬起头来看着她被拍红的额头目瞪口呆，连问小范你怎么了……

能怎么了呢？当然是发昏了……

这些小事情，让静侬的生活充满了乐趣和希望。

一点都不像过去的那几个冬天，总让她想像熊一样去冬眠，并且不再醒来，看不到下一个春天也没有关系。

而如今她不但享受着冬季的寒冷，期望着冬天最美的馈赠——雪花，还很期待春天的到来……待万物复苏，一切又将有新的变化吧？

还有近在眼前的外祖父的寿宴……

静侬为了外祖父的寿宴特地去选了一件好看的礼服。

考虑到场合，她没有选复杂华丽的款式。

不过她并没有想到，这件礼服最终没有派上用场。

当时她自然不可能料到这一点，选礼服的时候，很花了点心思，也试了很久，试了很多款式。

她去选礼服的那一天，沈绪楷刚好在香港出差，转天他要去洛杉矶。因为出差，他不能来参加外祖父的寿宴。

原本静侬也觉得他们的关系似乎并没有进阶到这一步，也许明年这个时候更好——沈绪楷和外祖父之间的感情是很好的，好到完全可以撇开她论交情。

因此沈绪楷出席外祖父的寿宴完全无可厚非，即便是再小范围的庆祝，也应该有他一个席位。

沈绪楷说他有公事不能来，反而让她微微松了一口气。

这种情绪她一时无法解释，明明她是希望能快些见到沈绪楷的。

不知道通话时沈绪楷有没有听出来……她已经尽量小心翼翼地不表现得太明显了。

有这种情绪让她在接下来几天对沈绪楷总有点愧疚，忍不住和藤子倾诉。

藤子倒很看得开，觉得她大概类似于得了"婚前恐惧症"一类的毛病，虽然确定恋爱关系完全没有问题，恋人和家人熟识也完全没有问题，只是当恋人和自己要一起走到家人面前去，还是有些害怕的，因为从此之后，只需要向彼此交代的一段关系，变得更加复杂，开始和结束，有必要的话，都要给家人一个理由了……当然对范贝贝来说，家人的反应可能真的不是那么重要。藤子笑嘻嘻地说。所以范贝贝出现这种症状，实在是有些出人意料，不过这些迟早都会克服的。

藤子说了这些话等于没说，难道她会不懂这个道理吗？

可她就是没能克服……藤子安慰她说再过阵子会好的，毕竟刚刚开始，虽然……有的人已经进入状态很多年，可有的人确实才只是一个猛子扎进池塘，缓过来还需要点儿时间。再说，那毕竟还是个有外人在的场合。

一起面对家人是一回事，作为家人再一起面对外人又是另一回事，这是难度系数更高的选择。

藤子开玩笑问："难道沈绪楷还不够级别吗？有这么个男朋友傍身，不要太金贵。"

静依想一想，如果为了炫耀什么，身边站着沈绪楷这样的人，那可真是再完美不过了……不过奇怪的是，藤子在这么问之前，她从没意识到这个现实。

藤子说："如果不是了解你的为人，我可能会以为你在说假话。沈绪楷的确好到让我妈那些丈母娘乐意拿十个八个柯正杰去换，你知道吗？"

"那你同意换吗？"静依逗她。

藤子说："反过来我可能考虑下，不过这是不可能发生的，所以绝对不会换……"她还笑着说："你知道吗，我妈妈知道我和老柯在一起，哭得梨花带雨、地动山摇。我妈那个人你知道的，标准外貌协会成员，就算是院士加持科学家加冕，也抵消不了比我大将近二十岁给她的冲击，说过几年显年轻的老丈人和女婿走在一起，看着像兄弟怎么办？"藤子说："我都要气出病来了，我跟我妈说那就不走一起，咱们各过各的，嫌我们老柯老？我不嫌他谁有资格……我妈妈真的太讨厌了。"

静侬反过来要安慰藤子，想想柯老师被滕家妈妈挑剔过年龄又挑剔性格还挑剔职业，实在是为他抱屈。将来沈绪楷在自己家里的待遇，大约是不会这么惨的……她还想不出来家里谁会反对沈绪楷。

沈绪楷人不能到场，礼物早就送到陈家。

他没有跟静侬说送的是什么，外祖父见到静侬的时候也只是说收到了楷楷的礼物，没有具体形容到底是什么样的东西，但送的人和收的人都显出了十分满意的样子……静侬忍住好奇心没有问。

那是属于沈绪楷和外祖父之间的情感联系，她愿意给他们留点空间。

除了这些，还有那么一点两点不那么令人愉快的消息，还有那么一件两件不那么让人痛快的事。

比如姜山终于还是找到了她，试图跟她讨要宗小苔留下的部分遗物，确切地说，是那个笔记本。

静侬一眼看穿他的意图，明确拒绝了他的要求。

她知道姜山根本就不是像他所说的惜人惜物，而是担心宗小苔留下什么对他前途不利的证据。

不管是文字也好图像也好，他都想攥在手里，甚至销毁。

这让静侬觉得难以忍受。

她表现出了从未有过的尖酸刻薄甚至歹毒，将姜山骂到狗血淋头，从此不敢再找她讨要什么东西，甚至在那天之后，不管是见了她的人还是见了她的车，都要尽量避开。

静侬头一次体会到了做"泼妇"的痛快。

她也不知道自己会不会对此上瘾，但是知道了对付猥琐的小人，有时不能斯文。

宗小苔的遗物她封存之后就没有再打开过。

姜山这一来，倒是提醒了她，起码应该将笔记本拿出来充充电。

可是转念又一想，人都灰飞烟灭了，做这个又有什么意义呢……宗小苔对自己对这世上的所有人和物事都没了留恋才离开的，早就不在乎这些身外物了。

再说，就这么保养，又能保养几时？还不是迟早要变成一块砖头样的废物吗？

一块也许藏着很多人的秘密的废物……

到了外祖父生日这天，静侬一早起床，就先打了电话过去问安。

陈老爷子很高兴，说："贝贝每年都是第一个。"

静侬也很高兴。

她头一天晚上并没有睡安稳，大约没有接到沈绪楷预先说要打给她的电话的缘故。

沈绪楷说好打电话来的时候，电话就会如约而至。

她习惯他的准时和严谨之后，失约这种异常情况一旦出现就让她忐忑。

早上起床，她莫名有点焦躁和心慌。

看到沈绪楷的留言，解释昨天开会超出预计时间了才没能给她电话，那心慌也没有完全消退。

她问沈绪楷："在洛杉矶一切都顺利吗？"

沈绪楷说："很顺利。"

她也就没有再问下去。

也许是她的含混和犹疑显得更像是想念和不舍，沈绪楷问她是不是想见他了。

她不假思索地说是。

的确是的……沈绪楷说很快就能见面的。

听到他声音里带着笑意，她在心里叹气。

他说的很快根本就没有任何保证……他若是有时间，首先也是要回北京去探望叔叔的。

她对这一点很理解。

也许，他不方便过来的时候，她也可以去看他。

沈绪楷跟她话说到一半就被叫走了。

想到那边时间正好颠倒，这么晚还在工作，她不是不心疼的。

可是又能怎么样呢？

他是必须全力以赴无所不能的沈绪楷呀……

因为心慌，她选择了走路上班。

进了图书馆，闻到书库里书籍那带着一点点尘气的味道，她奇迹般地恢复了气定神闲。

她暗暗笑自己疑神疑鬼的，原来不自觉间，另一个人已经可以这样牵动她的心神……然而下午，正当她计划着下班之后赶快回家换过礼服就去赴宴，突然接到了大禹的电话。

那种心慌的感觉忽然重新袭来，她握着手机，眉头皱紧了。

她立即意识到一定是修任远遇到了麻烦。

以修任远的性子，如今遇到再困难的情况，也是不会向她开口的。大禹却是为了兄弟能两肋插刀的。

静侬接听电话，大禹甚至有点语无伦次，他四周的环境又很嘈杂，背景里吵吵嚷嚷很多人在争执。

静侬要在这种情况下辨听他说了什么，实在有些费劲。

大禹的话颠三倒四讲了三遍，才跟静侬说明白——修任远把陈润涵打伤了，现在两个人都被带到了市南分局。陈润涵告修任远持械伤人……麻烦在于，如果认定故意伤害，那修任远马上到期的假释会被撤销，就得回监狱里去了。

大禹真的急了。

静侬听着大禹那几乎破了音的调子，却越来越冷静。

她让他别着急，等会儿警局门口见。大禹把"陈润涵不要钱就要他进去""赔偿的钱我会想办法，范老师你劝劝陈润涵吧"又重复了两遍。

静侬应了一声，挂断电话，立即给陈润涵打电话。

电话没人接听。

再打，仍然没人接。

她给陈润涵留言问他在哪里，到底怎么回事。

陈润涵没回复。

她看看表，距离下班时间有不到一小时，去主任那里请假。

得到许可，她很快收拾好东西跑出了办公室。

一屋子的人都有点吃惊，不知道发生了什么重大的事，值得文静的范老师一改常态，只有李晴晴猜到了些。她想起静侬今天没开车来，紧跟着就出来，跟上来叫住静侬，问她去哪里，开车送她过去。

静侬本想拒绝，可是想想从这儿走出校门打车还要好远，晚到一会儿不知道事态会发展到哪个地步。

陈润涵的性格她太了解了。他说要把修任远送进去，那肯定不是说说就算了的……

她点头，说："麻烦李老师了。"

在车上，静侬从手机通讯录里找出锦德律师事务所顾律师的联系方式，跟他通了个电话。

李晴晴听着静侬跟律师沟通，看她挂了电话，脸上阴晴不定，没有多话。

把车停到警局门前的路边后，李晴晴跟静侬说，她要陪她进去。

静侬说不用的，起纠纷的是她表哥和同学，两边都不会伤害自己的，让她放心。

李晴晴犹豫了下，因为惦记着要去接Ruby，也就没有继续坚持。她等着静侬进了警局大门，看到她和那个高壮的年轻人碰了面，认出他是上回在炉包铺见过一次的那个小伙子，不禁叹了口气——小范凡事都妥当，让人放心，只有她这几个同学，真不知前世是何方妖孽，这一世扎堆儿来闹妖，闹得仙女一般的小范时时灰头土脸……她看静侬朝自己挥手示意，轻轻鸣笛，把车开走了。

静侬等李晴晴走了，才转向大禹，问道："陈润涵就这么说的吗？"

大禹点头。他已经气得要五官移位了。

"……真的，范老师，这裉节儿上，陈润涵今天绝对、绝一百个对是故意陷害老修的，就等着老修上当呢……你说他勤不着懒不着跑我们跟前儿修车？他那车还用我们这档次的修车厂啊？他就是卡着时间来欺负老修……说持械伤人，那刀就不是我们的，是他的……不过该怎么说怎么说，老修也确实冲动了。陈润涵那臭嘴，加上喝了酒了，牵三绊四说些有的没的，老修哪受得了这个？老修那脾气上来，马上脑子昏掉，下手太快，等我反应过来，陈润涵都跟死狗似的了——其实他伤得不重，可是他跟警察熟啊！打人是事实，刀具也有，还有证人——就陈润涵几个狐朋狗友——范老师，老修要是有事，回头我就跟那帮王八蛋少爷坏子拼了……"大禹气得跺脚。

静侬让他低声、别冲动，又仔细问了他些细节，比如事情发生的具体时间、位置，还有监控镜头的位置。

大禹哭丧着脸，有的问题能回答上来，有的问题像监控镜头的情况，提起来他简直要哭，说厂里的监控有时候不太好使，倒霉催的出事的那段时间刚好就是不好使的时间段……

不过警察也想办法调了周围几个角度的监控，包括天网的还有对面街上店铺的，正在分析。

要命的是，眼下分析过了的都没拍到什么有价值的影像，偏巧隔壁五金店的镜头就捉了两个身影，还就是修任远手里握着刀的……"那跟谁说理去！"

静侬听着，心里有数。

陈润涵是有备而去的……她不知道陈润涵为什么挑了这个日子。今天是外祖父生日，他按理说不应该这么办。

她跟大禹说来的路上已经联系律师了，还得等会儿才能到。

她让大禹等等，进去见了承办案件的那位涂警官。

人家打量她一下，就说修任远说了谁都不见，尤其不见范静侬。

静侬就呆了下："为什么呀？"

"为什么，人家不领你情呗。"她身后有人说。

静侬回过身来，看着陈润涵。

脸上身上都有伤，但伤得不能算很重……她稍稍松了口气。她绝对不愿意看到他受重伤，当然也不愿意看着他犯浑。

陈润涵看到静侬，比静侬看到他脸色可就难看多了。

他阴沉着脸让静侬跟他到外面大厅里去说话。

两人走出来，还没等开口，陈润涵抬手就是一下子。

只不过是虚张声势而已，但是那风扇得可是令人心惊……

静侬纹丝不动，盯着陈润涵，问："持械伤人，你认真的？"

陈润涵斜她一眼，说："对，我认真的。"

"你知道他还有几天就假释期满了？"静侬问。

"十三天。"陈润涵说。

"你知道得这么清楚，掐着日子吗？有那么巧，你那么讨厌修任远，去他上班的那里修车，那么多修理工，就还让他修？你编故事呢！"

"我没编故事，就是这么巧……我看你是在帮我编故事吧？"陈润涵冷着脸问。

他一伸手过来，静侬反应很快，马上往后退，手机就塞进了包里。

陈润涵气得脸都红了，指着静侬的鼻子："好家伙你陷害我！"

"这还不是跟你学的？哥，人家违法你可以报警抓他现行，人家违规你可以检举，但是没有的，你不能构陷，这是做人基本的底线——哥哥，你太让我失望了。"静侬说。

"我跟他讲底线？我凭什么呀！"

"是啊你凭什么？你凭你爷爷是陈汉，爸爸是陈小诚？！人家是坐过牢，现在靠一双手搬搬抬抬赚钱吃饭。你呢？你靠爷爷那点儿人脉攒局，牵线搭桥抽一笔——你靠这个能吃一辈子？你喜欢谁靠拿这样来的钱去买人家？你看谁不顺眼就陷害人家吗？哥哥你醒醒。你再这么下去，就是第二个李小超！你瞧不起李小超靠李奶奶，那你讨好李奶奶是为了什么？因为亲吗？还不是为了利益！"静侬气到手抖。

陈润涵脸色由红转白，深吸了口气，古怪地笑笑，说："你爱怎么说就怎么说，反正他持械伤人，我身上的伤都是证据。你跟警察说我构陷他。警察采信我就屁也不放一个，立马走人。要不然，他就得回监狱去。"

静侬攥着手指让自己冷静些。

过了好一会儿，她才说："哥，我知道你最近心里不痛快。你不痛快，也想让别人不痛快，是吧？就算是修任远回了监狱里，你也照样还是你，让你不痛快的，你要没办法解决了，就都还在那儿，不会变的。何必呢？"

"你何必？修任远也不领你情。他把我揍得满脸花，就是预备着回去坐牢了——他认了，你也省了吧。今儿晚上爷爷做寿，别我这么个德行，你也去给添堵。"

"你还知道今天是什么日子。"静侬说。

"修任远伤人不挑日子，我挑？"陈润涵露出微笑来。他笑得甚至有几分狰狞的味道，"我真得劝你一句——你跟沈绪楷到什么程度了？你跟他在交往，说不定还会嫁给他……你帮修任远逃脱责任？"

"我跟沈绪楷怎么样，跟这事儿没关系。沈绪楷也不会像你这么糊涂这么浑。你别以为把他推出来，我就得闭嘴——你这事儿办得叫缺德！你打着什么旗号底下又打什么小算盘你自己心里最清楚。你整惨了修任远，也没法改变你就是靠着家里靠着爷爷靠着朋友混饭吃的料。"静侬越说越多，陈润涵已经气得头发都要竖起来了。

他头脑一热，伸手照着静侬就挥过来了。

静侬一把拉住他的手。

他们兄妹俩的确时常吵嘴，但吵到这么凶很罕见。

静侬不是第一次对陈润涵说这种话，可在眼前情形下说出来，陈润涵一定格外生气。

静侬有点后悔，可说了也就说了。

她并不只是因为今天这事情，还希望哥哥将来能成一个让人尊敬的人。

他如果一直这么下去，不只不会让人尊敬，迟早成了过街老鼠。

"哥！"静侬开口，只有这个字。她没有说别的，就那么看着陈润涵。陈润涵靠在廊柱上掏出烟来，不紧不慢地点上……她问，"你到底要什么条件？"

陈润涵没回答她。

他转脸吐了口烟，忽然，脸上露出了笑容。

静侬一怔，顺着他的目光看过去，就见大厅的另一角，大禹正和一个身材娇小的女孩子说着什么，连比画带舞蹈的。

那女孩子往这边看了一眼，目光迅速移开，跟大禹一道走了进去。

静侬说："我已经帮修任远联系律师了。我说你不听，那就走法律程序。修任远如果有错他担责，你有错你也逃不掉。"

陈润涵笑了笑，这才看向静侬，说："我要的条件来了——你不用多事了。今儿你请谁、动用谁的关系，我都不会理的。"

他说着，吸了口烟，转身走开。

静侬看着陈润涵朝那娇小的女孩子抬了抬手，眉头皱了起来。

那女孩子看起来有点眼熟，她不知道在哪儿见过。大禹看起来很信服她……她看看表，已经快五点了。

大禹急急忙忙跑了出来。他一头一脸的汗，看着她，说事情暂时解决了。陈润涵答应履行之前达成的协议……警察处理完后续，老修就可以走了。

静侬看着大禹，有点不敢相信。

她正要问详细点，大禹说还得进去看看老修，把这事儿告诉他……"谢谢范老师。陈润涵那儿麻烦你盯着他点儿，我怕他又反悔。"

静侬点点头，让大禹进去。

过了一会儿，果然陈润涵大摇大摆地走了出来。

他还是没有好脸色给她，可是眼睛里却有笑意。

静侬看到他这个神气，心里就有了底。

她知道修任远和大禹今天算是涉险过关了。

她刚要松口气，看到陈润涵竟还要拉着那个女孩子一起走，不禁皱眉。

"上车!"陈润涵说。

"你先走吧。"静侬皱着眉,看了眼陈润涵,又看了他身边的那个娇小的女孩子——女孩子脸上平静到几乎没有表情,也淡淡地扫了她一眼,只是不出声。

她看上去既没有怕陈润涵,也没有探究其他的意思。

然而静侬却因为她这一个扫视,突然反应过来这是谁了——这就是那位在码头上独力把沉重的海鲜盒子搬了很远的距离放到摩托车上载走的帅气女人……也就是藤子讲过的,在游艇会把陈润涵扔进海里的那个女人。

重重叠叠的影像印在一起,突然画面清晰了起来,静侬不出声,心里却有点痛快的感觉。

不过同时静侬也有些担心,很显然陈润涵改了主意是因为她,只是不知道她给了什么承诺。

陈润涵瞪着静侬:"走不走?"

静侬回头看了眼,上了车,端坐不动。

她尽量装作不在意前面那两个人,可还是在观察这个女孩子——虽然她的衣着都半新不旧,看着甚至有点脏兮兮的,但仔细看,不管从颜色搭配还是款式,其实都有独特风格。那些看起来不怎么搭的衣物穿在她身上,意外地和谐……

她不能不承认,陈润涵的眼光是真好。

这女孩子她越看越觉得不错,只是……

她看看开着车子、必须强按住自己得意心情才能不笑出声的陈润涵,未免从心里觉得遗憾。

这女孩子是不喜欢也不会喜欢陈润涵的。

起码不会喜欢现在的陈润涵……她转过脸去,看着窗外。

暮色四合,车流湍急,置身其中,突然会有种窒息感……静侬把窗子降下一条缝隙。

从缝隙里闯进来的空气让车厢里近乎凝固的气氛有了一丝松动。

静侬关好车窗,发现前面的两个人坐姿都有微小调整,但还是都不出声。

临下车,陈润涵才又开口,他跟静侬说以后不准她跟修任远再接近。

静依下了车，随口就告诉他自己的事让他别管。

她随手甩上车门，陈润涵又补了一句，如果她还跟修任远来往，他就告诉家里，随后就把车开走了。

她对着车尾吐了个词儿出来，猛醒过来，下车也没有跟那个女孩子打个招呼……真是气昏头了。

她此时头疼欲裂，可不得不赶快准备换衣服赶去寿宴。

原本应该带着礼服去预约好的美容中心走一整套流程，盛装出席宴会的。

美容中心的电话来过两次了，她都没接起来。

算下时间已经有些来不及，她的心情也很糟糕，于是她停下来，在那件精心挑选的礼服前站了一会儿，果断回了电话取消预约。

她说很抱歉这个时间才通知你们，负责她的经理忙说："没关系，只是您在我们这里每年的消费额都空余好些，根本用不完，太浪费了，您还是经常来做一下保养吧，不然我们上门服务也是很方便……"静依客气答应。

挂断电话有一瞬间她心情好了些，想到美容中心的VIP服务是陈润涵送给她的生日礼物。

想到能浪费他的钱，她心里能舒服些，但这也只是那么一瞬间而已，转而她就又继续对他生气了。

既然省下来去美容院这一趟，也省了换礼服的时间，她也就有了一点多余的时间能坐在这里定定神。

今天下午发生的事情太快了，整个过程她都没有来得及细想。

静依给自己去做了一杯浓缩咖啡。

她冷静下来，想到先给李老师打了个电话，告诉她事情已经解决，自己也回到家里了。

李老师在电话里明显松了一大口气，说离开警局后一直提心吊胆的，也不知道什么时间该问问情况。

静依听见炒菜的声响，知道她正忙着做饭，匆匆挂了电话，让她先忙，回头有时间再跟她讲。

她想着这些事大概今后不提也罢……熬过十三天，这篇就算揭过去了。日后果然修任远离开本地，那可能是今后都没机会再见了……她发了会儿呆，啜口咖啡。

手机响了起来，她一看是陈润涵的电话，眉头一皱，接起来了。

"怎么？"她尽量声调平和。

陈润涵说："我刚知道你取消预约了。"

静侬顿了顿，问："你现在美容院？"

"对，有件事我得告诉你。我等下带她去见爷爷。我会介绍她是我女朋友，你不要揭穿。"陈润涵说。

"……陈润涵，你可不准伤害人家。"

客厅里回荡着她很是严厉的声音，她知道自己对陈润涵今天说话是完全不会客气的了。

然而陈润涵却在沉默了片刻之后，说："我干吗要伤害她，我喜欢她都来不及。"

这话听来措手不及，静侬整个人都像突然间迎面被掷了一把冰屑……她脱口问道："你答应和解，是因为她答应跟你去吃饭？"

"对。"陈润涵很干脆。

静侬吸了口凉气。

陈润涵说："我是真心想带她过去吃饭的，没想把她怎么样。"

"那你要说到做到……你还要怎么样？好好儿一个女孩子被你要挟去什么陌生地方吃什么鬼东西！"

"你的事我不管，我的事你也别管，扯平怎么样？"陈润涵问。

静侬皱紧了眉。

"修任远，我从此以后也不想看见他。这次无非就是想给他个教训，给你交个底儿，我今儿没想让他真折进去——但是，十年牢狱加社会上的摔打，也没让他学会冷静，以后就算不是我，可能也有别的事让他栽。

"至于你，要是再跟他来往，影响到你和楷楷的关系，别怪我不提醒你了——是，沈绪楷没有我这么混账，也没我这么下作，可是你想清楚，那是因为我不在乎脸面不在乎格调，我愿意亲自做这些脏事儿，我也不在乎自己手上脏一点；而他完全不需要自己动手，就可以让一个人消失得无声无息，两只手还干净得像婴儿……

"当然我不是说他一定会这么干，而是你必要要对他有这个了解。你知道的，沈绪楷全知道，而且知道得更多。我顶多是要一下人，他接下来未必不会把一整片人连根拔起。这一点我理解他，我也支持他。

换了是我，跟亲生父母兄弟没两样的一家人，两死一病危，我诛人九族的心都有——他能忍到现在，差不多了。

"贝贝，沈家即便不算侯门深似海，你想要在其中如鱼得水，还像现在这样，像在咱们家这样，是不可能的。这一次，就算我多事，但以后你会感谢我。楷楷是好样的，你不要错过他，可是你也不能看轻了他——就因为一个人能喜欢你这么多年吗？能喜欢就能不喜欢，人要转身可以有多快，你说不定也能体会到——他是做了决定绝不会回头的人。一个人能玩极限运动这么多年，每一次做的准备都细致充分到完美无瑕，也包括了可能去死……这样一个人，你觉得，他的感情是能随便看轻的吗？"陈润涵说到最后轻声笑了。

静侬一直没出声。

陈润涵应该不是对着她笑，也不是因为说这些笑，而是他此时面对的另有其人……

她没听到电话挂断，于是用很轻很轻的声音说："我从不看轻任何人的感情。如果你是这么看我，也就是说，咱们兄妹这么多年来，虽然看似亲密，其实你也不能算很了解我……哥，喜欢人家，认真追求，好好尊重。她如果有心，会体会到善意；如果喜欢你，会回应你。你不要乱来——你要是敢对这样一个女孩子乱来，你看我怎么收拾你。今天晚上我会一直盯着你的。"

静侬也不等陈润涵回话，将电话挂断了。

她握着手机，在原地踱了几步。

陈润涵的话像在她心里扔了一个火把，而她心里是有一片草原的……她必须冷静下来，把这试图燃烧成片的火灭掉。

再不准备出门就必然迟到了，她去换了衣服，化了简单的妆。

开车出门时她的手机响了，是大禹打来报平安的。

他们已经回了家，此时虽然还没完全缓过神来，但总归这一关暂时渡过去了。

静侬问修任远现在怎么样了，大禹说他回来我让他先去洗个澡，应该没事。

静侬又说："你那位朋友，就是和陈润涵一起走的那位，我会照顾的。陈润涵还不至于这么过分，这一点我能保证。"

大禹犹豫了下，说："可能也是因为我们才惹的事……她最近和我们走得近了些。陈润涵那家伙看上她有段时间了，今天这事儿，闹不好也是有一部分冲着她去的……范老师，我再说句不该说的，陈润涵要一直这样儿，保不齐哪天就挨闷棍了。为了他好，确实该好好劝劝他。"

静侬虽然没出声表示同意，心里却也是这么想的。

她不禁暗暗叹了口气。

"讲真的，范老师，我们确实不是什么上流的人物儿，可做事儿也不那么下流……明着来进局子还算好的，为了把老修给弄走，把我们老板的这个那个事儿都搅黄了……这真的太狠了。"大禹说。

静侬顿了顿，问："陈润涵吗？"

"不是他。您知道是谁。就是老修以前……那个被害人的哥哥。"大禹说。

静侬顿了顿，说："我知道。"

她说完我知道，接下来她没说话，大禹也没有说下去。

她看车子已经开到玺园入口处，降下车速，说："有事及时通电话，虽然你也知道，可能真的帮不上忙。"

大禹说："范老师，今天要不是你去了，陈润涵怎么也不可能那么快让步。老修其实是感谢你的。他脸皮薄，总觉得欠你人情，还会给你惹麻烦。刚才回来他还把我臭揍一顿，怪我惊动了你……可我可不是也没其他办法了。不说了，范老师，你慢点儿开车。"

"好。"静侬说。

大禹的电话并没有立即挂断，听筒里传来另一个人的声音。

静侬听见，也没挂断，不一会儿，听见修任远说："把电话给我吧。"

静侬看到门卫示意，点了点头。

车牌号码应该早就报备了，门卫没有拦她，而是敬了个礼说："范小姐请直行，停车场就在前面右手边。"

静侬开车进了大门，才听见那边"喂"了一声。

那声音听起来低沉郁闷。

"范静侬。"修任远说。静侬应声。他清了下喉咙，才说，"真对不起，把你卷进来了。"

"没事就好。休息一下吧。"静侬说。她缓了口气，"没关系的，不要气馁。"

有那么一会儿，他们谁都没有说下一句。

"嗯，谢谢你。我挂电话了。"修任远没等静侬再说什么，挂断了电话。

静侬开着车子一路往前。

路边有指示牌，她照着提示转弯，开出很远去，才到了目的地。她找到停车位停了车，松开方向盘时才发觉由于手握着方向盘太用力，手保持那个姿势也久了，竟然冰凉冰凉的，像是被冻成了雕塑。

她坐在车里，花了好一会儿工夫才把手搓柔软。

停车场里除了稀稀拉拉的几辆车，并没有人影，显得空旷而孤寂。快到开席的时间了，她仍靠在座椅上，不想挪动。

手机握在手中，她看着沈绪楷的名字。

她算了下时间，把电话拨了出去。

电话通了，只是"嗨"了一声，听到他那略带笑意的低沉的嗓音，心就像是从半空中落了地——她没问他在干吗，也没问他在哪里，接下来，也没想要说什么。

其实她就只是突然想给他打个电话，听一下他的声音而已……她眼眶有点酸胀。

沈绪楷问她是不是该在寿宴上了。

"嗯，刚到。我还没进去。"静侬说。

"是不是觉得还是带我去比较好呢？"他声音里带着笑意。

静侬顿了顿，才说："是啊，带着你比较好。"

"你怎么了？"他问。

"没什么……就是突然很想见你。"静侬说完这句话，喉头有点发紧。她开始并没有想说出这句话来的，但是说出来了，她也并不后悔。"沈绪楷，要是你在我面前……"

"你要干吗？"他问。

挡风玻璃上只能看到她自己的一点身影，然而她可以想象他的脸，带着似笑非笑或者严肃认真的表情印在那里。

"我也不知道。只是这么想想。"她吸了下鼻子，"对不起，我不该这么说……我知道你脱不开身。"

"你到底怎么了？"沈绪楷问。

静侬有点哽咽。她把手机拿远些，无声地清了下喉咙，再开口，已经像平常一样了……她说："唉，天太冷了，我为了漂亮穿礼服来的，实在不能算是明智的选择。"

听筒里没有声响，但她知道他一定是笑了。

"你在笑，对吧？"她问。

"对。你快点进去，尽量减少走在路上的时间。"

"知道。你还有事要做吗？"静侬问。

"有。很重要的事。"沈绪楷说。

"那就去吧。没特别的事今晚我就不吵你了。晚安。"她说。

"静侬。"沈绪叫她。

"嗯？"静侬吸了下鼻子。

"开心一点。外公生日呢。"沈绪楷说。

"好。"静侬答应。

"你随时可以打给我。挂电话吧。"他说。

静侬先挂了电话。

打开车门时，海边强劲的冷风疯狂地围了过来，像看到猎物的野狗，疯狂撕咬。

进到室内这短短的距离，她的脸都冻僵了……

她到得不算晚，来参加宴会的亲友多半都已经到场了。

她打起精神来，过去一一打招呼。

外祖父非常高兴，似乎对一切都特别满意，看到她时尤其高兴。

她坐下来，听着大家兴致高昂地聊天，可是大禹、陈润涵和沈绪楷的话像在耳边无限循环，让她不管在跟谁说话的时候，都有点心不在焉。

别人都没有发现，尤其当陈润涵带来的女伴又美得惊人又谈吐得体加上神秘而又坦率，几乎吸引了在场人的全部注意力的时候，她的安静恰如其分。

只有她母亲发觉了。

用餐完毕，趁大家四处走动着参观闲聊的工夫，陈谟看似不经意地把静侬叫到了身边。

母女俩站在平台上看着海景，闲聊了一会儿，静侬就知道母亲是有话要跟她讲。

陈谟说："最近我跟涵涵聊过几次天儿，听他说了一点事。确切地说，他是打小报告呢。"

静侬不出声。

外面惊涛拍岸，她只觉得内心风平浪静。

"我是这么讲的，不妨把原话说给你听——贝贝已经成年，她跟谁来往那是她的自由，不光是作为父母，别人也无权干涉。我不希望听到第二次，有人在我面前批评我女儿跟谁来往，就算是亲侄子也不行。"陈谟说。

静侬慢慢呼出一口气来。

陈润涵说的是什么，指的是谁，一清二楚。

"不过，下面的话是我作为母亲跟女儿说的——不轻易判一个人死刑，也不轻易否定一个人，这是很宝贵的品质。同时，也希望你能多看多听多想，在这个基础上去认识一个人。这个事情我就说这么多。"陈谟说完，挥了下手。

静侬站在母亲身边，转过身去要给母亲一个拥抱，却发现她已经自顾自走开了，正在研究一旁长条桌上摆着的艺术品，背着手，把花镜戴上，轻轻摇着头，见静侬看自己，说："后现代风格，欣赏起来还是有点门槛的。"

静侬跑过去，伏在母亲背上："妈妈……"

"哇，小心了，咱们俩要从这里跌下去，赔不起人家。"陈谟说。

静侬看母亲一本正经地讲着不怎么好笑的笑话，忍不住笑起来。

陈谟也笑了。

她看了静侬，说："好啦，外公生日，你心事重重的。高兴点儿。"

"嗯。"静侬答应。

陈谟又笑笑。

母女俩挽着手，在别墅里一起走了走。

这别墅从内到外都美得不可思议，值得好好儿欣赏一番……

一整晚，静侬都留意陈润涵的举动，看他始终规规矩矩的，到后来就完全放心下来。

她从心里想着假如那个女孩子，是陈润涵真正的女朋友，该是多么地好……陈润涵他们走得最早。之后不久，陈老爷子也提议散了。

静侬在停车场将各位长辈一一送上车，待他们车子驶离，她已经冻得全身僵直了。

她迫不及待地钻进车子里，没有立即开走，原地热了一会儿车。她把暖气开到最大挡，搓着手，余光扫到副驾的位置，左手覆在右手背上，停了下来。

她默默地发动车子，心想等下回去的路上，一定要慢点开车。

车子才开出玺园大门，忽然下起了雪。

飞舞的雪花落在挡风玻璃上，细细密密的。

等红灯的时候车子停下来，她看着雪落，看着它们化成一滴微小的水珠，凝在玻璃上、地上……

她忽然想起来从前的电视剧里说，初雪的时候一定要走出去，雪落在手心里，握住它，就是握住了幸福。

她把车窗降下来，让雪花随着风吹进来，抬手去捉。

只觉得凉丝丝的，一点又一点……

原来幸福其实不只是温暖和甜蜜，也有一丝丝的凉意，让人清醒，因此也让人懂得和珍惜吧。

到家的时候，雪已经停了。

她看了下门前，左右前后的路边停车位都空空如也。

她莫名有点惆怅，片刻之后，又觉得自己有点傻。这是在期待什么吗……于是轻轻叹了一口气。

车库门升起，她正准备把车开进去，手机振动起来。

她瞥一眼，看清是大禹的来电，就停了车。

"不好意思，范老师，又是我！老修有没有联系你？"大禹问。

"没有。怎么？"静侬问。

"他刚接了个电话就下去了。我觉得不对追下去，车子已经开走了。我打电话给他，已经关机了……现就只知道那是辆幻影……车牌号最后两位是99，我想办法查一下车……先问问你这儿能不能知道是谁……"大禹说。

静侬当然知道。

那是沈绪楷的车。

"知道。车主姓沈。"静侬说。

大禹没出声。

静侬看着门前的空地，不知为何本该加速的心跳，这时候竟慢慢缓了下来。

"范老师，会不会出事儿？应该报警吗？"

"不知道。"静侬如实回答。

"照理说不能，是不是？"大禹也不知道是劝自己，还是问静侬。

静侬没出声。

"……就那幻影都够买我们两条命了吧，真想怎么着，不能这么明晃晃地来。对不起范老师，打扰了。"大禹挂了电话。

静侬坐在车子里，将手机放回原处。

沈绪楷的电话号码和车牌号她不知道什么时候都记在了心里，没想到这会儿派上了用场。

车子十有八九是沈绪楷的，可是究竟他是不是亲自去见了修任远，她不能确定。

这么说，今晚他们通电话的时候，他很可能就已经回来了……

她心头一凛。

她不自觉地把手伸向手机，犹豫了几次，最终还是没有拿起来。

她也没有离开车子。

这会儿她回到家里也不会安心去睡的，不如坐在车里等，不知为何她就是觉得沈绪楷会来的。

车子里也许是过于暖和了，她额上一层密密的汗，心跳也不由自主地忽快忽慢，而脑海中已经有了无数个念头，没有一个念头，不是在担心他们出了事……

他们会去哪里，会做什么，她毫无头绪，越想心里越乱。

她慢慢地闭了下眼睛。

外面起了风。

落雪在融化，蒙在地面上那薄薄的一层水在寒风吹拂下，渐渐消失……静侬盯着地面，一动不动。

突然，她想到了一个地方。

这个念头一钻进脑海，她立即发动了车子……

此时，一辆轿车转进校门外那宽大的车道，停在了路边。

沈绪楷端坐在后座上，跟司机交代了一声在这等他们，然后他开车门下了车。

他并没有示意身旁的修任远。但修任远在他开车门的同时，从另一侧打开车门走了下去。

两人都只穿着衬衫长裤，不同的是，沈绪楷是西服，修任远一身牛仔布。

两人身高相仿，沈绪楷略高一些，修任远则略瘦一些，但总体上看起来，身量相差无几。

沈绪楷走得并不快，不过始终在前面。

他走进校门，右转，走进了林荫通道。

校园里路灯密集而明亮，但因为树木茂密，枝杈繁盛，灯光就被切割成无数碎片，遮蔽了相当一部分，因此夜间的林荫路显得很暗，像个黑洞一样。

沈绪楷首先踏进了这个黑洞。

他的手抄在裤袋里，走得一步一个脚印，从从容容。

白衬衫像面旗帜，在前面飘扬，带着紧随其后的修任远。

修任远手臂架在胸前，距离沈绪楷大约有十来步。

远处有球体撞击地面发出的"嘭嘭嘭"的响声，此起彼伏。

那声音像是人的心跳声，非常有力量，只是节奏有的急些，有的缓些。

球场上打球的人不多，场地并没有被占满。

沈绪楷脚步慢下来，走到离他们最近的一个空篮球场，拉开铁网门往旁边一推，先走了进去。

门敞开着，留给身后的修任远。

他走到场地中央站下，背对着入口。

整个过程，始终没有回头。

修任远跟着走了进来，站在了他斜后方不远处。这个距离刚刚好，双方不必高声，即可听到对方的话。

从他接到电话下楼，看到车内坐的沈绪楷，到上车，直到来了这里，沈绪楷再没有和他说过一句话，而他也没有开口。

十多年了他没有见过沈绪楷本人，只在新闻上看到过影像。

看到沈绪楷，几乎就能看到沈绪模，他们堂兄弟是很相似的……

他还记得当年刚入学，篮球队选人的时候，教练让学长帮忙挑人，就是沈绪楷站到他面前，点了点他，让他站到自己身后。

那个时刻，他看着肩膀宽阔的学长，心里的骄傲就别提了。

那之后经过艰苦的训练和淘汰，最终他也成了校队成员。

不过沈绪楷毕业之后，他才在校队成为主力……

豆芽菜学弟很容易崇拜高大帅气的学长，沈绪楷是他那时的目标和偶像。

沈绪模和堂哥长得很像。

他曾经在食堂认错，说怎么学长缩水了。

这种笑话，他闹过不止一回。

学长说过，平常闹笑话就算了，上场打球可要带脑子。他记在心里了。

可是性子却不是记住这句话就能改的，他仍然是莽撞冲动、偶尔脑子会出走的大头虾。

听说别的学校，还有本校其他的运动队，学长会欺负新人，但他们学校篮球队从来没有过这种情况，那就是因为沈绪楷镇得住，作风硬朗且正派，即便动手也要让人心服口服。

其实沈绪楷练过军体拳和擒拿，真动手时如果不手软，一般人是不容易近身的，只是他从来不好勇斗狠。

沈绪楷更像是书生，实际上是披着书生外衣的武士，但这并不冲突，他两样都能做得很好。

修任远站在那里看着沈绪楷，沈绪楷一动不动不知道在想什么。

他一个抱臂的动作保持久了，手臂都酸麻了。

沈绪楷这时候开了口，问："你后来还打篮球吗？"

修任远愣了一下，说："打。"

放风的时候打的。里面也有球队也有比赛。他身体灵活，技术不错，也一直是队长，还老拿冠军。

他没有解释在哪儿打的，那是因为他想沈绪楷应该知道他的情况，就像他轻而易举就拿到了他的手机号一样。

他在沈绪楷和沈家人那里，是完全透明的。

他想到这里，背后就出了汗……但是害怕吗？是有些害怕的。像是那个著名的比喻，沈绪楷来到他面前这回事，就像是他整夜在等待着落下来的另一只靴子，终于是等到了。

"我根本不想再看见你。"沈绪楷说。

"我知道。"

"你知道？知道什么？"沈绪楷把袖口解开，慢慢地卷着袖子，

"你看到过模子死后的样子吗？"

修任远闭了下眼睛："看到过。"

"在法庭上看照片吗？我去殡仪馆看的。我弟弟，十八岁。"沈绪楷说，一字一句的。衣袖卷了两下，停下了。"他身上每一块瘀青的位置我都记得非常清楚，还有他那一处致命伤。"

修任远沉默。

"有时候我一闭眼，就看到他躺在那里。我永远都忘不了那个冷冻箱。我弟弟，在冷冻箱里。"沈绪楷脸上竟然露出了像是笑又不是笑的非常古怪然而看起来又非常残酷的表情，"而你还站在这里，能跟我说话。"

"我不是故意的。"

"你说什么？"

"我不是故意的！"

"你当然不是故意的，可是他死在你手上了！你要是故意的，我能让你活到今天！"沈绪楷的脚步移动非常快。他一把卡住了修任远的脖子，逼着他一步步后退，直接把他逼到了篮球架下，"哐当"一声响，四周忽然完全安静了下来。旁边场地上打球的人发觉异常，马上停了下来，有人往这边走来，试图看清这里发生了什么事。

沈绪楷身形不动，手越抓越紧。

修任远的脸和脖子上出现了青筋，涨得通红通红的……他呼吸困难，手握着沈绪楷的手臂，使劲儿抵住，试图抵消一部分力气。

沈绪楷力气太大了。

他不得不起脚，可是沈绪楷脚步很灵活，不但能躲避开，手上力气也没减弱。

突然，就在他以为自己真的会死在这里的时候，沈绪楷松了手。

他大口呼吸，身子靠在篮球架上，渐渐往下滑，最后靠着下肢力量，撑住了身子。他不能滑倒。

他猛烈咳嗽着。卡在颈间的那只手好像还在那里，他不住地干呕。

看到沈绪楷松了手，围观的人也松了口气。

并没人上前来询问，只是远远地看着。

修任远喘着气，看了沈绪楷。

沈绪楷说："我不会让你死的。死也太容易了。"

"我有个请求。"修任远艰难地说。

沈绪楷看他。

"是我一个人的错，别整我身边的人……他们没什么错。"修任远说。

沈绪楷仍旧慢慢地将衣袖放下来，系好袖扣，说："我还犯不上做这些。"

"可有人替你做。我受着是我活该，可是他们不是。"修任远说。

沈绪楷往前挪了两步，突然照准修任远的下巴就挥了一拳。修任远没躲，这一拳中得结结实实。他倒退几步，没倒地。

沈绪楷说："润涵的事做得不地道，我会跟他谈。我明确告诉你，我不会像他那么干——但是，如果你再敢干违法的事，不会有第二次机会。你的雇主朋友底子干不干净，你们都干了什么，你比我清楚。还有，别再冲动。我弟弟因你而死，你活着一天，就活得像个人样！"

他说完，转身便走。

"模子拳头太硬了！"修任远看着沈绪楷离去的背影，突然喊道，"我真的只是胡乱来了一下，他倒地我就跑了，我并不知道那一下会要了他的命！对不起！"

沈绪楷站在篮球场出口，身子像卡在了那里。

修任远声音撕心裂肺的，整个篮球场上空都在盘旋着回音。

他不可能听不到，那声音甚至带着颤音，也许修任远是哭了，也许并没有，只是憋了太久太久了……他深吸了口气，冷静地说："车子停在外面，司机会送你回去。"

他一脚踏出篮球场，没有再回头。

修任远孤独的身影像是被烙在了那里……

完全靠直觉，静侬开着车子在几分钟后来到了校园门口。

门卫看到她，有点吃惊，问这个时候范老师怎么回来了。

她尽量礼貌，微笑着说有点事。

门卫看她的车，还说："那您还把车停校园里啊，上回剐您车的那人还没找到呢。"

静侬点头答应，刷了门禁卡进去，跟门卫道了声辛苦。

这会儿其实算不上晚，起码网球场里还有人在打球，体育馆里还有球鞋摩擦地板那尖厉的声音不住地传出来，以及水声和笑声……

静侬被窗子里灌进来的冷风吹得头脑越来越清醒，这些声音在耳边也就越来越清晰。

足球场边有人在夜跑，灯光打得场地里亮如白昼。

她把车子停下来，下车走到场边，目光快速地在场地内搜寻——锻炼的学生散步的老师还有附近的居民是不少的，可并没有看到熟悉的身影。

她上了车，直接开到了篮球场附近，在路边停稳。

这条路的尽头是另外一个校门，但只容行人进出，车子是开不进去的。

而从这里到篮球场要经过一条林荫路，那里有六块标准篮球场，被高大茂密的槐树包围、分隔。

静侬对这里太熟悉了。

不仅仅因为她在这里工作了几年，经常要经过这个像藏在密林中的篮球场，更因为早在十多年前，她也曾经在这里看过球，也打过球。看的时候远比打的时候要多得多……偶尔家里人晚饭后散步，也曾经组队打三人篮球。舅舅一家三口和他们一家三口对抗，裁判是外公，观众往往只有外婆一个人。

这里有着太多记忆了，以至于她其实每次从这里走，只要能意识到是在这附近，总要往这边看一眼——不管男女，不管老少，在场上打球，运动起来，身姿各异，有不一样的美。

她在走进林荫路之前，往校门外看了一眼，果不其然，她看到沈绪楷的车子停在校门外不远处。

她正要加快脚步，就看到黑影里走出来一个人。

她站在原地没有动。

那姿势和形态，是沈绪楷无疑。

她的心跳，在看清他的身影时，几乎停了下来……

沈绪楷从黑暗中走出来，走到了灯光下。

隔了很远，他已经看到了静侬，来到她面前时，他停下了，但是好一会儿，他们谁都没说话。静侬只是看着他。

沈绪楷看了一眼她身后的车，又看看她，问："有没有兴趣跟我去个地方？"

静侬点头。

"我让老鲁送他回去。开你的车怎么样？"他问。

静侬又点头。

她看看他身上，虽然是足够保暖的材质，可并不知道去的是哪里，单一件衬衫，怕是顶不住这寒冷。

"你车上有衣服吗？加一件吧。"

"不用。"沈绪楷说。

静侬不语，上车时，把驾驶位让给了他。

坐进车子里，她细看着他身上。

"有动手，没受伤。"沈绪楷说。

他平静的语气下暗涌的怒意她听得出来。

"我很担心，才过来的。"她说。

"担心我，还是担心他？"沈绪楷问。

"都担心，但更担心你。"静侬说。

"谢谢。"沈绪楷说。

静侬轻轻咬了咬牙根。

沈绪楷将车子开起来，在前面空地上原地折返，沿着这条路开出了校门……静侬看不出他要开车去哪里，只知道他很快上了快速，一路往郊外驶去。

速度越来越快，但是并没有超速。

沈绪楷的驾驶技术非常好，手很稳，车子在他手下被控制得像乖顺的猫一样。

静侬起初有点紧张，渐渐放松下来。

她靠在椅背上，整个人陷在里面，终于感觉到了倦意……

沈绪楷这时候才转头看了她一眼。

趁红灯停车，他回了下身，将放在座椅后的毯子抽了过来，给静侬盖在身上。

静侬醒过来时，发现车子已经停在了一处山坡上，而沈绪楷站在车外，背对着这边。

身上的毯子应该是沈绪楷给她盖的。

她睡得身上暖洋洋的，开了车门下来，顿时觉得山间的风冷得刺骨，不禁打了个哆嗦。

沈绪楷没有回身，也没有动。

她站到他身边，顺着他的视线，看见了山下风景——山前不远处的平原上是新扩的城区，整齐的街道、飞起的高架桥、灯火辉煌的住宅楼和点缀在其间流火般的汽车，看起来非常壮美……但她无心欣赏，转过脸来，看着沈绪楷。

"为什么来这儿？"她问。

"你应该没看过这里的夜景，也没见过在夜里、在这个城市的角落里，会有些什么隐秘的事在发生着吧？"沈绪楷说。

这是个问句，不过他显然没想让静侬回答。

静侬默不作声，只把手中的毯子拎起来，披在他肩上。

山间的风实在是冷。

沈绪楷走到她身后，将毯子展开，双臂一环，把她整个人都揽在怀里。

毯子将两个人都罩住了。

静侬一动不动。

沈绪楷的胸口滚烫，她已经知道。

这会儿贴在她后背的像是个小火炉，原本冷得打战的她，很快就暖了过来。

他们静静站着，等待着……他们没有等很久，很快，远处传来了引擎声。

引擎声越来越密集，表示那机动车也越来越近……很快，一道道光柱迅速移动着往山上来了。

"这就是他们赛车的地方？"静侬轻声问。

沈绪楷慢慢点了点头。

随着光柱移近，静侬已经能看出来这是摩托车比赛。

忽然她听见有人呼喝，才发现他们并不是仅有的站在山上观赛看景的人。

她转过头去，看到山坡上，零零星星有灯光闪烁，那不是手机就是照明灯，那里也有人。

赛车呼啸着从他们站立的下方蜿蜒山路上冲过去，一辆接着一辆。尘土飞扬，十分呛人。

沈绪楷将毛毯抬了抬，遮住了静侬的口鼻。

静侬干脆拉着他回到车里，等他坐稳，她拉住他的手，按在他膝上，倾身过去，亲在他唇上——他嘴唇上也沾了细细的沙土，这个吻就有点尘土气。

静侬并不在意。

她细细地吻着他，直到耳边呼啸的引擎声渐渐远去，她才离开他唇畔，坐回去，坐稳了。

沈绪楷没有松开她的手。

他们就那么静静坐着，坐了很久。

静侬说："你之前说有话想跟我讲。"

她喉咙有点干涩，也许是因为刚才呛了些尘土，也许不是，这会儿，她没有那个心思细究。

"修车厂的地皮是我拿到了。改造工程就是要如期进行，补偿款按规定给，不会坑岑志强，也不会不合常理多给。这不是为难他，也不是因为谁为难他。他的修车厂都干了什么，参与的地下赛车、赌场……还有很多事情，到了时间都会清算，他跑不了。这不是我推动的，是他该得的，也不是因为谁才去办他。我先跟你说这些，是不想有误会。当然我也可以推一把，只要我想。我没做的事，不想被误会，因为我知道我想跟你走下去，不能有误会。"沈绪楷说。

静侬没有出声，握住他的手紧了紧。

"我多年以后第一次看到修任远本人，就是站在这个位置。有赛车手摔下山，他第一个跑过去帮忙救人。别人抬走了人，他自己扛起摩托车……我开了车灯给他们照亮。我能看见他，他看不见我……在那之前，我多次看过他的照片和资料，很奇怪，都形不成具体的印象，但那一天我看到他，我想，啊，如果我弟弟模子活着呢？那个扛着摩托车的傻子，活成那个糟烂样的一个人，要换成模子，我是也愿意的。我想，他妈的。"沈绪楷说。

静侬想，这是不是她第一次听他说脏话呢？

应该是的。

沈绪楷说："你知道吗，那会儿我就想，只要我一踩油门，我跟他就都交待在这里了。他可能到死都不知道是谁干的。可是，我没那么干，因为我身后，身后，身后……身后还有模子那份儿。我想，他妈的。"

静侬的手仍然被他握在手里。两人的手心都出了汗，汗水就交汇在一处，热而黏腻，这让人焦躁，心里像有束难耐的火……可他们谁都没有动。

沈绪楷说完这句话以后很久都没有再出声。

静侬也不敢动。

她脸上全是泪。她担心自己转过脸去，看到的也是一张沾了泪水的面孔……

他们就那么坐在那里，一场接一场的比赛在他们面前开始，又结束。当比赛全部结束，周围的车子一辆接一辆地驶离，山下的灯一盏盏熄灭，这个城市也在睡去……他们也到了离开的时候。

回去的路上，沈绪楷的车子开得仍然很稳，已是深夜，静侬却无比清醒。

车子终于安全地停在了车库里。

沈绪楷下车，替她开了车门。

他没有进屋，但是在院子里，他紧紧拥抱着静侬，好久都没有放开。

静侬抬头，被他轻轻遮住了眼睛。

"我告诉过你，回来有话和你说。"他轻声开口。

静侬点了点头。

这样，她的睫毛便扫了扫他的手心。

"我今晚说了很多，可最想说的，并没有能说出口。"他的声音沉了下来。

静侬的心，也跟着沉了沉。

他的手心很烫，熨着她的眉眼她的心……心跳缓了下来，静静的，她一动不动。

"我回来其实是准备求婚的，可是现在我知道这个时机不合适。"他说。

静侬额头上感觉到一丝清凉。她立即察觉，啊，下雪了。

她将他的手拉下来，看着他的眼睛。

沈绪楷有一对很漂亮的眼睛，她很喜欢看他的眼睛。

她几乎听见自己心底的那一声轻轻的叹息：下雪了，原先想过和眼前这个人在初雪的日子里手拉手在雪中漫步，这算是实现了吧……她拥抱了他。

过了一会儿，她的手臂抬起来，轻轻抚了抚他的后背。

他们花了很久的时间，才这样面对面站在一起，面对自己的内心。

内心深处的自己和对方，都是不完美的，这一点，他们也需要时间去认识，去接受。

静依放开拥抱，拉了他的手，送他出门。

这一次，她并不像之前那样，非常确定他这一次转身离去，是归来的序曲。

只是，她却无比清楚自己站在这里，是在等待什么。

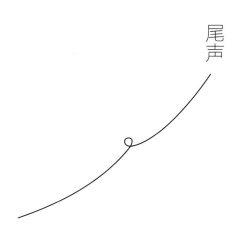

尾声

上回，沈緒楷说求婚的时机不合适。

究竟什么才是合适的时机，他需要时间去冷静考虑。

而这冷静期是一天，还是一百天，是一年，还是十年……或者是一生？他可没有说。

范静依是很守规矩的人。

她没有打扰一个需要冷静思考的人。

这期间，她做了很多事。

首先，她把手头上的童书译稿交了。

之后，她又把这段时间准备接待 A 教授中国行所搜集的资料全都整理完毕，甚至把 A 教授最近几年公开发表的论文也都翻译完毕，并且着手开始译她的短篇小说集……

同时，她把 Luna 照顾得好好的，经常去看望外祖父，抽空还把家里院子做了一次彻底的修整，把花草树木安置好，让它们也平安度过这个寒冬。

唯有一点可惜的是，自从初雪之后，这个城市再也没有下过雪。

不过这并不影响什么，她在等待下雪的日子里，过得很充实，每天的每一秒都有用处。

寒假到来的第二天，她启程赴北京。

因为舍不得 Luna，她决定自驾出行，于是一人一狗就这样踏上了征程。

在高速路上，她把车开得很快。

她一定要把车开得快一些……她仅仅只是想开快一些而已，大约因为知道此时即便开了快车，也没有人会坐在一旁，在她不自觉飙高车速的那一刻，轻轻弹一下她的手背。

但是很奇怪，她每次想开快车或者开了快车，手背上的一点一定会疼。

那个疼……疼得非常奇怪。

会让人疼过之后还想再疼一下。

疼得厉害了她就开进服务区，把 Luna 放下来，在服务区和 Luna 一起跑一跑。

其实这一路的风景并不好，空气也糟糕，总是灰蒙蒙、光秃秃、黄不拉几的一片又一片，看了并不令人高兴，反而时不时有种悲凉的感觉……她想这是属于冬天的独特的情绪。

每个人都会这样，不独她会如此。

然而有 Luna 这个小精灵在身边，任何低落的情绪都休想持续下去。即便是在枯黄的杂草丛中，Luna 也像进入了百花盛开的庭园，欢快地蹦跳甚至打滚儿，沾一身杂草种子回来，让她马上就有了事情做。

在车子里把草种子一颗一颗拔下来，往往要额外消耗掉一些时间。

好在她预留的时间足够，根本不着急。

Luna 滚了一身苍耳的样子看起来最滑稽。

她拍了一张照片发到 ins 上，配了这一天的夕阳——在雾霾严重的天气里，夕阳也仍然是夕阳，只是颜色特别些罢了……从 Luna 身上揪下来的苍耳攒了一大把，她收集起来用手帕包了，放在储物盒里。

储物盒里还攒了许多其他的奇怪的植物种子，都是 Luna 的战绩。

她想有时间要给 Luna 做个宝盒，把它捡回来的所有稀奇古怪的东西都装进去。

一路上走走停停，她和 Luna 花了两天半才到北京，住进了三环外一处允许携带宠物的民宿。

静侬把 Luna 留在房间里，拜托民宿老板照顾，立即出来乘地铁奔了书展会场，跟廉洁会合，帮忙布展去了。

书展后天才开幕，A 教授的航班明天下午抵达，她们有足够的时间来准备一场接一场的活动。

展台布置完毕，工作人员开始撤离，静侬站在那里想着到了新书首发日，白发苍苍又美丽优雅的 A 教授坐在她的位置上侃侃而谈，而自己一脸幸福和满足亲耳聆听她演讲，简直要笑出声。

廉洁站在她身边，轻轻碰了下她的手臂，问她："你都不饿吗？

还是饿到产生了幻觉，怎么一直笑？"

静侬仍是笑。

离开会展现场时，廉洁"假公济私"，揣了一本未开封的新书塞给静侬，说给她晚上回去垫在枕头底下，准能从梦外笑到梦里，从晚上笑到早上……静侬赶快把书塞到了包里。

忙了一天的大家约好去吃顿烤鸭，特地选了故宫旁边的一家名店。这里什么都好，就是等座能等到地老天荒。

幸好她拍了好多会展现场的照片，等座的工夫，挨个儿平台发动态，既是觉得开心，也是要分享这份成就感，还有就是——新书发布当然要广而告之，这是身为译者的责任……

藤子终于看得不耐烦，说她简直像个满街贴小广告的，只是发广告又买不到实物，让人干着急，不如多发点 Luna 的丑照……

藤子给 Luna 每一张疯狂犯蠢给她找麻烦的动态下面都留了真心实意幸灾乐祸的评论，开心得不得了。

静侬总是边看边笑。

这一生拥有滕藤子这样的损友，是她的幸运。

藤子问她到北京了，是不是联络一下还在冷静期的沈绪楷。

静侬不出声。

藤子又问："特地带上了 Luna，没有探亲的意思吗？真打算陪他耗过整个冷静期呢？"

静侬干脆不理她了。

等了两个小时才上桌坐，师傅正在面前炫技片烤鸭，冷静期这回事，就先放下吧……不过她吃了一口这美味的烤鸭也就停了下来。

最近她不是很有胃口，也许是因为太忙，各种食物都不再让她像先前那样有超强的食欲和亟待尝试的勇敢。

她总是挑最简单最平常最容易获得的食物果腹，再豪华再复杂再难得一见的美食，她也都只是拍照留念，浅尝辄止而已。

大概她的胃口，也有冷静期吧……

吃完晚饭，大家结伴回酒店，静侬独自乘地铁返回住处。

从地铁站到住处，还有至少五分钟的路程要走。

她已经有些累，走在路上，不住地打哈欠……

北京的冬天可比她的家乡冷得多。

她缩着肩膀，冷空气顺着牙缝钻进身体里，更觉得冷得不可思议了。于是在远远地看到民宿门前那漂亮的花灯时，她简直心情雀跃，恨不得马上冲进房间，抱住 Luna 暖和一下手，一起饱饱地睡一觉。

明天……她停下来，吸了口气。

明天她要去见那个还处在冷静期的男人。

背包里的那本新书，已经被她拆了塑封，就在地铁上，摇摇晃晃地，她掏出笔来，写上了这样几句话。

To 冷静先生

下一个十年，无数个十年，我来珍惜你。

你的迷糊小姐

她想着这几句话就要笑，毫无语法可言，字迹又潦草，"冷静先生"看到了，那眉头不要皱成一团哦……她微笑着，微笑着，笑出了声。

她一脚踏进院子，忽然听见了犬吠声。

从第一声，她就知道那是 Luna。

她正要加快脚步，就见 Luna 已经冲了出来，连忙弯身把它搂住，笑着搓它的背毛，笑着说为什么在陌生地方也敢到处跑呢，你这个小家伙……Luna 转过头去看了看身后，拱了她一下。

她怔了怔，抬起头来，就见一个高大身影，从院子里移了出来，速度不快，可也不慢。

看到她蹲在地上，大衣有一半铺下去给 Luna 当了坐垫，他果然眉头皱了起来，只是并没有说什么，伸手过来，把她拉了起来，正要给她拍去衣服上的灰尘，不想她伸出手臂，环住了他的腰。

她紧紧箍了箍他，又放开，仰头看着他，问："你怎么知道我在这里住的？"

"有谁，不想让人知道自己的住处，会把精准定位和房间号发成动态并且设成仅某人可见的？"沈绪楷慢吞吞地说。

静侬眉眼一弯，笑了。

沈绪楷低下头来，亲她，亲她，亲她……

长久地亲吻着她，然后，是长久地拥抱。

两情相悦，则岁月可期。

未来的路很长，一切都可以慢慢来。

他知道，她也知道。

—正文完—

番外一　听说鱼的记忆只有七秒

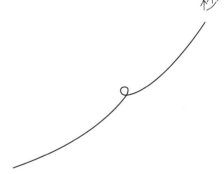

"哥！哥！"

沈緒楷猛地睁开了眼。

眼前一片黑暗，四周寂静无声。

他闭上眼睛，又睁开，仍然如此。

额头上涔涔地冒着汗，他转眼看看床头的电子钟，凌晨三点十一分。

他坐起来，双脚落地，在黑暗中良久不动。

三点十一分……梦中的声音清晰极了，是模子。

奇怪，模子的脸，在梦里总是不出现。

"哥，我要这个。""哥，我要那个。""哥，你什么时候回去？"

最后一个问题，他每次听到模子问，都张不开嘴巴回答，梦里，被魇住了。

沈緒楷长出一口气，起身走出了卧室。

他没有开灯，在黑影中慢慢地移动着脚步。

走出门，在廊上，感应灯亮了，光线不强，可是他仍然觉得刺目。

即便没有一丝光亮，他也不会走错路的，毕竟这里，曾经是住了很多年的地方，已经熟悉到闭上眼睛也能准确摸到自己想要的东西的程度……

当然是很多年前的经验了，他以为自己会忘掉一些东西，但没想到一回来住，却发现一切都在记忆中，没有变过。

托他那好记性的福。

有时候，他也要说……该死的好记性。

他在冰盒里取了冰，加了柠檬和薄荷，一口气喝下去，口渴才缓解了一点，再来一杯……

今晚的月色不错，从窗子里投进来，把他的身影印在餐台上，清清楚楚地。

听到有点响动，他停了停，看看窗外。

起风了，不知什么东西被吹动，落在了玻璃上……他的目光落在餐台上。

一盆薄荷长得茂盛极了，叶子青翠而又鲜亮，像琉璃的。

他把杯子放进水池里，回手开了灯。

薄荷在柔和的灯光下，翠色夺目……四周有淡淡的香气，清爽怡人。

是薄荷香。

他伸手碰了碰薄荷叶子。

这盆薄荷是陈润涵来时拿的，说是过来看看，不能空手——老宅子空了很久，打算回来住，只想做些简单的装修和装饰。

他太忙了，总出差，过来一次，总住酒店里……虽然长期住酒店也很习惯了，并没有什么不适应的地方，但回到这个城市，住酒店多少会有点别扭。

润涵说老宅子再不住，也要跟贝贝那儿似的，可以养蘑菇了……

润涵提到静侬不留神就会叫贝贝，说贝贝如今住我奶奶的老房子，上下班方便。

润涵又说贝贝一个人住一点儿都不害怕，其实也不是胆子大，是感知力有点儿钝钝的……

润涵说着就笑了，又给他建议要怎么装修合适。

他没打算做推倒重来式的改造，只想保留原样的基础上做一些小小的让生活能更方便的调整。

润涵又笑了一会儿说贝贝改造奶奶的老屋子也是这个原则……既然是这样，倒挺有参考价值的。

老屋子整修，没有花费他多少精力，请了专业修旧屋的公司负责。

润涵倒是中间经常跑过来看看进度。

再来，就带了这盆薄荷……他给薄荷浇了一点水。

养得这样好的植物，又说不是买的，想想也知道是从哪儿来的。

润涵带来的时候，暖气还没停，它长得好极了。

暖气一停，室温维持在了合适的温度，倒也照样生长……他看着这顽强的植物，出了会儿神。

此时睡意全无，他干脆坐下来，做起了昨天没有做完的工作。

笔记本打开，他看着桌面上的图片。

一时有点无法集中精神……图片里的风景非常美。

这是某一次跳伞时，从空中拍摄的。

此时看起来，仍然能记起当时的心情。

一跃而下，无牵无挂，起码那一瞬间是的。

每隔一段时间，他都需要换种方式来重温一下这样一个瞬间……他盯了一会儿屏幕，看看时间，在打开第一封邮件之前，给茆昕发了条消息。

昨天晚上，茆昕问他有没有空一起去澳大利亚。

茆昕也是极限运动爱好者。

他那会儿没答应。茆昕约他去玩，也是想分散一下他的注意力。他知道，因此也有点懒懒的。

"去。"他就发了这一个字。

邮箱里没处理的邮件并不多，可每一封都很重要。他每回复一封，都要松口气。

天蒙蒙亮时，他终于回复完了所有的邮件，伸了个懒腰，这才发现自己在餐台边坐了这么久，连姿势都没换过……他合上笔记本，终于觉得肚子饿了。

昨天到现在，他吃的东西并不多，始终没有什么胃口。

他开了冰箱，拿牛奶时看到架子上有一个盒子，手停在那里，看了盒子上印的标记——苏记。

他不记得盒子里装的是什么了，甚至也不记得自己把苏记的点心带回来过，倒是记得在苏记遇见了静侬。他买了一些拿破仑蛋糕和伯爵红茶奶冻，带去看模子……他关上了冰箱门。

算起来，昨天傍晚到夜里，他见了静侬三次。

但很奇怪，他记得最清楚的，还是站在苏记那扇窗前等候的时候，看到她走进店里的那个瞬间。

很久不见了，静侬。

她没有注意其他人，进了门，直奔柜台。

看上去，她目标明确，而柜台里的那个笑起来会露出小虎牙的年轻女孩子跟她是熟识的。在老城经营多年的小店，倒是理应在居民圈里有些熟客人。

静侬是要拿破仑蛋糕，但就在她走进来之前，剩下的那几块，都被他要了。

他似乎应该主动开口让给她两块，但并没有。他只是简单和她打了个招呼，带上东西就走了。

在苏记不期而遇，静侬是有些吃惊，也有点不知所措。

他坐上车，她的神情还在脑海里，虽然不是有意的，但怎么都消除不了……静侬的记性不是很好，他知道。可他们目光相遇的一刻，他也知道，有些事情，静侬忘不掉。

那不是些好事情，他希望她忘掉……

站在模子墓前，看着摆好的水果和点心，他们几个人谁都不出声。

离开墓园时，祭品没有收，茆昕忽然问怎么想起来买这个了。他指的是拿破仑蛋糕。

润涵这个马大哈，倒是接口说："应该是模子喜欢吃的吧，我知道这家店，以前奶奶老去买点心，姑姑和贝贝都喜欢。"

茆昕"哦"了一声，问："范贝贝回来工作了是吗？"

他们走在前面，下着台阶，走得有点慢。

天色有些晚了，墓园里极安静，偶尔风吹过，树上会有轻微的沙沙声……他听着他们轻声交谈，只是他的脚步慢了些，他们说了些什么，听得断断续续的……

润涵问茆昕记不记得他们那时候经常去打球的那里，说那天看静侬朋友圈发的照片，看着学生们打球，就想起以前的事来。那时候真快乐啊。茆昕说。

是啊，那时候他们经常去打球的。那时候也是真的很快乐。虽然是高中生，在大学生面前也并不怵。

他记得有一次是自己去的球场。球场都满了，喊他加入的是曾经交过手但不知姓名的一位老博士。那天球打得很痛快，他后来坐在场边休息，同场的那些博士硕士都过来拍拍他的肩膀，说下周再来打。没人因为他是高中生，是年纪最小的那一个，而看轻他。那个感觉还真不错，虽然高强度对抗下来，也是累的。

他坐在那里，忽然听见有人喊"哥、哥"，回头看，趴在隔离网上喊他的是模子，见到他是很高兴的样子。他才知道原来旁边场地上打球的那群小孩儿是模子和他同学。

除了打球的几个，还有几个观战的女生……他一眼认出来的，就只有静侬。当然他的第一反应，是贝贝——陈奶奶乖巧的外孙女，润涵亲爱的妹妹，会给他们拿可乐、给他做一杯薄荷柠檬冰水的少女，做不出数学题来会急得鼻尖冒汗、给她讲解了要点又笑得极灿烂的小姑娘……漂亮得闪闪发光的宝石似的女孩子。

在模子他们面前，他像个大人了，一本正经的，甚至他们挨个儿叫他楷哥，他也只是矜持地点点头。

模子小声问："哥哥带钱了吗？我要请同学吃好吃的——我们赢球了哎！"

他把口袋里所有的钞票都给了模子，看着他高兴地喊着同学们一起走。最后，他们也就是买了拿破仑蛋糕和奶冻。

他记得很清楚，模子问这附近有什么好吃的东西，在大家茫然四顾的时候，静侬指了指前面那个小小的干净的看起来有点儿温馨的糕点铺子——苏记。

他就站在静侬身后，她说话时，转头看了他一眼，马尾辫轻轻甩了一下，笑一笑。

明明两人间的距离，那马尾辫一定不会甩到他脸上来的，可是他却觉得，那发梢儿是蹭到了他脸上。以至于在那以后，甚至很久以后，他再看到她或想到他，鼻尖面孔上总有那么一处，会痒痒的……

苏记的东西不贵，也说不上有多好吃，但是少年人，在一起玩在一起笑，在一起时分享的所有，都有着快乐的味道。

那天的点心他没有吃，也提早走了，但是模子他们脸上的笑容和绵延不绝的笑声，跟了他很多年……

如今，他们经常开静侬的玩笑，说她的记忆只有七秒，像鱼一样，忘的事比记的事要多得多。可是，这些快乐的时光，静侬也是记得的。

这一样，倒是不错……沈绪楷推开了窗子，晨风吹进来，清冷，也让人清醒。

"哥，哥！你什么时候回去呀？"

"我回来了啊。"他说。

回来了，因为这儿，有对他来说，很重要的人。

番外二　我在雨中等你

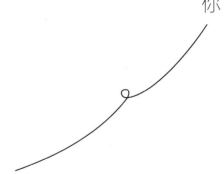

又下雨了。

冬天下的雨，冷得透骨。

沈緒楷转了下脸，看了眼街上——老街两边的行道树很是粗壮，伞一样，可是雨断断续续下了这样久，满眼都湿淋淋的，藏在枝杈间的对面老楼的墙壁透出来，那颜色也深了几分……他吸了口气，收回目光，看着眼前这份合约。

对面坐着的两个衣着整洁的年轻人静静地等着他签字。其实这不过是一份为期两年的保洁工程承包协议，内容却很细致繁杂。这栋老公寓楼的很多地方都需要用心而专业的维护，比如那些漂亮的彩色玻璃花窗。这两个年轻人的保洁公司，专门为这样的老公寓提供符合要求的服务，收费当然不菲。

他想到当初同样的位置上，坐着的老公寓的前任主人，一位年过七旬满头灰白的精致鬈发的老妇人，笑微微地告诉他，给老楼做好保养，不是简单的事情哦……他那时对这些细处，并没有多想。

当初，房东有意出售整栋公寓，可一时无法脱手，老公寓的底楼就出租给了他加入的一家极限运动俱乐部。

俱乐部原先租用的也是老房子，离这里只有一街之隔。

一年年发展下来，会员越来越多，空间开始捉襟见肘。听说这里出租，地方又大位置又好，果断租了下来。

换了新址，他第一次来时，遇见看门的谭伯伯。

谭伯伯看见他，微微一笑，问好。谭伯伯什么都没说，后来也始终不曾多话，可他总觉得谭伯伯第一眼就认出他来了……

这栋老公寓楼，他并不算陌生，因为静侬曾经在这里住了几年。

他还记得自己第一次来这里时，是给静侬送月饼。

当初回国创业，公司总部就设在上海了。

润涵和他说，贝贝也在上海，看样子打算定居的，有时间你们见个面啊，平常照顾一下贝贝……可是他忙，经常忙得日夜颠倒，实际上很少时间能在上海停留，见面，哪有那么容易。

倒不是不想见，是时间总不合适，而尽管已经在润涵那里见过静侬的照片，可并不知道她现在究竟是什么样子，期待也有一些，忐忑也是有的。这是很难说清的一种情绪……如果不是某天意外遇到了藤子，重逢不知何年何月了——藤子还像中学时一样，又活泼又爽朗，说要去他的公司参观，他马上就安排了……藤子说要带静侬一起来，他没有犹豫就答应了。他说要去接她们，藤子说不麻烦他，静侬也这么想。静侬说公共交通工具出行非常便利。

他听到那句话时忍不住微笑。

有点可爱，他想。

他有点古怪，他想……

那个周末他本来就要加班的。

平常周末他在公司里总是让自己更随意自在一点儿，因为并没有安排什么正式的会议或者活动。

那天他还是注意了一下，知道她们到了，下楼去接她们时，在电梯里，又从头到脚看了一眼自己身上，确定不会失礼……

周末公司大厅门里门可罗雀，空旷阔大的空间里哪有几个人影呢，两个女孩子在那里，醒目极了。

静侬完全还是学生的样子，一身裙子简单极了，没有化妆，站在藤子身边，对他腼腆地笑，大眼睛只管看着他，并不多话。

她和藤子，真像是一对参照物……都很美好。

但是……他哪怕是在跟藤子说话时候，实际上那天他要说话几乎全都在跟藤子说，他的余光和心神，也多半在静侬身上。

所有人都看出来了吧，藤子，还有他们在公司参观和用餐时遇到的同事们……只有静侬不知道。

后来，有很久，她也仍然不知道。

他很忙，她也很忙，偶尔联络时，总约不到一起。俱乐部就在她住处附近，偶尔他会绕路从那栋老公寓前经过，但从来没有遇见过她。

那年的中秋节前，他有段时间一直在上海。公司食堂特别制作了月饼，除了内部员工供应，还当节礼的点缀，送给合作方……饼并不是什么金贵的礼物，他倒是记得给静侬留了一份。原本派人去送一趟就可以的，他想着刚好要去俱乐部，就顺便带上了。

静侬没在，他把月饼留在了门房。

看门的伯伯姓谭，微微笑着，说一定把东西交到范老师手上——她刚刚开始工作，是范老师了。

他听着觉得有点儿好笑。

总觉得她还是个迷迷糊糊的小女孩儿，整天不是跌了这里就是磕了那里，可也进了社会，成了独当一面的大人了。

离开前他稍稍等了一下，打量了一番老公寓楼。

谭伯伯热情，跟他讲了些老公寓的历史。

说到范老师，谭伯伯说在这里住了几年，很喜欢这里的环境呢……他想是呀，的确是个好地方，如果再用心维护一下，好像就更好了。

他并没有想到，那天晚上，他跟俱乐部的朋友一起吃饭时，会遇见静侬。

他没有过去打招呼，是因为她身边另有朋友，而那个朋友，看起来很眼熟……

他要过了一阵子，才想起来，那个人为什么会眼熟——作为员工家属，那个人陪着Janette参加了公司的开幕酒会。

震惊是有一些，也有点疑心，因此犹豫了一下，没有直接去问静侬知不知道盛韶宁是有家庭的。就是这一犹豫，让他后悔了很久。

后来的事情，本不应该发生。

哪怕他尽力地保护了静侬，也教训过了盛韶宁，甚至也尽可能地照顾了Janette，想起来整件事，仍然是懊悔……

那阵子，有好多天，上海像是浸在雨中。

出事那天下雨，那之前和之后，阴雨连绵。

静侬是很喜欢下雨天的。

他记得中学时，偶尔下雨的早上，在校门口遇见打着伞的静侬，阴雨天里，她的笑脸总是格外地美。

她会一边走，一边把手伸出伞外，接雨滴……下雨的时候，她也像是快乐的小雨滴。

他也记得那天在公司里，他们聊天时，静侬提起过，租住的老公寓有很多让她喜爱的地方。

比如下雨天，推开彩色玻璃窗，看到外头的老街，那风景，又美又温柔，让人舍不得挪开眼……

她最爱那样的雨天，翻译文章都会特别顺畅。如果有一天要搬离，她不知道还能不能找到更好的地方。他说既然那么舍不得，就一直住下去吧。

她听了，微笑，眉眼弯弯的，可爱极了……他心想真的可爱啊，范贝贝从小可爱到大，也会可爱到老吧……

可是，静侬就那么舍下了她舍不得的地方，在一个雨天……

他偶尔从润涵或藤子那里会听到静侬的消息。

她过了很久，才恢复了正常的生活。

等她入职新的工作，在九月里，开学了，稳定了，这一页似乎可以翻过去了，他也可以放心了，可是并没有。

他总是会记起自己跟在她身后走过的那段长长的路，她被暴雨淋湿的身影，迷惘而痛苦的眼神，记起她静静地听着自己说话时，那含着笑的眼睛，安安静静的笑容，也像她形容的那样"又美又温柔"……

俱乐部搬到这里来时，整栋公寓楼出售的广告已经挂了半年，售价太高，乏人问津。

谭伯伯说，这样下去，这楼怕是要荒废了哟。

他在上海工作久了，沪语能听个七七八八，谭伯伯那沪味普通话，却让他琢磨了半天。等他回过神来，才意识到自己在想什么。

他在想，是不是该考虑在上海置业了。

任谁知道了，大概都会说这可够疯狂的，可是他并不觉得。

他一直没有上楼参观过，仿佛那楼梯前竖着什么"禁止参观"的警示牌，或者那总没有人走下来、廊灯总是坏掉的地方，会藏着怪物……

等他真的走上去，只觉得安静，宁谧，让人心动……每一块彩色玻璃，每一块花砖，都像是会发光。当然它们并不会，反而因为长久无人打理，显得晦暗，可是他觉得它们会。

他站在她曾经住过的那间公寓里，推开窗子。

天空飘起了雨，行道树的枝杈树叶很快被雨水打湿，那一滴滴的雨声，像轻快的钢琴曲，美妙动人。

他忽然想，不知她会不会想念这里、想再回到这扇窗前，看一眼记忆中熟悉的风景。

也许会，也许不会。

谁知道呢……

他转身下楼，跟谭伯伯要了房东的联系方式。谭伯伯微微笑着，多余的话仍然没有一句。做事豪爽干脆的房东，遇上了虽然谨慎但志在必得的他，像是遇上了难得可以信任并且欣赏的后辈，接下来交易非常顺利。房东特地赶回来签约，跟他聊了好久。离开上海前，老太太还特地送了他一样礼物，是她在欧洲的庄园里出产的葡萄酒。

酿造那酒的葡萄品种，是长相思……

长相思，多么美的名字。

沈绪楷将协议签好，送走了两个年轻人。

他站在楼前，看着雨滴一串串落下来，直到暮色四合。

谭伯伯从门房窗子里探身出来，看到他，问："沈先生您还在等什么人吗？雨下得大了，您里面等等嘛，好冷的。"

他点了点头。

等是等的，但是今天是等不到的……他看看时间。

再过一会儿，来接他的车子就到了。

他要出发回北京。

她带着 Luna，也在去北京的路上了。

离开时，他回头看了看。

有一天，她会跟他一起走进来吧……他看着外面漂亮镂空墙壁和铁栏杆，心想等他们见了面，他要问问她，喜不喜欢什么花，比如木香，还是蔷薇。

或者其他的什么，只要她喜欢的。

也许她会说黄木香。

他记得她说起过，小时候外婆家的院子里，有过黄木香。

也许在这里，有棵她喜欢的植物，默默生长，静静等候，也很不错。

岁月漫长，有所期待，总归是要好过一些。

他从不怕等待，尤其等待的，是她。